复杂艰险地区大型桥梁智能建造与防灾减灾系列丛书

高烈度地震近场区大跨拱桥建造及防灾减灾关键技术研究

主　编　白洪涛
副主编　黄永福　叶华文

西南交通大学出版社
·成都·

图书在版编目（CIP）数据

高烈度地震近场区大跨拱桥建造及防灾减灾关键技术研究 / 白洪涛主编. -- 成都：西南交通大学出版社，2024. 12. -- ISBN 978-7-5774-0291-8

Ⅰ. U448.22

中国国家版本馆 CIP 数据核字第 2024SD9957 号

Gaoliedu Dizhen Jinchangqu Dakua Gongqiao Jianzao ji Fangzai Jianzai Guanjian Jishu Yanjiu
高烈度地震近场区大跨拱桥建造及防灾减灾关键技术研究

主编　白洪涛

策划编辑	李芳芳　李华宇
责任编辑	姜锡伟
助理编辑	赵思琪
责任校对	左凌涛
封面设计	GT 工作室

出版发行	西南交通大学出版社 （四川省成都市金牛区二环路北一段 111 号 西南交通大学创新大厦 21 楼）
邮政编码	610031
营销部电话	028-87600564　028-87600533
网址	https://www.xnjdcbs.com
印刷	四川煤田地质制图印务有限责任公司

成品尺寸	185 mm×260 mm
印张	16.25
字数	345 千
版次	2024 年 12 月第 1 版
印次	2024 年 12 月第 1 次
定价	92.00 元
书号	ISBN 978-7-5774-0291-8

图书如有印装质量问题　本社负责退换
版权所有　盗版必究　举报电话：028-87600562

编写委员会

主　　编：白洪涛

副 主 编：黄永福　叶华文

参编人员：李忠海　赵　剑　陈孔令　尹开川　程志豪

　　　　　武文祥　俞平桥　李　杰　杨志楚　李　梅

　　　　　但路昭　田　明　钱云华　广　雨　吴　斌

　　　　　唐红波　唐茂林　冯治皓　张海良　张存华

　　　　　张永贵　赵东黎　王　侃

前言 PREFACE

21世纪以来，我国在桥梁建设领域取得了举世瞩目的成就，据不完全统计，我国已建成的公路桥梁数量突破100万座，铁路桥梁数量也超过20万座。此外，我国不仅在桥梁建设数量上实现了大幅增长，在技术水平和工程质量方面也达到了世界先进水平。港珠澳大桥、深中通道、天峨龙滩特大桥等重大工程的建成通车，以及张靖皋长江大桥、常泰长江大桥等项目的开工建设，均彰显了我国正从桥梁大国向桥梁强国迈进。

金鸡达旦河大桥坐落于G4216华坪至丽江高速公路大理连接线（丽江段），横跨鲁地拉水电站库区的达旦河。金鸡达旦河大桥主桥为下承式钢箱系杆拱桥，主桥跨径达265 m，是目前国内同类型桥梁中跨径最大的。大桥桥址位于云贵高原西北部的横断山区，距离程海—宾川断裂带仅250 m，这里地震烈度高、近场效应显著，大大增加了大桥的建设难度。

金鸡达旦河大桥在建设过程中采用了多项创新技术，包括：适用于近场强震区的大跨径下承式钢箱拱桥减隔震技术；大吨位摩擦摆减隔震支座，并配合国内横向变形能力最大的多向变位梳齿板伸缩装置；钢筋混凝土结构梁拱结合部构造；无支架先拱后梁吊装施工工艺；基于新型陶瓷化复合隔热包带和玄武岩纤维防火布材料的吊杆索体耐高温防护体系；可拆卸的装配式拱上检查车等技术。

为了促进技术交流，项目团队将金鸡达旦河大桥设计与建设过程中的关键技术汇编成书，旨在为未来类似桥梁的建设提供参考与借鉴。

本书的编写得到了各方的大力支持与通力合作，在此，谨向所有为本书编写提供支持与帮助的单位及个人致以最诚挚的感谢！

鉴于作者学识有限且时间仓促，书中难免存在疏漏之处，恳请读者不吝赐教，予以指正。

作 者
2024年10月

目 录
CONTENTS

第1章 绪 论 ·· 001
    1.1 研究意义 ··· 001
    1.2 国内外研究现状 ··· 003
    1.3 主要研究内容 ·· 014

第2章 金鸡达旦河大桥设计与施工概况 ·· 015
    2.1 工程概况 ··· 015
    2.2 总体设计 ··· 017
    2.3 上部结构 ··· 017
    2.4 下部结构 ··· 022
    2.5 施工工艺 ··· 024

第3章 高烈度近场强震区大跨拱桥结构抗震性能及减隔震技术 ······················· 030
    3.1 高烈度近场强震区地震动参数分析 ·· 030
    3.2 全桥动力分析模型及结构动力特性 ·· 034
    3.3 反应谱分析 ·· 041
    3.4 非线性时程分析 ··· 047
    3.5 小 结 ··· 047

第4章 大跨下承式钢箱系杆拱桥梁拱结合部力学性能 ·· 049
    4.1 梁拱结合部受力特点 ·· 049
    4.2 拱座缩尺模型试验方案 ·· 050
    4.3 拱座试验段缩尺模型试验结果与数值分析 ·· 078
    4.4 拱座足尺模型精细有限元分析 ·· 129
    4.5 小 结 ··· 149

第 5 章 山区强风作用下大跨径钢箱系杆拱桥先拱后梁施工关键技术 ·· 151
5.1 钢箱系杆拱桥总体计算与安装方案 ············ 151
5.2 缆索吊设计与施工 ············ 162
5.3 拱座及横梁施工 ············ 192
5.4 钢箱拱拱肋节段安装 ············ 198
5.5 钢主梁安装及吊杆张拉施工 ············ 207
5.6 桥面系杆施工 ············ 213
5.7 施工阶段关键构件受力实测与分析 ············ 223
5.8 小 结 ············ 224

第 6 章 与减隔震体系匹配的横向大位移伸缩装置服役性能研究 ········ 225
6.1 伸缩装置位移参数研究 ············ 225
6.2 结构设计及模型建立 ············ 227
6.3 横向大位移伸缩装置耐久性设计研究 ············ 234
6.4 伸缩装置整体性能研究 ············ 241
6.5 小 结 ············ 246

第 7 章 结论与展望 ············ 247
7.1 结 论 ············ 247
7.2 展 望 ············ 249

参考文献 ············ 250

第 1 章 绪 论

1.1 研究意义

近几十年来，随着交通基础设施建设的快速发展，我国已成为一个桥梁大国，公路桥梁总数超过 100 万座，铁路桥梁总数超过 20 万座。桥梁的建设为我国的交通运输提供了极大便利，大大改善了人们的生活。然而，桥梁的安全问题也日益凸显。我国是地震活动频发的国家之一，地震毫无疑问是威胁桥梁安全的重要因素之一。海城地震、唐山地震、汶川地震等不仅严重威胁了国民安全，还给国家经济造成了难以挽回的损失。因此，亟须加强桥梁结构抗震方面的研究。

传统抗震思路主要依赖增大截面尺寸和增加配筋来提高结构的强度和刚度。然而，这种"以刚克刚"的方法可能导致向上部结构传递的地震作用增强，使某些薄弱部位发生破坏，进而危及整个桥梁的安全。相比之下，桥梁的减隔震技术作为一种重要的抗震措施，不仅能有效解决传统抗震思路的弊端，还能显著提升桥梁结构的抗震性能，最大限度地减少地震对桥梁的损害。因此，减隔震技术在桥梁结构设计中具有重要的价值。

本书所依托的工程为金鸡达旦河大桥。该桥为下承式钢箱系杆拱桥，专为跨越达旦河而建。大桥所处区域新构造运动强烈，断裂构造发育，岩层产状多变，岩体破碎，风化带厚度较大，因此抗震设计尤为关键。本书围绕金鸡达旦河大桥的关键抗震设计与施工展开，重点涵盖以下几个方面：

1. 结构动力分析

钢箱系杆拱桥因其优越的性能，已成为一种常用桥型，但也暴露出诸多问题，需对此类桥梁进行深入研究。钢箱系杆拱桥具有跨径大、质量轻的特点，且由于系杆的存在，其结构更为复杂，动力性能分析较一般拱桥更为困难。其中，桥跨结构的自振特性、抗震性能、抗风性能及车振性能等问题对结构动力特性影响显著。在车辆荷载、风荷载、地震荷载等作用下，桥梁会产生振动，这种振动所引起的内力及变形往往超出结构静态受力承受的范围，进而导致局部疲劳损伤，或造成桥面不平顺，影响行车舒适性，严重时甚至会导致桥梁结构破坏。为解决这些问题，可采用动力分析法，以明确结构的动态受力及变形情况。该方法还可用于桥梁的动力检测。我国在动力性能方面的研究尚存许多未解难题，因此对钢箱系杆拱桥动力性能的研究至关重要。这不仅能为桥梁的抗震设计及抗风设计提供重要的理论基础，还可为拱桥动力性能的发展奠定坚实基础。

2. 梁拱结合部受力

金鸡达旦河大桥为下承式钢箱系杆拱桥，其拱脚节点的受力与构造较为复杂。拱肋、系梁、端横梁及支座在此交会，局部加强构件众多且相互交错，形状不规则，同时存在钢-混结构间的内力传递问题。钢箱拱肋与拱座结合部位是关乎结构整体受力和安全性的关键部位，其受力安全直接影响主桥的整体安全。拱脚节点受力和构造的复杂性，以及几何形状的不规则性，使得从理论上求解节点内的应力分布极为困难。因此，有必要对拱脚局部应力进行精细化有限元分析，并在分析计算的基础上开展大比例模型试验。通过试验与有限元分析相结合的方式，研究该结合段的受力特点、变形特征、应力分布规律及传力机理。这样不仅可为该桥后期的运营维护提供理论依据，也可为今后类似桥梁结构的设计提供参考。

3. 施工技术

大桥内部为超静定结构，外部为静定结构，其结构及受力情况复杂，加之桥位处季风强劲，上部结构采用缆索吊装，技术难度高，线形控制复杂。大桥施工需解决的主要问题包括：① 拱座体型庞大，钢筋、预埋定位件、预应力管道等布置密集，拱肋首节段预埋精度要求高，无推力拱座施工混凝土的自密实性能要求严格，需对拱座处混凝土进行优化设计并实施，以确保其质量。② 拱肋节段安装过程中，拱脚受力及位移随施工阶段变化而调整，因此，拱座处临时支座需结合全桥安装过程进行分析与设计，确保临时支座满足各施工阶段需求。③ 小里程岸右侧小山脊下边坡陡峭，地表覆盖层厚，库区水位深，地形条件复杂，季节性阵风强烈，采用缆索吊装斜拉扣挂安装拱肋时，缆索锚固及抗风缆锚固困难，拱肋横向稳定控制难度大。拱肋安装过程中，临时扣索的张拉时间、拆除时间、张拉力大小及张拉锚固位置均对拱肋安装线形和内力状态有显著影响，且拱肋为钢结构，其线形受温度变化影响较大，需分析山区强风作用下温度对斜拉扣挂系统的影响，以确保整个钢箱系杆拱桥施工过程的稳定性。④ 桥梁上部结构安装采用系杆进行钢箱拱安装体系转换，钢箱拱安装过程中，桥梁结构受力复杂，拱座为无推力拱座，系杆体系转换程序直接影响桥梁构件的受力大小，若体系转换程序不当，易导致局部构件失稳，影响桥梁整体施工。

4. 支座及伸缩装置

金鸡达旦河大桥采用大吨位摩擦摆减隔震支座，以延长结构周期并降低地震效应。其中，减隔震支座的选型、参数选取以及伸缩缝的纵横向参数，直接关系桥梁在地震作用中的安全性，是桥梁抗震设计的关键。桥梁伸缩装置虽为设计中的小型构件，但由于其长期暴露在外，经受极端天气的影响，其安全性对桥梁整体质量至关重要。在桥梁伸缩装置的设计、安装、养护以及材料质量（如刚度或强度不足）等任一环节出现问题，都将影响其寿命及质量安全，导致早期破坏，进而影响行车的舒适性、安全性及平稳性，甚至威胁桥梁主体的稳定性，造成社会经济损失及不良影响。

1.2 国内外研究现状

1.2.1 钢箱系杆拱桥的发展

自 1781 年英国建成主跨跨径为 30 m 的煤溪谷铁桥,至 2022 年土耳其通车的主跨跨径为 2 023 m 的 1915 恰纳卡莱大桥,钢结构桥梁在过去 200 多年间,伴随着人类科学与技术的进步,不断突破跨径,取得了令人瞩目的成就,一些钢桥已经成为地标性建筑。在大跨径钢桥的建造过程中,工程师们在桥梁设计、施工和运营过程中经受了许多失败和挫折,这些经验和教训代代相传,经过时间的累积,形成了钢桥建造技术,并铸就了众多壮丽的桥梁。

近年来,随着我国经济的快速发展,人们对现代桥梁的需求已不再局限于传统意义上"跨越障碍"的功能,而是对桥梁的美学价值和结构性能提出了更高的要求。正因如此,兼具跨越能力强、造型优美以及可塑性高等特点的钢拱桥,逐渐受到人们的青睐,并得以迅速发展。从建筑造型的角度来看,箱形拱桥方案具有杆件数量少、构造简洁等优点。钢箱拱肋以其线条简洁、造型优美、可加工性强等特点,为抽象造型的塑造提供了便利[1]。此外,与混凝土拱肋相比,钢拱肋质量较轻,有利于采用节段拼装施工方法[2]。因此,近年来,钢箱拱桥在国内外得到了广泛的应用。

1. 国外著名钢箱系杆拱桥

1964 年建成的曼港大桥为 3 跨钢系杆拱桥结构,主桥跨径布置为(110 + 366 + 110)m,总长为 586 m。桥面系采用正交异性板桥面,并运用悬臂安装施工技术。该桥最初修建时为 4 车道,后来扩建成 5 车道。引桥由 3 片钢梁构成,桥面铺装为混凝土结构。

1973 年建成的弗雷蒙德桥是一座连续钢梁柔性拱体系中承式钢桥,其两支点均采用铰支撑,属于有推力结构。其主桥跨径布置为(137.7+382.6+137.7)m,总长为 658 m,主拱矢高为 10.83 m。该桥为双层桥面,两桥面高差为 10~11 m,上层为正交异性钢桥面,下层为钢筋混凝土桥面,桥面宽 20.73 m。该桥最显著的特点是中跨的架设方法:中跨 275.185 m 的桥梁部分质量约为 6 000 t,采用一次性提升。桥梁杆件均为箱形,加劲梁由 A588、A441、A36 钢焊接成矩形截面,体现了箱形梁设计的创新。吊杆采用 4 股钢丝绳,杆件用直径 22~25 mm 的高强螺栓现场连接。

2006 年建成的多瑙河大桥跨越欧洲第二大河流——多瑙河,该桥全长 1 676.8 m,主桥桥型为下承式钢箱系杆拱桥,主跨跨径为 307.8 m。

2. 国内著名钢箱系杆拱

我国第一座大跨径的钢箱拱桥于 1965 年建成,即攀枝花市金沙江上建成的第一座大桥——渡口大桥,大桥主跨跨径为 180 m,全长 304.5 m,节点采用高强度螺栓连接。

近年来,大跨径钢箱拱桥发展迅速。目前,我国已建成的代表性钢箱拱桥主要有以下几座:

2002年建成的云南小湾大桥，位于澜沧江中游河段小湾电站大坝下游2 km处，是小湾电站主要对外通道的控制性工程。大桥全长181.6 m，主桥跨径为130 m，桥面宽13.2 m，是我国首座中承式钢箱提篮拱桥。

2003年建成的上海卢浦大桥，主跨跨径为550 m，采用空间提篮中承式拱梁组合体系，是当时世界上同类桥型中跨径最大的拱桥。大桥主拱矢跨比为1/5.5，主桥跨径布置为（100+550+100）m，总长750 m。主桥桥面竖曲线半径为9 000 m，桥面最大纵坡为2.5%，横坡为2%。大桥桥面为6车道，两侧设2条观光人行道。拱肋内倾11.31°，截面采用陀螺型，中拱截面高6~9 m，边拱截面高7~9 m。全桥共设置27道横撑，为变高度矩形截面。吊杆顺桥向间距为13.5 m，共28对，采用双吊杆。系杆采用预制平行钢丝索，主梁采用钢箱梁，拱座采用钢-混凝土结构，主跨拱肋采用斜拉扣索法施工。

2004年建成的厦门五缘大桥，桥梁全长810 m，主桥宽34.9 m，引桥宽32 m，两端引桥为6孔40 m预应力连续箱梁。主桥采用钢结构中承式提篮拱桥设计，跨径布置为（58+208+58）m，总长324 m。主跨吊索区主梁为简支漂浮体系，两端通过伸缩缝相连并支撑在主拱横梁上，两根主拱横梁上共设置8个竖向支座。主跨主梁两端各设一个横向抗风支座，在横梁上设置了纵向限位装置，以限制地震荷载、纵向设计风荷载、汽车制动力作用下产生的纵向位移，而温度和活载引起的纵向位移则不受约束。主梁采用栓焊结合的钢-混凝土叠合梁结构，两侧为带风嘴的边主箱，中间通过工字横梁与两侧主箱栓接，横梁标准间距为3.75 m。在钢梁上采用剪力焊钉，并通过现浇接缝混凝土使桥面板与钢梁格形成整体共同受力。主拱矢跨比为1/4，边拱与主拱内倾角度均为10.6°，拱轴线为二次抛物线，主拱拱间距为39.8 m，拱肋采用矩形箱梁。吊杆纵向间距为7.5 m，吊杆由平行钢丝索股构成。

2006年建成的广东佛山东平大桥，全长1 427 m，桥梁宽48.6 m。主桥采用钢拱与连续梁组合协作体系，跨径布置为（43.5+95.5+300+95.5+43.5）m，总长578 m。桥面系由3道主纵梁（钢系杆）、2道次纵梁以及主、次横梁组成的格构体系构成。桥面板采用8 cm厚的钢板，再浇筑12 cm厚的钢纤维混凝土，形成钢-混凝土组合桥面板。桥面系格构之间采用高强度螺栓连接。

2007年10月建成的重庆菜园坝长江大桥，其主桥采用Y形混凝土刚构和提篮式钢箱系杆拱结合的设计，并配备钢横梁组合半漂浮体系。其主桥是兼具公路与轻轨功能的复合型桥梁，主桥跨径布置为（88+102+420+102+88）m，总长800 m，其系杆采用可更换的钢绞线形式。桥面设计为正交异性钢桥面板。主桥还配备了智能化主动控制体系，以确保施工期间主体结构的内力与稳定性。钢梁采用整体节段拼装，节段拼装的最大质量为360 t。

2009年建成的广西南宁大桥，是一座主跨跨径为300 m的非对称肋拱桥。该桥由2条倾斜的钢箱拱肋，曲线形桥面钢箱梁，倾斜吊杆、系杆以及肋间平台共同构成，形成了一个三维的空间结构体系。大桥主梁位于半径 1 500 m 的平曲线上,两条拱肋分别位于各自倾斜的平面内,东侧拱肋倾角约为 69.7°,西侧拱肋倾角约为 66.5°,拱肋间在桥面以上无横向联系。两条拱肋在主梁下设置了横梁,并于拱顶处分隔。拱肋采用等宽等高矩形截面,主梁采用钢箱梁结构。

2011 年建成的宁波明州大桥,其主桥采用中承式双肢钢箱系杆提篮拱结构,在当时同类桥梁中位居世界第一。主桥跨径布置为(100 + 450 + 100)m,总长 650 m。拱肋分上、下两肢,边跨下肢拱的拱轴线采用二次抛物线,净矢高为 4.5 m,主跨下肢拱的拱轴线采用悬链线,矢跨比为 1/5,拱轴系数为 1.6;上肢拱采用两端圆曲线和中间二次抛物线组合的形式,中间二次抛物线部分的矢跨比为 1/11.5。

1.2.2 大跨径拱桥抗震研究及应用

我国作为地震多发国家,近年来在高烈度地震区修建的钢拱桥数量日益增多,因此深入研究其设计理论和抗震性能已成为一项紧迫任务。由于我国钢拱桥建设历史较短,已建成的钢拱桥尚未经历强震考验,加之国外也缺乏相关震害报道,目前对其抗震性能的认知仍较为浅显,亟须进一步深入研究。总体而言,钢箱系杆拱桥的抗震分析尚处于起步阶段。在地震作用下,钢箱系杆拱桥的破坏机理、非线性动力计算、抗震设计标准、设计理念及抗震措施等方面的研究几乎空白。由于钢箱系杆拱桥类型多样,其在地震作用下的破坏形态未必相同,加之缺乏震害报道,对其破坏形态的认知仍十分有限。目前,国内外学者在拱桥抗震领域主要开展了以下研究:

(1)不同设计指标对拱桥动力特性及地震响应性能的影响,包括横撑的数量与布置形式、吊杆的布置形式(如平行、倾斜、网状)、拱肋的倾角以及矢跨比等多个方面。基于这些分析,研究进一步提出了相应的结构优化建议。

彭河星[3]对湘潭湘江四桥(主桥为钢管混凝土斜拉飞燕式系杆拱)的参数研究表明:主拱肋设计成 X 形对抗震性能不利;吊杆的布置形式对斜拉拱桥的面外地震响应影响较小;横撑刚度越大,拱肋横撑位置处的面外弯矩越大;宽跨比对桥梁地震响应的影响显著,随着宽跨比的增大,主拱肋面外弯矩呈现先增大后减小的趋势。张玉萍[4]对一座跨径为 112 m 的铁路钢管混凝土下承式提篮拱桥进行了分析,结果表明:在横撑布置形式相同的情况下,斜吊杆体系的动力特性优于直吊杆体系;横撑能显著提高全桥的面外刚度,且横撑位置的影响大于其刚度的影响。因此,建议在拱顶处布置横撑,在拱脚处布置 K 形撑。劳文全[5]对广州丫髻沙大桥的参数分析表明,吊杆形式对钢管混凝土拱桥面外振型频率的影响较小,但倾斜、网状吊杆能有效提升拱桥的面内刚度;主拱肋内倾角的增加可显著提高拱桥的横向刚度、扭转刚度,同时使面内刚度略有降低;横撑的样式和布置对主拱肋的横向刚度和空间扭转刚度贡献较大,而对面内刚度的贡献则较小;此外,矢跨比对拱桥的自振特性具有显著影响,当矢跨比在 1/4 ~ 1/8 范围内变化时,拱桥的面内刚度、面外刚度和空间扭转刚度均随矢跨比的减小而增大。李鹏[6]在研究一座下承式系杆拱桥后指出，斜吊杆能够显著提升系杆拱桥的面内刚度，但对增强面外刚度的作用相对有限。徐叶琴[7]对跨径为245 m的中承式钢管混凝土拱桥进行研究后指出，对于中下承式拱桥，虽然横撑能够增强结构稳定性，但由于其抬高了重心，会对横向抗震性能产生不利影响。因此，建议在研究下承式刚架系杆拱桥的拱肋动力特性及地震响应性能时，可以忽略拱轴线形、吊杆间距等次要因素。丁文胜[8]研究了不同位置横撑刚度对结构自振特性的影响，结果表明：靠近拱脚位置的横撑对结构面外振型的影响显著大于其他横撑，而拱顶位置的横撑则对拱肋扭转振型的影响更为突出。刘声树等[9]的研究表明：在下承式刚架系杆拱桥的拱肋动力特性及地震响应性能分析中，拱轴线形、吊杆间距等次要因素可以忽略不计。

（2）地震动输入方式对结构内力及位移的影响研究，主要涉及一维输入与多维输入的对比分析、竖向地震动对结构的影响程度，以及多维输入中各方向地震动输入比例对结构地震响应的影响等方面。

罗飞[10]对跨径布置为（177+428+177）m 的新光大桥分别进行了三维输入和二维输入下的时程分析，结果表明：面内振型与面外振型的耦合导致竖向地震动输入与否对结构各截面内力的影响存在差异。彭勇均[11]的研究指出，仅考虑单向地震动作为输入条件是不合理的，在双向和三向地震动组合中，竖向地震动是必须考虑的，尤其是对于拱桥，必须采用三向输入才能确保计算结果的准确性，否则将产生较大误差。吴星[12]对净跨径为 99 m 的钢管混凝土下承式系杆拱桥分析后指出，横向输入与竖向输入组合产生的内力和位移最大。

（3）多点输入及行波效应对大跨径拱桥地震响应的影响。

赵雅丽[13]对跨径为308 m 的淳安南浦大桥（中承式钢管混凝土桁式拱桥）进行了行波效应分析，结果表明：非一致激励在行波方向对大跨径拱桥的位移有较大影响，对其余两个方向也有一定影响；波速越小（相位差越大），对应的位移值越大，但波速对不同截面的影响程度存在差异；行波效应对大跨径钢管混凝土拱桥的内力影响较大，且对不同截面的影响各不相同，其中最不利截面的内力呈增大的趋势；不同波速对拱桥内力的影响也不同，行波效应对内力的影响总体是不利的。谢文[14]在研究中指出，行波效应对纵向和横向位移影响显著，而对竖向位移影响较小；波速越大（相位差越小），各控制截面的位移响应越小；行波效应对大跨径拱桥的内力有不利影响。吴东[15]对一座净跨径为 288 m 的上承式钢管混凝土桁式肋拱进行研究后指出，波速越小，产生的位移响应值越大；行波效应使大跨径钢管混凝土拱桥最不利截面的内力增大，对拱桥内力的影响是不利的。郑三念[16]在研究重庆菜园坝长江大桥后得出同样的结论：行波效应对大跨径钢箱拱桥的内力和位移影响显著，且波速越小，位移响应值越大。吴玉华[17]对淳安南浦大桥的研究表明，地震动的空间变化对拱肋内力的影响主要来自行波效应；在多点激励下，拱桥高阶振动模态被激发是拱肋内力和位移明显增大的一个重要因素。苗家武等[18]对广州丫髻沙大桥的抗震性能研究指出，行波输入是该大跨径拱桥最不利的输入方式，行波效应使主拱顶的轴力和弯矩明显增大，其主要原因是对称振型的参与。赵灿晖等[19]也指出，非一致激励使大跨径拱桥的地震反应发生显著变化，这是由于不对称激励激发了结构的对称振型；在多点激励作用下，上承式钢桁拱桥的拱脚和拱顶附近的内力有较大增加，且波速越小增幅越大，因此多点激励的不利影响是此类桥梁地震响应计算中必须考虑的因素。

（4）拱桥的减震控制及仿真分析。

李正英等[20]运用现代控制理论对设有耗能减震装置的拱桥结构进行了被动减震控制仿真分析，并考虑了行波效应对减震效果的影响，其分析结果表明，设置了耗能器的拱桥结构对地震反应有明显的降低。孙毅等[21]针对上承式拱桥抗震工程需要，提出了加设阻尼支撑的减震控制方案，并通过有限元分析验证了黏弹性阻尼支撑能够显著减小拱平面内的位移响应，是一种高效的减震控制方法。李正英等[22]将设有黏滞阻尼器耗能支撑的拱桥减震结构视为控制系统，并对其进行了动态仿真分析。他们研究了黏滞阻尼器的参数选择以及该被动减震系统在拱桥中的减震效果，结果表明，安装黏滞阻尼器后，拱桥的地震动力反应显著减小。

（5）几何非线性的影响。

黄华[23]对主跨跨径为 180 m 的姚江大桥（下承式钢桁架拱桥）进行分析后指出，几何非线性对此类拱桥的影响较小，其原因是地震激励下结构的位移较小，对刚度矩阵的修正作用有限。张杰[24]对湘潭四桥的研究表明，几何非线性对该桥地震效应的影响较小，最大不足 8%。吴玉华[17]对淳安南浦大桥的计算结果显示，几何非线性对钢管混凝土拱桥的地震反应影响并不显著。赵灿晖等[25]对一座跨径为 340 m 的钢管混凝土中承式拱桥进行研究后发现，结构的几何非线性对大跨径拱桥的地震响应有较大影响；几何非线性改变了地震内力的分布规律，$L/4 \sim 3L/8$ 附近的截面可能成为抗震设计的控制因素；几何非线性主要源于恒载初始内力和构形的影响，而地震引起的内力和变形影响相对较小。

（6）拱桥在地震作用下的动力稳定问题。

徐艳等[26]采用改进的时间冻结法和动态特征值法，计算了结构在地震波作用下的动态稳定系数时间历程，分析了不同输入方向和阻尼比对动力稳定临界系数的影响，并探讨了地震波作用下拱桥的稳定安全系数，进而评估了对拱桥的弹性动力稳定性能。吴玉华[17]提出了结构运动稳定性的实用判别准则及其具体实施步骤，指出结构整体刚度矩阵出现负特征值是结构失稳的必要条件，并据此确定了结构动力失稳临界荷载的下限值。

1.2.3 钢箱系杆拱桥梁拱结合部钢-混结构力学性能

近年来，随着大跨径桥梁的快速发展，钢箱拱桥在我国得到了广泛应用。在墩台基础地质条件较差且需保证较大跨径的情况下，钢箱系杆拱桥因其独特优势而成为一种优越的桥型。该桥型通过采用系杆来平衡拱桥产生的巨大水平推力，从而有效降低了对墩台与基础的要求，因此备受工程界青睐。

钢箱系杆拱桥具有以下显著优势：① 造型优雅美观，桥型雄伟壮观，易与周边的景观融为一体；② 跨越能力大、承载能力高，在大跨径桥梁中占有较大优势；③ 结构水平推力小，结构形式多样化。正因如此，近年来钢箱系杆拱桥在我国得到了迅速发展。

随着系杆拱桥在我国的广泛应用及其受力特性研究的不断深入，越来越多的专家和学者开始研究拱脚结点的局部受力[27]。目前，对拱脚结点的局部应力分析通常采用计算方法和模型试验相结合的办法，找到结点内的应力分布状况，再据此偏安全地采取加强构造措施[28]。根据试验材料和原理的不同，试验方法可分为三向偏光模型试验（简称光弹试验）和普通的结点试验。

杨剑等[29]通过有限元方法建立了拱脚连接处的精细化有限元模型，并结合实际施工过程中的监测结果进行验证，结果表明，采用板壳单元的精细化有限元拱脚模型能够有效模拟拱脚局部应力分布特征。李金凯[30]为准确掌握拱脚的应力分布，采用有限元软件 Midas Civil 建立了 110 m 钢管混凝土梁拱组合桥的全桥模型，提取界面单元内力后，再通过 Midas Fea 建立拱脚实体模型，进行细部分析。同时，对拱脚工字钢、钢箱两种锚固方式的应力状态进行计算分析及对比，结果表明，该类桥拱脚受力合理，钢板及混凝土应力均在容许范围内，满足设计要求，且工字钢锚固方式较钢箱锚固方式更有利于减小拱脚空间应力，改善拱脚受力状态。高田等[31]结合常规拱桥的优点，基于钢和混凝土的组合优势，提出了一种新型的竖转钢箱-混凝土组合箱板拱桥。为验证箱板拱肋的钢箱和混凝土的共同工作能力及连接可靠性，对拱脚区段进行了模型试验，结果表明，二者能共同工作，连接可靠且变形协调。其对试验模型进行有限元分析和理论分析，并与试验结果进行对比，吻合较好，同时针对该种组合截面提出了极限承载力计算公式。祁伟超[32]总结了国内建成的拱桥钢-混凝土接头结构形式，分析了工程实例中拱脚的钢-混凝土接头构造特点；同时运用 ANSYS 有限元软件对索锚管结构设计进行了受力合理性的研究。赵安华[33]建立了西江大桥拱脚与台座连接区域线性和非线性的精细化有限元分析模型，研究了 3 种拱脚过渡段比较方案的局部应力分布规律，设计和制作了 1∶8 的拱脚与台座连接区域试验模型，并采用自主设计的自平衡加载系统和试验测试系统，模拟了轴压、下偏压、上偏压 3 种荷载工况，测试模型的应力和位移。通过理论分析和试验研究，探讨了拱脚与台座连接区域的局部受力特征和应力分布规律，为西江大桥拱脚构造设计的完善提供了依据和建议。王月[34]对拱脚处进行了局部空间有限元分析，研究结果表明，拱脚有限元分析结果与拱脚模型试验结果基本吻合，各板件整体应力水平不高，但系梁与端横梁连接处存在应力集中现象，最大等效应力值在拱肋与系梁连接的直角处也有应力集中现象，建议采用圆倒角连接。

综上，大跨钢箱系杆拱桥凭借其显著优势，近年来在我国发展迅速。我国学者对拱脚节点进行了大量有限元分析，提出了诸多有益建议，但试验研究仍存在诸多不足，尤其是采用混凝土拱座的大跨钢箱系杆拱桥模型试验极为罕见。鉴于钢-混结合段拱座构造的复杂性，运用试验与有限元方法研究该结合段的受力特性、变形特征、应力分布规律及传力机理显得尤为必要。在此基础上进行优化设计，不仅能够大幅节约材料和人工成本，更具有重要的实践意义。

1.2.4　钢箱拱桥的施工方法

系杆拱桥作为拱桥的一种，既具备拱桥的普遍特征，又拥有其独特的属性。这种桥型巧妙融合了拱与梁的优势，将两种基本结构有机结合，共同承担荷载，充分发挥了梁的受弯性能与拱的受压性能。拱的推力由系杆或系梁承担，墩台因此不受或仅受较小的水平推力。由于该体系为外部静定结构，兼具拱桥跨越能力强和梁桥对地基适应性好的双重特点，其应用范围十分广泛。从建筑造型的角度来看，箱形拱桥具有杆件数量少、结构简洁、造型美观等优点。钢箱拱肋线条流畅，造型优雅，且易于加工，为造型设计提供了极大的便利。此外，与混凝土拱肋相比，钢拱肋质量更轻，为节段拼装施工方法提供了便利条件。因此，近年来，钢箱拱桥在国内外得到了越来越广泛的应用。

下承式钢箱系杆拱桥多为无推力结构，通过张拉柔性系杆或系梁来平衡拱脚水平推力。其拱肋形式通常采用双肋拱，拱肋之间通过横撑连接以增强结构的整体稳定性，横撑的结构形式包括一字形、K形和米字形等。对于小跨径系杆拱桥，可采用刚性系梁或增大拱肋刚度的方法，无须设置拱肋横撑。

得益于钢材卓越的材料特性，钢箱拱桥不仅对各种传统的钢筋混凝土拱桥及钢管混凝土拱桥的施工方法具有良好的适应性，还具备其独特适用的现代施工方法。近年来，钢箱拱桥所采用的施工方法主要包括有支架施工法、悬臂拼装施工法、转体施工法和缆索吊装施工法。根据拱桥跨越的结构物、桥下地形及地质状况的不同，所选择的施工方法也各有差异。

1. 有支架施工法

有支架施工法是一种在支架上现浇或拼装结构的施工方法，具体操作是在桥位处按照钢箱拱肋的设计线形加预拱度，拼装好支架，并在支架上进行拼装、焊接，最终形成拱形结构。支架可采用满堂式、分离式或两者结合的方式。有支架施工法通常适用于拱肋离地面不高、桥下无水或水位较浅、施工条件较好的情况。这种方法的优点是：①拱肋分段长度不大，无须大型吊装设备；②横斜撑容易安装；③拱轴线形容易控制。然而，其缺点是：①拱肋接头较多，焊接工作量大，工期较长；②对桥下地形、地基等条件要求较高。

我国采用有支架法施工的钢箱拱桥有厦门五缘大桥（图1-1）、天津大沽桥（图1-2）等。

图1-1　厦门五缘大桥

图1-2　天津大沽桥

2. 悬臂拼装施工法

悬臂拼装施工法是一种典型的结构自架设施工方法，其具体流程为：先在预制场预制拱肋节段，再将其运输至施工现场进行逐节段对称拼装。对于钢箱拱桥而言，悬臂拼装法通常与斜拉扣挂法配合使用，并借助拱上吊机等设备完成结构杆件的起吊与安装。与缆索吊装法相比，悬臂拼装法无须建造庞大的吊塔和复杂的缆吊系统，具有施工影响区域小、安全可靠等优势，尤其适用于钢桁架拱桥的施工，但其施工工期相对较长。

采用斜拉扣挂悬臂拼装施工法的钢箱拱桥，在施工中应注意以下几点：①塔架的变形与偏位要严格控制在允许范围内；②钢绞线扣索的索力确定要精确，尽量减少施工中扣索张拉的次数；③拱肋控制点的预抬量计算要准确，确保合龙的精度。

2003年建成的上海卢浦大桥（图1-3）就是采用的斜拉扣挂悬臂拼装法施工。

图 1-3 上海卢浦大桥

3. 转体施工法

转体施工法是一种利用桥梁结构自身作为转动体,在非设计轴线位置完成浇筑或拼装后,通过低摩擦系数的滑道和合理的转盘结构,借助简单设备将结构整体旋转到位的施工方法。由于转体施工法具有节约施工材料、设备使用少、施工快速便捷、不影响通航、不中断通车等优点,成为桥梁工程界广泛关注的施工方法。根据桥梁结构的转动方向,转体施工法可分为竖向转体法、水平转体法以及竖向转体法与水平转体法相结合的方法。其中,水平转体法应用最为广泛。而近年来,大跨径桥梁的转体施工则更多地采用竖向转体法与水平转体法相结合的方法。

我国广东佛山东平大桥(图 1-4)即为采用竖向转体法加水平转体法施工的钢箱拱桥。

图 1-4 广东佛山东平大桥

4. 缆索吊装施工法

缆索吊装施工法依据缆索吊机的吊装能力，将拱肋分段预制，先由缆索吊机将两拱脚段吊装就位，并用扣索固定，再依次吊装其余各段，与前节段对接焊牢，直至全桥合龙，完成吊装。在峡谷、水深流急的河段或需保证船只顺利通航的河段，缆索吊装施工法因其跨越能力大、水平和垂直运输机动灵活、不影响通航、施工稳妥方便等优点，在拱桥施工中得到了广泛采用。

大跨径钢箱拱桥采用斜拉扣挂缆索吊装法施工时，由于拱肋分段数量多、单件吊装节段体积大、结构复杂，施工过程中拱的实际线形容易与理想线形发生偏离，因此必须进行施工控制。通过对现场变形、索力和应变测试结果与理论值进行对比，及时反馈并调整后续节段接头的定位标高，以确保最终安全、优质地完成施工。因此，大跨径钢箱拱桥施工控制的关键技术在于斜拉扣挂体系中扣索力的确定以及拱段和横梁定位标高的确定。特别是当扣、背索采用钢绞线施工时，应尽量减少张拉次数，并避免标高的反复调整，否则容易导致钢绞线松弛、索力损失，进而引发质量事故。

1.2.5 减隔震、横向大位移技术在桥梁伸缩装置中的应用

在国外，桥梁的减隔震技术已经得到了广泛的应用。早在 1970 年，日本、美国、意大利等国就将减隔震技术运用在桥梁结构中。经过 50 多年的发展，减隔震技术给传统的地震工程领域带来了强大的活力，不断涌现出不同类型的新型装置。根据不同的目的和用途，减隔震装置可以简要分为以下几类：① 耗能减震装置：如黏滞阻尼器、黏弹性阻尼器、电流变阻尼器、磁流变阻尼器，以及金属类阻尼器（如软钢阻尼器、铅阻尼器、记忆合金阻尼器及防屈曲支撑）等；② 柔性橡胶支座：如叠层板式橡胶支座、铅芯橡胶支座、高阻尼橡胶支座、填充钢珠橡胶支座等；③ 滑动摩擦类支座：如纯滑动摩擦支座（如四氟滑板支座）、摩擦摆式支座、双曲面球型支座、多球面滑动摩擦支座等；④ 组合型减隔震装置：如橡胶支座与滑动支座的组合支座、拉索减震支座等；⑤ 连接、限位装置：如锁定装置、耗能挡块、耗能限位器等。

日本桥梁减隔震研究始于 20 世纪 80 年代末，首先出版了《桥梁隔震设计指南（手册）》，随后完成了 5 座示范桥梁的建造（主要采用铅芯橡胶支座）。1995 年的阪神大地震中，桥梁的减隔震性能表现良好，促使减隔震技术在日本得到了迅速发展，其设计方法也被纳入《道路桥示方书·同解说：耐震设计篇》。日本地处环太平洋地震带，强震频发，至今，已有 Miyagawa 桥、Matsunohama 桥、Yama-age 桥、Maruki-bashi 桥、Tobu 高架桥、Rifu 高架桥、Asahi 高架桥等多座减隔震桥梁经受了地震考验。其中，Miyagawa 桥采用铅芯橡胶支座，是日本第一座采用隔震技术的桥梁，其横桥向位移被限制，仅沿纵桥向隔震。1991 年，Miyagawa 桥遭受遇 4.9 级地震，震中位于桥梁东北方向 30 km 处，地震强度较小，隔震支座未屈服，桥面上记录的最大加速度是地面以下 10 m 处加速度峰值的 50%，间接证明了隔震设计的有效性。1995 年，Matsunohama 桥经历了 7.2 级的

阪神大地震，桥址距离震中 35 km。该桥仅沿纵向进行了隔震设计，3 个中墩各设置 2 个铅芯橡胶支座，桥两端采用圆滚轴支座。实测加速度记录显示，桥面加速度略小于桥墩，表明隔震装置是有效的。通过加速度积分合成的位移分析发现，隔震支座已达到屈服，最大位移约为屈服位移的 2 倍，且该桥在地震中的性能达到了隔震体系的预期效果。此外，对 Miyagawa 桥、Matsunohama 桥、Yama-age 桥、Maruki-bashi 桥的地震反应进行谱分析发现，频率等于桥墩基频的地震动分量通常能被隔震支座过滤，小于桥墩基频的低频波可能被放大，而隔震支座的滞回耗能作用可抑制这种放大效应，在设计中考虑地震动的卓越周期显得尤为重要。

美国早在 1984 年便对 Sierra Point 桥采用了隔震技术进行抗震加固，相关装置、技术及规范也随之逐步发展。1991 年，美国制定了专门的桥梁隔震设计规范，并分别于 1999 年和 2010 年完成了两次修订。至今，Eel River 桥和 Sierra Point 桥均经历了较强地震的考验。其中，Eel River 桥在 1992 年的美国加州地震中经受住了考验，其桥址距震中仅 22 km，附近的 Painter 桥记录到的纵向和横向加速度峰值分别为 $0.55g$ 和 $0.39g$（g 为重力加速度），由此可推测 Eel River 桥经历了强烈的地震动作用。然而，此次地震中，Eel River 桥的震害非常轻微，主要表现为节点混凝土脱落，主梁的纵向和横向位移分别为 200 mm 和 100 mm，震后很快便得到恢复。这一案例基本证实了隔震技术在强烈地震中对桥梁主体结构的有效保护作用。

新西兰的 Te Teko 桥是一座 5 跨预应力混凝土梁桥，每个桥墩上均设有铅芯橡胶支座，桥台上则使用板式橡胶支座。该桥址距离 1987 年 6.3 级艾吉科母地震震中仅 15 km。尽管桥上未安装强震仪，但位于桥梁南侧 11 km 处的强震仪记录到水平峰值加速度为 $0.33g$ 和竖向峰值加速度为 $0.23g$。据此推测，地震时，Te Teko 桥场地水平加速度可能超过 $0.4g$。由于桥台橡胶支座的安装缺陷，地震中该桥出现了轻微破坏：上部结构发生较小移位，一个桥墩表面混凝土小面积剥落并形成塑性铰，挡块移位 80~100 mm。震后修复工作主要包括复位滑移的橡胶支座和修复桥台挡块处的路面。由此可见，Te Teko 桥在强震作用下表现良好，若能采取更好的构造措施并避免建造缺陷，其破坏程度可能进一步减轻。

由于桥梁伸缩装置长期暴露在空气中，受温度变化、自然灾害等因素影响，加之周围环境复杂，且需承受车辆荷载及反复冲击，其实际使用寿命往往难以达到预期。在使用过程中，伸缩装置常出现不同程度的损坏，如橡胶止水带开裂、伸缩缝堵塞、混凝土局部脱落等。对于大位移伸缩装置，除上述常见病害外，还可能发生梁体断裂、伸缩不均匀、梁体扭曲、支座损坏等难以修复的严重问题。这些病害不仅降低了行车的舒适性和安全性，还会造成一定的经济损失。

我国在桥梁建设领域投资规模巨大，尤其在大跨径连续梁、悬索桥、斜拉桥等结构中，大位移伸缩装置作为重要的组成部分，其性能尤为关键。目前，我国在位移量较小的桥梁上多采用高分子弹性链块和链条控制中间异型钢的位移，以确保伸缩装置在各方向上的位移变化。然而，常规伸缩装置无法满足过大的横向位移需求，因此在地震频发且横风较大的地区，现有桥梁大多采用横向大位移多向变位伸缩装置。该装置具备多项平动、立面及平面旋转功能，横桥向按模块化设计安装，能够将水平转角引起的梁端间距差减小到零，有效避免因横向位移过大导致的塑性断裂变形。

1.3 主要研究内容

（1）建立全桥结构的空间动力有限元计算模型，并充分考虑相邻联引桥的影响；根据初步分析结果，建议采用摩擦摆式减隔震支座，并基于此，深入研究了该结构的动力特性。随后，采用反应谱法和非线性时程分析法，对该结构的抗震性能进行了详细研究。

（2）对拱脚局部应力进行了精细化有限元分析，并在计算分析的基础上，开展了拱脚的大比例模型试验。通过试验与有限元分析相结合的方式，系统地研究了该结合段的受力特点、变形特征、应力分布规律及传力机理，为该桥后期的运营维护提供了坚实的理论依据。

（3）针对山区强风作用下斜拉扣挂系统的影响因素进行了深入分析，包括干热河谷地带强风对钢箱拱桥安装成桥过程稳定性的影响。同时，对大跨径钢箱系杆拱桥体系转换中临时支座的设计施工与结构受力进行了研究，并探讨了自密实混凝土在大体积异形拱脚中的应用。通过研究金鸡达旦河大桥在强风作用下，先拱后梁施工关键技术，采用监控检测设备对桥梁架设安装过程中的受力进行实时分析，合理运用先进工法，严格执行工艺程序，研制出适用于干热河谷地带强阵风季风作用下的施工方法，为未来的设计施工提供了宝贵经验。

（4）调查并收集行业内伸缩装置的相关资料，通过方案对比确定大桥伸缩装置的设计方案。通过伸缩装置主要结构及零部件的设计计算，以及模型建立后的可靠性分析，对设计方案进行了验证。通过伸缩装置整体性能试验及不同工况下的有限元模拟分析，全面评估了伸缩装置的应用性能。

第 2 章 金鸡达旦河大桥设计与施工概况

2.1 工程概况

大永（大关—永善）高速公路丽江段（图 2-1）起于永胜县片角镇与宾川县力角镇的分界线，途经片角、涛源、期纳、程海、永北，止于永北镇大厂村委会下村枢纽，与华丽高速相连，主线全长 73.506 km，同步建成连接线 2.934 km。该项目是国家高速公路网新增纵线"张掖至打洛"高速的重要组成部分，也是连接四川攀枝花与云南大理的重要通道。其作为连接两省骨架公路的快速干线，向北可接入华丽高速，向南可连接楚大、大保、大丽等高速公路。其中，金沙江涛源段（K72+700 ~ K78+700）路线全长约 6 km，跨越鲁地拉水电站库区。项目采用双向四车道高速公路标准，设计速度为 80 km/h，路基宽 24.5 m。全线共设置 5 处互通式立交、2 对服务区、2 对加油站、1 个加水站、4 个匝道收费站和 1 个临时主线收费站。项目于 2015 年 10 月开工建设，其中丽江段于 2020 年 6 月 30 日正式建成通车。

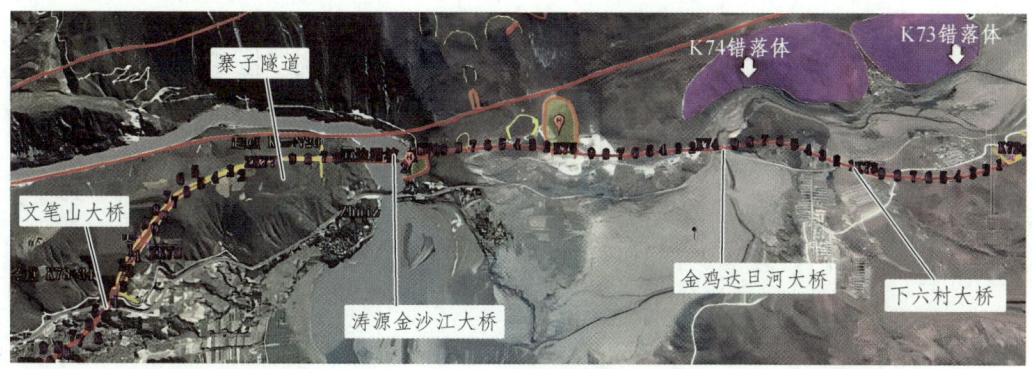

图 2-1 金鸡达旦河大桥桥址

金鸡达旦河大桥坐落于永胜县片角镇下六村，横跨达旦河及二级道路，是华丽高速大理连接线工程（丽江段）的关键控制性工程。该桥起点里程为 K73+748.5，止点里程为 K74+383.5，原地面高程在 1 200 ~ 1 297 m 之间，库水位为 1 212 ~ 1 223 m，属于河流侵蚀堆积河谷。烧香岛纵坡平缓，横坡稍陡；左侧下边坡较缓，右侧小山脊下边坡较陡；地表覆盖土层较厚，低矮植被和灌木较茂密。大桥跨越达旦河后，在 S220 道路西侧岸坡顶上设置了大桥拱脚。综合技术经济因素与施工风险，并根据地质勘查资料，大桥采用 265 m 的单跨钢箱拱桥，充分体现了"安全、和谐、节约"的设计理念，全桥总长 635 m，具体如图 2-2 所示。

（a）桥址

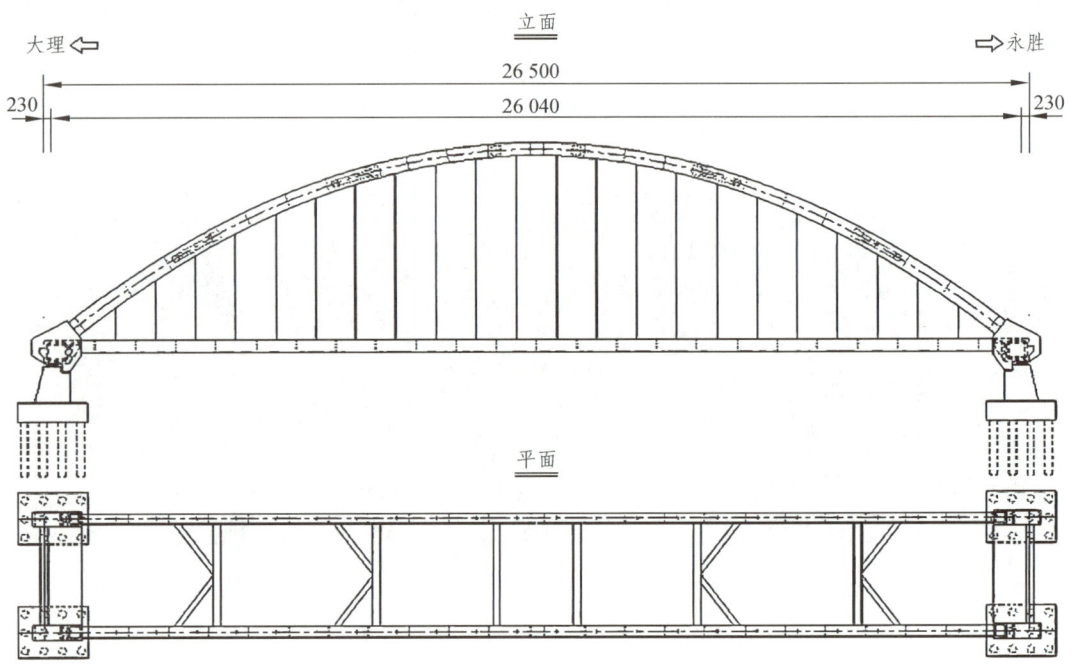

（b）整体布置（单位：mm）

图 2-2　金鸡达旦河大桥桥位示意

2.2 总体设计

桥址区地处金沙江干燥河谷,紧邻全新世活动断裂带——程海—宾川大断裂带,受其强烈地震近场效应影响显著,区域工程地质条件复杂,上覆土层以崩坡积和湖积为主,厚度较大,下伏基岩埋深较深,库岸再造及不良地质体影响突出,岸坡承载性能与长期稳定性问题尤为显著。程海—宾川大断裂带是一条规模巨大的活动性断裂带。据记载,该断裂带区域内曾多次发生 5.0 级以上地震,最近一次为 2001 年 10 月 27 日 13 时,程海—宾川大断裂带上的永胜县涛源乡与期纳镇交界处发生 6.0 级地震,并在宾川—金沙江段引发大量山体滑坡、崩塌、滚石等灾害[35-41]。

桥址所处地区为中亚热带低纬度高原季风气候,具有明显的垂直气候分带特征。冬春季节气候较为干燥,夏秋季节则降雨充沛;冬季无极端严寒天气,夏季气温较高。年平均气温为 21.5 ℃,平均最高气温为 39.0 ℃,平均最低气温为 10.8 ℃。极端气温表现为:最高气温达 46.5 ℃(出现在 6 月),最低气温为 2.57 ℃(出现在 12 月)。年均降水量为 629.7 mm,降水分布极不均匀,其中 6 月至 9 月的雨季降雨量占全年降水量的 80%以上。库水位的周期性升降及高强度降雨对库岸巨厚堆积体产生强烈侵蚀和冲刷作用,致使多处库岸边坡处于极限稳定状态[42]。年平均相对湿度为 68%。全年日照时数为 2 763 h,无霜日达 350 d。在 11 月至次年 3 月期间,气候相对干燥,多以南风为主,风力较大。金鸡达旦河大桥设计条件见表 2-1。大桥主桥为跨径 265 m 下承式钢箱系杆拱桥,其跨径在国内同类桥梁中位居前列,主梁采用钢-混组合格构梁体系。系杆按体外束方式设计,单侧设 10 束 15-55 全防腐型整束可换可调钢绞线系杆。

表 2-1 金鸡达旦河大桥设计条件

形式		下承式钢箱系杆拱桥
跨径布置		265 m
高度		53 m
拱轴线		悬链线
矢跨比		1/5
设计荷载	道路等级	高速公路双向四车道
	荷载等级	公路-Ⅰ级
	设计车速	100 km/h
	设计风速	32.8 m/s
	洪水频率	1/300
	地震动峰值加速度值	0.35g
	地震烈度	Ⅷ度

2.3 上部结构

金鸡达旦河大桥的拱肋轴线采用悬链线型设计,如图 2-3 所示。拱轴线的拱脚水平距离为 265 m,矢高为 53 m,两片拱肋轴线之间的横向间距为 30.6 m。上下游拱肋沿桥轴立面共分为 26 个吊装节段。标准吊装节段在桥轴立面水平线上的投影长度为 21.6 m。

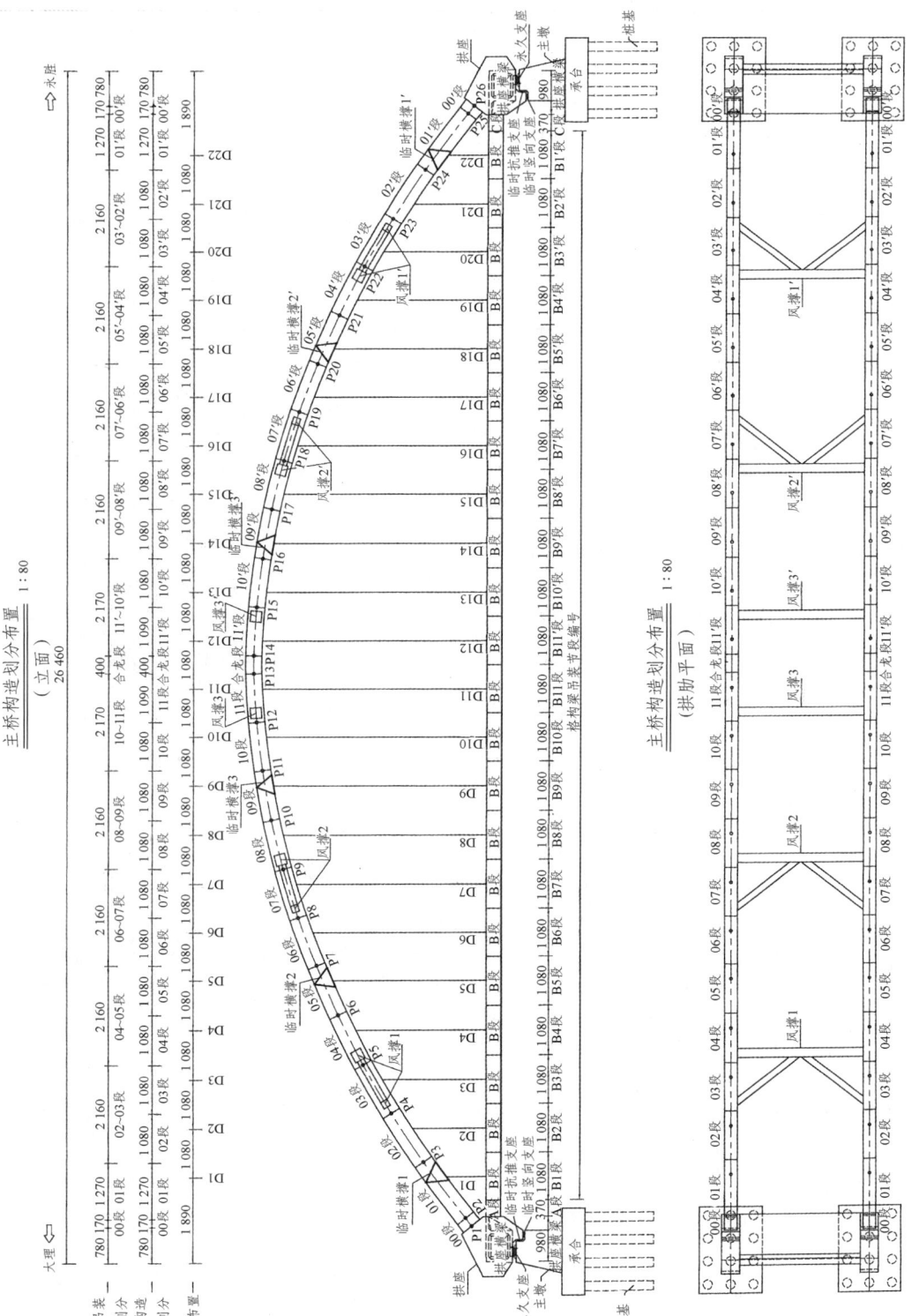

图 2-3 主拱立面（单位：mm）

拱肋采用钢箱截面，宽度为 2.8 m，高度沿水平投影长度上线性渐变，其中，拱脚高度为 4.5 m，拱顶高度为 3.5 m。拱箱的顶板、底板和腹板的厚度均为 30 mm。拱箱内部的横隔板间距为 3~3.8 m，普通横隔板的厚度为 20 mm，吊杆处的横隔板厚度为 30 mm。顶板和底板均设置了 4 道纵向加劲肋，加劲肋之间的距离为 550 mm。腹板设置了 6 道纵向加劲肋。加劲肋之间的距离从拱脚到拱顶采用 650~500 mm 的渐变。加劲肋的高度为 280 mm，厚度为 25 mm。其中，纵向加劲肋在吊杆横隔板处与其焊接连接，在普通横隔板处穿过横隔板并于其单侧焊接。拱肋截面如图 2-4 所示。

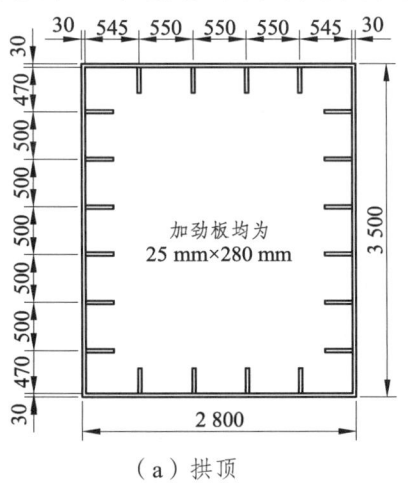 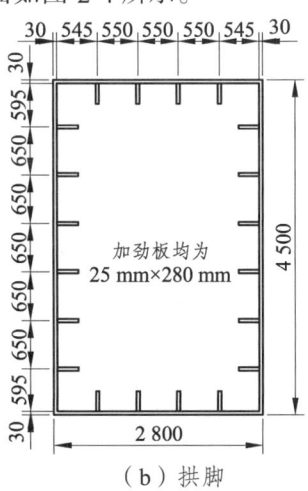

（a）拱顶　　　　　　　　　（b）拱脚

图 2-4　拱肋截面（单位：mm）

一字形风撑的外尺寸为 2.4 m×2.4 m，顶板、底板和腹板的厚度均为 20 mm。内侧设置了 12 道纵向加劲肋，加劲肋之间的间距为 600 mm，高度为 180 mm，厚度为 16 mm。K 形风撑中的斜撑的外尺寸为 1.4 m×1.6 m，顶板、底板和腹板的厚度均为 20 mm。内侧设置了 8 道纵向加劲肋，顶板和底板加劲肋之间的间距为 520 mm，腹板加劲肋之间的间距为 460 mm。加劲肋的高度为 180 mm，厚度为 16 mm。横撑与拱肋之间采用整体节点连接，整体节点与横撑之间采用全断面熔透焊接。风撑的最大吊装质量约为 51 t。风撑截面如图 2-5 所示。

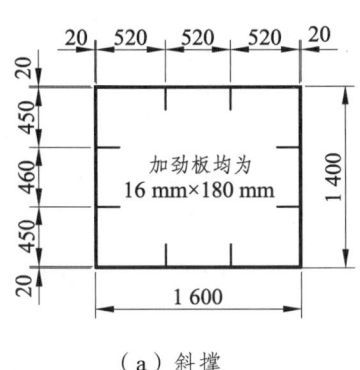 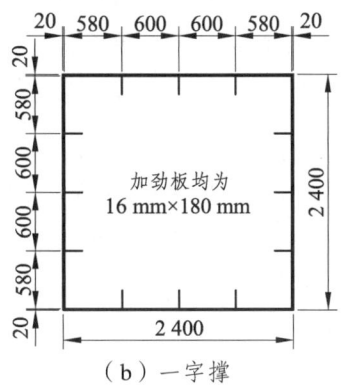

（a）斜撑　　　　　　　　　（b）一字撑

图 2-5　风撑截面（单位：mm）

金鸡达旦河大桥采用体外束方式设计系杆（图 2-6），每侧设置 10 束钢绞线系杆，索体选用镀锌钢绞线，并带有双层高密度聚乙烯（HDPE）护套，全桥共计设置 20 束系杆。这些系杆在整个跨径范围内，由支撑架承托于主纵梁内横隔板和主纵梁顶面上。当系杆延伸至拱座后，通过预埋的转向钢管完成竖向弯曲，随后锚固在拱座两侧。系杆的拉伸过程采取分阶段实施。为降低系杆与支撑构件间的摩擦，支撑架采用钢板焊制成支架，中间设置了配备 40Mn 销轴的尼龙纤维滚轮。

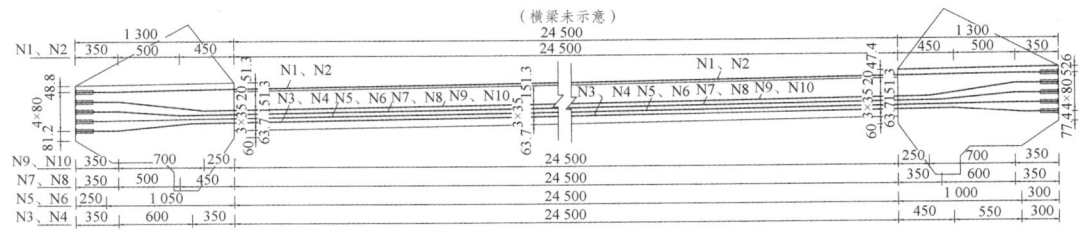

图 2-6　系杆布置（单位：mm）

全桥拱肋总共配备了 22 对吊杆，吊杆结构如图 2-7 所示。吊杆在纵向上的间距为 10.8 m，在横桥向的间距为 30.6 m。这些吊杆采用了 7-109 型号的平行钢丝拉索，索体由镀锌钢丝制成，并带有双层 HDPE 护套。吊杆的上端被锚固在拱肋横隔板的锚固套筒内，而下端则锚固在主纵梁横隔板的锚固套筒内。为了适应施工以及在成桥后吊杆的转角需要，吊杆的上端和下端的冷铸锚锚固处都设置了球面垫板。

主纵梁采用钢箱截面，高度为 3.2 m，宽度为 2.8 m，顶板、底板以及腹板的厚度均为 25 mm。主纵梁的横隔板间距为 3.6 m，普通横隔板的厚度为 16 mm，吊杆处的横隔板厚度为 30 mm。主纵梁的顶板、底板以及腹板都设置了 4 道纵向加劲肋。其中，顶板和底板的加劲肋间距为 550 mm，腹板的加劲肋间距为 640 mm。加劲肋的高度均为 240 mm，厚度为 20 mm。纵向加劲肋在普通横隔板处穿过横隔板并与其一侧焊接连接，在吊杆横隔板处则与吊杆横隔板焊接。节段内的吊杆吊点布置在钢箱断面的竖向中心线上，锚垫板通过承压板放置在外径为 325 mm 的锚管上。格构梁的次纵梁采用工形钢板梁，梁高为 800 mm，顶板宽度为 600 mm，底板宽度为 600 mm。横桥向两侧的次纵梁的顶板厚度为 25 mm，中间的三道次纵梁的顶板厚度为 16 mm，腹板的厚度为 16 mm，底板的厚度为 20 mm。

标准梁段的纵向每隔 3.6 m 设置一道横梁，这些横梁采用工形钢板梁。横梁的高度在桥中线处为 2.2 m；顶板宽度为 650 mm，厚度为 16 mm；底板宽度为 650 mm，厚度为 25 mm；腹板的厚度为 16 mm。主纵梁、次纵梁和横梁之间都采用焊接连接。格构梁标准横断面如图 2-8 所示。

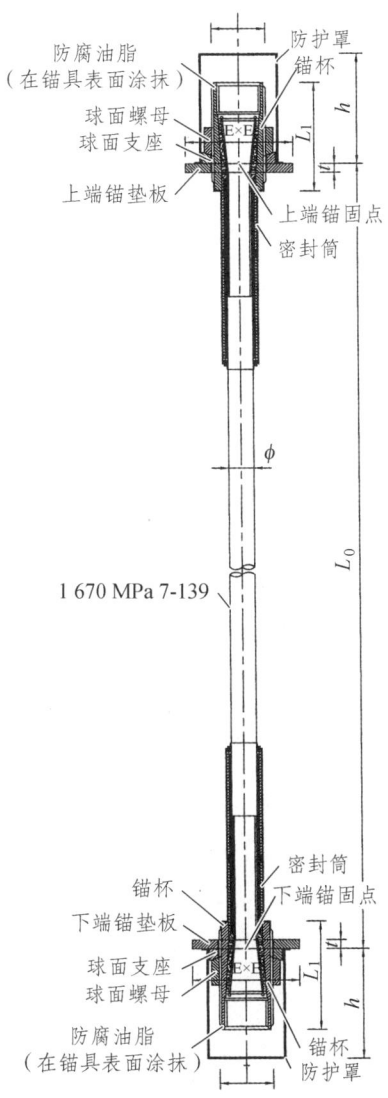

图 2-7 吊杆结构

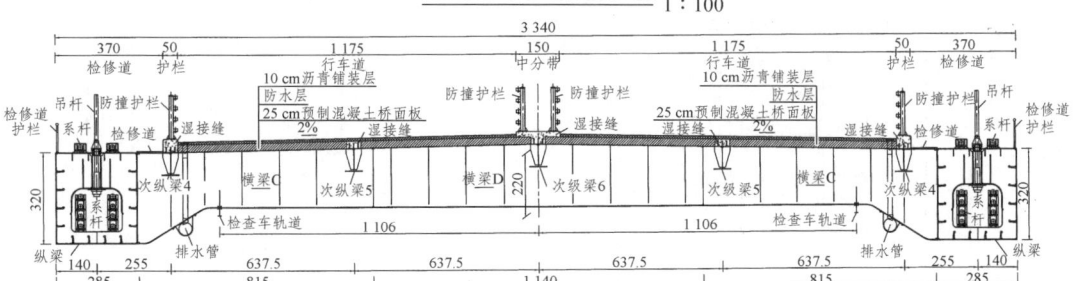

图 2-8 格构梁标准横断面（单位：mm）

2.4 下部结构

主墩是实心墩,横桥向宽度为 4.0 m。在纵桥向上,主墩采用了变截面设计,并运用钢筋混凝土结构。同时,主墩内部设有冷却管,以降低施工过程中产生的水化热影响。主墩基础采用承台群桩基础,每个单侧拱肋对应一个独立的主墩基础。这些基础采用 12 根直径为 2.0 m 的钻孔灌注桩,按照摩擦桩受力方式进行设计。每个承台的尺寸为 18.8 m× 13.8 m×5.0 m。

主墩结构示意如图 2-9 所示。

拱座是一种异形钢筋混凝土构件,沿着桥的顺桥向长度为 13.0 m,横桥向宽度为 4.0 m。梁拱结合段示意如图 2-10 所示。主拱肋和格构梁主纵梁通过钢-混结合段连接(这个结合段由预埋钢板、预应力粗钢筋、内外法兰等组成),以与拱座紧密连接。钢-混结合段在工厂进行统一制作,然后在现场吊装定位,最后与拱座的混凝土一起浇筑。拱座的横梁是一种箱形预应力混凝土构件,箱的宽度为 7.0 m,而箱的高度可以适应桥面横坡的需求而变化,底缘保持水平。这个箱形结构包括腹板、顶板和底板,它们的厚度都为 0.7 m,并且内部设有三道横隔板,横隔板的厚度也为 0.7 m。

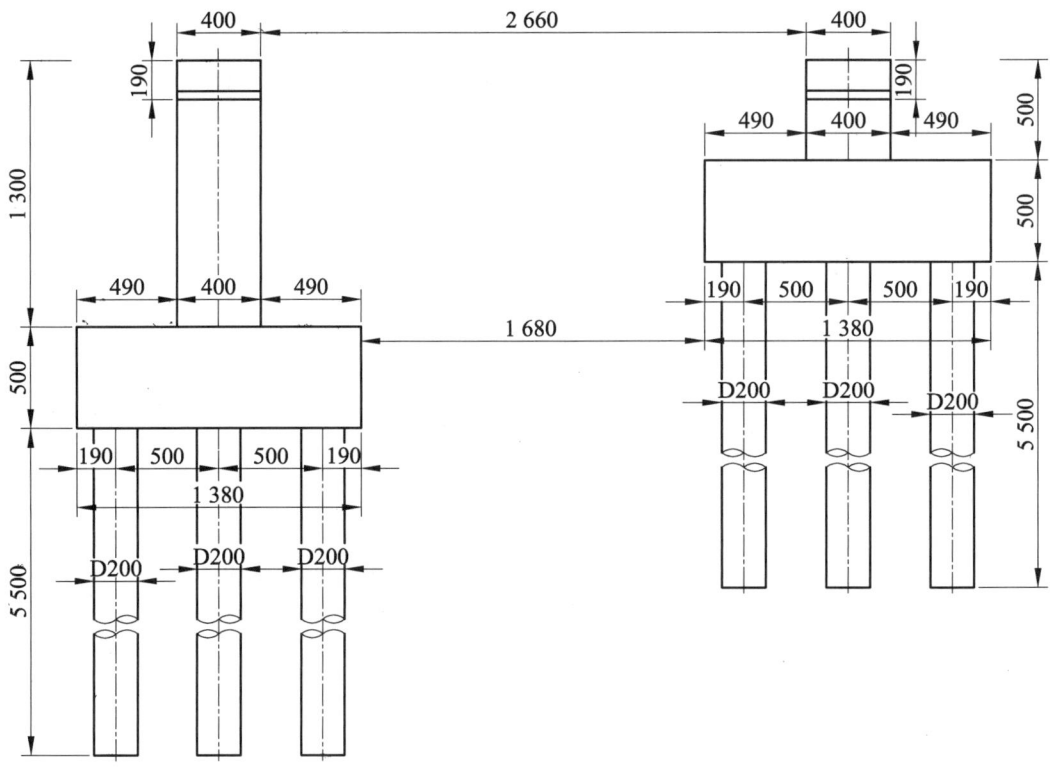

(a)大理岸

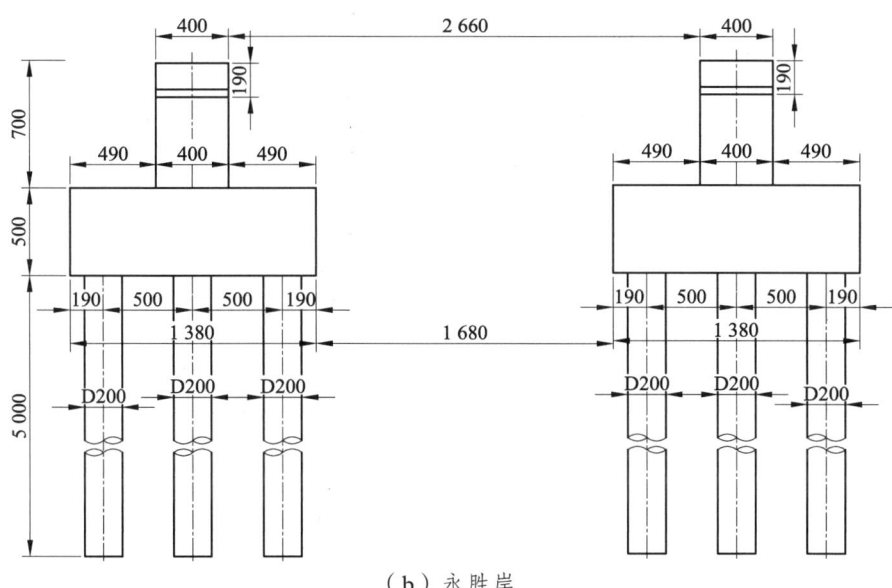

（b）永胜岸

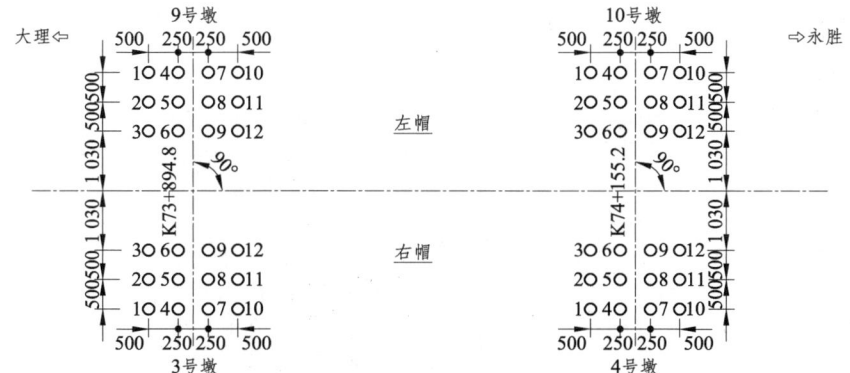

（c）桩基布置平面

图2-9 主墩结构示意（单位：cm）

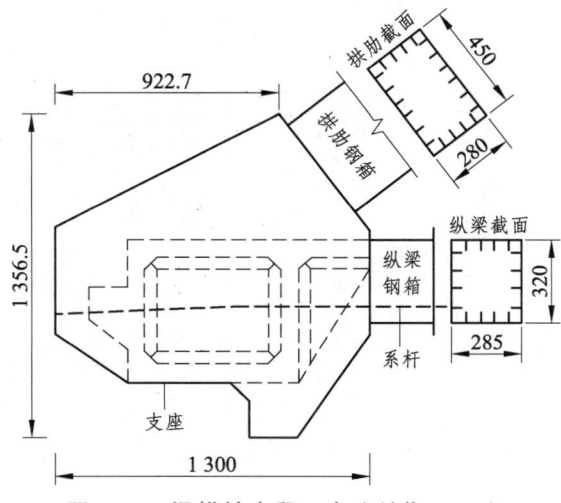

图2-10 梁拱结合段示意（单位：cm）

2.5 施工工艺

在进行桩基施工前,施工单位应实地放样并校核,确保桩位坐标准确无误。施工过程中,采用回旋钻进行成孔,以尽量减少对桩底和桩侧土层的扰动。为避免桩体串孔或断桩情况的发生,相邻两孔不得同时进行钻孔或混凝土浇筑。钻孔时,应特别注意保持相邻已有桩基的稳定性,并随时观测其是否发生变形。如有必要,应及时采取适当的支护措施。桩基施工必须严格遵循清孔要求,确保桩底沉渣厚度不超过规范规定的限值。每个桩基均需进行质量检测,以保证其符合标准要求。主钢筋的接头可采用机械接头或闪光接触对焊。无论采用何种接头方式,其位置均应错开布置,且同一水平面内的钢筋接头数量不得超过总钢筋数量的40%。桩基施工完成后,必须采用超声波检测方法进行质量检验,并结合抽芯检测结果,以确保桩基质量符合结构安全要求。鉴于实际地质情况可能与设计资料存在差异,施工过程中桩底标高的确定应以实际揭露的地质情况为依据。若发现实际地质情况与设计资料不符时,施工单位应及时通知监理和设计代表,以便研究是否需要调整桩长等施工参数。

主墩承台和墩身施工如图 2-11、图 2-12 所示。

图 2-11　主墩承台施工

图 2-12　主墩墩身施工

梁拱结合部（图 2-13）承担着主拱推力、主纵梁轴力、系杆压力、端横梁横向预压力及桥跨结构支承反力，不仅是梁拱的连接处和系杆的锚固点，更是确保拱肋空间稳定性的关键构件。因其承受复杂的力学作用，该部位的性能直接决定了下承式系杆拱桥的承载能力与跨越能力。金鸡达旦河大桥通过试验与有限元分析相结合的方法，研究了大跨径下承式系杆拱桥拱梁结合部的受力特性、变形特征、应力分布及传力规律。在确保安全可靠的基础上，该桥采用了钢-混结构梁拱结合部设计，充分发挥了钢材与混凝土材料的优势，实现了资源的高效利用。

图 2-13　梁拱结合部

在大跨径下承式钢箱系杆拱桥的施工中，通常采用无推力拱座，并通过支架施工法完成拱座和横梁的建造（图 2-14）。具体而言，该方法包括在拱座周围搭建钢管桩支架，并利用钢模板和拉杆作为模板支撑。模板和支架的安装与拆卸通常借助汽车吊完成，而混凝土则采用泵送方式浇筑。值得注意的是，在拱座施工之前，需预先埋设拱肋预埋节段。鉴于工程具有高配筋率、预埋件定位精度要求高、混凝土振捣密实难度大等特点，且拱座在后续施工中需承受复杂的水平与竖向推力，施工质量将直接影响整体结构的受力性能。为确保预埋段的安装精度，施工中采用角钢作为劲性骨架进行拱肋预埋段的定位安装。同时，为降低混凝土振捣对预埋段的影响，拱座与横梁的混凝土浇筑采用自密实大体积混凝土，并实施分层分段浇筑。

图 2-14　拱座横梁钢筋及预埋段安装

为减少对桥位库区生态环境的影响，避免在水中设置临时支墩等结构，金鸡达旦河大桥在施工中采用了先拱后梁施工工艺（图 2-15）。该工艺通过设置临时锚固系统，充分发挥装配拼装施工的优势，不仅加快了施工进度，还大幅减少了设备和临时设施的投入，相较于常规支架的先梁后拱或水中栈桥顶推工艺，显著缩短了工期并减少了造价。该工艺具有快速、经济、环保的显著优势。根据桥梁结构形式、周边环境、吊重及地质水文等条件，设计了一套满足钢箱系杆拱桥起重吊装要求的缆索吊装系统，其主要吊装负荷为钢箱拱拱肋节段和格构梁。拱肋按设计分段在工厂预制，分节段运输至现场存放并吊装（图 2-16）。所有拱肋从永胜岸起吊，首节段较短，采用支架法安装；其余节段则采用无支架斜拉扣挂缆索吊装法。拱肋以整节段形式安装，单肋安装完成后，待左右幅同一节段就位后，安装节段连接横撑，即完成一个节段的施工。拱肋节段在两岸对称悬拼，每安装一个节段，设置一个扣索，其余节段则每两个节段设置一个扣索。

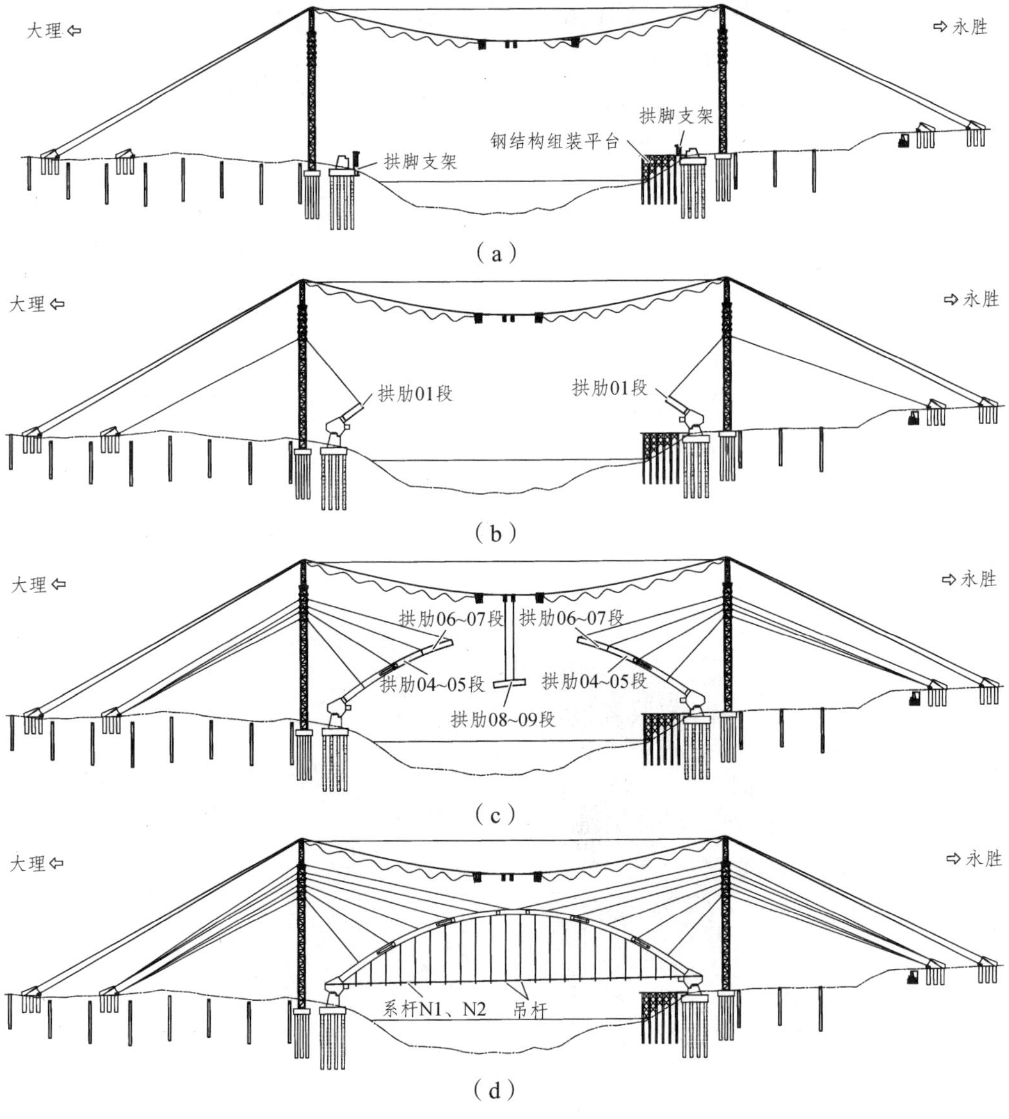

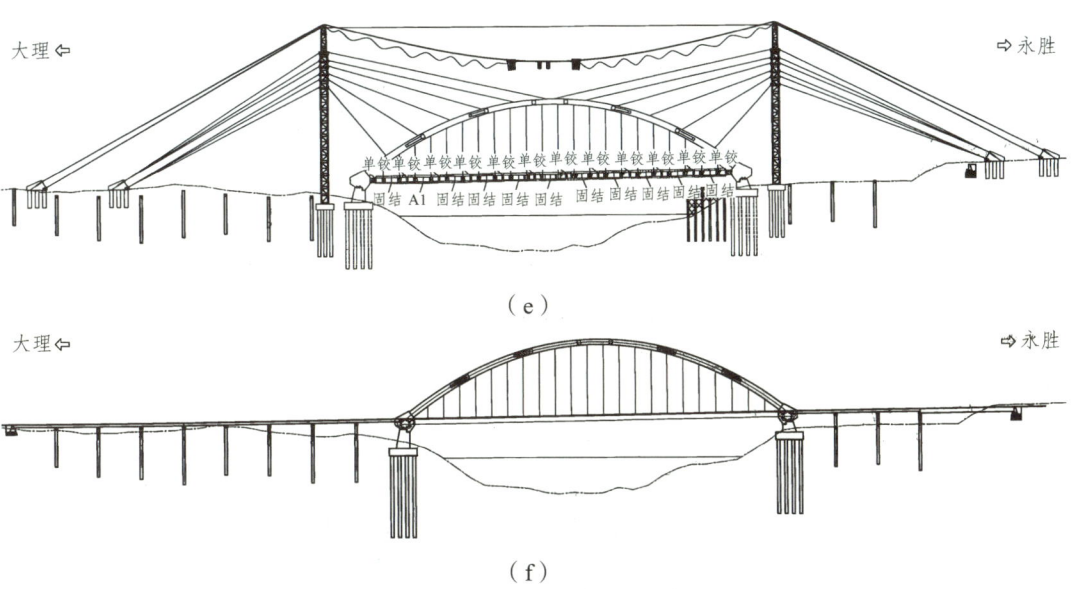

(e)

(f)

图 2-15　先拱后梁施工流程

(a) 拱肋正在吊装

(b) 拱肋吊装完成

图 2-16　拱肋吊装示意

金鸡达旦河大桥主梁采用钢-混组合梁结构,其钢格构梁设置于混凝土桥面板之上,由主纵梁、次纵梁和横梁共同构成。钢主梁节段长度为 10.8 m,宽度为 33.5 m。由于采用先拱后梁法施工,无法进行垂直起吊运梁,且拱与梁的吊点存在相互干涉问题。为此,在主纵梁外侧设置了长度为 1.525 m、高度为 1.3 m 的特大型空间转换吊具,同时通过缆索吊起重索顶推实现同步横移,使整节段格构梁能够在钢箱拱两侧完成垂直起吊与横移(图 2-17),从而满足钢主梁节段的吊装需求。在永胜岸侧搭建吊装平台,将组装好的单元件节段整体吊装。格构梁节段从拱肋两侧的总拼胎架先纵向后横向移至拱肋下方起吊。两岸向中间对称吊装,利用两套跑车系统进行左右抬吊,并及时安装节段间的连接螺栓。

图 2-17 格构梁整节段吊装

金鸡达旦河大桥全桥共设有 22 对吊杆。为提升格构梁的吊装效率,采用独立吊装系统进行吊杆安装,并与格构梁安装同步进行,确保平行作业。吊杆施工如图 2-18 所示。该独立吊装系统布设于拱肋箱室内,由起重索、导轮组和吊钩组成,可垂直提升吊杆,使其穿过拱肋底板上的安装孔,最终完成吊杆各组件的安装。

第 2 章 金鸡达旦河大桥设计与施工概况

图 2-18 吊杆施工

金鸡达旦河大桥全桥共配置了 20 束永久系杆，其中上下游两侧各设有 10 束钢绞线成品索。永久系杆安装如图 2-19 所示。永久系杆索采用体外预应力束方式设计，其中上下游各有 2 束布置于钢格构梁主纵梁箱体外侧顶面，兼作临时系杆；8 束布置于钢格构梁主纵梁箱体内侧，分 4 层设置。考虑到永久系杆的特性，工程施工过程中充分利用结构中的永久系杆，采用分批分级的张拉施工方式，以完成全桥的体系转换施工。

图 2-19 永久系杆安装

第 3 章 高烈度近场强震区大跨拱桥结构抗震性能及减隔震技术

我国在大跨拱桥结构动力性能方面的研究相对滞后，仍存在诸多未解难题。因此，深入研究钢箱系杆拱桥的动力特性显得尤为重要，这不仅为桥梁结构的抗震与抗风设计提供了重要的理论依据，更为拱桥建设的持续发展奠定了坚实基础。本章基于金鸡达旦河大桥的设计方案，建立了全桥结构的空间动力有限元计算模型，并考虑了相邻联引桥的影响。根据初步分析，建议采用摩擦摆式减隔震支座，并在此基础上研究了该结构的动力特性。采用反应谱和非线性时程分析方法，对结构抗震性能进行了研究，评估了大跨拱桥在两种设防水准（E1 地震作用、E2 地震作用）地震输入下的抗震及隔震性能。为综合控制桥梁在地震和使用荷载下主梁梁端的位移，提出了两种方案：一是在支座垫石处同时设置阻尼器和减隔震支座；二是单独设置减隔震支座。同时，根据研究结果给出了阻尼器和减隔震支座的参数取值，在满足同等抗震水平的前提下，实现降低建造费用的目标。

3.1 高烈度近场强震区地震动参数分析

3.1.1 设防标准及性能目标

金鸡达旦河大桥是主跨跨径为 265 m 的下承式钢箱系杆拱桥，属 A 类桥梁，其抗震设防标准为：中震（E1 地震作用，50 年超越概率 10%）不坏，大震（E2 地震作用，50 年超越概率 2%）可修。具体设防标准及性能目标见表 3-1。

表 3-1 主桥抗震设防标准及性能目标

设防标准	构件类别	结构性能要求	受力状态	功能要求
E1 地震作用	主梁	无损伤	保持弹性	车辆正常通行
	拱肋	无损伤		
	吊索	无损伤		
	桥墩	无损伤		
	支座	无损伤	减隔震工作状态	
E2 地震作用	主梁	轻微损伤	总体保持弹性	经简单修复可继续使用或依靠结构重力自行恢复
	拱肋	轻微损伤	总体保持弹性	
	吊索	无损伤	保持弹性	
	桥墩	轻微损伤	总体保持弹性	
	支座	无损伤	减隔震工作状态	

3.1.2 地震动参数

工程场地设计地震动加速度反应谱取为

$$S_a(T) = A_{\max} \beta(T) \tag{3-1}$$

$$\alpha_{\max} = A_{\max} \beta_{\max} / 981 \tag{3-2}$$

$$\beta(T) = \begin{cases} 1 & T \leqslant 0.04 \\ 1 + (\beta_{\max} - 1)\dfrac{T - 0.04}{T_1 - 0.04} & 0.04 < T \leqslant T_1 \\ \beta_{\max} & T_1 < T \leqslant T_2 \\ \beta_{\max} \left(\dfrac{T_2}{T}\right)^\gamma & T_2 < T \leqslant 6 \end{cases} \tag{3-3}$$

式中：$A_{\max}$——设计地震动峰值加速度；

$\alpha_{\max}$——地震影响系数最大值；

$\beta_{\max}$——动力放大系数反应谱平台值；

T_1——设计反应谱第一拐点周期；

T_2——设计反应谱第二拐点周期；

γ——设计反应谱下降段衰减指数，在此取 1.0。

根据《金鸡达旦河大桥工程场地地震安全性评价报告》，主桥工程场地设计地震动峰值加速度反应谱参数见表 3-2。

表 3-2 主桥工程场地地震动参数值

50 年超越概率	T_1/s	T_2/s	$\beta_{\max}$	γ	$A_{\max}$/gal
P50（63%）	0.1	060	2.95	1.0	98.8
P50（10%）	0.1	0.70	2.95	1.0	349.7

注：1 gal=1 cm/s²。

进行结构地震分析时，主桥的反应谱需采用 0.03 的阻尼比。根据表 3-2 的主桥工程场地地震动参数值得到主桥反应谱曲线，如图 3-1 所示。

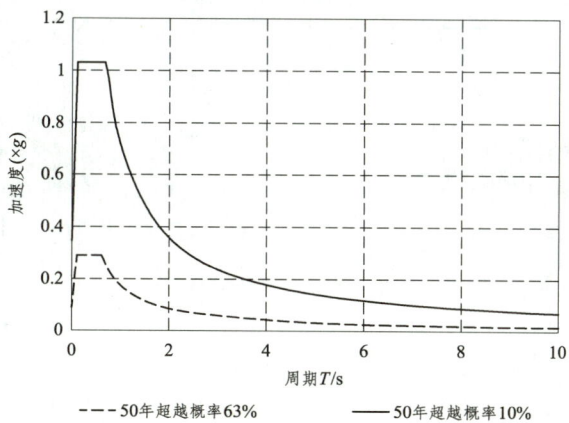

图 3-1 主桥地震动加速度反应谱（阻尼比为 0.03）

抗震评价竖向设计加速度反应谱由水平向设计加速度反应谱乘以式（3-4）、式（3-5）给出的竖向/水平向谱比函数 R。

基岩场地：

$$R = 0.65 \quad (3\text{-}4)$$

其他场地：

$$R = \begin{cases} 1.0 & T < 0.1 \\ 1.0 - 2.5(T-0.1) & 0.1 \leqslant T < 0.3 \\ 0.5 & T \geqslant 0.3 \end{cases} \quad (3\text{-}5)$$

对主桥非线性时程动力计算模型进行地震反应分析时，采用《金鸡达旦河大桥工程场地地震安全性评价报告》中提供的 E1 和 E2 两种地震左右下的地震时程波（各 7 条波），如图 3-2、图 3-3 所示。

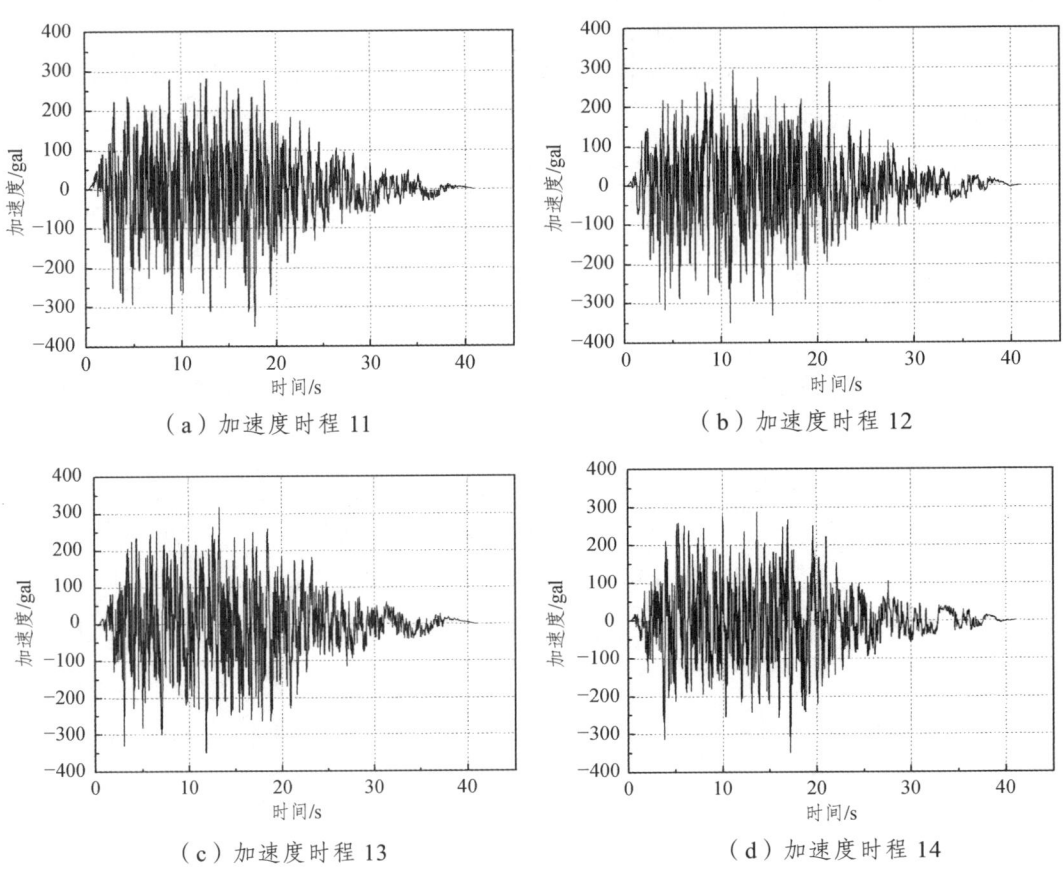

（a）加速度时程 I1

（b）加速度时程 I2

（c）加速度时程 I3

（d）加速度时程 I4

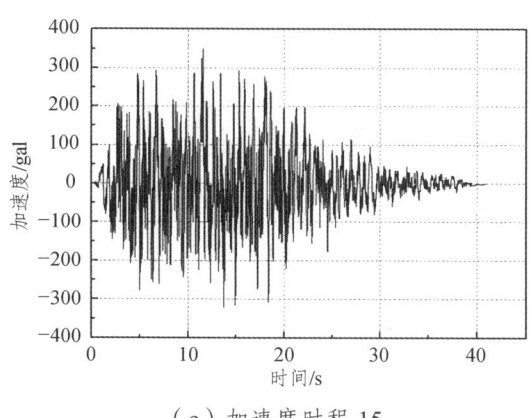
（e）加速度时程 15

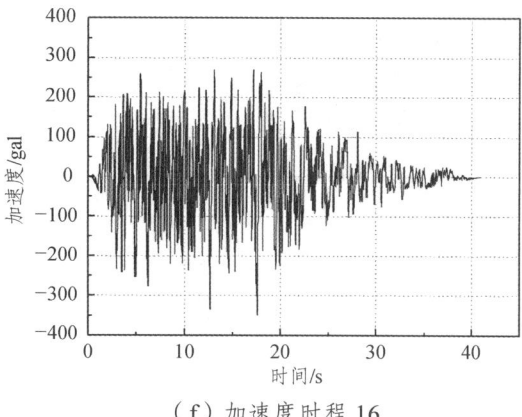
（f）加速度时程 16

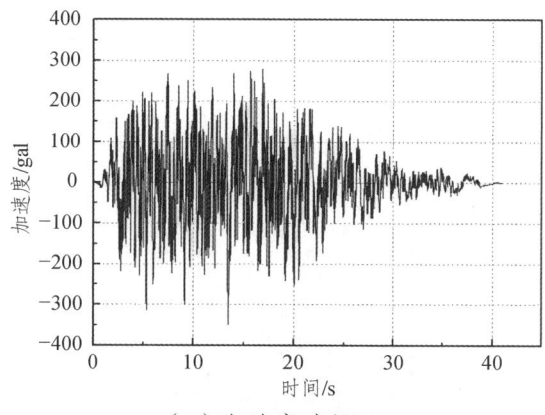
（g）加速度时程 17

图 3-2　E1 地震作用

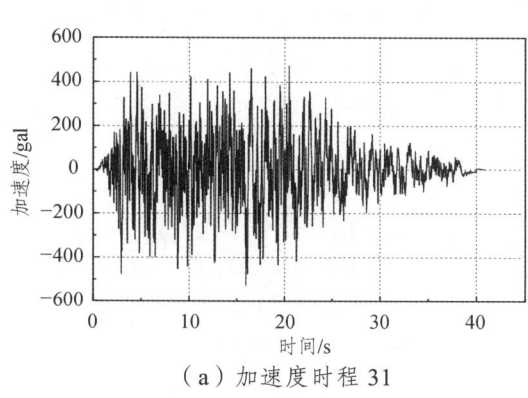
（a）加速度时程 31

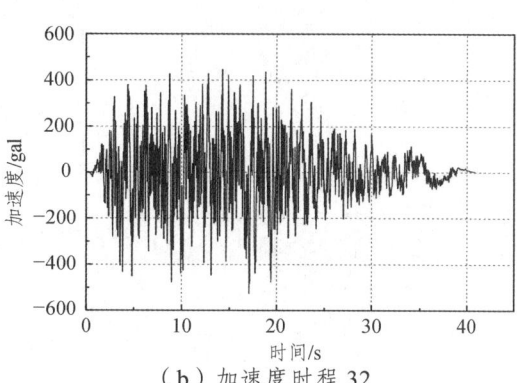
（b）加速度时程 32

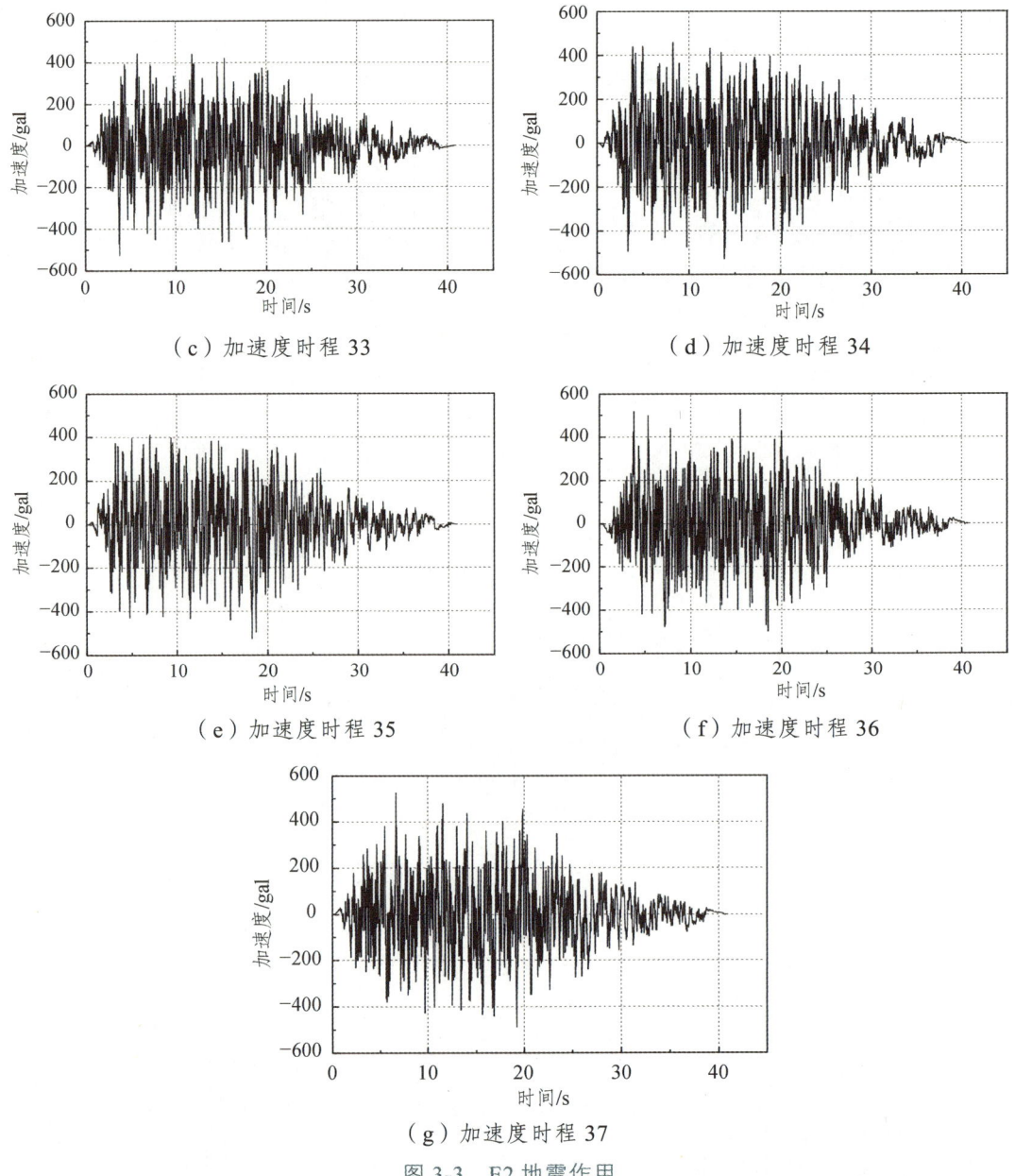

(c) 加速度时程 33

(d) 加速度时程 34

(e) 加速度时程 35

(f) 加速度时程 36

(g) 加速度时程 37

图 3-3 E2 地震作用

3.2 全桥动力分析模型及结构动力特性

3.2.1 主梁、拱肋、桥墩、吊杆和系杆模拟

在模型中，主梁、拱肋、风撑、桥墩、吊杆及系杆均采用梁单元进行模拟。其中，吊杆及系杆单元释放了局部坐标系中 2 轴和 3 轴的弯矩及扭矩，并考虑了恒载作用对

结构刚度的影响（$P\text{-}\Delta$ 效应）。承台近似按刚体模拟，其质量集中于承台质心，承台底部采用固结约束。主桥桥面板采用板单元模拟，二期恒载则以线质量形式施加于主梁单元上。

3.2.2 约束条件的模拟

支座采用摩擦摆减隔震支座。在小震作用下（50 年超越概率 63%），剪力销不会发生破坏，支座为固定、单向滑动、双向滑动支座，采用弹性单元模拟其约束情况；在中震及大震作用下，剪力销发生破坏，支座均为摩擦摆减隔震支座，采用双线性单元模拟其初始刚度及屈服后刚度。在进行线性分析时，引桥滑动支座不考虑其摩擦耗能作用，主桥摩擦摆采用等效刚度进行计算；在进行非线性分析时，引桥滑动支座考虑其摩擦耗能作用。主桥摩擦摆减隔震支座的性能如图 3-4 所示，其力学参数见表 3-3。其中，设计减隔震起始力为 14 000 kN（竖向承载力的 20%）。

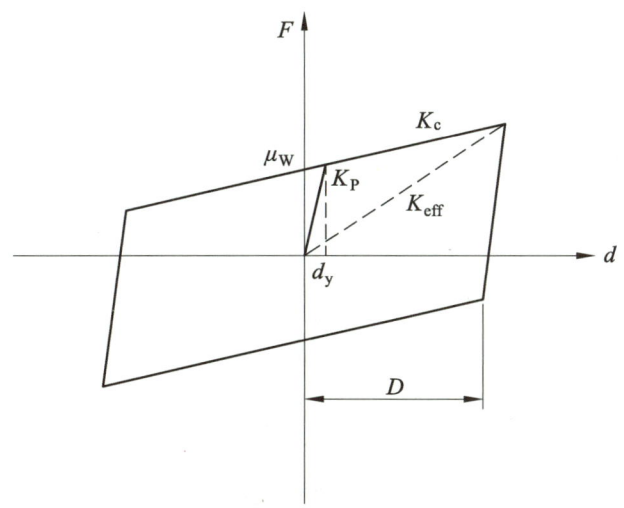

图 3-4　摩擦摆减隔震支座的性能

表 3-3　摩擦摆减隔震支座的力学参数

规格尺寸	承载力/kN	半径/m	支座减隔震位移/mm	水平屈服力/kN	等效线性刚度/(N/mm)	初始水平刚度/(N/mm)	屈服后水平刚度/(N/mm)	竖向压缩刚度/(N/mm)	刚度比值	摩擦系数
FPQZ-70000-GD-e400-R6	70 000	6	400	1 650	13 234	660 000	9 166.7	1×10^{10}	0.013 9	0.03
FPQZ-70000-DX-e400-R6	70 000	6	400	1 650	13 234	660 000	9 166.7	1×10^{10}	0.013 9	0.03
FPQZ-70000-SX-e400-R6	70 000	6	400	1 650	13 234	660 000	9 166.7	1×10^{10}	0.013 9	0.03

3.2.3 结构动力特性

基于金鸡达旦河大桥的设计资料，采用通用有限元软件 SAP2000 建立了主桥及引桥的动力分析模型，以进行抗震性能分析。计算模型均以顺桥向为 X 轴，横桥向为 Y 轴，竖桥向为 Z 轴。支座采用 WEN 模型，其顶端与上部结构共用节点，底端与墩顶共用节点，墩底固结。全桥有限元模型如图 3-5 所示。表 3-4 列出了前 50 阶周期、频率及累计质量参数。

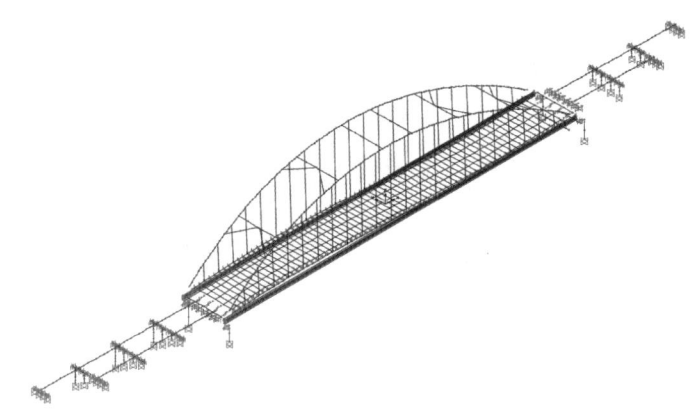

图 3-5　全桥有限元模型

表 3-4　金鸡达旦河大桥动力特性（采用等效刚度）

振型阶数	周期 T/s	频率 f/Hz	$\sum U_X$	$\sum U_Y$	$\sum U_Z$
1	4.126	0.242	0.502	0.000	0.000
2	4.086	0.245	0.502	0.530	0.000
3	3.195	0.313	0.502	0.530	0.000
4	3.166	0.316	0.502	0.530	0.000
5	2.961	0.338	0.502	0.530	0.000
6	2.575	0.388	0.502	0.550	0.000
7	2.573	0.389	0.535	0.550	0.000
8	2.530	0.395	0.535	0.550	0.000
9	1.929	0.518	0.583	0.550	0.000
10	1.906	0.525	0.648	0.550	0.000
11	1.898	0.527	0.648	0.598	0.000
12	1.881	0.532	0.648	0.645	0.000
13	1.878	0.532	0.695	0.645	0.000
14	1.818	0.550	0.695	0.708	0.000
15	1.526	0.655	0.727	0.708	0.000
16	1.457	0.686	0.727	0.712	0.000

续表

振型阶数	周期 T/s	频率 f/Hz	$\sum U_X$	$\sum U_Y$	$\sum U_Z$
17	1.330	0.752	0.727	0.712	0.016
18	1.015	0.985	0.727	0.723	0.016
19	0.930	1.075	0.727	0.723	0.016
20	0.890	1.123	0.727	0.724	0.016
21	0.854	1.170	0.727	0.724	0.286
22	0.742	1.348	0.727	0.724	0.286
23	0.721	1.387	0.727	0.724	0.286
24	0.634	1.578	0.727	0.724	0.286
25	0.504	1.986	0.727	0.724	0.286
26	0.496	2.016	0.727	0.724	0.304
27	0.445	2.245	0.727	0.724	0.304
28	0.400	2.501	0.727	0.724	0.304
29	0.382	2.616	0.727	0.724	0.304
30	0.361	2.772	0.727	0.724	0.304
31	0.358	2.791	0.727	0.724	0.304
32	0.335	2.987	0.727	0.724	0.304
33	0.331	3.022	0.727	0.724	0.304
34	0.322	3.106	0.727	0.724	0.304
35	0.319	3.130	0.727	0.724	0.304
36	0.303	3.302	0.727	0.724	0.305
37	0.302	3.313	0.727	0.724	0.306
38	0.301	3.321	0.727	0.724	0.307
39	0.300	3.336	0.727	0.724	0.324
40	0.298	3.353	0.727	0.724	0.325
41	0.289	3.464	0.727	0.724	0.325
42	0.288	3.467	0.733	0.724	0.325
43	0.273	3.664	0.733	0.724	0.325
44	0.272	3.674	0.733	0.724	0.325
45	0.270	3.705	0.733	0.724	0.326
46	0.264	3.790	0.733	0.724	0.333
47	0.251	3.990	0.733	0.724	0.333
48	0.243	4.116	0.733	0.724	0.333
49	0.242	4.130	0.733	0.724	0.333
50	0.240	4.169	0.733	0.724	0.333

3.2.4 振型示意图

各支座固定方向采用固结处理时，结构前 10 阶振型示意图如图 3-6～图 3-15 所示。

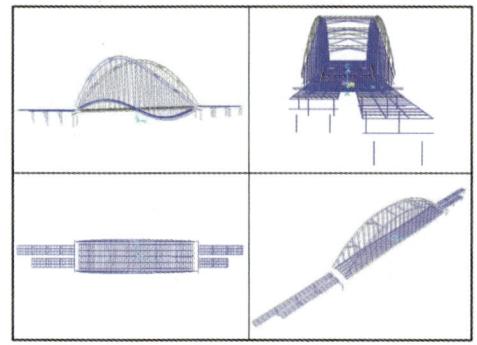

振型特征：主桥纵向平动+竖向弯曲振动

图 3-6　第 1 阶（周期：2.938 s）

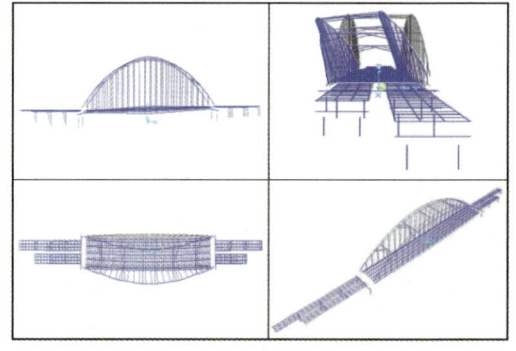

振型特征：主桥横向弯曲振动

图 3-7　第 2 阶（周期：1.750 s）

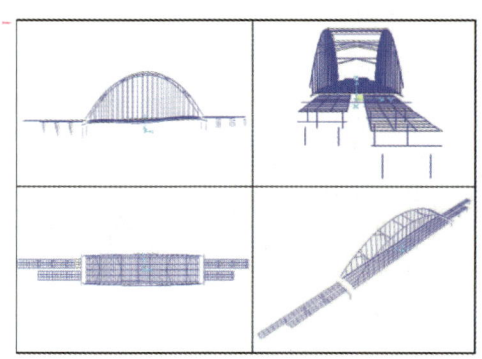

振型特征：主桥竖向弯曲+引桥纵向平动

图 3-8　第 3 阶（周期：1.448 s）

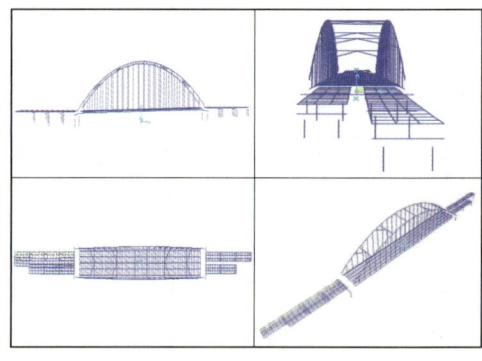

振型特征：引桥横桥向平动

图 3-9　第 4 阶（周期：1.410 s）

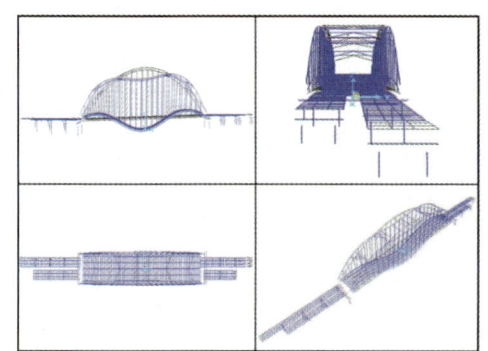

振型特征：主桥竖向对称弯曲+引桥纵桥向平动

图 3-10　第 5 阶（周期：1.403 s）

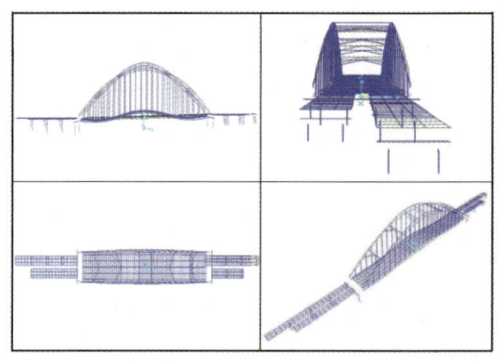

振型特征：主桥竖向对称弯曲+引桥纵桥向平动

图 3-11　第 6 阶（周期：1.352 s）

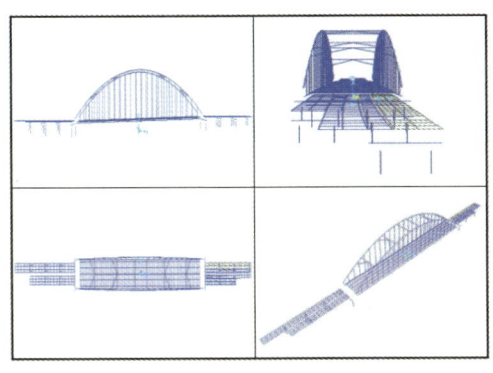

振型特征：引桥横桥向平动

图 3-12　第 7 阶（周期：1.333 s）

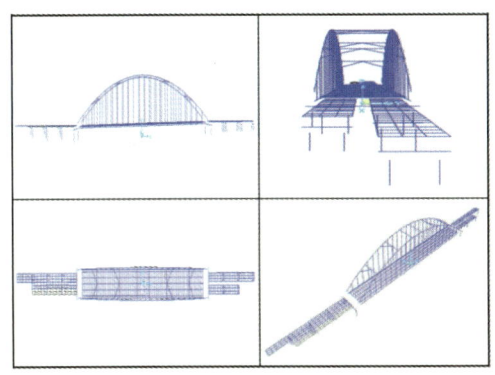

振型特征：引桥横桥向平动

图 3-13　第 8 阶（周期：1.324 s）

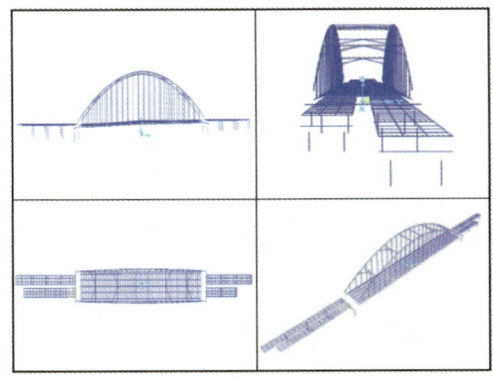

振型特征：主桥竖向弯曲+引桥纵桥向平动

图 3-14　第 9 阶（周期：1.310 s）

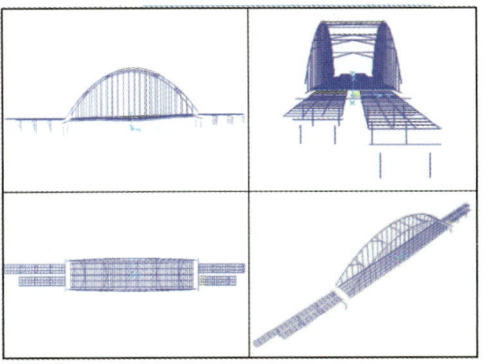

振型特征：主桥竖向弯曲+引桥纵桥向平动

图 3-15　第 10 阶（周期：1.266 s）

各支座固定方向采用等效刚度时，结构前 10 阶振型示意如图 3-16～图 3-25 所示。

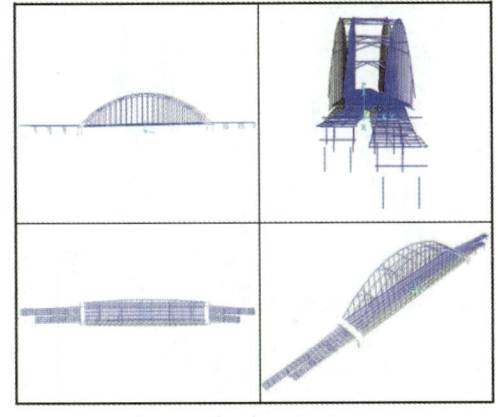

振型特征：全桥横向振动

图 3-16　第 1 阶（周期：3.949 s）

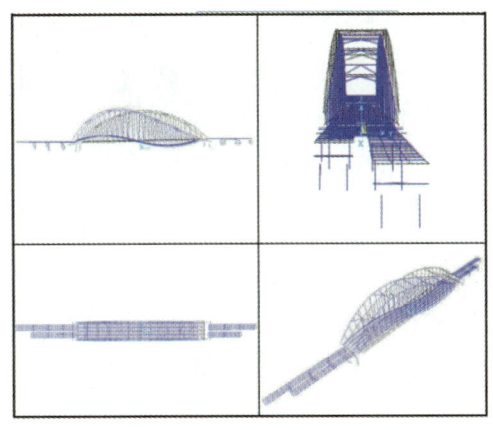

振型特征：主桥纵向平动+竖向弯曲振动

图 3-17　第 2 阶（周期：3.456 s）

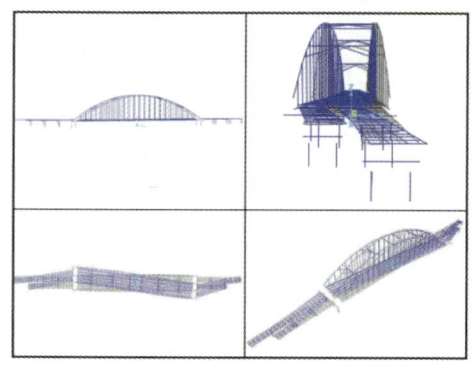

振型特征：主桥横向反对称平动

图 3-18　第 3 阶（周期：2.900 s）

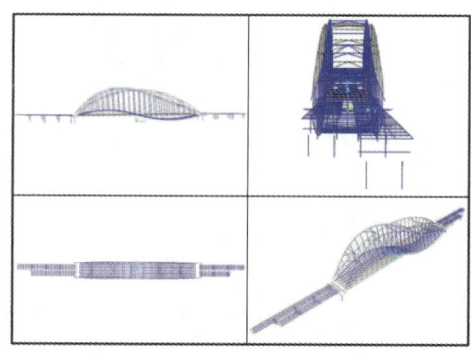

振型特征：主桥竖向弯曲振动

图 3-19　第 4 阶（周期：2.598 s）

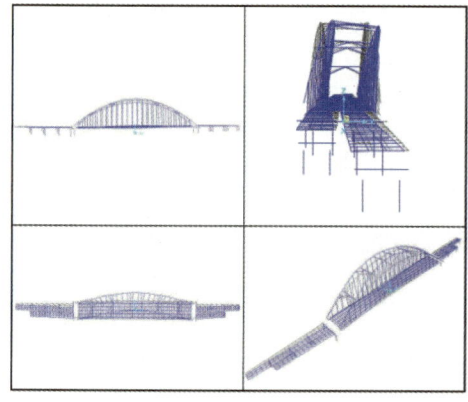

振型特征：主桥横向弯曲振动

图 3-20　第 5 阶（周期：1.504 s）

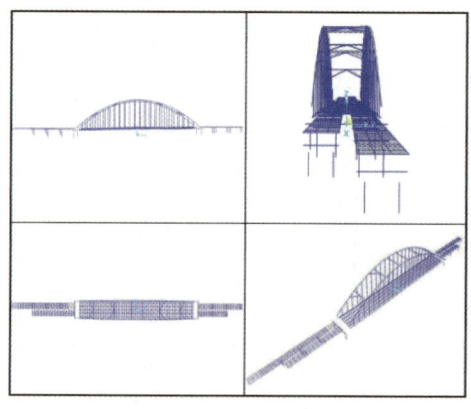

振型特征：引桥纵桥向平动

图 3-21　第 6 阶（周期：1.439 s）

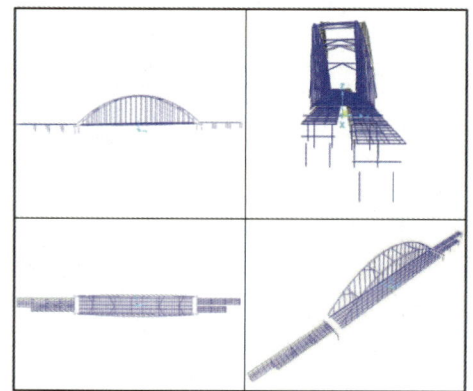

振型特征：主桥横向弯曲+引桥横桥向平动

图 3-22　第 7 阶（周期：1.390 s）

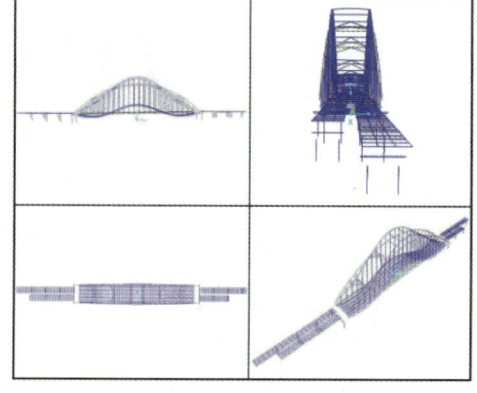

振型特征：主桥竖向弯曲+引桥纵桥向平动

图 3-23　第 8 阶（周期：1.367 s）

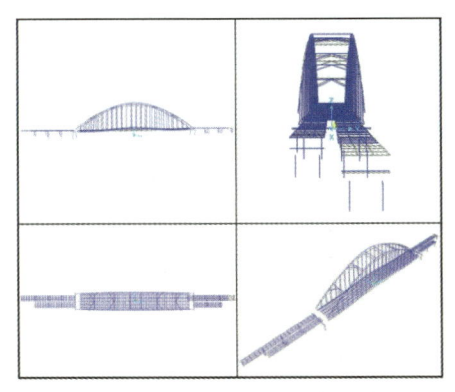

振型特征：主桥竖向弯曲+引桥纵桥向平动

图 3-24　第 9 阶（周期：1.352 s）

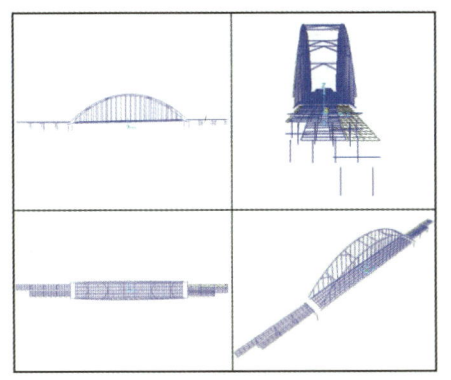

振型特征：主桥横向弯曲+引桥横桥向平动

图 3-25　第 10 阶（周期：1.316 s）

3.3　反应谱分析

3.3.1　支座性能要求

根据设计要求，摩擦摆式减隔震支座的减隔震起始力设定为 20%。当支座水平剪力超过该值时，固定方向的限位销将发生破坏，支座进入非线性状态，实现双向减隔震。通过对主桥各主墩处支座结果的分析可知，在 50 年超越概率 63%的地震作用下，采用 20%的支座竖向设计值时，支座限位销不会发生破坏；而在 50 年超越概率 10%的地震作用下，经试算，支座剪力销发生破坏，支座采用等效刚度进行模拟，因此不提取该地震作用下的支座位移。该地震作用下的支座性能可参考非线性时程分析结果，计算结果应与非线性时程分析结果相结合，共同评估结构受力情况。对支座减震位移的验算表明，在 50 年超越概率 63%的地震作用下，支座位移满足要求。具体结果见表 3-5 ~ 表 3-7。

表 3-5　50 年超越概率 63%地震作用下支座水平地震力－恒载+纵向+竖向地震作用

位置	取值	20%竖向承载力 P/kN	V_2/kN	V_3/kN	验算结果
B1（固定支座）	最大值	14 000	9 657.058	95.405	满足
	最小值		−9 637.692	−155.191	满足
B2（纵向固定）	最大值		9 654.836	27.032	满足
	最小值		−9 633.06	22.685	满足
B3（横向固定）	最大值		377.086	124.654	满足
	最小值		−400.029	−185.448	满足
B4（双向活动）	最大值		377.954	28.135	满足
	最小值		−400.673	23.418	满足

表 3-6　50 年超越概率 63% 地震作用下支座水平地震力 – 恒载+横向+竖向地震作用

位置	取值	20%竖向承载力 P/kN	V_2/kN	V_3/kN	验算结果
B1（固定支座）	最大值		6 889.415	8 443.926	满足
	最小值		−6 870.049	−8 503.712	满足
B2（纵向固定）	最大值		6 879.222	167.392	满足
	最小值	14 000	−6 857.446	−117.676	满足
B3（横向固定）	最大值		191.348	9 291.997	满足
	最小值		−214.29	−9 352.791	满足
B4（双向活动）	最大值		192.034	165.153	满足
	最小值		−214.754	−113.6	满足

表 3-7　支座水平位移　　　　　　　　　　　　单位：mm

位置	取值	纵桥向	横桥向	X_{max}（顺桥向）	X_{max}（横桥向）	验算结果
B1	最大值	—	—	—	—	满足
	最小值	—	—	—	—	满足
B2	最大值	—	2.168	—	±500	满足
	最小值	—	1.82	—	±500	满足
B3	最大值	30.247	—	±500	—	满足
	最小值	−32.088	—	±500	—	满足
B4	最大值	30.317	2.257	±500	±500	满足
	最小值	−32.139	1.878	±500	±500	满足
B1	最大值	—	—	—	—	满足
	最小值	—	—	—	—	满足
B2	最大值	—	13.427	—	±500	满足
	最小值	—	−9.439	—	±500	满足
B3	最大值	15.349	—	±500	—	满足
	最小值	−17.189	—	±500	—	满足
B4	最大值	15.404	13.248	±500	±500	满足
	最小值	−17.226	−9.112	±500	±500	满足

3.3.2　主纵梁截面应力分析

根据《公路钢结构桥梁设计规范》(JTG D64—2015)，对于 25 mm 厚的 Q345 钢材，其抗拉、抗压、抗弯的强度设计值为 270 MPa，故核算恒载和地震作用组合的应力时，采用的强度标准值应为 270 MPa。

对主纵梁截面进行应力分析，计算结果如下。

在 50 年超越概率 63% 地震作用下：主纵梁关键截面应力 – 恒载+纵向+竖向地震作用下，最大正应力为 70.014 MPa，最小正应力为 −159.506 MPa；恒载+横向+竖向地震作用下，最大正应力 61.389 MPa，最小正应力为 -132.035 MPa。

50 年超越概率 10%地震作用下：主纵梁关键截面应力-恒载+纵向+竖向地震作用下，最大正应力为 172.487 MPa，最小正应力为 -176.464 MPa；恒载+横向+竖向地震作用下，最大正应力为 94.511 MPa，最小正应力为 -133.656 MPa。

以上结果均小于 270 MPa，故主纵梁强度满足要求。

3.3.3 拱肋截面应力分析

对拱肋截面进行应力分析，计算结果如下。

在 50 年超越概率 63%地震作用下：恒载+纵向+竖向地震作用下，拱肋 1 截面的最大正应力为 -5.87 MPa，最小正应力为 -187.816 MPa，拱肋 2 截面的最大正应力为 -5.971 MPa，最小正应力为 -187.625 MPa；恒载+横向+竖向地震作用下，拱肋 1 截面的最大正应力为 12.857 MPa，最小正应力为 -212.87 MPa，拱肋 2 截面的最大正应力为 12.212 MPa，最小正应力为 -213.24 MPa。

在 50 年超越概率 10%地震作用下：恒载+纵向+竖向地震作用下，拱肋 1 截面的最大正应力为 54.093 MPa，最小正应力为 -228.655 MPa，拱肋 2 截面的最大正应力为 -3.954 MPa，最小正应力为 -228.622 MPa；恒载+横向+竖向地震作用下，拱肋 1 截面的最大正应力为 48.365 MPa，最小正应力为 -202.936 MPa，拱肋 2 截面的最大正应力为 48.391 MPa，最小正应力为 -202.985 MPa。

以上结果均小于 270 MPa，故拱肋各截面满足要求。

3.3.4 风撑关键截面应力分析

对风撑关键截面进行应力分析，计算结果如下。

在 50 年超越概率 63%地震作用下：应力-恒载+纵向+竖向地震作用下，风撑与拱肋相交点处关键截面的最大正应力为 23.992 MPa，最小正应力为 -24.369 MPa；恒载+横向+竖向地震作用下，风撑与拱肋相交点处关键截面的最大正应力为 40.95 MPa，最小正应力为 -73.953 MPa。在 50 年超越概率 10%地震作用下：恒载+纵向+竖向地震作用下，风撑与拱肋相交点处关键截面的最大正应力为 32.835 MPa，最小正应力为 -33.837 MPa；恒载+横向+竖向地震作用下，风撑与拱肋相交点处关键截面的最大正应力为 89.587 MPa，最小正应力为 -120.253 MPa。

在 50 年超越概率 63%地震作用下：应力-恒载+纵向+竖向地震作用下，风撑横撑与斜撑交点处关键截面最大正应力为 45.843 MPa，最小正应力为 -40.549 MPa；恒载+横向+竖向地震作用下，最大正应力为 52.897 MPa，最小正应力为 -50.545 MPa。在 50 年超越概率 10%地震作用下：恒载+纵向+竖向地震作用下，风撑横撑与斜撑交点处关键截面的最大正应力为 61.129 MPa，最小正应力为 -56.058 MPa；恒载+横向+竖向地震作用下，风撑横撑与斜撑交点处关键截面的最大正应力为 71.924 MPa，最小正应力为 -77.787 MPa。

风撑关键截面均满足强度条件。

3.3.5 吊杆应力分析

主桥吊杆采用 LZM7-139 型设计，索体为环氧喷涂钢丝拉索，成品索高强钢丝的技术标准如下：弹性模量为 2.05×10^5 MPa，标准强度为 1 670 MPa。对吊杆进行应力分析，计算结果如下。

在 50 年超越概率 63%地震作用下：恒载+纵向+竖向地震作用下，吊杆最大主应力为 474.584 MPa；恒载+横向+竖向地震作用下，最大主应力为 448.558 MPa。

在 50 年超越概率 10%地震作用下：恒载+纵向+竖向地震作用下，吊杆最大主应力为 618.895 MPa，恒载+横向+竖向地震作用下，吊杆最大主应力为 617.009 MPa。

结果均满足标准强度条件。

3.3.6 桥墩截面强度分析

对截面进行弯矩曲率分析时，需将截面划分为纤维单元，具体包括非约束混凝土纤维、钢筋纤维和约束混凝土纤维 3 类，并分布赋予相应的材料属性。通过 XTRACT 程序进行分析，可获得分析截面的承载弯矩值，其结果如图 3-26、图 3-27 所示。

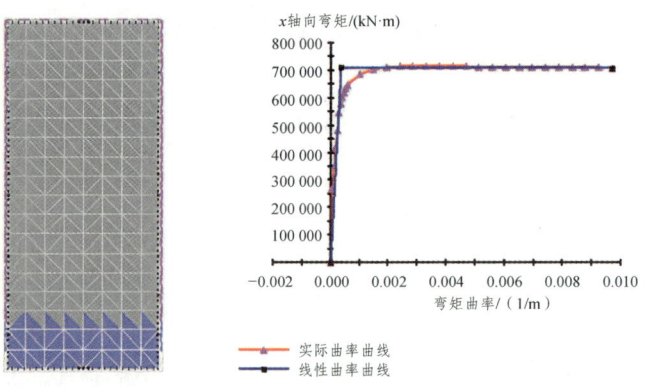

图 3-26 主墩截面及顺桥向分析结果（$P = 73\ 359.1$ kN）

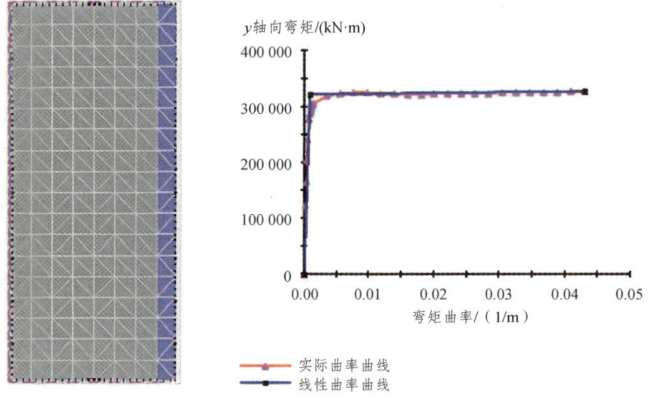

图 3-27 主墩截面及横桥向分析结果（$P = 75\ 724.2$ kN）

对 1~4 号主桥桥墩进行关键截面的强度验算，验算结果见表 3-8~表 3-11。由结果可知，在 50 年超越概率 63% 地震作用和 50 年超越概率 10% 地震作用下，各桥墩均保持弹性工作状态。

表 3-8 50 年超越概率 63% 地震作用下主桥桥墩截面（恒载+纵向+竖向地震作用）

墩柱	取值	P/kN	V_y/kN	M_z/(kN·m)	初始屈服弯矩/(kN·m)	抗剪承载能力/kN	抗弯结果	抗剪结果
主桥桥墩 1	最大值	-57 629.5	9 713.053	99 395.66	493 900	42 533.40	满足	满足
	最小值	-66 156.2	-9 693.69	-94 127.6	523 200	42 533.40	满足	满足
主桥桥墩 2	最大值	-57 626.6	9 710.794	99 349.04	493 900	42 533.40	满足	满足
	最小值	-66 126.7	-9 689.02	-94 105.1	523 200	42 533.40	满足	满足
主桥桥墩 3	最大值	-55 024.3	776.015	2 866.977	484 900	42 533.40	满足	满足
	最小值	-63 218	798.958	-5 757.32	513 300	42 533.40	满足	满足
主桥桥墩 4	最大值	-55 094	776.709	2 870.504	484 900	42 533.40	满足	满足
	最小值	-63 268.9	-799.429	-5 762.41	513 300	42 533.40	满足	满足

表 3-9 50 年超越概率 63% 地震作用下主桥桥墩截面（恒载+横向+竖向地震作用）

墩柱	取值	P/kN	V_y/kN	M_z/(kN·m)	初始屈服弯矩/(kN·m)	抗剪承载能力/kN	抗弯结果	抗剪结果
主桥桥墩 1	最大值	-56 970.8	8 559.41	85 650.52	250 100	27 376.47	满足	满足
	最小值	-66 814.9	-8 619.2	-85 052.7	264 500	27 376.47	满足	满足
主桥桥墩 2	最大值	-56 948.1	1 072.423	5 524.593	250 100	27 376.47	满足	满足
	最小值	-66 805.1	-1 022.71	-6 021.76	264 500	27 376.47	满足	满足
主桥桥墩 3	最大值	-54 440.5	9 343.479	65 671.89	246 400	27 376.47	满足	满足
	最小值	-63 801.8	-9 404.27	-65 246.3	260 100	27 376.47	满足	满足
主桥桥墩 4	最大值	-54 477.8	684.917	2 620.026	246 400	27 376.47	满足	满足
	最小值	-63 885.2	-633.363	-2 980.9	260 100	27 376.47	满足	满足

表 3-10 50 年超越概率 10% 地震作用下主桥桥墩截面（恒载+纵向+竖向地震作用）

墩柱	取值	P/kN	V_y/kN	M_z/(kN·m)	初始屈服弯矩/(kN·m)	抗剪承载能力/kN	抗弯结果	抗剪结果
主桥桥墩 1	最大值	-47 610.3	6 773.423	66 081.18	459 100	42 533.40	满足	满足
	最小值	-76 173.5	-6 766.78	-60 686	556 800	42 533.40	满足	满足
主桥桥墩 2	最大值	-47 606.8	6 770.629	66 054.29	459 100	42 533.40	满足	满足
	最小值	-76 148.9	-6 764.18	-60 657.2	556 800	42 533.40	满足	满足
主桥桥墩 3	最大值	-44 881.3	6 540.746	42 727.25	449 600	42 533.40	满足	满足
	最小值	-73 359.1	-6 557.79	-45 658.9	547 400	42 533.40	满足	满足
主桥桥墩 4	最大值	-44 967.6	6 535.698	42 690.39	449 600	42 533.40	满足	满足
	最小值	-73 396.9	-6 552.72	-45 622.2	547 400	42 533.40	满足	满足

表 3-11　50 年超越概率 10%地震作用下主桥桥墩截面（恒载+横向+竖向地震作用）

墩柱	取值	P/kN	V_y/kN	M_z/(kN·m)	初始屈服弯矩/(kN·m)	抗剪承载能力/kN	抗弯结果	抗剪结果
主桥桥墩 1	最大值	-45 392	8 589.297	79 798.12	233 100	27 376.47	满足	满足
	最小值	-78 391.8	-8 613.27	-79 559.4	281 400	27 376.47	满足	满足
主桥桥墩 2	最大值	-45 389	8 614.611	79 544.12	233 100	27 376.47	满足	满足
	最小值	-78 366.7	-8 587.86	-79 811.6	281 400	27 376.47	满足	满足
主桥桥墩 3	最大值	-42 516.2	9 106.924	62 579.58	228 900	27 376.47	满足	满足
	最小值	-75 724.2	-9 132.74	-62 398.9	277 500	27 376.47	满足	满足
主桥桥墩 4	最大值	-42 603.4	9 133.144	62 395.9	228 900	27 376.47	满足	满足
	最小值	-75 761.1	-9 106.5	-62 582.4	277 500	27 376.47	满足	满足

3.3.7　横梁应力分析

本构件采用的 Q345 钢板的强度设计值为 270 MPa，核算恒载和地震作用组合的应力时，其采用的强度标准值应为 270 MPa。由表 3-12、表 3-13 计算结果可知，在 50 年超越概率 63%地震作用和 50 年超越概率 10%地震作用下，横梁端部截面强度满足要求。

表 3-12　50 年超越概率 63%地震作用下横梁端部最大应力

位置	纵向+竖向+恒载			横向+竖向+恒载		
	最大应力/MPa	弯曲容许应力/MPa	验算结果	最大应力/MPa	弯曲容许应力/MPa	验算结果
1 号主梁侧	211.599	270	满足	199.038	270	满足
2 号主梁侧	211.126	270	满足	197.552	270	满足

表 3-13　50 年超越概率 10%地震作用下横梁端部最大应力

位置	纵向+竖向+恒载			横向+竖向+恒载		
	最大应力/MPa	弯曲容许应力/MPa	验算结果	最大应力/MPa	弯曲容许应力/MPa	验算结果
1 号主梁侧	219.343	270	满足	234.374	270	满足
2 号主梁侧	219.190	270	满足	233.993	270	满足

3.4 非线性时程分析

在 E1 和 E2 地震作用下,摩擦摆减隔震支座已进入非线性状态,可采用非线性时程分析方法进行计算。为避免篇幅冗长,本节仅列出全桥各构件的应力结果。

3.4.1 E1 顺桥向地震组合作用

拱肋最大应力为 210 MPa,主纵梁最大应力为 137 MPa,小纵梁最大应力为 104 MPa,横梁最大应力为 166 MPa,风撑最大应力为 48 MPa,均满足规范要求。吊杆最大内力为 2 841 kN,小于最大设计索力 3 573 kN(考虑 2.5 的安全系数),满足要求。

3.4.2 E1 横桥向地震组合作用

拱肋最大应力为 244 MPa,主纵梁最大应力为 128 MPa,小纵梁最大应力为 107 MPa,横梁最大应力为 144 MPa,风撑最大应力为 88 MPa,均满足规范要求。吊杆最大内力为 2 927 kN,小于最大设计索力 3 573 kN(考虑 2.5 的安全系数),满足要求。

3.4.3 E2 顺桥向地震组合作用

在 E2 地震作用下,采用材料标准值进行验算,即 1.25×270 MPa = 337.5 MPa。拱肋最大应力为 252 MPa,主纵梁最大应力为 189 MPa,小纵梁最大应力为 123 MPa,横梁最大应力为 243 MPa,风撑最大应力为 57 MPa,均满足规范要求。吊杆最大内力为 3 531 kN,小于最大设计索力 3 573 kN(考虑 2.5 的安全系数),满足要求。主梁最大位移为 ±250 mm,小于伸缩缝最大伸缩量 ±440 mm。支座最大位移为 ±233 mm,小于支座最大位移量 400 mm,满足要求。

3.4.4 E2 横桥向地震组合作用

在 E2 地震作用下,采用材料标准值进行验算,即 1.25×270 MPa = 337.5 MPa。拱肋最大应力为 288 MPa,主纵梁最大应力为 165 MPa,小纵梁最大应力为 129 MPa,横梁最大应力为 238 MPa,风撑最大应力为 121 MPa,均满足规范要求。吊杆最大内力为 3 627 kN,稍大于最大设计索力 3 573 kN(考虑 2.5 的安全系数),基本满足要求。主梁最大位移为 ±280 mm,应选用满足横向位移的伸缩缝。支座最大位移为 ±279 mm,小于支座最大位移量 400 mm,满足要求。

3.5 小 结

本章依据金鸡达旦河大桥的设计方案,构建了全桥结构的空间动力有限元计算模型，并充分考虑了相邻联引桥的影响。基于初步分析结果，建议采用摩擦摆式减隔震支座，并在此基础上研究了该结构的动力特性。通过反应谱和非线性时程分析方法，对结构的抗震性能进行了深入探讨。研究得出以下结论：

（1）结构动力特性方面，支座固定方向采用固定处理时，前两阶均以主桥振动为主，第 1 阶振型为主桥纵向平动+竖向弯曲振动，周期为 2.938 s；第 2 阶振型为主桥横向弯曲振动，周期为 1.750 s。支座采用固定等效刚度模拟时，前两阶均以主桥振动为主，第 1 阶振型为全桥横向振动，周期为 3.949 s；第 2 阶振型为主桥纵向平动+竖向弯曲振动，周期为 3.456 s。

（2）根据反应谱分析，在 50 年超越概率 63%地震作用下，当支座限位销的水平力设计为支座竖向承载力的 20%时，各支座固定方向的限位销不会发生破坏，约束方向仍保持固定。经计算，主桥各构件关键截面均能满足要求，并保持弹性状态。在 50 年超越概率 10%地震作用下，经试算发现，各支座固定方向的限位销将发生破坏，因此支座采用等效刚度进行模拟。经计算，主桥各构件关键截面均能满足要求，并保持弹性状态。

（3）在线性分析工况中，桥梁的约束形式与反应谱分析工况相同。根据计算结果，该工况下的桥梁时程分析结果与反应谱分析结果相近。在 50 年超越概率 10%地震作用下，支座水平力将超过限位销水平力，导致限位销失去作用，各支座进入双向减隔震状态。当采用支座等效刚度进行模拟时，在该水平地震作用下，主桥格构梁横梁端部截面均为易损区域，且易损位置多集中于格构梁中部和两端。

（4）在非线性分析工况中，摩擦摆式减隔震支座采用双折线模型进行模拟，其隔震耗能能力得以充分发挥。在 E1 和 E2 地震作用下，主桥各构件截面均满足设计要求。支座变形量均小于支座隔震位移限值，桥墩和桩基也未出现明显损伤。

（5）通过计算分析可知，格构梁中横梁端部为结构薄弱部位。尽管在中震和大震作用下，支座剪力销已发生破坏，摩擦摆支座已表现出双向隔震特性，此时应采用双折线模型进行模拟，非线性分析的结果更为准确，但反应谱和线性时程分析结果仍可初步评判结构受力以及构件设计是否合理。

（6）采用摩擦摆式减隔震支座后，在非线性时程分析中，E2 地震作用下支座产生的位移约为 300 mm，因此无须增加黏滞阻尼器进行限位。此外，从受力角度分析，摩擦摆减隔震支座与黏滞阻尼器均为非线性组件，同时使用这两种非线性组件未必能优化结构受力，基于受力明确性的考虑，也不建议增设阻尼器。

第 4 章 大跨下承式钢箱系杆拱桥梁拱结合部力学性能

下承式钢箱系杆拱桥的拱脚节点受力与构造极为复杂。拱肋、系梁、端横梁、支座在此交会，局部加强构件众多，相互交错影响，形状不规则，且存在钢-混结构间的内力传递问题。其中，钢箱拱肋与拱座结合部位是关乎结构整体受力和安全性的关键区域，其受力安全直接影响主桥的安全性能。由于拱脚节点受力复杂、构造烦琐及几何形状不规则，从理论上求解节点内的应力分布极为困难。因此，对拱脚局部应力进行精细化有限元分析，并在此基础上开展大比例模型试验，显得尤为必要。通过试验与有限元相结合的方式，研究该结合段的受力特性、变形特征、应力分布规律及传力机理，可为该桥后期的运营维护提供坚实的理论依据。

4.1 梁拱结合部受力特点

金鸡达旦河大桥梁拱结合部主要受主梁、拱肋、系杆、横梁预应力及支座等综合传力影响。若采用钢结构，由于各方向加劲板密布，焊接构造处理复杂，存在应力集中及疲劳开裂等问题。因此，基于其处于三向受压状态（拱肋、系杆和横向预应力筋三者产生的压力），梁拱结合部采用异形钢筋混凝土构件，顺桥向长 13.0 m，横桥向宽 4.0 m。主拱肋及格构梁主纵梁通过钢-混结合段（由预埋钢板、预应力粗钢筋、内外法兰等组成）与拱座固结。拱座横梁为箱形预应力混凝土构件。顶底腹板板厚均为 0.7 m，内部共设置 3 道横隔板。梁拱结合部构造如图 4-1 所示。

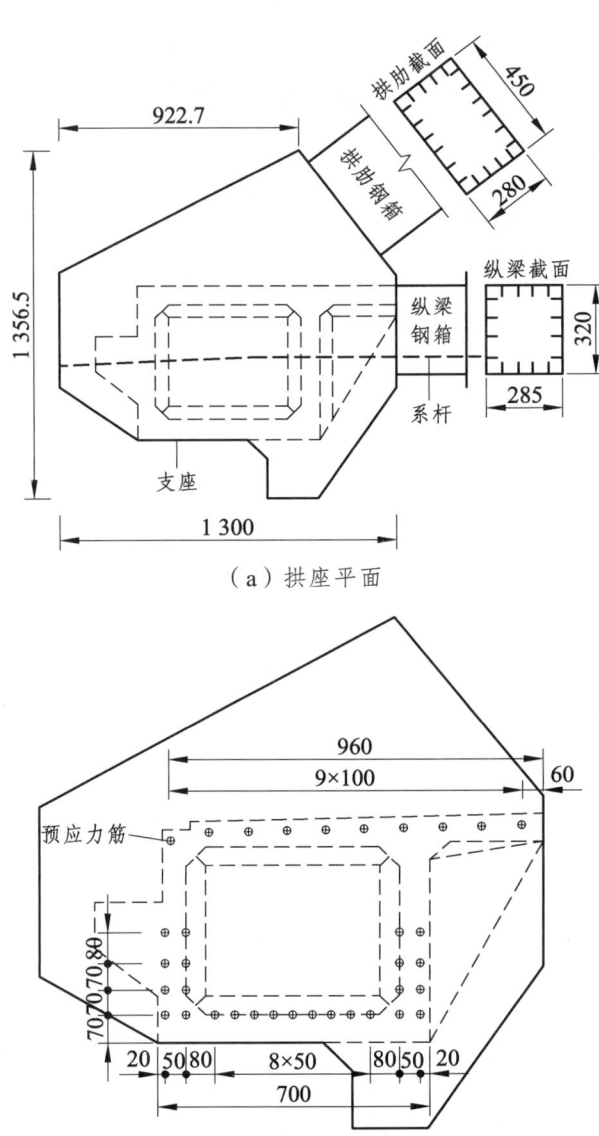

(a)拱座平面

(b)横向预应力筋布置

图 4-1　梁拱结合部构造（单位：cm）

4.2　拱座缩尺模型试验方案

  桥梁结构模型试验是探索复杂结构力学行为的重要方法之一。我国自 20 世纪 50 年代起，逐步开展了桥梁结构模型试验。尽管现代有限元技术已相当成熟，但对于某些构造复杂的节点，为确保计算模型的有效性，仍需通过模型试验进行验证。本节基于相似理论，对依托工程的拱脚钢-混结合段进行缩尺模型设计，确定试验加载方案，设计自平衡加载装置及模型测试系统，为后续模型试验的顺利开展做好充分准备。

4.2.1 试验目的

由于拱脚节点受力复杂、构造烦琐及几何形状不规则，从理论上求解节点内的应力分布极为困难。因此，对拱脚局部应力进行精细化有限元分析，并在分析计算的基础上开展大比例模型试验，显得尤为必要。通过试验与有限元相结合的方式，研究该结合段的受力特点、变形特征、应力分布规律及传力机理，不仅可为该桥后期的运营维护提供理论依据，也可为今后类似桥梁结构的设计提供参考。

4.2.2 试验原理及方法

在进行结构模型试验研究时，需确保模型与原型之间的相似性，只有满足相似原理，模型才能准确反映实际结构的受力性能。模型与原型的相似性主要体现在 5 个方面：几何、物理参数、边界条件、时间、初始条件。在结构模型试验中，研究通常聚焦于结构的某一部分，如构件或节点等的性能。基于这些模型推导出的理论具有更广泛的适用性，能够为实际结构的设计提供指导。模型试验应遵循以下原则：模型与实桥在几何上保持相似，并尽可能采用较大的比例尺；模型与实桥使用相同的材料；模型与实桥的边界约束条件保持一致。

为了保证试验模型的相似性，一般需要满足以下 3 个条件：① 应力相等；② 应变相等；③ 保持模型的应力应变与原型的应力应变成相同的比例。

通常，试验研究的目的、模型材料及模型规模共同决定了模型试验中所需采用的条件。本节拱座试验所采用的材料，其弹性模量等参数与实际结构材料保持一致，从而在一定程度上确保了模型的应变和应力状态与结构原型一致。考虑到模型加工难度、力学边界条件、尺寸效应、加载条件、梁端局部应力效应及试验场地等因素的影响，依据模型与原型应力相等和应变相等的原则，采用了 1∶4 的节段试验模型。拱座尺寸严格遵循 1∶4 的几何相似性，钢结构满足主要截面特性的相似性，且各构件均采用与原型相同的材料。根据相似理论，按照 1∶4 的缩尺比例制作的模型与原型各有关量的相似比见表 4-1。

表 4-1 模型各物理量理论相似比

项目	L	E	A	I	W	F	ρ	σ	ε
相似比	1/4	1/1	1/16	1/256	1/64	1/16	1/64	1/1	1/1

4.2.3 总体试验方案

局部模型试验主要考察拱脚部位在最不利工况下的受力状态。根据圣维南原理及相关经验，杆件的截取长度应大于构件的截面高度。根据相似准则，模型总体外形严格按照 1∶4 的比例进行缩尺。由于试验荷载较大，拱肋与主梁端部加载端需局部加强，防止因应力集中而出现局部屈服现象。经过缩尺并在边界局部加强后，拱脚试验模型总长 5.04 m，总宽 1 m，总高 420.7 m。原型与模型如图 4-2 所示。各构件与对应的原型均采用相同的材料：拱座混凝土为 C50 混凝土；钢板为 Q345C；普通钢筋为 HRB400；系杆为 ϕ15.2 镀锌无黏结钢绞线。端横梁忽略，未考虑。

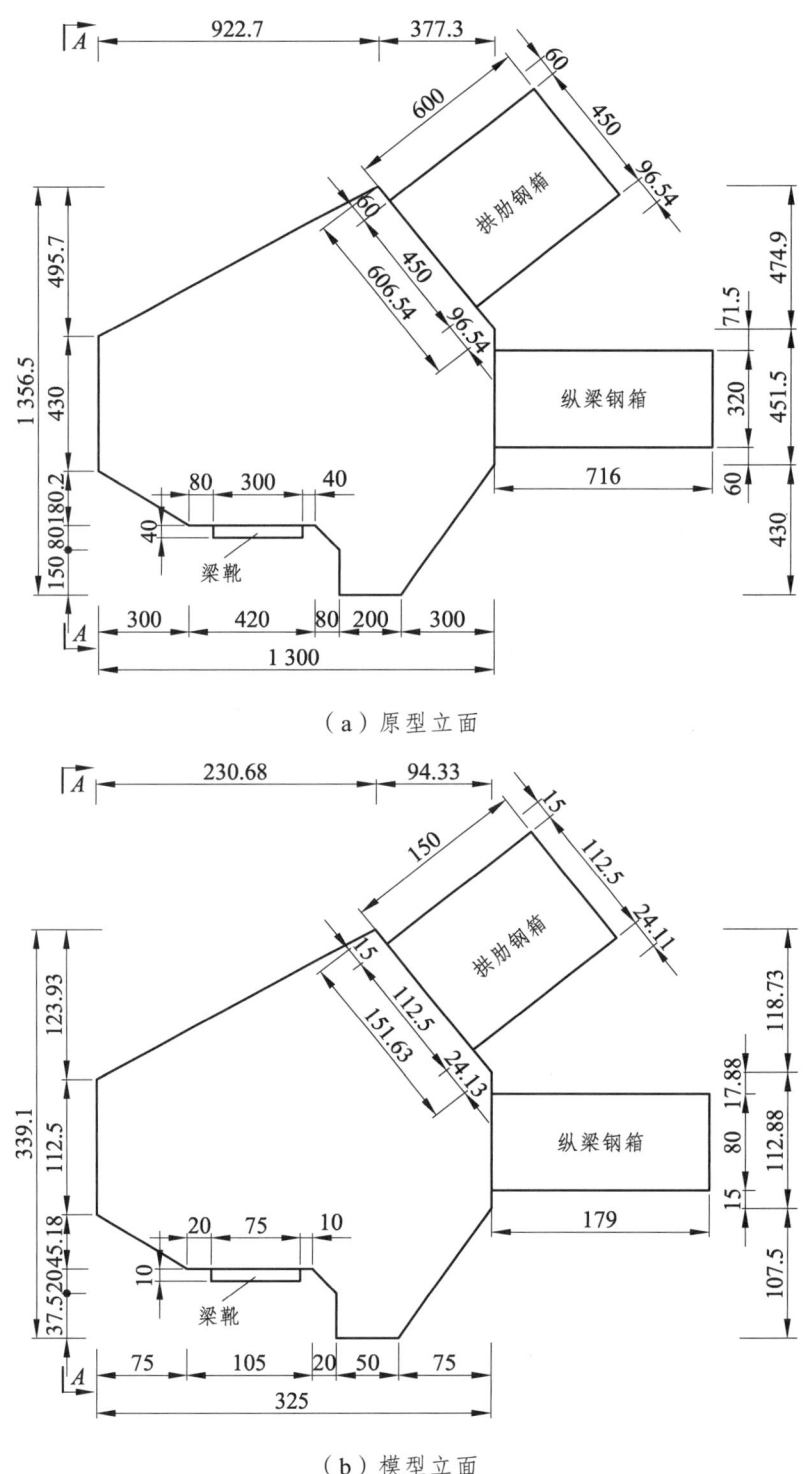

（a）原型立面

（b）模型立面

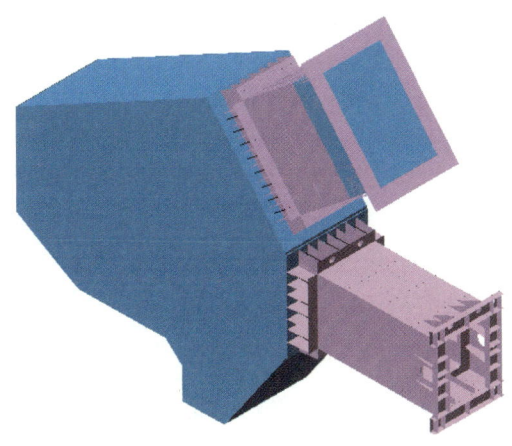

（c）试验模型

图 4-2　原型与模型（单位：cm）

4.2.4　缩尺模型设计

1. 拱座设计

拱座截面尺寸直接关系到该过渡段区域的应力应变状态，因而试验模型拱座截面尺寸严格按照 1∶4 的相似比进行设计，如图 4-3 所示。由于普通受力钢筋间距过小等原因，无法完全满足与原型相似的要求。因此，根据模型的三向配筋率与实际结构一致的原则，采用 C12 钢筋，并按照设计院提供的设计图纸配置三向普通钢筋。模型拱座混凝土尺寸为 3.25 m × 3.39 m × 1 m，当模型最小边长小于 1 m 时，可不布置冷却管。

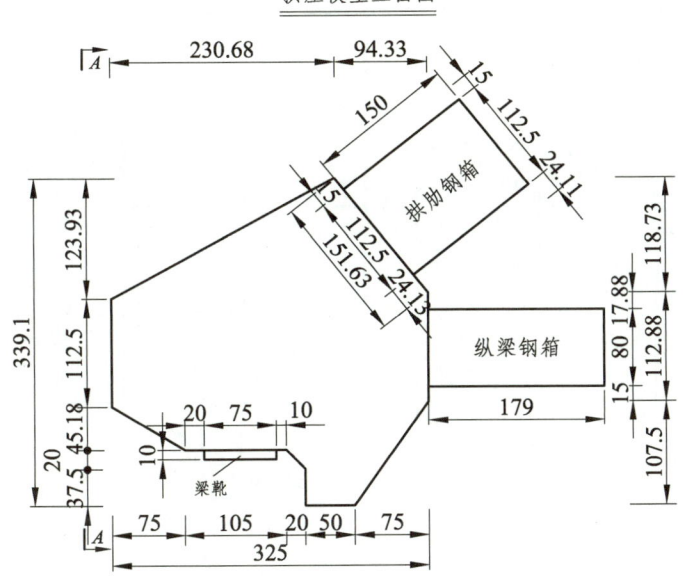
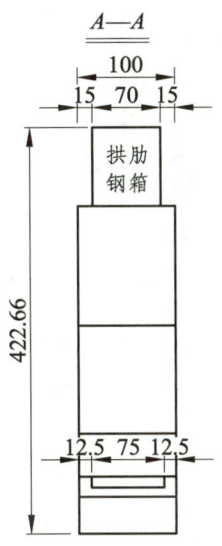

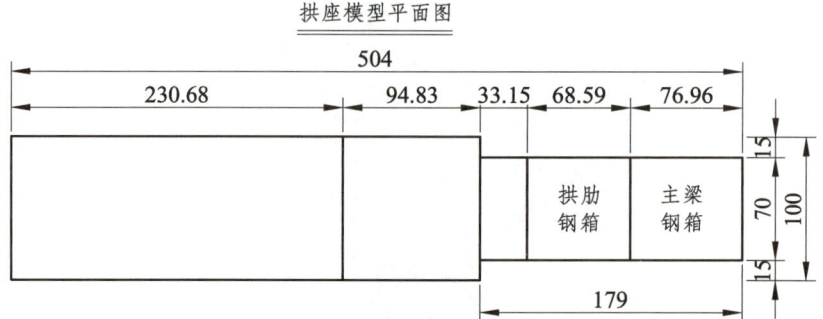

图 4-3 拱座模型（单位：cm）

2. 拱肋设计

实桥拱肋采用 Q345qC 的单箱单室截面，为变截面，拱顶截面为 2.8 m×3.5 m，拱脚截面为 2.8 m×4.5 m，顶板、底板、腹板的厚度均为 30 mm。模型钢箱拱肋采用等截面，由拱脚截面按 1∶4 的相似比设计为 0.7 m×1.125 m。为了满足施焊空间等要求，在保持截面面积和惯性矩等特性与原桥满足相似比的条件下确定板件厚度和加劲肋个数及间距。拱肋截面的原型与模型如图 4-4 所示。拱肋截面特性比较见表 4-2。其中"原型"为是实桥的尺寸；"缩尺"为严格按照 1∶4 缩尺计算的尺寸；"模型"为拱座模型试验采用的尺寸。"原型"惯性矩为"缩尺"惯性矩的 256 倍，表中未给出。

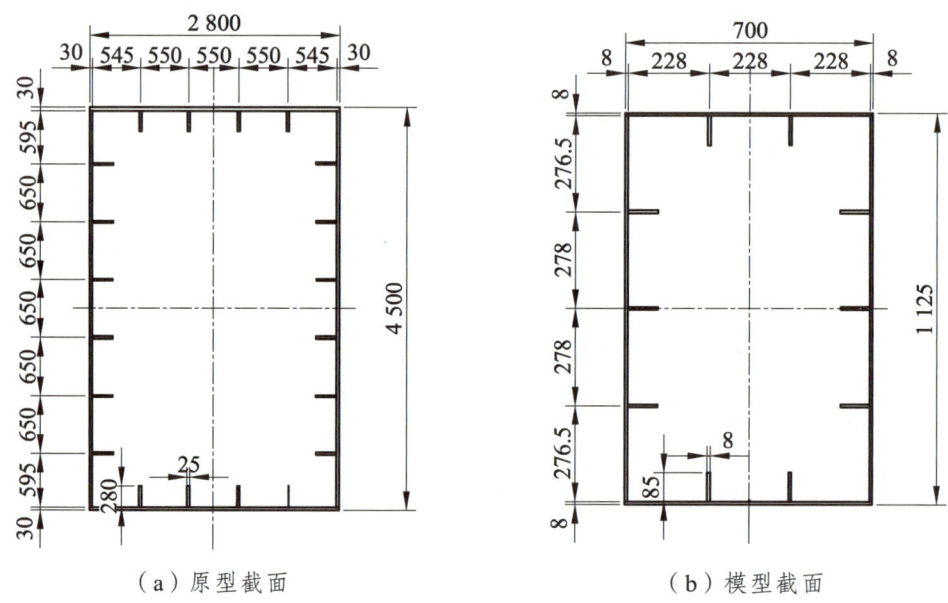

（a）原型截面　　　　　　　　（b）模型截面

图 4-4 拱肋截面的原型及模型（单位：mm）

表 4-2 拱肋截面特性比较

项目	原型	缩尺	模型
拱肋截面尺寸/（mm×mm）	2 800×4 500	700×1 125	700×1 125
拱肋板厚/mm	30	7.5	8
加劲肋截面尺寸/（mm×mm）	25×280	6.25×70	8×85
加劲肋数量/个	20	20	10
整体截面面积/mm²	—	35 900	35 744
整体截面面积误差/%	—	0.43	
整体截面绕 X 轴惯性矩/cm⁴	—	633 990	623 708
整体截面绕 X 轴惯性矩误差/%	—	1.62	
整体截面绕 Y 轴惯性矩/cm⁴	—	300 627	298 547
整体截面绕 Y 轴惯性矩误差/%	—	0.69	

3. 主梁设计

实桥钢箱主梁采用 Q345qC 的单箱单室截面，截面尺寸为 2.8 m×3.2 m，顶板、底板、腹板的厚度均为 25 mm。模型按 1∶4 的相似比设计为 0.7 m×0.8 m。为了满足施焊空间等要求，在保持截面面积和惯性矩等特性与原桥满足相似比的条件下进行。主梁截面的原型及模型如图 4-5 所示。主梁截面特性比较见表 4-3。

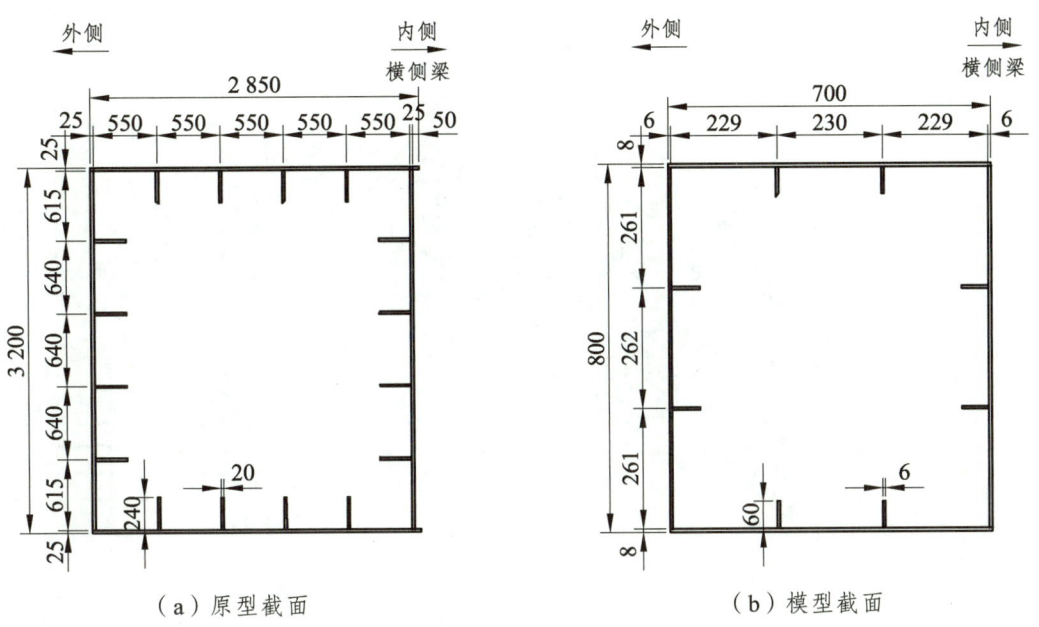

（a）原型截面   （b）模型截面

图 4-5 主梁截面的原型及模型（单位：mm）

表 4-3 主梁截面特性比较

项目	原型	缩尺	模型
主梁截面尺寸/（mm×mm）	2 800×3 200	700×800	700×800
主梁板厚/mm	25	6.25	8（顶底板）6（腹板）
加劲肋截面尺寸/（mm×mm）	20×240	5×60	6×60
加劲肋数量/个	16	16	8
整体截面面积/mm²	—	23 393.75	23 488
整体截面面积误差/%	—	0.40	
整体截面绕 X 轴惯性矩/cm⁴	—	228 204	245 214
整体截面绕 X 轴惯性矩误差/%	—	7.45	
整体截面绕 Y 轴惯性矩/cm⁴	—	183 544	175 163
整体截面绕 Y 轴惯性矩误差/%	—	4.57	

4. 拱座连接件设计

（1）拱肋与混凝土间连接件设计。

拱肋与拱座采用钢-混结合段设计，其连接件部分由钢拉杆、PBL 剪力键、承压板、钢箱内外加劲肋及钢拉杆锚固板等构件组成。由于加密区加劲肋数量较多且间距密集，若严格按 1∶4 比例缩尺，将因间距过密而无法进行模型施工，且后续难以找到合适的工具施加钢拉杆预拉力。因此，基于等刚度原则，通过增大加劲肋截面面积来减少加劲肋数量。拱肋与混凝土间连接件的设计如图 4-6 所示，其具体尺寸见表 4-4。

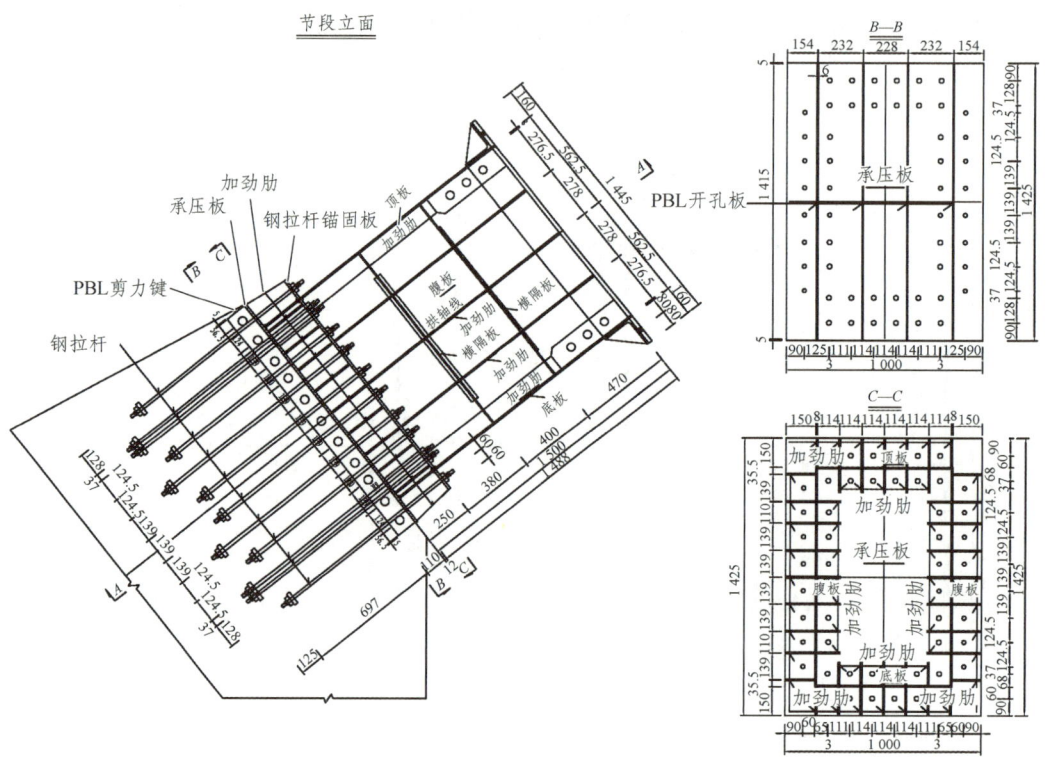

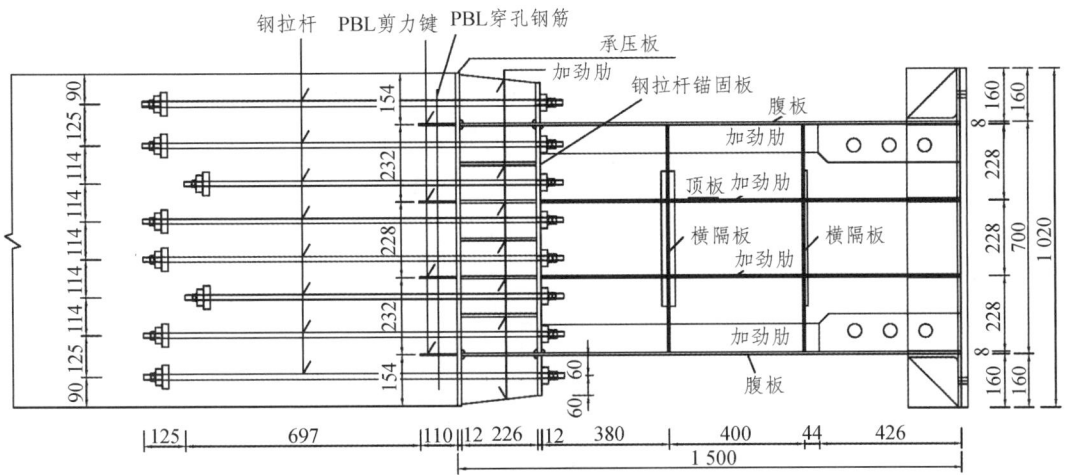

图 4-6 拱肋与混凝土间连接件（单位：mm）

表 4-4 拱肋与混凝土间连接件尺寸

项目	原型	缩尺	模型
钢拉杆直径/mm	36	9	15
钢拉杆根数/根	88	88	52
PBL 开孔板截面尺寸/（mm×mm）	360×5 500	90×1 375	110×1 415
PBL 开孔板厚度/mm	20	5	6
PBL 开孔板个数/个	6	6	4
开孔直径×开孔数量/（mm×个）	120×17	30×17	42×11
承压板截面尺寸/（mm×mm）	3 900×5 600	975×1 400	1 000×1 425
承压板厚度/mm	50	12.5	12
钢箱外加劲肋尺寸/（mm×mm×mm）	400×500×900	100×125×225	120×145×226
钢箱外加劲肋厚度/mm	25	6.25	8
钢箱外加劲肋个数/个	52	52	32
钢箱内加劲肋尺寸/（mm×mm）	400×900	100×225	120×226
钢箱内加劲肋厚度/mm	25	6.25	8
钢箱内加劲肋个数/个	40	40	24
锚固板宽度×厚度/（mm×mm）	400×50	100×12.5	120×12

（2）主梁与混凝土间连接件设计。

主梁与拱座采用钢-混结合段设计，其连接件构造形式与拱肋和拱座的连接件相同。主梁与拱座的连接构件包括钢拉杆、PBL剪力键、承压板、钢箱内外加劲肋以及钢拉杆锚固板等。在主梁钢-混结合区范围内，加劲肋数量众多且间隔密集。此外，主梁部分的钢拉杆数量多于拱肋部分，因此要求加劲肋的间距必须足够大，以确保钢拉杆的安装和张拉空间。若严格按1∶4缩尺设计，将无法满足这一空间要求。因此，根据等刚度原则，通过增大加劲肋截面面积来减少加劲肋数量。模型中主梁与混凝土间连接件的设计图如图4-7所示，其几何尺寸见表4-5。

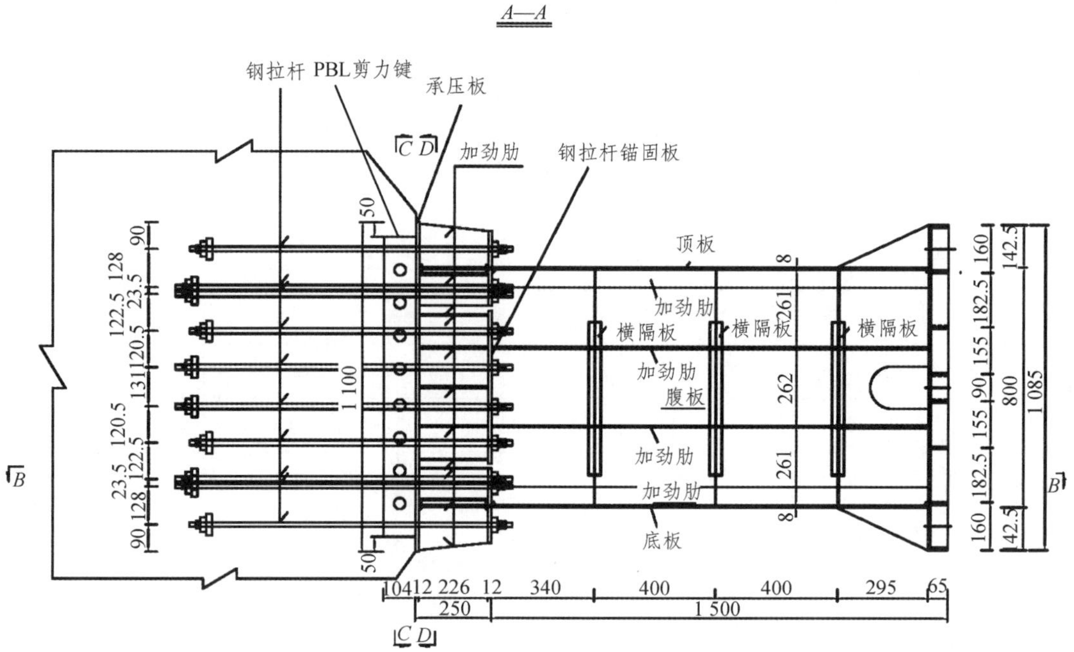

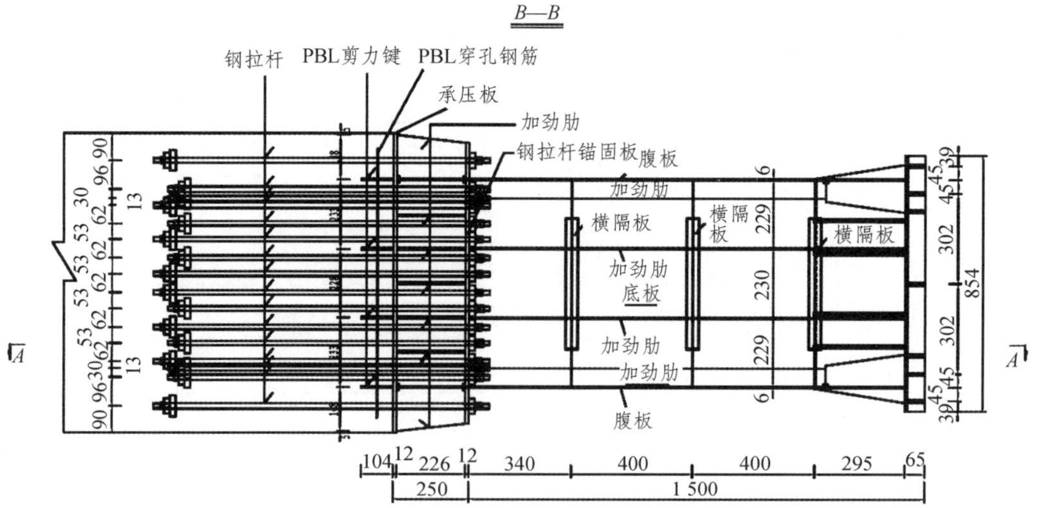

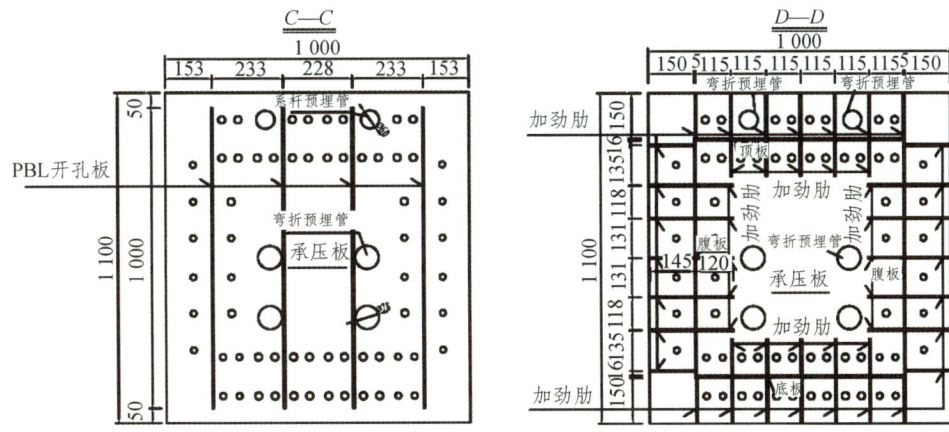

图 4-7 主梁与混凝土间连接件（单位：mm）

表 4-5 主梁与混凝土间连接件尺寸

项目	原型	缩尺	模型
钢拉杆直径/mm	36	9	15
钢拉杆根数/根	108	108	64
PBL 开孔板截面尺寸/（mm×mm）	360×3 760	90×940	104×1 000
PBL 开孔板厚度/mm	20	5	6
PBL 开孔板个数/个	6	6	4
开孔直径×开孔数量/（mm×个）	120×12	30×12	38×8
承压板截面尺寸/（mm×mm）	3 900×4 300	975×1 075	1 000×1 100
承压板厚度/mm	50	12.5	12
钢箱外加劲肋尺寸/（mm×mm×mm）	400×500×900	100×125×225	120×145×226
钢箱外加劲肋厚度/mm	20	5	6
钢箱外加劲肋个数/个	44	44	28
钢箱内加劲肋尺寸/（mm×mm）	400×900	100×225	120×226
钢箱内加劲肋厚度/mm	20	5	6
钢箱内加劲肋个数/个	32	32	20
锚固板宽度×厚度/（mm×mm）	400×50	100×12.5	120×12

4.2.5 试验工况及加载制度

1. 试验工况

使用 Midas Civil 软件建立全桥空间杆系有限元分析模型，如图 4-8 所示。选取拱肋钢箱与混凝土拱座的交界面作为内力控制截面，如图 4-9 所示，提取控制截面的几种最不利组合工况，并计算节段的边界力。针对上述最不利组合工况进行详细分析，最终确定本缩尺模型试验所采用的 4 种加载工况。

图 4-8　全桥有限元分析模型

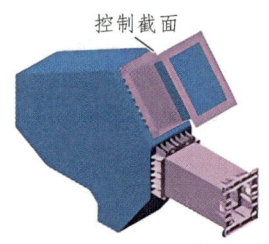

图 4-9　模型试验的控制截面

全桥有限元模型综合考虑了一期恒载、二期恒载、公路Ⅰ级活载及温度荷载等工况,并按照承载能力极限状态进行荷载组合。在此基础上,提取了 4 种最不利荷载组合工况下控制截面的内力,具体结果见表 4-6。表 4-6 中,轴力以拉力为正、压力为负,面内弯矩以上侧受拉为正。试验采用千斤顶偏心加载法,以实现控制截面的弯矩与轴力。

4 种最不利荷载组合工况如下:

(1)轴向压力最小组合工况:恒载 D+降温 T_D。

(2)轴向压力最大组合工况:恒载 D+活载 L_1(3 车道满布公路Ⅰ级荷载)+升温 T_U。

(3)弯矩最大组合工况:恒载 D+活载 L_2(全桥 0~86 m 范围内 4 车道满布公路Ⅰ级荷载)+升温 T_U。

(4)弯矩最小组合工况:荷载 D+活载 L_3(全桥 0~196 m 范围内 4 车道满布公路Ⅰ级活载)+降温 T_D。

表 4-6　最不利荷载组合工况下控制截面内力

工况	内容	形式	轴向力/kN	面内弯矩/(kN·m)	千斤顶偏心距/m
轴向压力最小	$D+T_D$	原型	-52 163.1	-1 507.0	上偏 0.029
		缩尺	-3 260.2	-23.5	上偏 0.007
		模型	-3 250.0	-22.8	上偏 0.007
轴向压力最大	$D+L_1+T_U$	原型	-57 181.3	-703.4	上偏 0.012
		缩尺	-3 573.8	-11.0	上偏 0.003
		模型	-3 590	0	0
弯矩最大	$D+L_2+T_U$	原型	-53 235.5	-10 090.4	上偏 0.190
		缩尺	-3 327.2	-157.7	上偏 0.047
		模型	-3 320	-156	上偏 0.047
弯矩最小	$D+L_3+T_D$	原型	-55 852.2	4 734	下偏 0.085
		缩尺	-3 490.8	74.0	下偏 0.021
		模型	-3 500	73.5	下偏 0.021

在公路Ⅰ级荷载条件下，通过实桥影响线分析确定控制截面的内力极值。图 4-10 和图 4-11 分别展示了控制截面的轴力影响线与弯矩影响线。基于内力影响线，确定最不利荷载位置，即活载 L_1、L_2、L_3 在上述最不利荷载组合工况中的分布范围。随后，将最不利活载内力与一、二期恒载及温度变化作用下的内力进行组合，从而确定控制截面的内力。

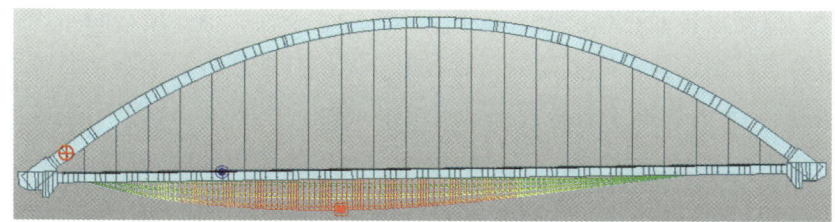

图 4-10　控制截面轴力影响线

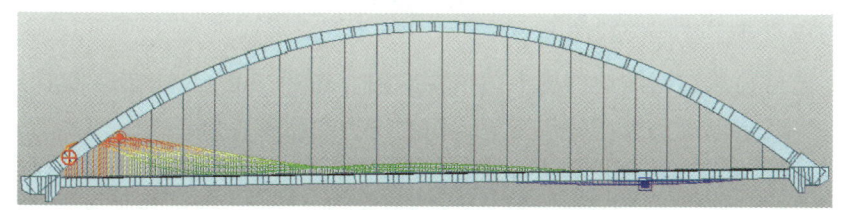

图 4-11　控制截面弯矩影响线

由计算结果可知，实桥拱肋端面最小轴向压力为 -52 163.1 kN，对应的面内弯矩为 -1 507.0 kN·m；最大轴向压力为 -57 181.3 kN，对应的面内弯矩为 -703.4 kN·m；最大面内弯矩为 -10 090.4 kN·m，对应的轴向压力为 -53 235.5 kN；最小面内弯矩为 4 734 kN·m，对应的轴向压力为 -55 852.2 kN。表 4-6 中，轴向压力最小工况下，模型轴向压力为 3 250 kN，小于轴向压力最大工况下的轴向压力（3 590 kN），且弯矩较小，仅为 22.8 kN·m，千斤顶的偏移量也较小，仅为 12 mm。

为验证拱脚的安全系数，在轴向压力最小工况的基础上，按 1.45 的超载系数进行超载试验。其中，工况一为轴向压力最大工况，工况二为弯矩最大组合工况，工况三为弯矩最小组合工况。最终确定模型试验的加载工况见表 4-7。

表 4-7　模型试验加载工况

工况	轴力/kN	面内弯矩/(kN·m)	千斤顶偏心距/mm
工况一	-3 590	0	0
工况二	-3 320	-156	上偏 47
工况三	-3 500	73.5	下偏 21
超载工况	-5 200	0	0

2. 加载制度

将表 4-7 中的各加载工况作为模型的实际加载荷载。静力试验加载分三个阶段：预载、标准荷载、破坏荷载。试验采用 6 500 kN 千斤顶加载，同时配套 6 500 kN 测力传感器。具体步骤如下：

（1）在弹性范围内依次施加 500 kN 的荷载，对试验模型进行预加载。检验模型的加工制作情况、仪器设备的运行情况、自平衡体系的安全性，消除模型的非线性变形。

（2）通过千斤顶加载，模拟最不利荷载组合工况。依次按照拱脚轴向压力最大（工况一）、拱脚最大面内弯矩（工况二）、最小面内弯矩（工况三）3 个工况进行，对每种工况分级加载（按照 500 kN/级）。为确保安全，各工况轴力加载到超过最低轴力工况的轴力后，按 100 kN/级加至该工况最大轴力。每级荷载持续加载 15 min，随后测试每级荷载作用下结构的应力和位移反应。同时，为确保荷载的准确性，使用 6 500 kN 测力传感器测试每级荷载工况下荷载的大小。

（3）当试验荷载达到设计的标准荷载要求时，按照 500 kN/级进行卸载，每级荷载持续 20 min，然后测试每级荷载作用下结构的应力和位移反应。

（4）选择工况一，进行超载工况试验。以 1 000 kN/级加载至标准工况荷载后，按 250 kN/级加载，每级荷载持续加载 15 min，然后测试每级荷载作用下结构的应力和位移反应。当试验荷载达到设计荷载后，按照 1 000 kN/级进行卸载，每级荷载持续 20 min，然后测试每级荷载作用下结构的应力和位移反应。

试验模型各工况的加载方法如下：

（1）工况一：千斤顶中心对准模型拱端截面形心位置，试验荷载设计值为 3 590 kN，分十级加载。

（2）工况二：千斤顶中心相对模型拱端截面形心位置上偏 0.047 m，试验荷载设计值为 3 320 kN，分七级加载。

（3）工况三：千斤顶中心相对模型拱端截面形心位置下偏 0.021 m，试验荷载设计值为 3 500 kN，分九级加载。

（4）超载工况：将工况一荷载放大 1.45 倍。千斤顶中心对准模型拱端截面形心位置，试验荷载设计值为 5 200 kN，分十二级加载。

各工况分级加载制度见表 4-8。

表 4-8 各工况分级加载制度

分级加载		工况一	工况二	工况三	超载工况
加载力/kN	一级	500	500	500	500
	二级	1 000	1 000	1 000	1 000
	三级	1 500	1 500	1 500	2 000

续表

分级加载		工况一	工况二	工况三	超载工况
加载力/kN	四级	2 000	2 000	2 000	3 000
	五级	2 500	2 500	2 500	3 500
	六级	3 000	3 000	3 000	3 750
	七级	3 320	3 320	3 320	4 000
	八级	3 400		3 400	4 250
	九级	3 500		3 500	4 500
	十级	3590			4 750
	十一级				5 000
	十二级				5 200

4.2.6 试验装置设计

1. 加载反力架设计

为确保模型试验在现场高效开展，防止试验模型在加载过程中发生倾覆或滑移，保障试验安全，需设计一套自平衡的试验加载体系。该体系由楔形块加载头、水平预应力钢绞线及支座等组成，将试验反力架与试验模型连为一体，形成自平衡结构。由于加载过程中必须确保千斤顶轴线与拱肋端截面垂直，反力架上设置了楔形块，以便通过千斤顶进行加载。楔形块的设计如图 4-12 所示。安装时其竖直面焊接在反力架上，倾斜面则与模型拱肋端面保持平行。反力架模型如图 4-13 所示。

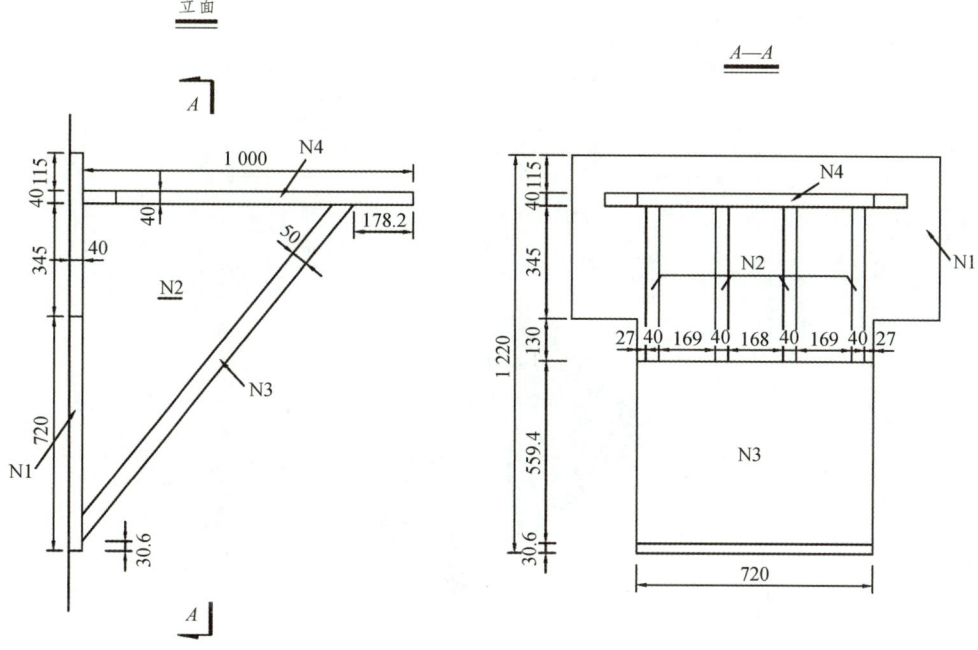

图 4-12　楔形体设计（单位：mm）

图 4-13 反力架模型

为了准确模拟实桥拱脚的应力和位移边界条件，综合考虑模型构造特点与试验场地条件，采用主梁端部锚固于反力架，并通过液压千斤顶对拱肋端截面进行加载。整个试验加载系统如图 4-14 所示。为确保自平衡体系的安全可靠，对反力架的强度和稳定性进行了专门的计算分析，以保障试验加载安全，实现预期试验效果。2 倍设计荷载下的反力架位移及应力计算结果如图 4-15 所示。

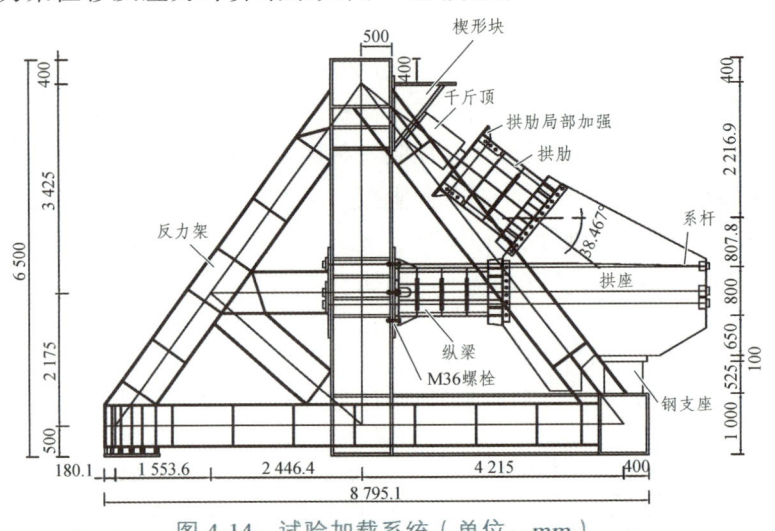

图 4-14 试验加载系统（单位：mm）

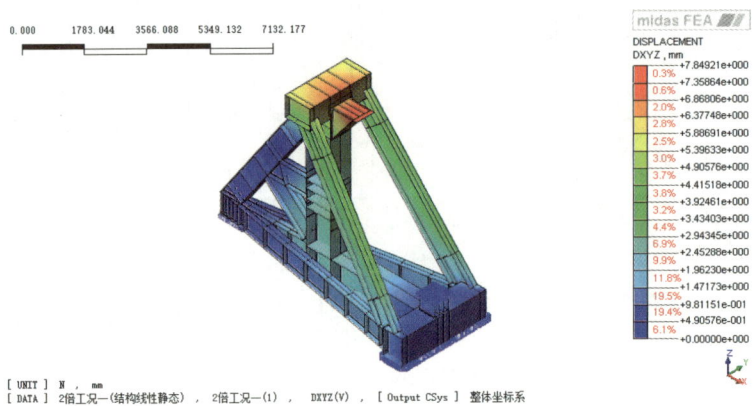

（a）反力架位移分布

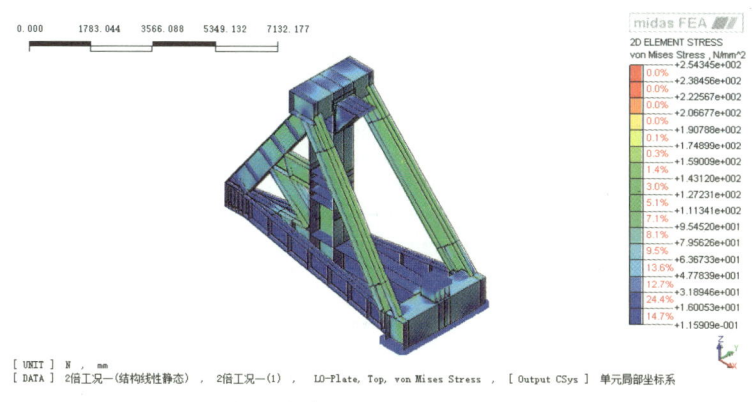

(b)反力架 Von Mises 应力分布

图 4-15　2 倍设计荷载下反力架的计算结果

2. 千斤顶安装设计

本试验采用千斤顶配套力传感器直接加载，其加载等级和精度易于控制，且安全性较高。试验中所使用的千斤顶为原桥系杆的 YDC6500 型千斤顶。千斤顶在加载时倾斜放置，与水平面的夹角为 38.47°。由于千斤顶质量较大，采用 3 套吊葫芦将其吊装至指定位置，以确保位置固定及加载过程中的安全。由于千斤顶高度较低，将压力传感器及锚具与千斤顶连接在一起，以适应拱肋端部与反力架楔形块之间的预留空隙。不同工况下，千斤顶的位置各不相同，通过调整吊葫芦来移动千斤顶等设备的位置。千斤顶吊装如图 4-16 所示。

图 4-16　千斤顶吊装

为承受巨大的千斤顶压力，拱肋端截面需采取加固措施，以防止局部屈曲。具体而言，在拱肋端部设置加劲肋以增强其强度，并安装加载板，将其锚固于拱肋端面，以便千斤顶施加荷载。此外，在模型拱肋的最外节拱箱中浇筑 C50 混凝土，确保千斤顶施加的力能够有效传递至拱脚。整个模型试验所需的加载装置包括千斤顶、压力传感器、锚具、吊葫芦等，其具体数量详见表 4-9。

表 4-9　加载设备清单

构件类型	数量
650 t 千斤顶	1
650 t 压力传感器	1
锚具	1
吊葫芦	3

3. 主梁锚固设计

主梁端部紧贴反力架，使用 M36 螺栓将主梁端部加强槽钢锚固在反力架上，加载时主梁的水平拉力由螺栓传递给反力架。主梁端部加强构造如图 4-17 所示，主梁端部与反力架的锚固如图 4-18 所示。

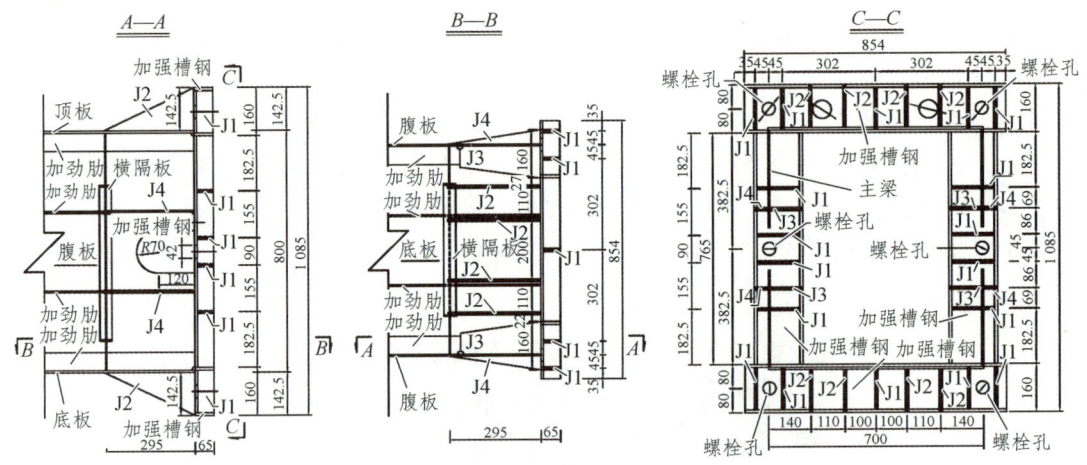

图 4-17　主梁端部加强构造（单位：mm）

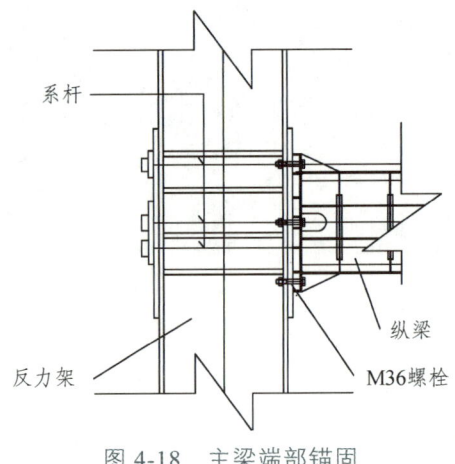

图 4-18　主梁端部锚固

4.2.7 模型测试系统

模型试验采用直接测试手段获取表征结构反应的应力和位移实测数据,以真实反映结构的受力性能。在布置测点前,先对结构原型和试验模型进行有限元理论计算,通过理论分析结果确定结构变形和内力控制的关键点,以这些关键点区域作为主要测试控制区域。为确保测试结果的可靠性,同时设置若干辅助测点,以便相互验证和对比测试结果。本节测试包括试验模型应力测试和位移测试两部分。此外,考虑加载荷载达到 5 200 kN,在反力架上设置少量测点以确保试验的安全性。

1. 混凝土拱座应变测点布置

拱座区域采用钢-混组合结构,其传力机制较为复杂。为掌握混凝土的应力分布规律,研究选取了应力集中部位及应力等值线突变区域等关键位置作为控制测点。在内部,采用振弦式应变计进行应变测量;在表面,则使用适用于混凝土的电阻应变片测量表面应变。混凝土内部共设置 20 个测点,分别在拱肋下方和主梁下方的混凝土内各两个截面上布置 10 个振弦式应变计。混凝土表面同样设置 20 个测点,分别在拱肋下方和主梁下方的混凝土表面各两排上布置 10 个电阻应变片。为全面掌握拱座应力分布情况,表面应变片的纵向位置与拱肋或主梁的部分加密区加劲肋保持对齐。

在拱肋下方混凝土内部 1—1 截面设置 GHN1-1 ~ GHN1-7 七个测点,在 2—2 截面设置 GHN2-4 ~ GHN2-6 三个测点;在主梁下方混凝土内部 1′—1′截面设置 LHN1-1 ~ LHN1-7 七个测点,在 2′—2′截面设置 LHN2-4 ~ LHN2-6 三个测点;在拱肋下方混凝土表面第一排设置 GHW1-1 ~ GHW1-5 五个测点,在第二排设置 GHW2-1 ~ GHW2-5 五个测点;在主梁下方混凝土表面第一排设置 LHW1-1 ~ LHW1-5 五个测点,在第二排设置 LHW2-1 ~ LHW2-5 五个测点。

混凝土内部振弦式传感器测点布置如图 4-19 所示。混凝土表面应变片测点布置如图 4-20 所示。

为便于分析比较,将混凝土内部测点所在的各截面固定的七个位置按从上到下、从左到右规定为 1 ~ 7。

各测点位置及编号见表 4-10、表 4-11。

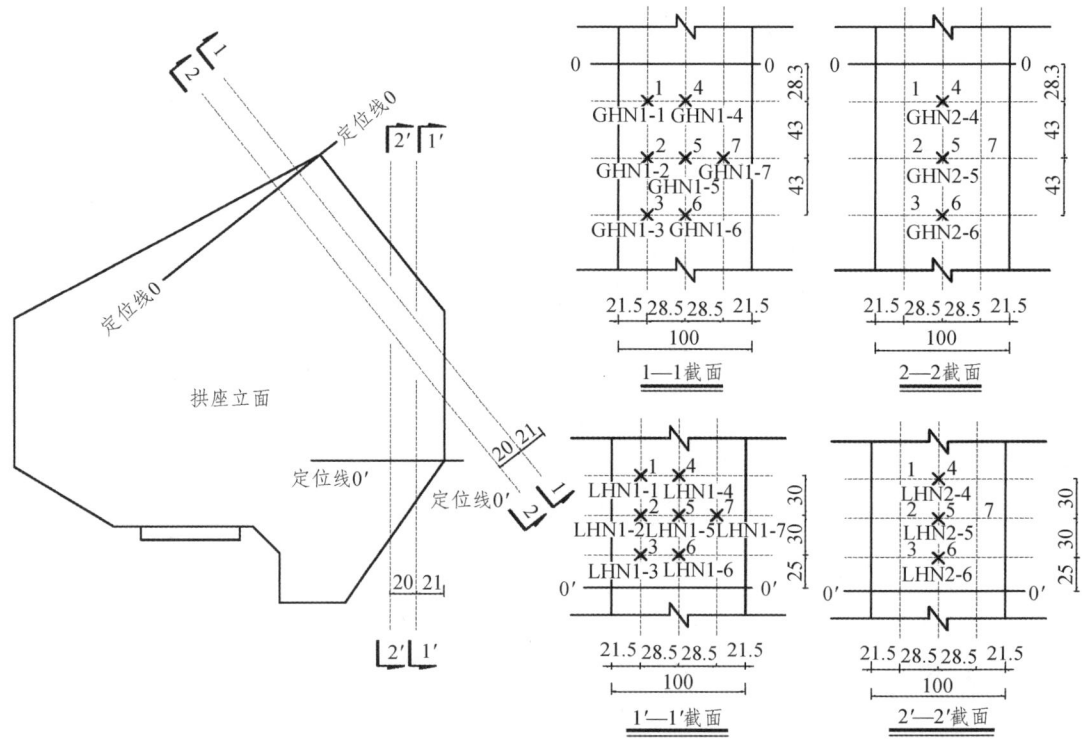

图 4-19 混凝土内部振弦式传感器测点布置（单位：cm）

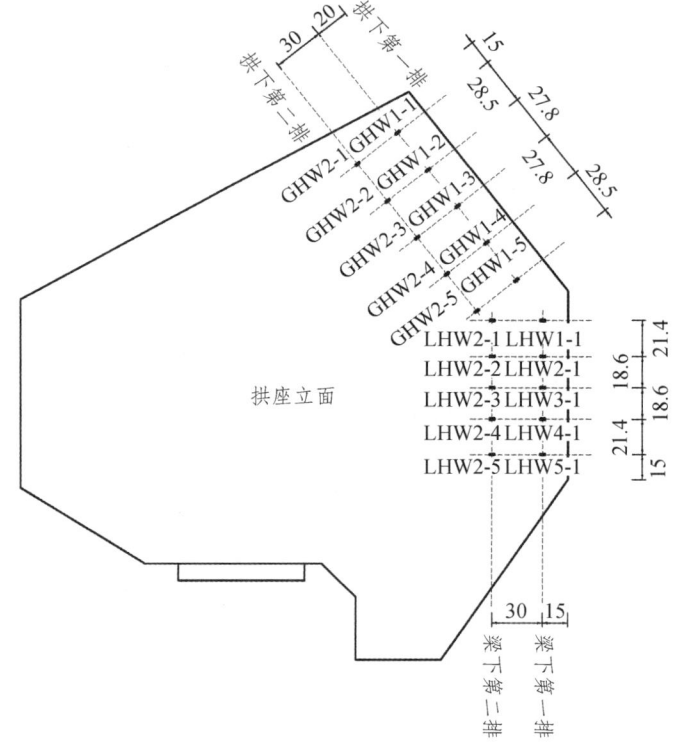

图 4-20 混凝土表面应变片测点布置（单位：cm）

表 4-10　混凝土内部测点编号

截面内测点序号	主拱下		主梁下	
	1—1 截面	2—2 截面	1′—1′截面	1′—1′截面
1	GHN1-1	—	LHN1-1	—
2	GHN1-2	—	LHN1-2	—
3	GHN1-3	—	LHN1-3	—
4	GHN1-4	GHN2-4	LHN1-4	LHN2-4
5	GHN1-5	GHN2-5	LHN1-5	LHN2-5
6	GHN1-6	GHN2-6	LHN1-6	LHN2-6
7	GHN1-7	—	LHN1-7	—

表 4-11　混凝土表面测点编号

测点序号	主拱下		主梁下	
	第 1 排	第 2 排	第 1 排	第 2 排
1	GHW1-1	GHW2-1	LHW1-1	LHW2-1
2	GHW1-2	GHW2-2	LHW1-2	LHW2-2
3	GHW1-3	GHW2-3	LHW1-3	LHW2-3
4	GHW1-4	GHW2-4	LHW1-4	LHW2-4
5	GHW1-5	GHW2-5	LHW1-5	LHW2-5

2. 拱肋钢箱应变测点布置

在钢箱的关键部位（如理论分析中应力较为集中的测点、应力突变点等代表性测点）采用应变片测量应力。主拱肋上共布置 56 个应变测点，均位于拱肋 4 个关键截面的四周，以便研究拱肋的应变分布规律及传力路径。

顶板上布置 GS1～GS14 十四个测点；底板上布置 GX1～GX14 十四个测点，两侧腹板上各布置十四个测点，分别是 GZ1～GZ14 和 GY1～GY14。拱肋应变片的测点布置如图 4-21、图 4-22 所示（图中仅给出了顶板和左侧腹板的测点位置，底板测点位置与顶板完全对称，右侧腹板测点位置与左侧腹板完全对称）。将各板测点顺拱肋方向从加载端到混凝土端分为第 1～4 行，顶、底板测点横向从左到右分为第 1～4 列，腹板竖向从上到下分为第 1～4 列。各测点位置及编号见表 4-12～表 4-15。

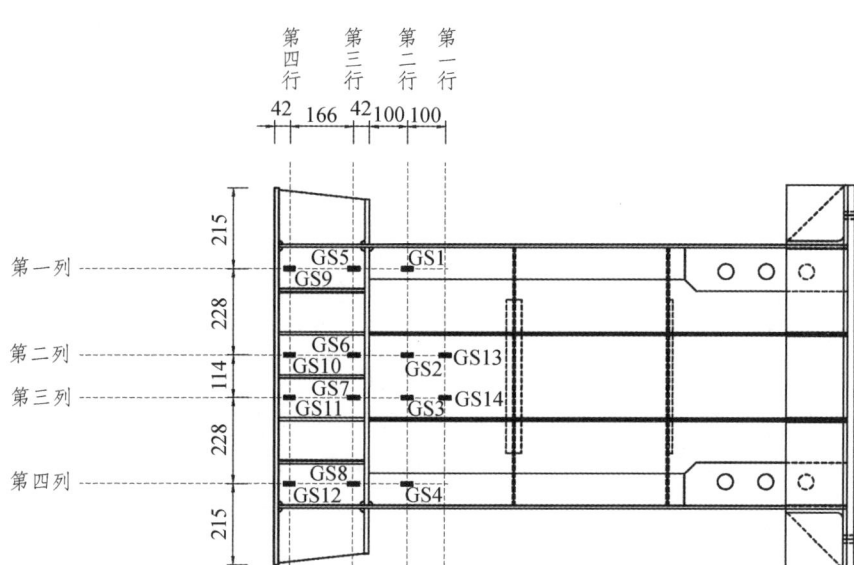

图 4-21 拱肋顶板应变片测点布置（单位：mm）

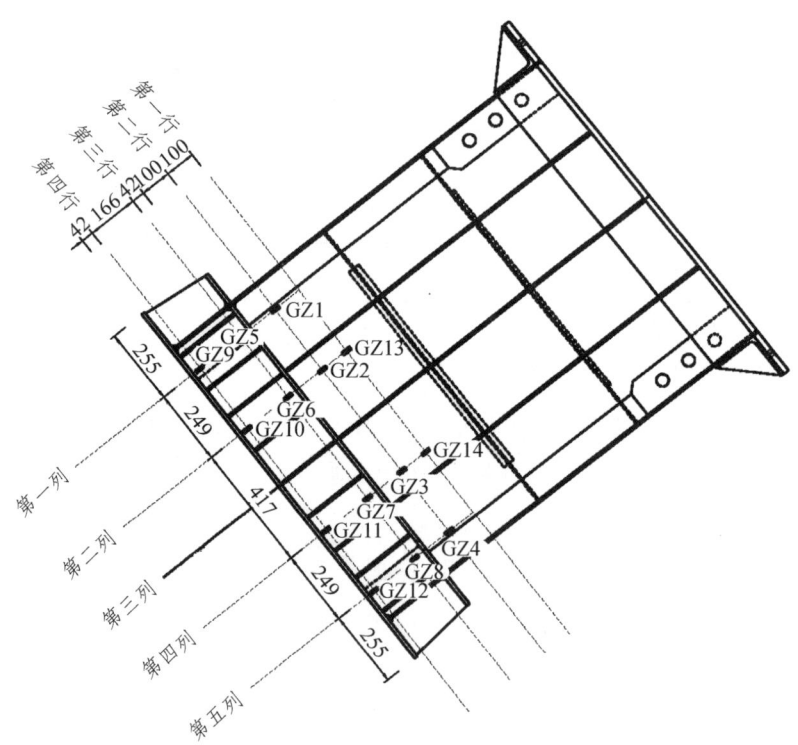

图 4-22 拱肋左侧腹板的应变片测点布置（单位：mm）

表 4-12　拱肋顶板测点编号

测点位置	第一列	第二列	第三列	第四列
第一行	—	GS13	GS14	—
第二行	GS1	GS2	GS3	GS4
第三行	GS5	GS6	GS7	GS8
第四行	GS9	GS10	GS11	GS12

表 4-13　拱肋底板测点编号

测点位置	第一列	第二列	第三列	第四列
第一行	—	GX13	GX14	—
第二行	GX1	GX2	GX3	GX4
第三行	GX5	GX6	GX7	GX8
第四行	GX9	GX10	GX11	GX12

表 4-14　拱肋左侧腹板测点编号

测点位置	第一列	第二列	第三列	第四列
第一行	—	GZ13	GZ14	—
第二行	GZ1	GZ2	GZ3	GZ4
第三行	GZ5	GZ6	GZ7	GZ8
第四行	GZ9	GZ10	GZ11	GZ12

表 4-15　拱肋右侧腹板测点编号

测点位置	第一列	第二列	第三列	第四列
第一行	—	GY13	GY14	—
第二行	GY1	GY2	GY3	GY4
第三行	GY5	GY6	GY7	GY8
第四行	GY9	GY10	GY11	GY12

3. 主梁钢箱应变测点布置

在梁箱的关键部位（如理论分析中应力较为集中的测点、应力突变点等具有代表性的测点）采用应变片测量应力。主梁上共布置了 56 个应变测点，均位于拱肋的 4 个关键截面周围，以便研究拱肋的应变分布规律和传力路径。

顶板上布置 LS1～LS14 十四个测点；底板上布置 LX1～LX14 十四个测点，两侧腹板上各布置十四个测点，分别是 LZ1～LZ14 和 LY1～LY14。主梁上应变片的测点布置如图 4-23、图 4-24 所示（图中仅给出了顶板和左侧腹板的测点位置，底板测点位置与顶板完全对称，右侧腹板测点位置与左侧腹板完全对称）。将各板测点顺桥向从锚固端到混凝土端分为第一～四行，顶、底板测点横向从左到右分为第一～四列，腹板竖向从上到下分为第一～四列。各测点位置及编号见表 4-16～表 4-19。

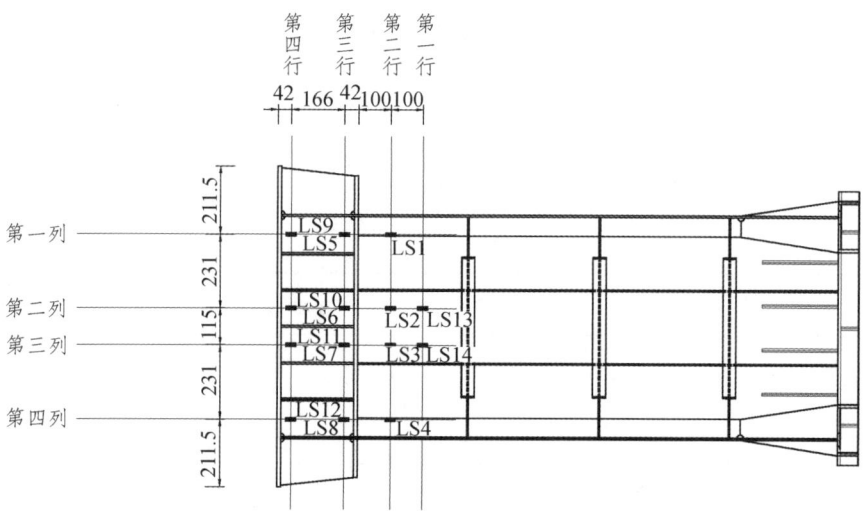

图 4-23 主梁顶板的应变片测点布置（单位：mm）

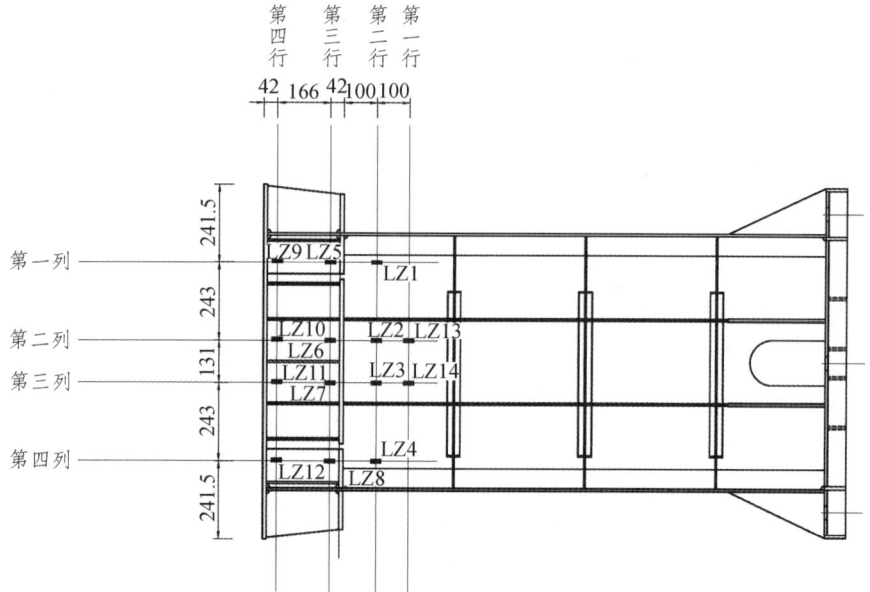

图 4-24 主梁左腹板应变片测点布置（单位：mm）

表 4-16 主梁顶板测点编号

测点位置	第一列	第二列	第三列	第四列
第一行	—	LS13	LS14	—
第二行	LS1	LS2	LS3	LS4
第三行	LS5	LS6	LS7	LS8
第四行	LS9	LS10	LS11	LS12

表 4-17 主梁底板测点编号

测点位置	第一列	第二列	第三列	第四列
第一行	—	LX13	LX14	—
第二行	LX1	LX2	LX3	LX4
第三行	LX5	LX6	LX7	LX8
第四行	LX9	LX10	LX11	LX12

表 4-18 主梁左侧腹板测点编号

测点位置	第一列	第二列	第三列	第四列
第一行	—	LZ13	LZ14	—
第二行	LZ1	LZ2	LZ3	LZ4
第三行	LZ5	LZ6	LZ7	LZ8
第四行	LZ9	LZ10	LZ11	LZ12

表 4-19 主梁右侧腹板测点编号

测点位置	第一列	第二列	第三列	第四列
第一行	—	LY13	LY14	—
第二行	LY1	LY2	LY3	LY4
第三行	LY5	LY6	LY7	LY8
第四行	LY9	LY10	LY11	LY12

4. 加劲肋应变测点布置

加劲肋是拱脚结构的重要组成部分，对传递和分散荷载起着关键作用，了解加劲肋上的应力分布情况至关重要。在加劲肋的关键部位，采用应变片测量应力大小。在主拱及主梁加密区外侧的加劲肋上，共布置了 24 个应变测点。这些测点位于加劲肋中央或与钢箱上第三、四行应变片对齐，以便研究加劲肋的应变分布规律及其对结构受力的贡献。

加劲肋上测点序号按从左到右（顶底板加劲肋）或从上到下（腹板加劲肋），自钢结构端向混凝土端的顺序进行排序。主拱顶板加劲肋上布置 J-GS1~J-GS4 四个测点，底板加劲肋上布置 J-GX1~J-GX4 四个测点，两侧腹板加劲肋上各布置四个测点，分别是 J-GZ1~J-GZ4 和 J-GY1~J-GY4。主梁顶板加劲肋上布置 J-LS1~J-LS4 四个测点，底板加劲肋上布置 J-LX1~J-LX4 四个测点，两侧腹板加劲肋上各布置四个测点，分别是

J-LZ1~J-LZ4 和 J-LY1~J-LY4。加劲肋应变片测点布置如图 4-25 所示。各测点位置及编号见表 4-20。

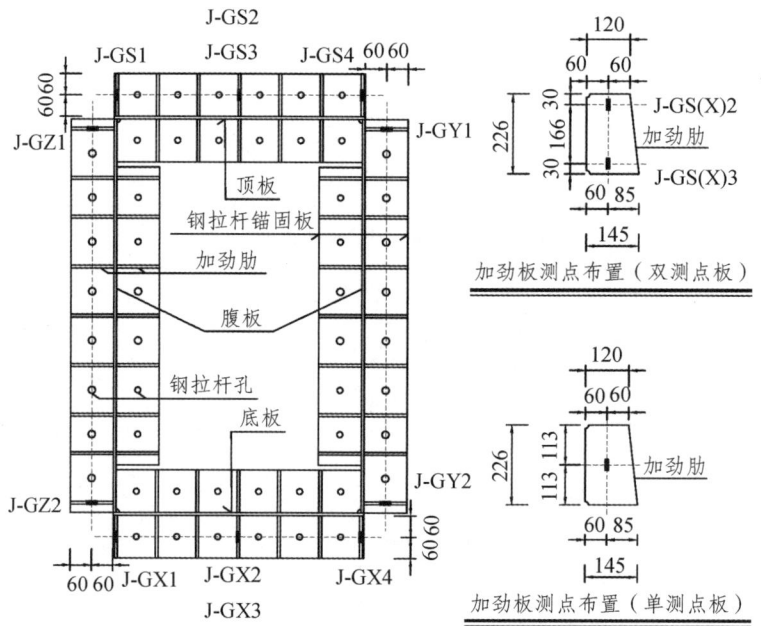

（a）主拱加劲肋应变片

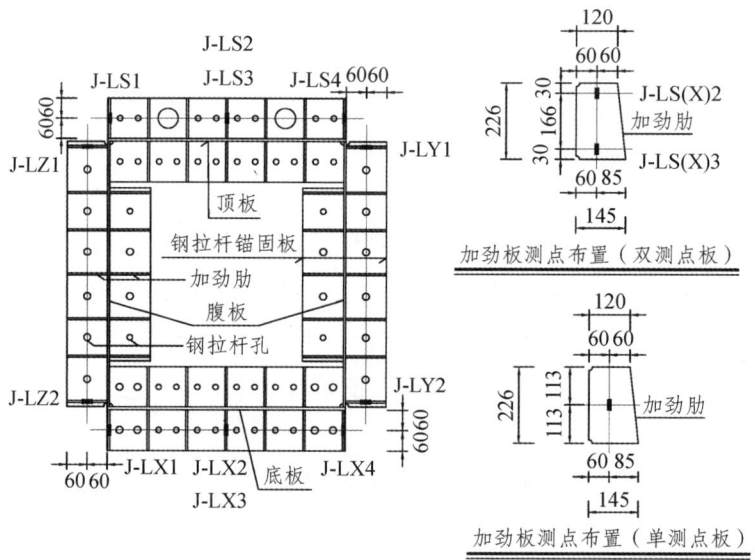

（b）主梁加劲肋应变片

图 4-25　加劲肋应变片测点布置（单位：mm）

表 4-20　加劲肋测点编号

测点序号		1	2	3	4
主拱加劲肋	顶板	J-GS1	J-GS2	J-GS3	J-GS4
	底板	J-GX1	J-GX2	J-GX3	J-GX4
	左侧腹板	J-LZ1	J-LZ2	—	—
	右侧腹板	J-LY1	J-LY2	—	—
主梁加劲肋	顶板	J-LS1	J-LS2	J-LS3	J-LS4
	底板	J-LX1	J-LX2	J-LX3	J-LX4
	左侧腹板	J-LZ1	J-LZ2	—	—
	右侧腹板	J-LY1	J-LY2	—	—

5. 连接件应变测点布置

连接件部分由承压板、钢拉杆锚固板、PBL 剪力键等组成，是拱脚结构的重要组成部分，了解这些部位的受力情况至关重要。在上述各结构的关键部位，采用应变片或应变花直接测量应力。具体布置如下：在主拱及主梁承压板上各布置 1 个应变片和 2 个应变花；在主拱及主梁钢拉杆锚固板上各布置 2 个应变花；在主拱 PBL 剪力键开孔板上布置 8 个应变片，在主梁 PBL 剪力键开孔板上布置 10 个应变片；在主拱下方及主梁下方 PBL 剪力键穿孔钢筋上各布置 4 个应变片。钢-混连接件应变测点共布置 36 个，包括 8 个应变花和 28 个应变片。由于承压板及钢拉杆锚固板的受力特点相似，为便于应力分析，将两者的测点归为一类进行编号及分析。

锚固板及承压板上测点序号按从上到下、从钢结构端到混凝土端的顺序进行排序：主拱上的 5 个测点编号为 GC1～GC5，主梁上的 5 个测点编号为 LC1～LC5。PBL 剪力键开孔板上测点序号从左到右分为两列，按从上到下的顺序进行排序：主拱上的 8 个测点编号为 GP1-1～GP1-4 和 GP2-1～GP2-4，主梁上的 10 个测点编号为 LP1-1～LP1-5 和 LP2-1～LP2-5；PBL 剪力键插孔钢筋上测点序号按从左到右的顺序进行排序。钢-混连接件测点布置如图 4-26 所示。

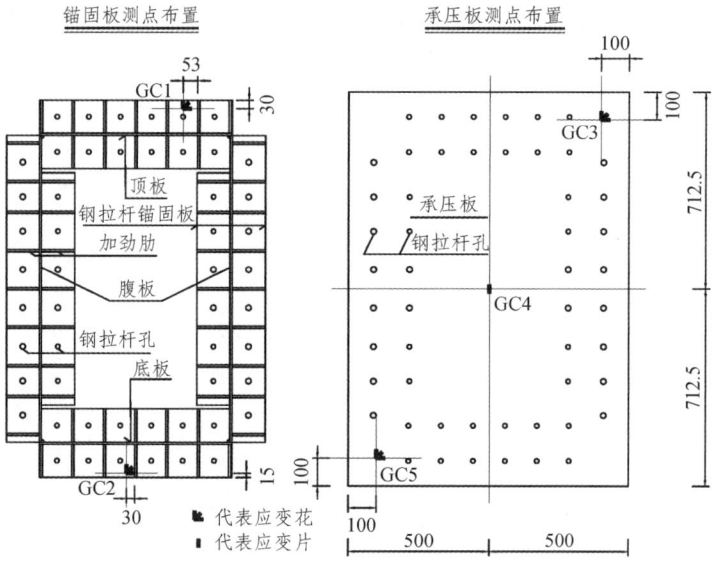

(a) 主拱锚固板及承压板测点

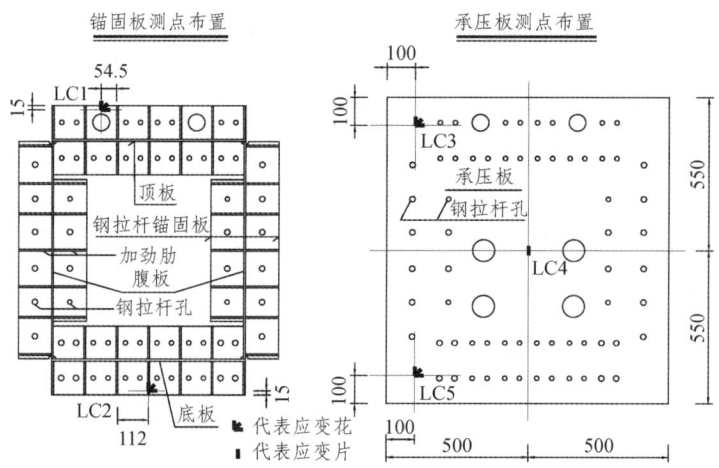

(b) 主梁锚固板及承压板测点

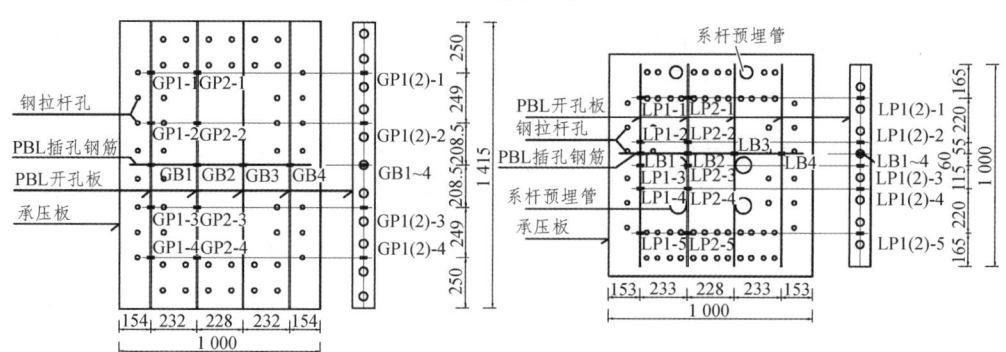

(c) PBL开孔板及插孔钢筋测点

图 4-26 连接件测点布置（单位：mm）

6. 位移测点布置

在试验模型的关键部位（如理论分析结果中位移显著、能体现各组成结构位移及转角等变形特点的代表性位置）采用位移传感器进行位移测量。钢结构及混凝土拱座上共布置9个位移测点，均使用位移传感器，以确保安全、准确、高效地研究试验模型的位移分布规律和变形特征。

拱肋承压板上布置2个位移传感器，放置于承压板上下两端，方向平行于拱肋，横线位于中央，从上到下编号为W1~W2；主梁钢箱上布置2个位移传感器，放置于钢箱端部加强槽钢上下两端，方向平行于主梁，横向位于中央，从上到下编号为W3~W4；在拱座底部、梁靴纵向两侧位置处布置2个位移传感器，方向坚直向上，横线位于中央，自混凝土端向钢结构端编号为W5~W6；在拱座系杆锚固截面上下两端布置2个位移传感器，水平方向放置，横线位于中央，自下而上编号为W7~W8；在拱座侧面，主拱轴线和主梁边线的交点处，即IP点设置一横向放置的位移传感器，以测量结构可能出现的极微小的横向位移，编号为W9。位移传感器测点布置如图4-27所示。

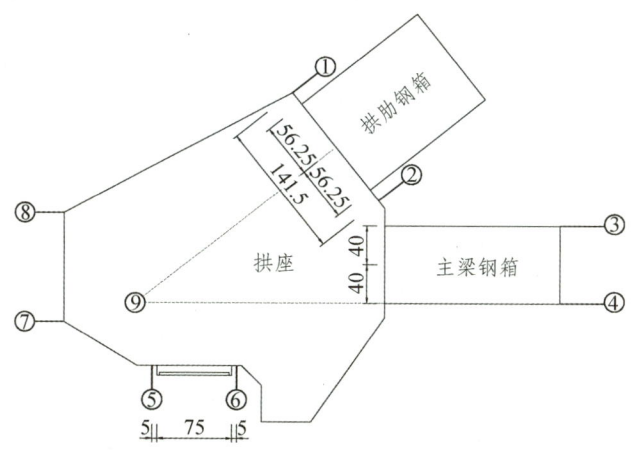

图4-27 位移传感器测点布置（单位：mm）

4.2.8 模型材料及加载、测量仪器统计

模型试验主要材料见表4-21。

表4-21 模型试验主要材料

	项目	单位	数值
模型	C50 混凝土	m^3	7.36
	Q345C 钢板	kg	2 443.29
	C12	kg	1 007.98
	C10	kg	191.77

续表

项目		单位	数值
模型	C6	kg	158.6
	PSB785 钢拉杆（15 mm）	kg	113.3
	M15 钢拉杆螺母	个	216
	PSB785 钢拉杆（18 mm）	kg	99.4
	M18 钢拉杆螺母	个	132
	M16×650 mm 螺栓螺母	套	4
	M36×200 mm 螺栓螺母	套	6
	$\phi^s 15.2\ 1\ 860$ MPa 钢绞线	kg	269
	M15 锚具	套	12
反力架	Q345C 钢板	kg	26 004.11
合计	C50 混凝土	m^3	7.36
	Q345C 钢板	kg	28 447.4
	HRB400 钢筋	kg	1 358.35

4.3 拱座试验段缩尺模型试验结果与数值分析

根据第 4.2 节确定的模型试验方案，针对四种试验加载工况，采用数值分析与模型试验相结合的方法，研究依托工程拱座钢-混结合段的受力性能，并将试验结果与数值分析结果进行对比，以验证拱座结点设计的安全性及有限元分析的可行性。

4.3.1 有限元模型建立

采用有限元软件 Midas FEA 构建了缩尺试验的有限元模型。该模型主要包含两种单元类型：拱座混凝土采用三维实体单元，钢结构钢板则使用二维板单元。经过简化处理后，拱脚模型共计包含 527 960 个单元。有限元模型如图 4-28 所示。

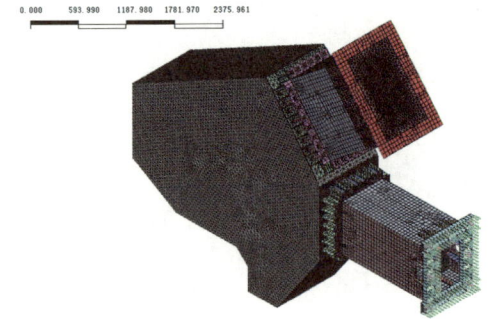

图 4-28 有限元模型

鉴于模型结构复杂，采用自上而下的建模方法，先建立钢结构的二维板单元模型，再建立混凝土的三维实体单元模型，使两种单元在接触部位共用公共节点，并分区域进行网格划分。将结构视为均质弹性体，以弹性模量和泊松比表征其材料特性。在有限元分析模型中，支座底部约束设置为仅受压弹性边界，以符合试验的实际约束形式；梁端设置仅受压弹性边界，与反力架连接的螺栓处则设置仅受拉弹性边界，确保正常荷载时梁端受压，超载时仅梁端螺栓处受拉。同时，允许梁端产生轻微挠动和转动，以契合试验的实际约束条件。钢拉杆采用梁单元模拟，通过施加预应力实现对钢-混结构的预紧力。由于局部模型的变形量极小，对系杆的影响可忽略，故系杆以集中力的形式加载于拱座尾部。基于圣维南原理及所研究结构部位的受力特征，采用上述处理方法所得计算结果满足精度要求。

4.3.2　总体 Von Mises 应力分布

表 4-22 展示了各工况荷载作用下缩尺模型的钢结构部分和混凝土结构部分的总体 Von Mises 应力分布情况。从有限元分析结果可以看出，在各工况荷载作用下除去应力集中点外，试验段钢结构部分的应力水平并不高，大部分区域在 150 MPa 以下，该缩尺模型的混凝土部分除应力集中点外，大部分区域均在 4 MPa 以下，与试验结果也较为吻合。

表 4-22　各工况下试验模型各构件 Von Mises 应力分布范围　　单位：MPa

构件类型	工况	应力集中部位	最小值	最大值	应力集中部位分布
钢结构	工况一～三	包含	0.06	225.06	钢拉杆锚固板开孔附近及与加劲肋连接处
		不包含	0.06	154.75	
	超载工况	包含	0.10	318.40	主梁加强端开孔附近
		不包含	0.10	221.41	
混凝土拱座	工况一～三	包含	0.002	52.35	拱座端面与钢拉杆的接触处，以及与钢箱和加劲肋的接触处
		不包含	0.002	19.63	
	超载工况	包含	0.003	52.35	
		不包含	0.003	19.63	

4.3.3　拱肋钢箱的应力对比

由于钢拱肋部分的应力较钢梁部分大，是结构中的主要受力构件。为研究钢拱肋在不同荷载工况下的应力分布特征，在拱肋上布置了 56 个应变片，用于分析试验荷载作用下钢拱肋的纵向应力分布规律，并总结荷载的传力路径。

1. **钢拱肋顶板的应力对比**

（1）顶板应力的试验结果。

各工况下拱肋顶板各列应力试验结果如图 4-29 所示。

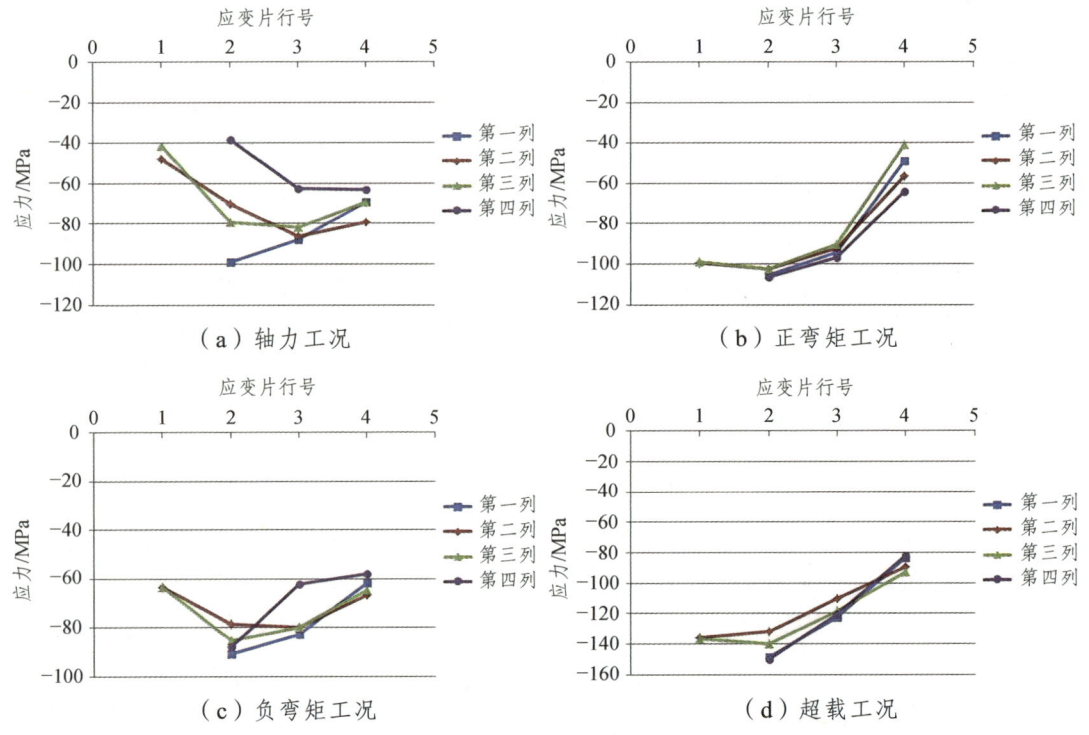

图 4-29　各工况下拱肋顶板各列应力试验结果

由图 4-29 可以看出，在正弯矩工况下，第四列测点（GS4、GS8、GS12）的应变呈现出明显的线性上升趋势。整体而言，应力从钢结构端向混凝土侧逐渐递减，这表明钢箱底部的加密区加劲肋有效地发挥了应力传递与分散的作用。在超载工况下，第二列测点（GS13、GS2、GS6、GS10）的应力有较为明显的下降趋势。第一行 GS13 点的应力为 -136 MPa；第二行 GS2 点的应力为 -132.32 MPa，降低了 3.68 MPa；第三行 GS6 的应力为 -110.64 MPa，相比 GS2 的应力降低了约 16%；第四行 GS10 的应力仅为 -89.78 MPa，相比 GS6 的应力降低了约 19%。这是因为经由加密区加劲肋的传力扩散作用，应力得到了很好的分散传递，使得应力扩散到加劲肋上并最终经过下承板传递到混凝土上。尽管钢拉杆的作用导致第三、四行钢板的应力有所增加，但提升加密区加劲肋区的刚度会使得第三、四行的应力较第一、二行按一定比例下降。由于拱肋上的力较大，应力下降的数值显著，且该数值超过了钢拉杆所增加的应力。因此，最终结果是第三、四行的应力低于第一、二行的应力。

对比前三种工况，在正弯矩工况下，顶板上各测点的应力值较轴力作用下的同一位置应力值偏大；相反，在负弯矩工况下，顶板上各测点的应力值则较轴力工况下的同一位置应力值偏小。这一现象源于正弯矩使顶板受压，而负弯矩使顶板受拉。试验结果表明，在最不利荷载的前三种工况下，各测点的应力值基本控制在 110 MPa 以内；在超载工况下，顶板上测点的最大应力值也未超过 150 MPa，充分证明了结构具备足够的安全储备。

（2）顶板应力的有限元结果。

图 4-30 给出了在各工况下顶板的纵向应力的理论计算结果。

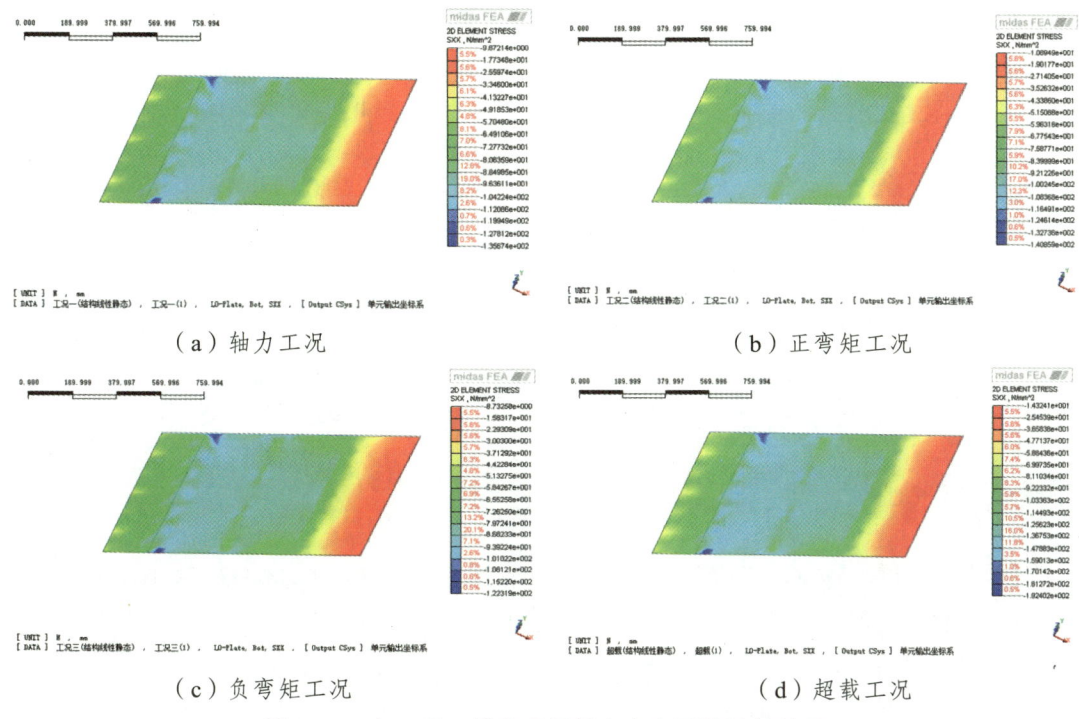

（a）轴力工况　　　　　　　　　　　　（b）正弯矩工况

（c）负弯矩工况　　　　　　　　　　　（d）超载工况

图 4-30　各工况下拱肋顶板纵向应力理论计算结果

由图 4-30 可知，在右侧加载端，由于内填混凝土的作用，钢板的应力较小。除应力集中点外，顶板其他区域在前三种工况下各测点的纵向应力大多低于 110 MPa。在超载工况下，顶板上的最大纵向应力也基本不超过 150 MPa。这与试验测试结果相一致，表明结构具有足够的安全储备。在顶板与钢拉杆承板接触的角点处，出现了少量应力集中，但各工况下应力集中处的最大应力均远低于钢材的设计强度。从结果可以看出，负弯矩工况下顶板应力低于轴力工况，而正弯矩工况下顶板应力则高于轴力工况。各工况下，远离混凝土一端的钢板应力普遍大于靠近混凝土一端的钢板应力，这一趋势与试验结果吻合。

2. 钢拱肋底板的应力对比

（1）底板应力的试验结果。

各工况下拱肋底板各列应力试验结果如图 4-31 所示。

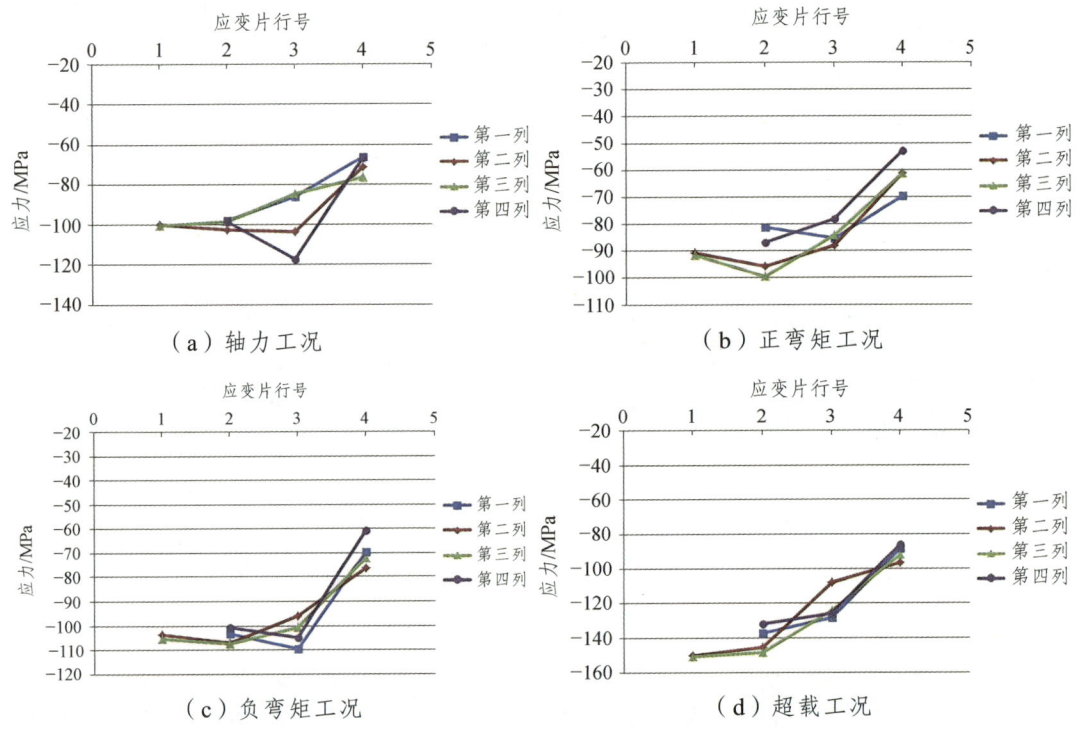

图 4-31 各种工况下拱肋底板各列应力的试验结果

由图 4-31 可以看出，在轴力工况下，第三列测点（GX14、GX3、GX7、GX11）从钢结构端到混凝土端应力逐渐减小，即存在加劲肋位置处的钢板应力较小，表明钢箱根部的加密区加劲肋起到了良好的应力传递与分散作用。在超载工况下，第三列测点的应力存在较为明显的下降趋势，测点 GS14 的应力为 -150.78 MPa；测点 GX3 的应力为 -148.37 MPa，两者比较接近；测点 GX7 的应力仅为 -124.27 MPa，相比 GX3 的应力降低约 16%；GX11 的应力仅为 -91.99 MPa，相比 GX7 的应力降低约 35%。这是因为加密区加劲肋的截面积扩大使得传力更加顺畅，应力得到了很好的分散。

对比前三种工况，拱肋底板与顶板的应力分布规律相反。在正弯矩工况荷载作用下，底板上各测点的应力相较于轴力作用下的同一位置的应力偏小；而在负弯矩工况荷载作用下，底板上各测点的应力比轴力工况下的同一位置应力偏大。这是由于正弯矩使得底板受拉，而负弯矩使得底板受压。

从试验结果看，在最不利荷载的前三种工况下，各测点的应力值基本在 110 MPa 以内；在超载工况下，底板上测点的最大值也不超过 150 MPa。这表明结构具有足够的安全储备。

（2）底板应力的有限元结果。

图 4-32 给出了在各工况下底板的纵向应力的理论计算结果。

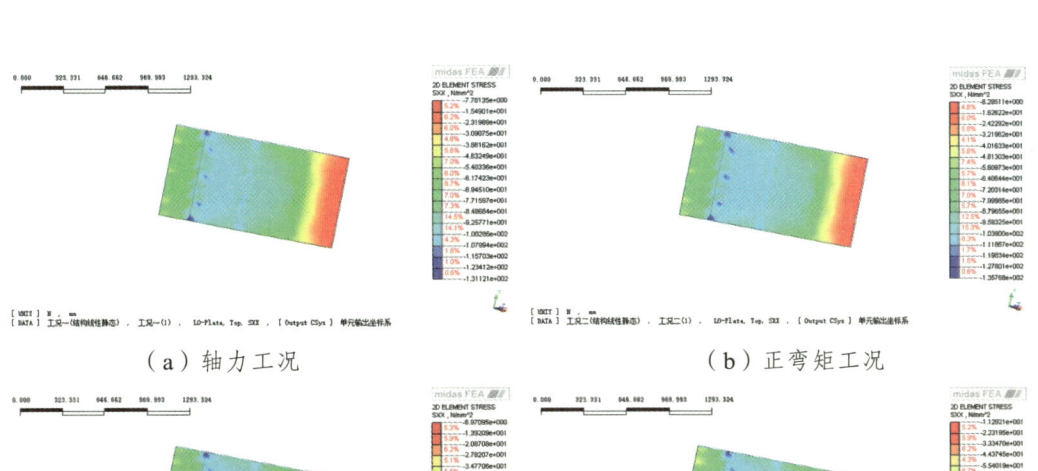

(a)轴力工况　　　　　　　　　　（b）正弯矩工况

（c）负弯矩工况　　　　　　　　　（d）超载工况

图 4-32　各工况下拱肋底板纵向应力理论计算结果

由图 4-32 可知，拱肋底板与拱肋顶板的应力分布基本一致。在右侧加载端，由于内填混凝土的作用，该处底板的应力较小。在前三种工况下，除应力集中点外，底板其他区域各测点的纵向应力大多低于 110 MPa；在超载工况下，顶板的最大纵向应力也基本不超过 150 MPa。这与试验测试结果相一致，表明结构具有足够的安全储备。在底板与钢拉杆承板接触的位置存在少量应力集中，但各种工况下应力集中处的最大应力均远低于钢材的设计强度。结果显示，负弯矩工况下底板应力高于轴力工况，而正弯矩下底板应力则低于轴力工况。各工况下，远离混凝土一端的钢板应力普遍大于靠近混凝土一端的钢板应力，这一趋势与试验结果一致。

3. 钢拱肋左侧腹板的应力对比

（1）左侧腹板应力的试验结果。

各工况下拱肋左腹板各列应力试验结果如图 4-33 所示。

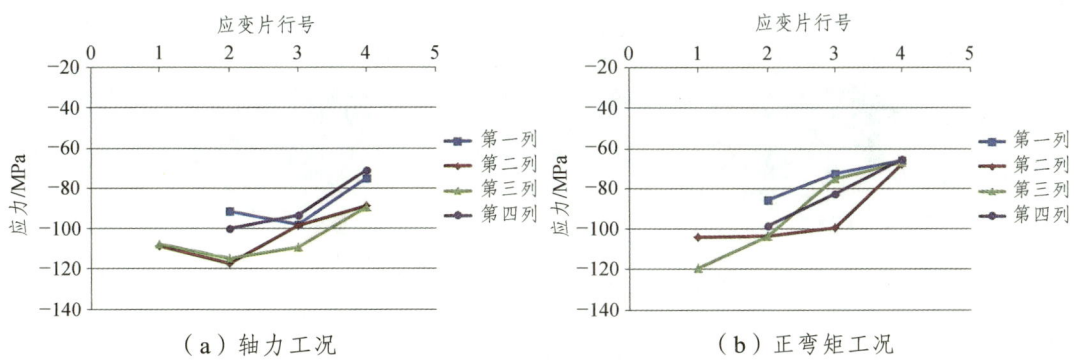

（a）轴力工况　　　　　　　　　　（b）正弯矩工况

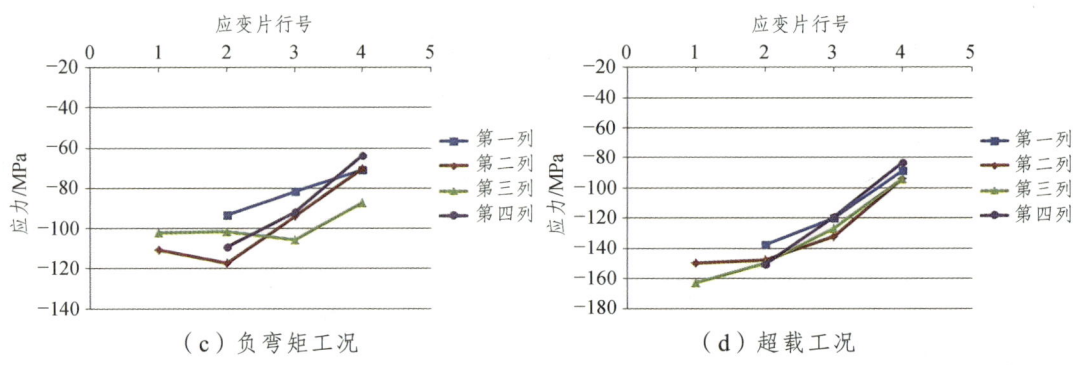

(c)负弯矩工况　　　　　　　　　（d)超载工况

图 4-33　各工况下拱肋左侧腹板各列应力的试验结果

由图 4-33 可以看出，在正弯矩工况下，第三列测点（GZ14、GZ3、GZ7、GZ11）从加载端到混凝土端钢板应力有较为明显的下降趋势。GZ14 点的应力为 -119.17 MPa；GZ3 点的应力为 -103.48 MPa，降低了 15.69 MPa；GZ7 的应力为 -75.15 MPa，相比 GZ3 的应力降低约 27.3%；GZ11 的应力仅为 -66.72 MPa，相比 GZ7 的应力降低约 11%。这表明钢箱根部的加密区加劲肋具有良好的应力传递与分散作用。通过加密区加劲肋的传力扩散，应力得以有效分散与传递，并经由加劲肋扩散至下承板，传递至混凝土结构中。

从试验结果看，在最不利荷载的前三种工况下，绝大部分测点应力值基本在 120 MPa 以内；在超载工况下，左侧腹板上大部分测点的最大值也不超过 160 MPa。这表明结构具有足够的安全储备。

（2）左侧腹板应力的有限元结果

图 4-34 给出了在各工况下左侧腹板顺拱肋方向的理论计算结果。

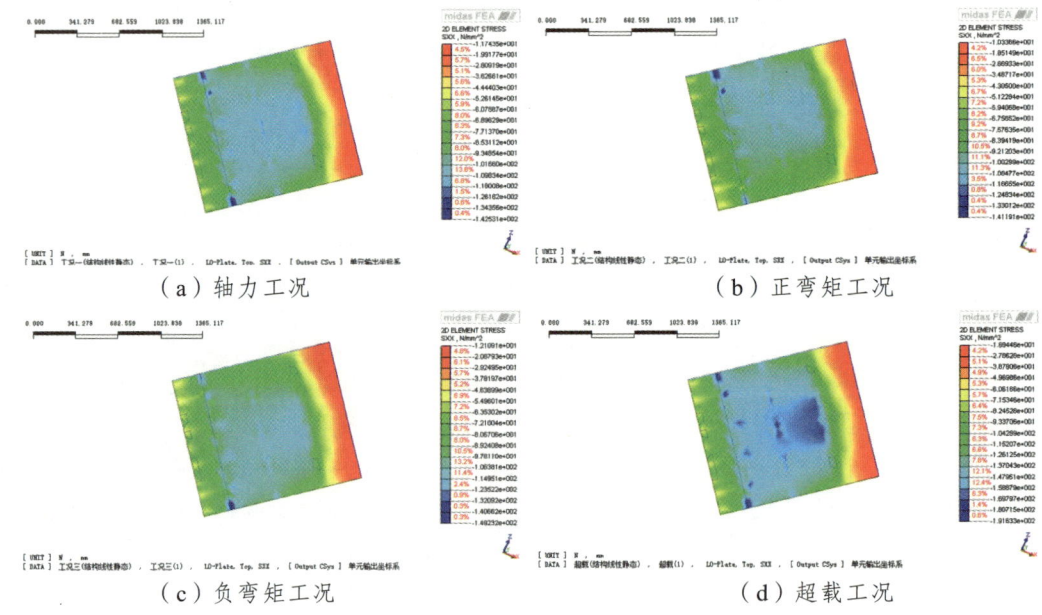

(a)轴力工况　　　　　　　　　　（b)正弯矩工况

(c)负弯矩工况　　　　　　　　　（d)超载工况

图 4-34　各工况下拱肋左侧腹板的纵向应力理论计算结果

由图 4-34 可知，与拱肋顶底板类似，在右侧加载端，由于内填混凝土的原因，钢板的应力很小。在前三种工况下，除应力集中点外，左侧腹板其他区域各测点的纵向应力大多低于 120 MPa；在超载工况下，左侧腹板上的最大纵向应力大部分不超过 160 MPa。这与试验测试结果一致，表明结构具有足够的安全储备。在前三种工况下，左侧腹板与钢拉杆承板接触处的角点出现轻微应力集中现象，但各工况下应力集中区域的最大应力值均显著低于钢材的设计强度。在超载工况下，应力集中区域有所扩展，但最大应力仍控制在材料设计强度范围内。各工况下，远离混凝土端的钢板应力普遍高于靠近混凝土端的钢板应力，这一现象与试验结果一致。通过对比各工况下的应力分布图可观察到：受偏心作用影响，拱肋中间区域的蓝色区块在轴力和超载工况下分布较为均匀；而在正弯矩工况下，蓝色区块偏向上部；在负弯矩工况下，蓝色区块则偏向下部。这表明，轴力工况和超载工况下同一截面的应力分布相对均匀，而正弯矩工况导致上部应力大于下部应力，负弯矩工况则导致上部应力小于下部应力。

4. 钢拱肋右侧腹板的应力对比

（1）右侧腹板应力的试验结果。

各工况下拱肋右腹板各列测点的应力试验结果如图 4-35 所示。

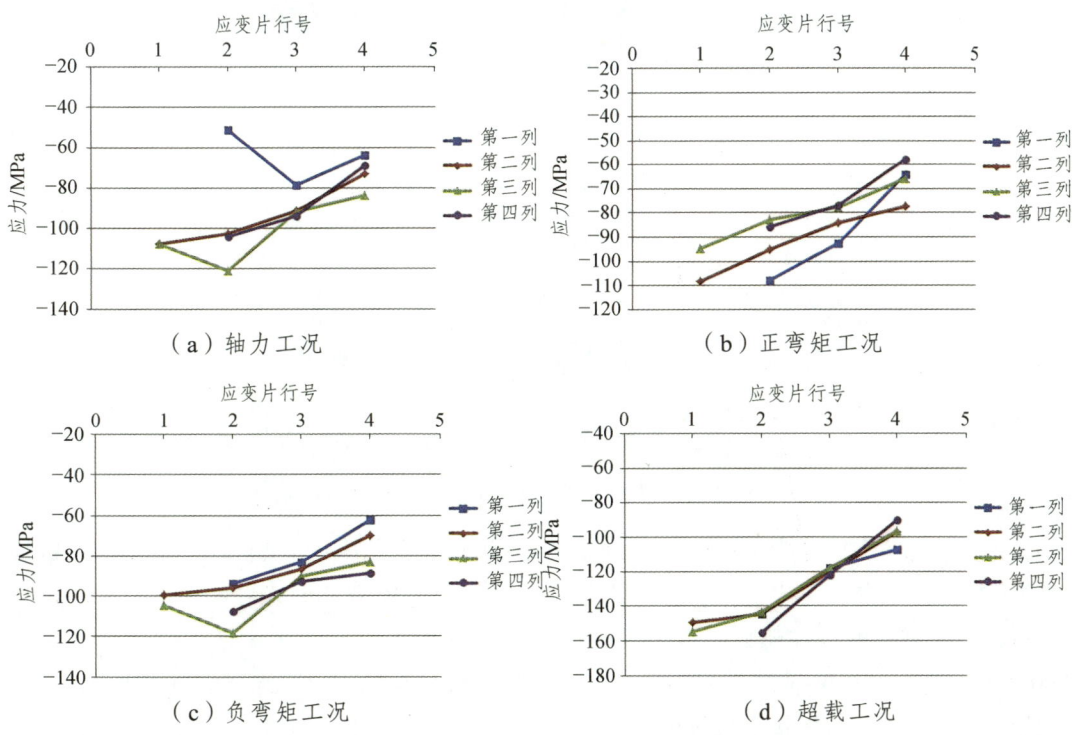

图 4-35　各工况下拱肋右侧腹板各列应力的试验结果

由图 4-35 可以看出，第二列测点（GY13、GY2、GY6、GY10）呈现出严格的递减趋势。在轴力工况下，四个测点的应力依次为 -107.63 MPa、-102.69 MPa、-91.33 MPa

和-73.07 MPa；在正弯矩工况下，四个测点的应力依次为-108.12 MPa、-95.29 MPa、-84.05 MPa 和-77.24 MPa；在负弯矩工况下，四个测点的应力依次为-99.4 MPa、-95.79 MPa、-86.54 MPa 和-69.65 MPa；在超载工况下，四个测点的应力依次为-149.14 MPa、-144.67 MPa、-120 MPa 和-96.9 MPa。这表明，钢箱根部的加密区加劲肋具有良好的应力传递与分散作用。通过加密区加劲肋的传力扩散，应力得以有效分散并传递，并经由加劲肋扩散至下承板，进而传递至混凝土。

从试验结果看，在最不利荷载的前三种工况下，绝大部分测点应力值基本在120 MPa以内；在超载工况下，右侧腹板上大部分测点的最大值也不超过160 MPa。这表明结构具有足够的安全储备。

（2）右侧腹板应力的有限元结果。

图4-36给出了在各工况下右侧腹板顺拱肋方向的理论计算结果。

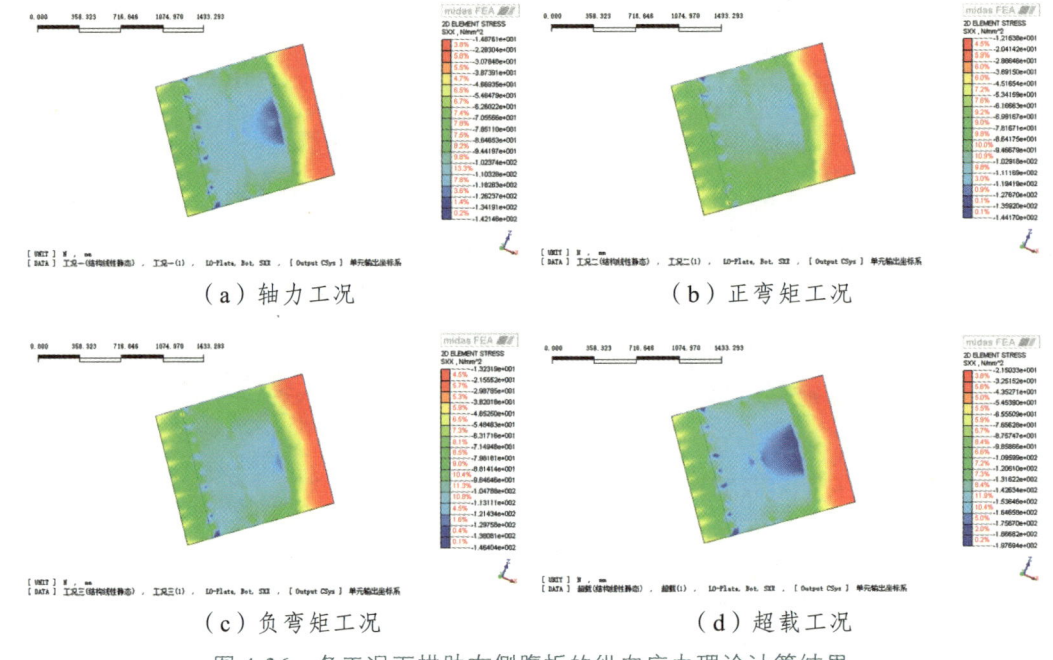

（a）轴力工况　　　　　　　　　　（b）正弯矩工况

（c）负弯矩工况　　　　　　　　　（d）超载工况

图4-36　各工况下拱肋右侧腹板的纵向应力理论计算结果

由图4-36可知，与拱肋顶底板类似，在右侧加载端，由于内填混凝土的原因，钢板的应力很小。在前三种工况下，除应力集中点外，右侧腹板其他区域各测点的纵向应力大多低于120 MPa；在超载工况下，右侧腹板上的最大纵向应力大部分也基本不超过160 MPa。这与试验测试结果相一致，表明结构具有足够的安全储备。在前三种工况下，右侧腹板与钢拉杆承板接触位置的角点处，与左侧腹板类似，均出现了少量应力集中现象，但各工况下应力集中处的最大应力值均远低于钢材的设计强度。在超载工况下，应力集中区域虽有所扩大，但最大应力仍保持在材料设计强度范围内。各工况下，远离混凝土端的钢板应力普遍大于靠近混凝土端的钢板应力，这一现象与试验结果相符。通过对比各工况下的应力分布图可观察到：受偏心作用影响，拱肋中间区域的蓝色区块在轴力和超载工况下分布较为均匀；而在正弯矩工况下，蓝色区块偏向上部；在负弯矩工况下，则偏向下部。这表明，在轴力工况和超载工况下，同一截面的应力分布相对均匀，而正弯矩工况导致上部应力大于下部应力，负弯矩工况则使上部应力小于下部应力。

5. 拱肋钢箱应力分布范围汇总

将拱箱各板件各工况下沿拱肋纵向应力的主要分布范围进行汇总，试验结果见表4-23，有限元结果见表4-24。

表 4-23　各工况下拱箱上测点沿拱肋纵向应力分布范围的试验结果　单位：MPa

构件类型	工况	最小值	最大值
顶板	工况一～三	-106.79	-38.37
顶板	超载工况	-150.18	-82.13
底板	工况一～三	-117.40	-52.93
底板	超载工况	-150.78	-86.05
左腹板	工况一～三	-119.17	-63.92
左腹板	超载工况	-162.52	-83.14
右腹板	工况一～三	-121.01	-51.23
右腹板	超载工况	-155.22	-89.71

表 4-24　各工况下拱箱各板件沿拱肋纵向应力分布范围的有限元结果　单位：MPa

构件类型	工况	最小值	最大值	应力集中部位分布
顶板	工况一～三	-140.86	-8.73	各板件与锚固板连接线附近
顶板	超载工况	-192.40	-14.32	
底板	工况一～三	-135.77	-6.97	
底板	超载工况	-187.73	-11.29	
左腹板	工况一～三	-149.23	-10.34	
左腹板	超载工况	-191.63	-16.94	
右腹板	工况一～三	-146.40	-12.16	
右腹板	超载工况	-197.69	-21.50	

6. 理论值与试验值的对比分析

为节省篇幅，仅选取拱肋顶板测点GS10、底板测点GX8、左侧腹板测点GZ2及右侧腹板测点GY3，绘制各工况下有限元结果与试验结果随加载进程的应力对比图，以说明试验结果与有限元结果的吻合程度及材料的弹塑性状态。横坐标为阶段加载值与各工况最大加载值的比值。对比结果如图4-37～图4-40所示。

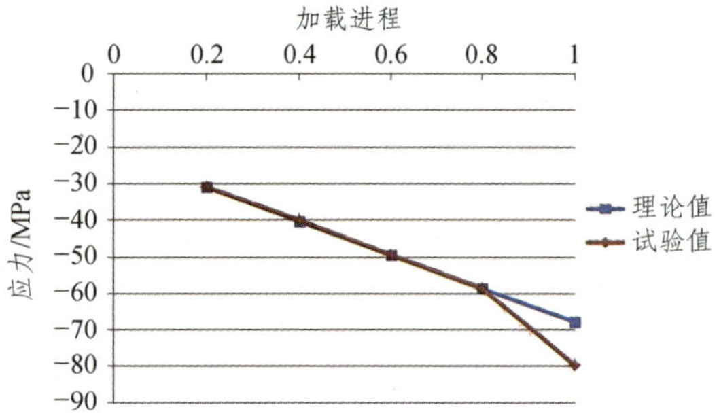

（a）轴力工况

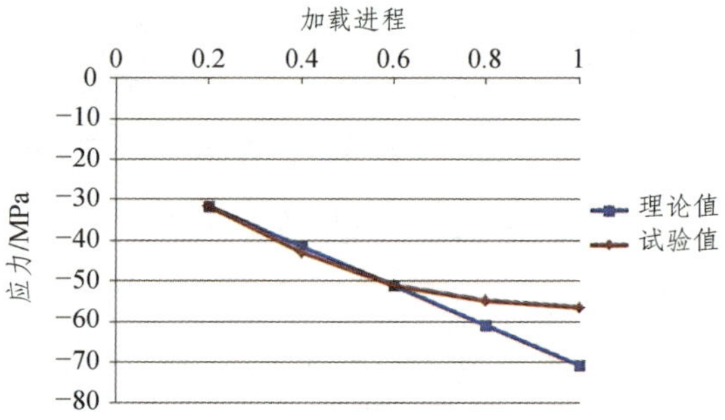

（b）正弯矩工况

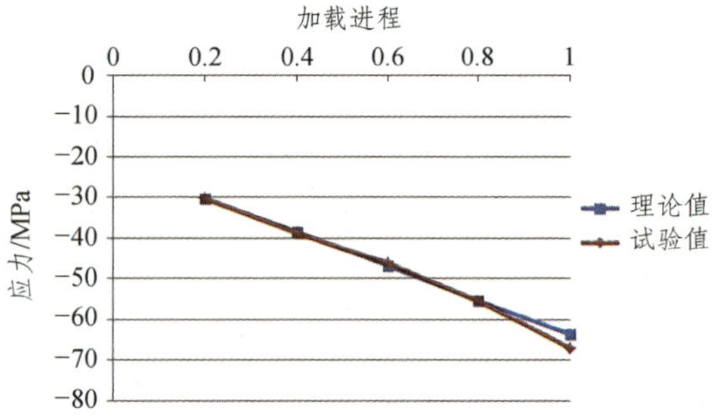

（c）负弯矩工况

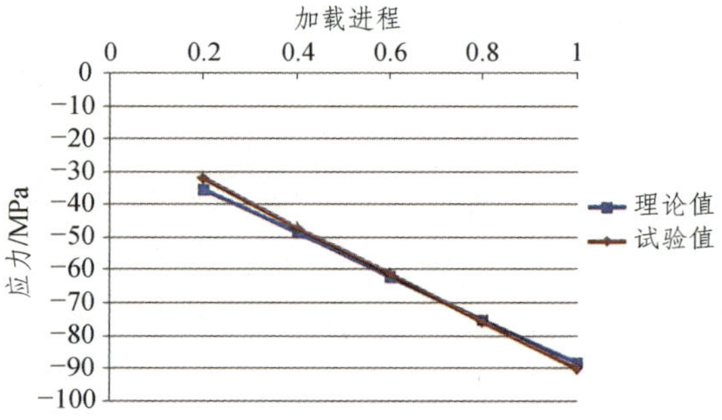

（d）超载工况

图 4-37　各工况下测点 GS10 应力的对比结果

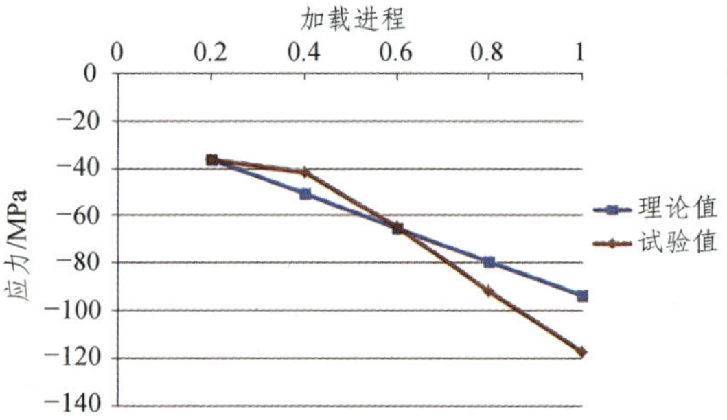

（a）轴力工况

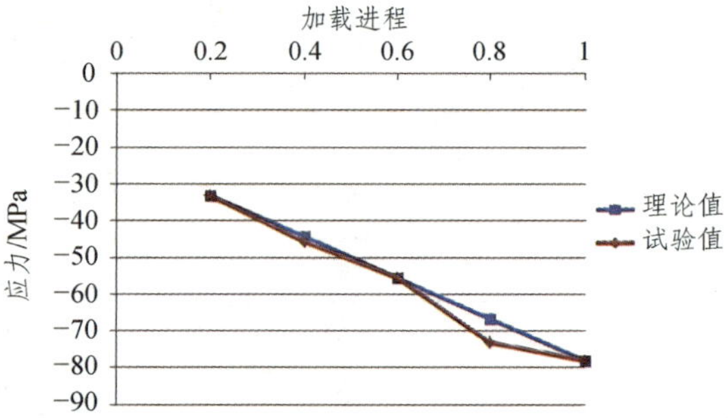

（b）正弯矩工况

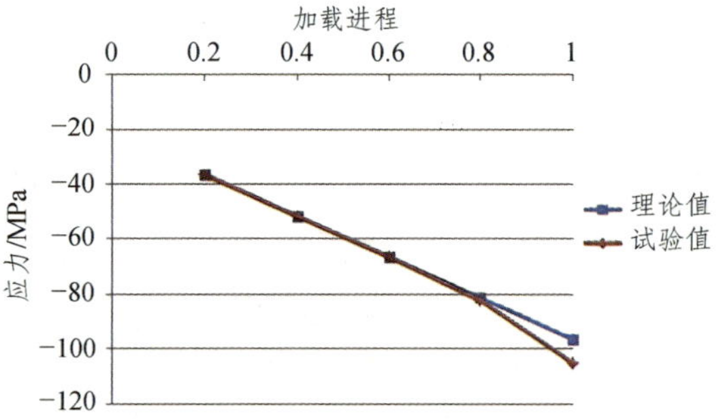

（c）负弯矩工况

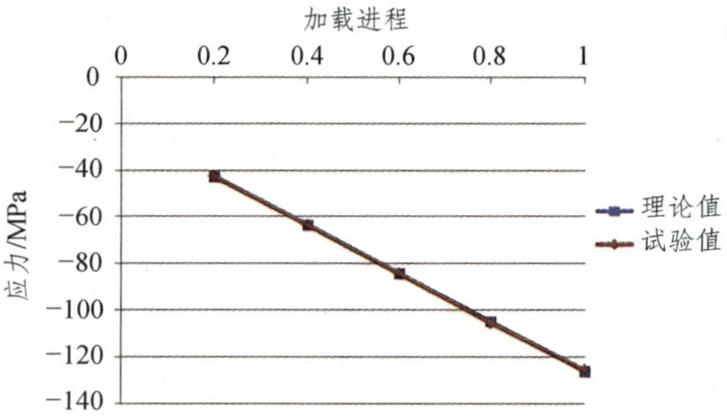

（d）超载工况

图 4-38　各工况下测点 GX8 应力的对比结果

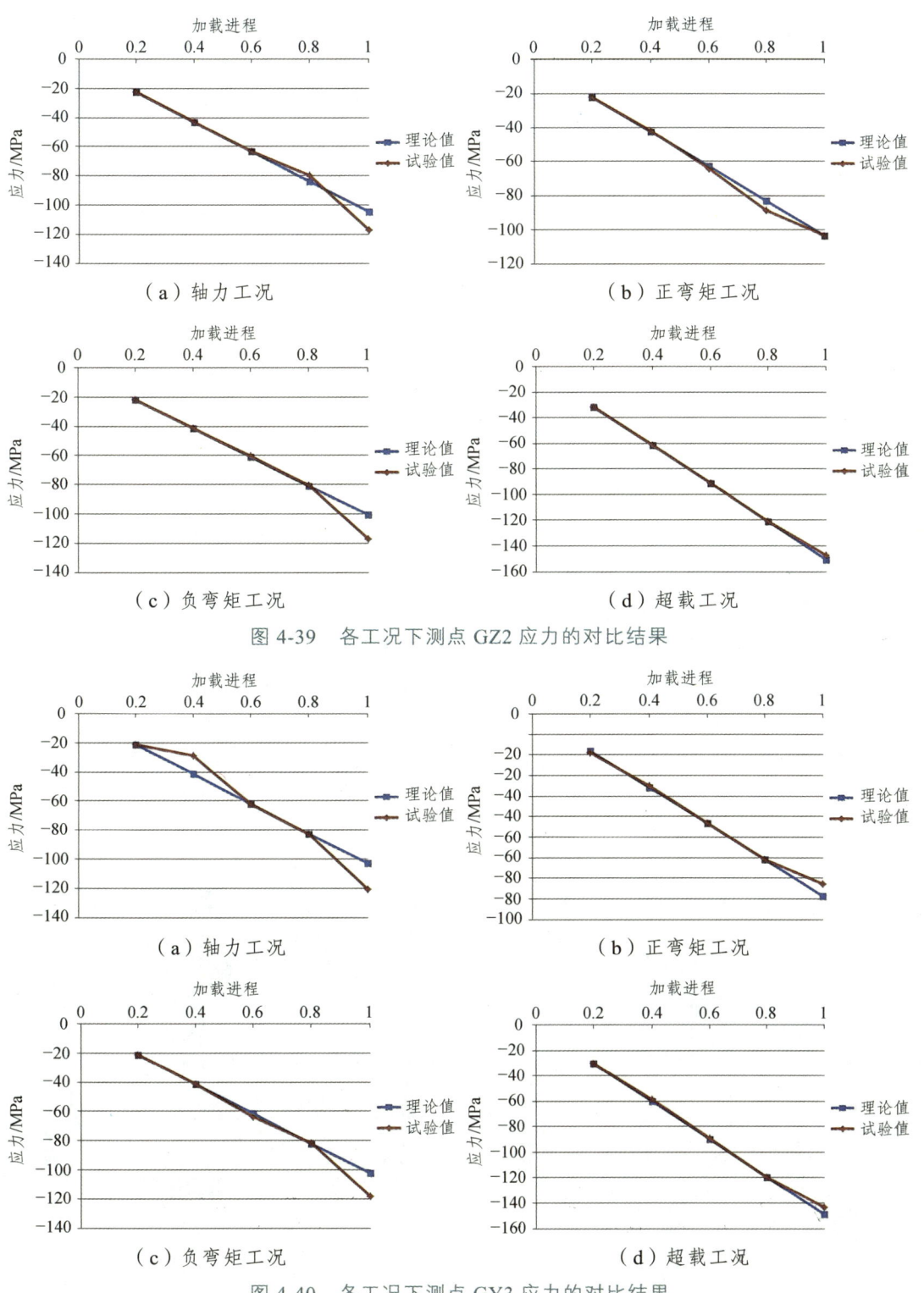

图 4-39 各工况下测点 GZ2 应力的对比结果

图 4-40 各工况下测点 GY3 应力的对比结果

由图 4-37～图 4-40 可以看出，试验结果与有限元分析结果在整体上基本吻合。然而，由于有限元模型的简化、边界条件处理与实际情况存在差异、试验材料的随机性、贴片质量以及采集设备的误差等因素，两者在某些测点及同一测点加载至最大变形阶段时出现了一定程度的误差，但误差幅度较小。总体而言，较大误差的测点数量较少，且误差量值较小，试验结果与有限元分析结果较为吻合。拱肋上各测点在不同工况下的应力随加载进程的变化呈线性变化，表明拱肋材料在各工况下均处于弹性状态，结构安全可靠。

4.3.4 主梁钢箱的应力对比

根据钢箱整体应力分布情况可知，钢主梁部分的应力较拱肋部分小。与拱肋仅承受轴压或偏压的明确受力状态不同，主梁的受力和约束情况更为复杂。主梁锚固端同时受到轴向约束和弯矩约束，除了承受千斤顶传递的力外，还受到系杆力的作用。为深入研究钢梁在各种荷载作用下的应力分布，在钢梁梁箱上布置了 56 个应变片，用于分析试验荷载作用下梁箱的纵向应力分布，并总结荷载的传力路径。

1. 钢主梁顶板的应力对比

（1）顶板应力的试验结果。

各工况下主梁顶板各列应力的试验结果如图 4-41 所示。

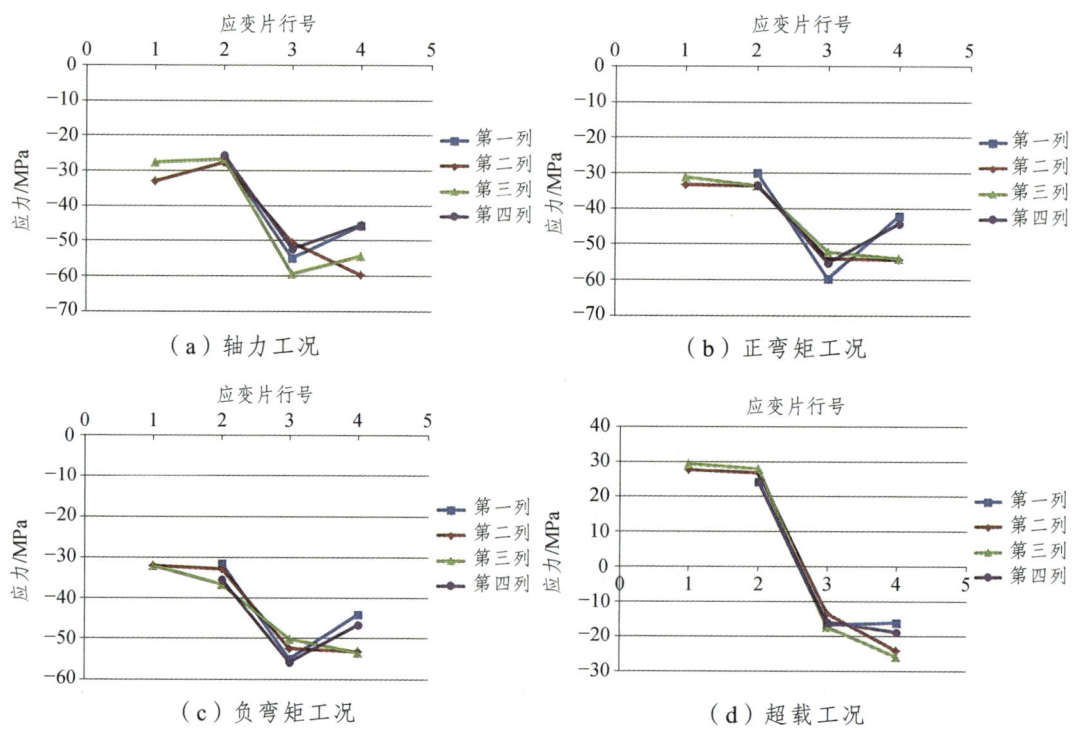

图 4-41　各工况下主梁顶板各列应力的试验结果

由图 4-41 可以看出，在轴力工况下，第三列测点（LS14、LS3、LS7、LS11）的应变呈现较为明显的纵向应力折线分布。测点 LS14 的应力为 −27.75 MPa；测点 LS3 的应力为 −26.65 MPa，应力略微降低；测点 LS7 的应力为 −59.29 MPa，相比 LS3 的应力增加约 122%；LS11 的应力为 −54.31 MPa，较 LS7 略微下降。在超载工况下，由于主梁端部锚固于刚性反力架上，千斤顶的水平分力超过了系杆力（原桥设计中不会出现这种情况），使得主梁钢拉杆作用范围外的地方受少量的拉应力，但应力水平很低。

从试验结果看，在最不利荷载的前三种工况下，各测点的应力值基本在 60 MPa 以内；在超载工况下，顶板上一部分测点出现拉应力，但最大拉应力也不超过 30 MPa。这表明结构具有足够的安全储备。

（2）顶板应力的有限元结果。

图 4-42 给出了在各工况下主梁顶板纵向应力的理论计算结果。

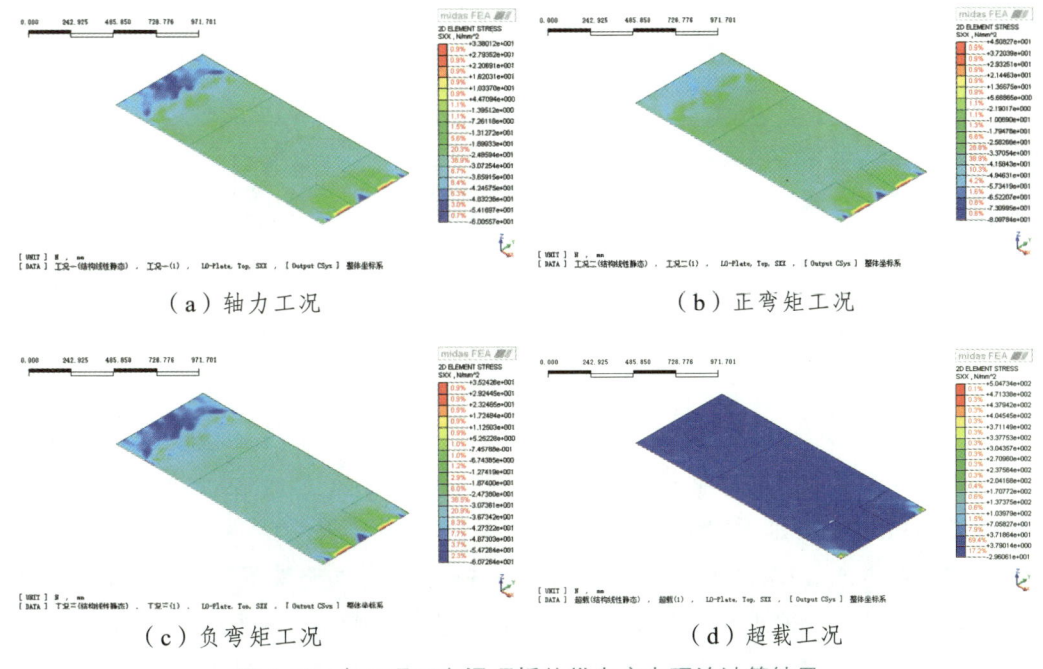

（a）轴力工况　　　　　　　　　　　（b）正弯矩工况

（c）负弯矩工况　　　　　　　　　　（d）超载工况

图 4-42　各工况下主梁顶板的纵向应力理论计算结果

由图 4-42 可知，在右侧锚固端存在较为明显的应力集中现象。在前三种工况下，除应力集中点外，顶板大部分截面均处于受压状态，且截面应力水平较低，基本保持在 60 MPa 以下；在超载工况下，由于主梁锚固于刚性反力架上，主梁顶板出现了较多受拉区（原桥设计中不会出现这种情况），但除应力集中点外，最大纵向拉应力也未超过 200 MPa。这与试验测试结果相一致，表明结构具有足够的安全储备。从前三种工况的应力图可以看出，加密区加劲肋范围内的顶板应力明显高于加劲肋范围外的顶板应力，这一现象与试验结果一致。

2. 钢拱肋底板的应力对比

（1）底板应力的试验结果。

各工况下主梁底板各列应力的试验结果如图 4-43 所示。

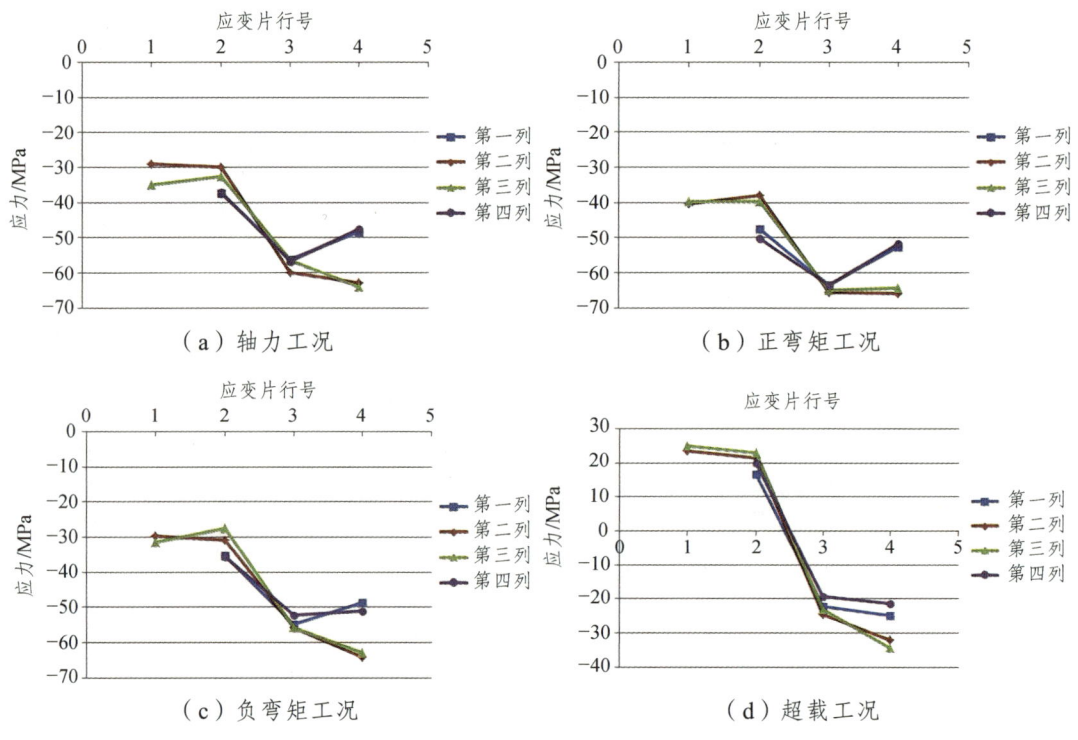

图 4-43　各工况下主梁底板各列应力的试验结果

由图 4-43 可以看出，正弯矩工况下，第三列测点（LX14、LX3、LX7、LX11）的应变呈现出较为明显的纵向应力折线分布。测点 LX14 的应力为 -39.74 MPa，测点 LX3 的应力为 -39.95 MPa，应力略微增加，测点 LX7 的应力上升为 -65.07 MPa，相比 LX3 的应力增加约 63%，LX11 的应力为 -64.46 MPa，较 LX7 略微下降。在超载工况下，由于主梁端部锚固于刚性反力架上，千斤顶的水平分力超过了系杆力（原桥设计中不会出现这种情况），使得主梁钢拉杆作用范围外的地方受少量的拉应力，但应力水平很低。

从试验结果看，在最不利荷载的前三种工况下，各测点的应力值均在 70 MPa 以内；在超载工况下，底板上一部分测点出现拉应力，但最大拉应力也不超过 30 MPa。这表明结构具有足够的安全储备。

（2）底板应力的有限元结果。

图 4-44 给出了在各工况下主梁底板纵向应力的理论计算结果。

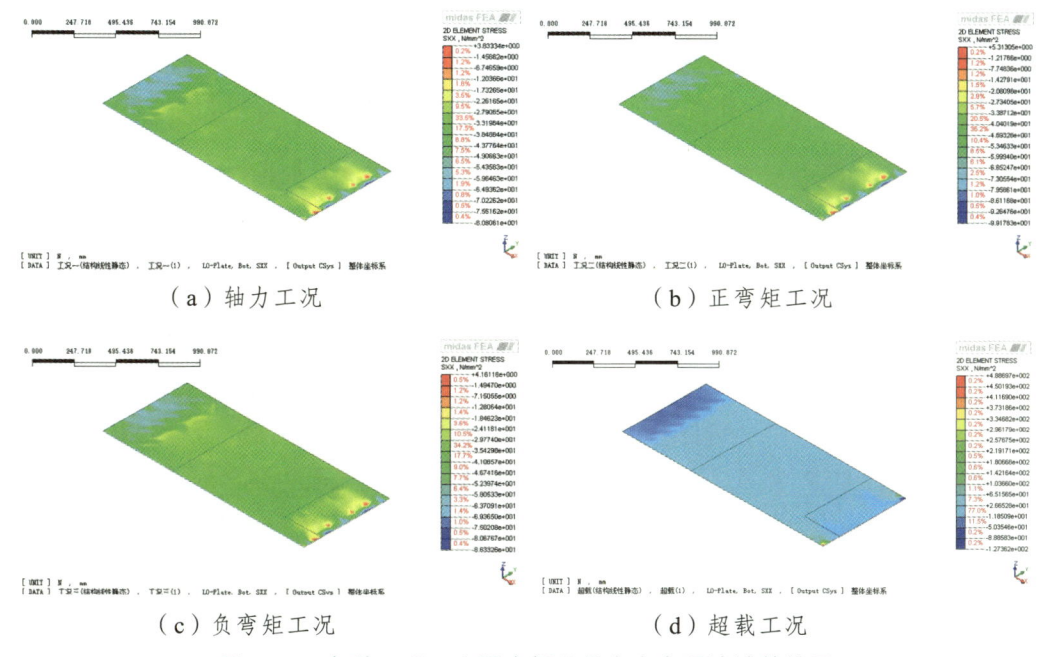

(a) 轴力工况　　　　　　　　　　　(b) 正弯矩工况

(c) 负弯矩工况　　　　　　　　　　(d) 超载工况

图 4-44　各种工况下主梁底板的纵向应力理论计算结果

由图 4-44 可知，在右侧锚固端出现了部分拉应力，但其应力水平较低。在前三种工况下，除主梁锚固端外，底板在其他区域的大部分截面处于受压状态，且截面应力水平普遍较低，基本保持在 70 MPa 以下；在超载工况下，由于主梁端部锚固于刚性反力架，主梁底板上出现了较多的受拉区（原桥设计中不会出现这种情况），但除应力集中点外，最大纵向拉应力也未超过 200 MPa。这与试验测试结果相一致，表明结构具有足够的安全储备。从四种工况的应力图中可以观察到，加密区加劲肋范围内的底板应力明显高于加劲肋范围外的底板应力，这一现象与试验结果一致。

3. 钢主梁左侧腹板的应力对比

（1）左侧腹板应力的试验结果。

各工况下主梁左侧腹板各列应力的试验结果如图 4-45 所示。

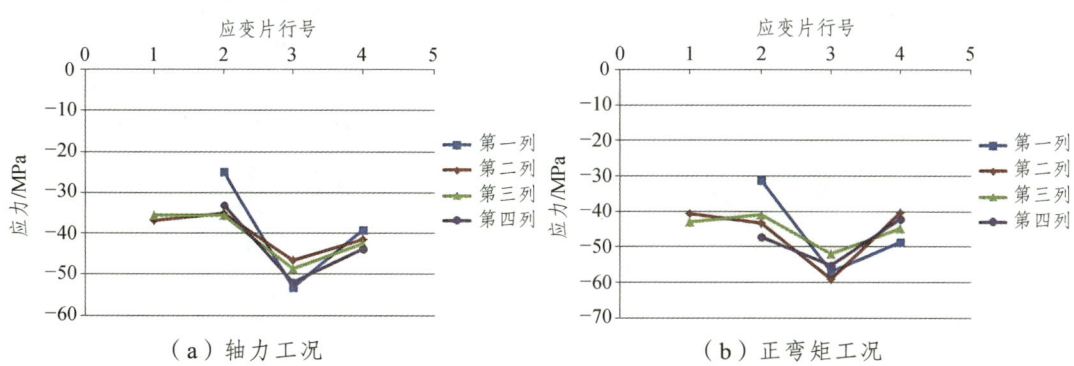

（a）轴力工况　　　　　　　　　　（b）正弯矩工况

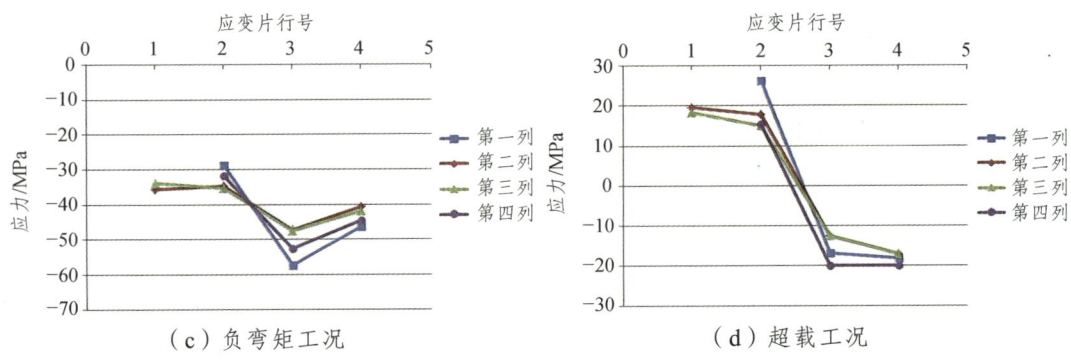

（c）负弯矩工况　　　　　　　　（d）超载工况

图 4-45　各工况下主梁左侧腹板各列应力的试验结果

由图 4-45 可以看出，主梁左侧腹板与主梁顶底板的纵向应力分布类似。在轴力工况下，第三列测点（LZ14、LZ3、LZ7、LZ11）的应力呈现出较为明显的纵向应力折线分布。测点 LZ14 的应力为 –35.64 MPa；测点 LZ3 的应力为 –35.55 MPa，应力略微降低；测点 LZ7 的应力为 –48.62 MPa，相比 LZ3 的应力增加了约 37%；LZ11 的应力较 LZ7 略微下降，为 –42.51 MPa。在超载工况下，由于主梁端部锚固于刚性反力架，千斤顶的水平分力超过了系杆力（原桥设计中不会出现这种情况），使得主梁钢拉杆作用范围外的区域产生少量拉应力，但应力水平较低。

从试验结果看，在最不利荷载的前三种工况下，各测点的应力值均处于在 60 MPa 以内；在超载工况下，左侧腹板上一部分测点出现拉应力，但最大拉应力也不超过 30 MPa。这表明结构具有足够的安全储备。

（2）左侧腹板应力的有限元结果。

图 4-46 给出了在各工况下主梁左侧腹板纵向应力的理论计算结果。

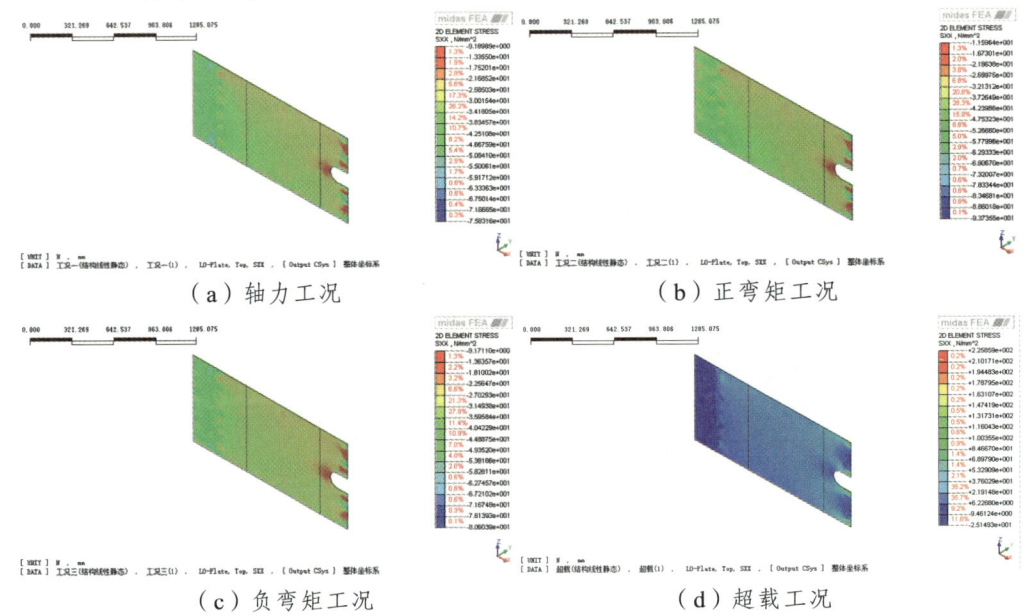

（a）轴力工况　　　　　　　　（b）正弯矩工况

（c）负弯矩工况　　　　　　　　（d）超载工况

图 4-46　各工况下主梁左侧腹板的纵向应力理论计算结果

由图 4-46 可知，在前三种工况下，左侧腹板整体处于受压状态，且应力水平较低，大部分区域应力值均低于 60 MPa；在超载工况下，由于主梁端部锚固于刚性反力架上，左侧腹板出现了较大范围的受拉区（原桥设计中不会出现这种情况），但除主梁端部锚固区域的应力集中点外，最大纵向拉应力均未超过 200 MPa。这与试验测试结果相一致，表明结构具有足够的安全储备。通过对比四种工况的应力图可以发现，加密区加劲肋范围内的左侧腹板应力明显高于加劲肋范围外的应力，这一现象与试验结果完全一致。

4. 钢主梁右侧腹板的应力对比

（1）右侧腹板应力的试验结果。

各工况下主梁右侧腹板各列应力的试验结果如图 4-47 所示。

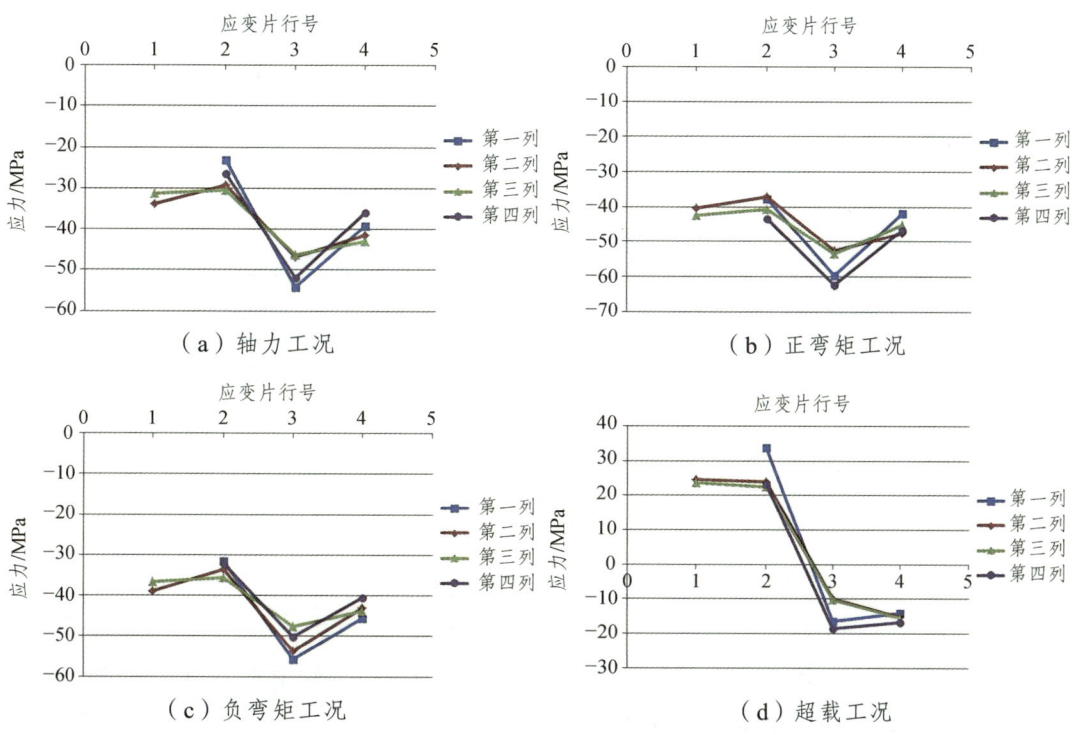

图 4-47　各工况下主梁右侧腹板各列应力的试验结果

由图 4-47 可以看出，主梁右侧腹板与主梁左侧腹板的纵向应力分布类似。负弯矩工况下，第三列测点（LY14、LY3、LY7、LY11）的应力呈现出较为明显的纵向应力折线分布。测点 LY14 的应力为 -36.72 MPa；测点 LY3 的应力为 -35.62 MPa，应力略微降低；第三排测点 LY7 的应力为 -47.66 MPa，相比 LY3 的应力增加约 34%；LY11 的应力较 LY7 略微下降为 -43.77 MPa。在超载工况下，由于主梁端部锚固于刚性反力架上，千斤顶的水平分力超过了系杆力（原桥设计中不会出现这种情况），使得主梁钢拉杆作用范围外的地方受少量的拉应力，但应力水平很低。

从试验结果看,在最不利荷载的前三种工况下,各测点的应力值大多低于 −60 MPa;在超载工况下,右侧腹板上一部分测点出现拉应力,但最大拉应力也不超过 40 MPa。这表明结构具有足够的安全储备。

(2)右侧腹板应力的有限元结果。

图 4-48 给出了在各工况下主梁右侧腹板纵向应力的理论计算结果。

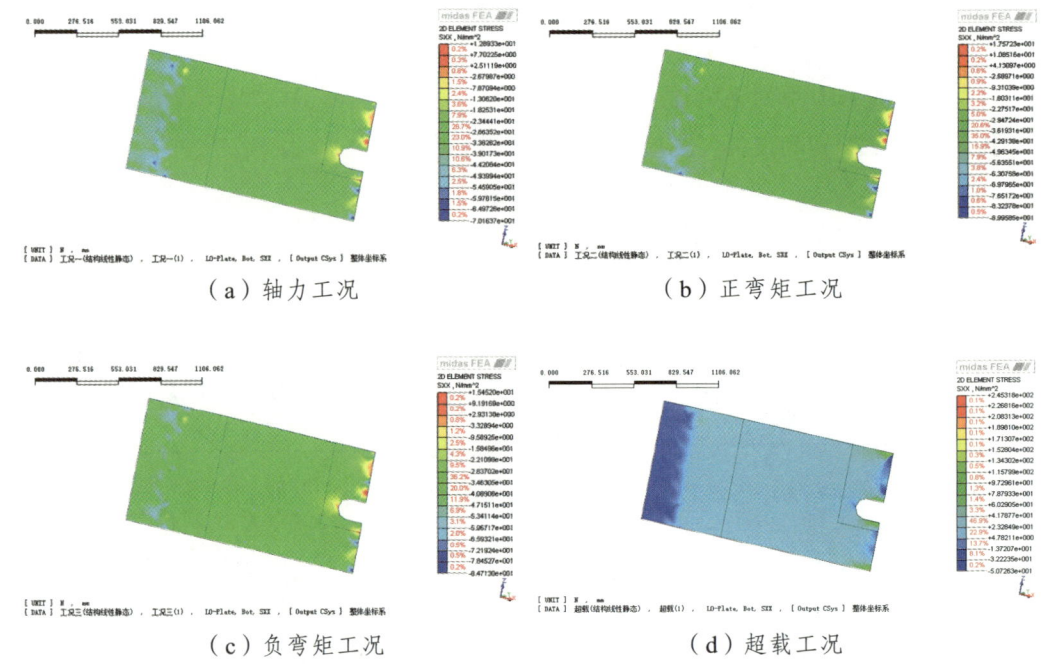

(a)轴力工况　　　　　　　　　(b)正弯矩工况

(c)负弯矩工况　　　　　　　　(d)超载工况

图 4-48　各工况下主梁右侧腹板的纵向应力理论计算结果

由图 4-48 可知,在前三种工况下,右侧腹板除锚固端极小部位轻微受拉外,大部分受压,且应力水平较低,大部分低于 60 MPa;在超载工况下,由于主梁端部锚固于刚性反力架上,右侧腹板上出现较大范围的受拉区(原桥设计中不会出现这种情况),但除主梁端部锚固区域的应力集中点外,最大纵向拉应力均未超过 200 MPa。这与试验测试结果相一致,表明结构具有足够的安全储备。从四种工况的应力图中可以看出,加密区加劲肋范围内的右侧腹板应力大于加劲肋范围外的右侧腹板应力,这与试验结果是一致的。

5. 主梁钢箱应力分布范围汇总

各工况下梁箱上测点沿主梁纵向应力分布范围的试验结果见表 4-25,有限元结果见表 4-26 所示。

表 4-25　各工况下梁箱上测点沿主梁纵向应力分布范围的试验结果　　单位：MPa

构件类型	工况	最小值	最大值
顶板	工况一～三	−59.72	−25.62
顶板	超载工况	−25.92	29.35
底板	工况一～三	−66.04	−27.65
底板	超载工况	−34.46	25.11
左腹板	工况一～三	−59.22	−24.98
左腹板	超载工况	−19.83	26.2
右腹板	工况一～三	−62.34	−23.11
右腹板	超载工况	−18.61	33.85

表 4-26　各工况下梁箱各板件沿主梁纵向应力分布范围的有限元结果　　单位：MPa

构件类型	工况	最小值	最大值	应力集中部位分布
顶板	工况一～三	−80.98	45.08	—
顶板	超载工况	−29.61	504.73	除板件锚固边两端应力集中外，最大为 70.58
底板	工况一～三	−99.18	5.31	
底板	超载工况	−127.36	488.70	除板件锚固边两端应力集中外，最大为 103.66
左腹板	工况一～三	−93.74	−9.17	
左腹板	超载工况	−25.15	225.86	除板件锚固边两端应力集中外，最大为 68.98
右腹板	工况一～三	−89.96	17.57	—
右腹板	超载工况	−50.73	245.32	除板件锚固边两端应力集中外，最大为 60.29

6. 理论值与试验值的对比分析

为节省篇幅，仅随机选取主梁顶板上测点 LS11、底板上测点 LX13、左侧腹板上测点 LZ8 和右侧腹板上测点 LY10，绘制各工况下有限元结果和试验结果随加载进程的应力对比图，以说明有限元与试验结果的吻合情况以及材料的弹塑性状态。横坐标为阶段加载值与各工况加载最大值的比值。对比结果如图 4-49～图 4-52 所示。

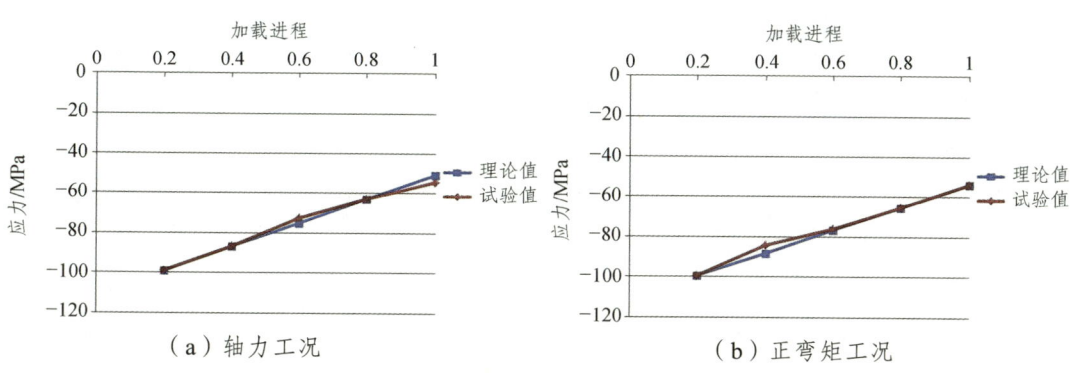

（a）轴力工况　　（b）正弯矩工况

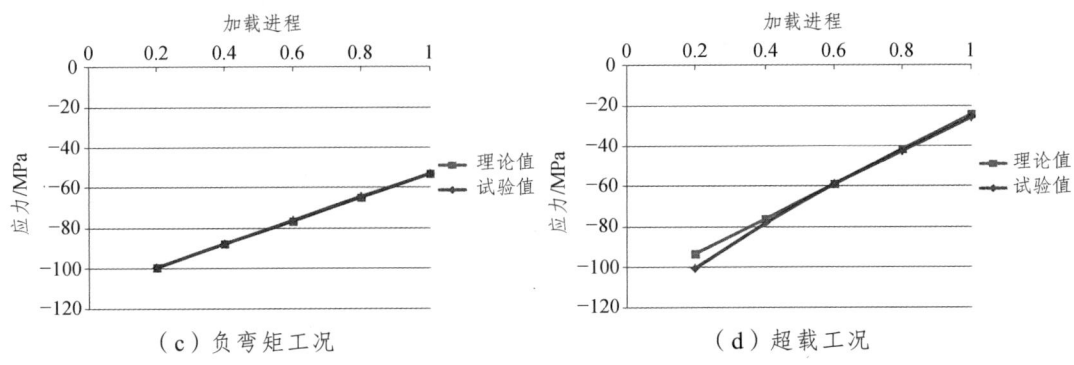

(c) 负弯矩工况 (d) 超载工况

图 4-49　各工况下测点 LS11 应力的对比结果

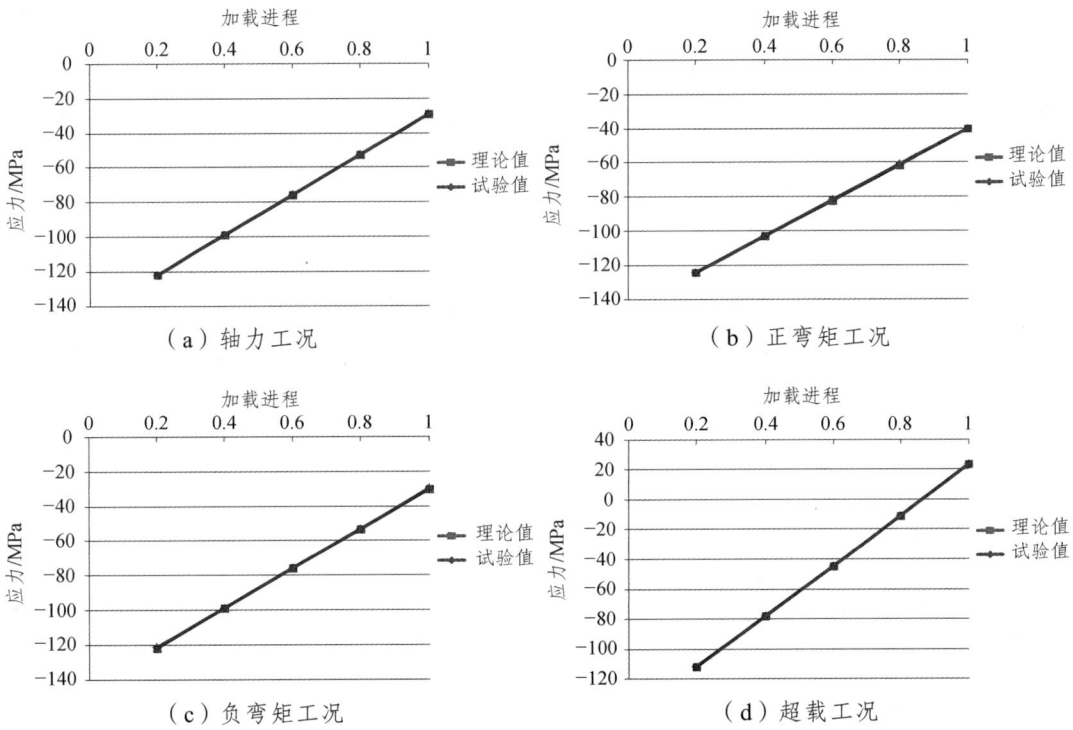

(a) 轴力工况 (b) 正弯矩工况

(c) 负弯矩工况 (d) 超载工况

图 4-50　各工况下测点 LX13 应力的对比结果

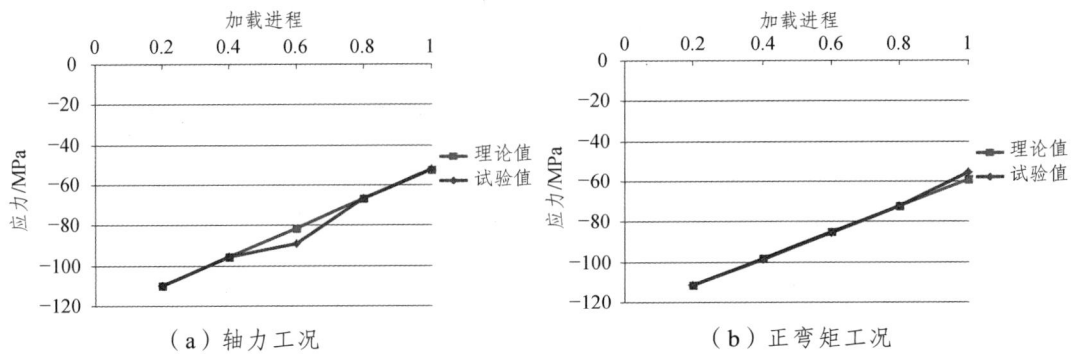

(a) 轴力工况 (b) 正弯矩工况

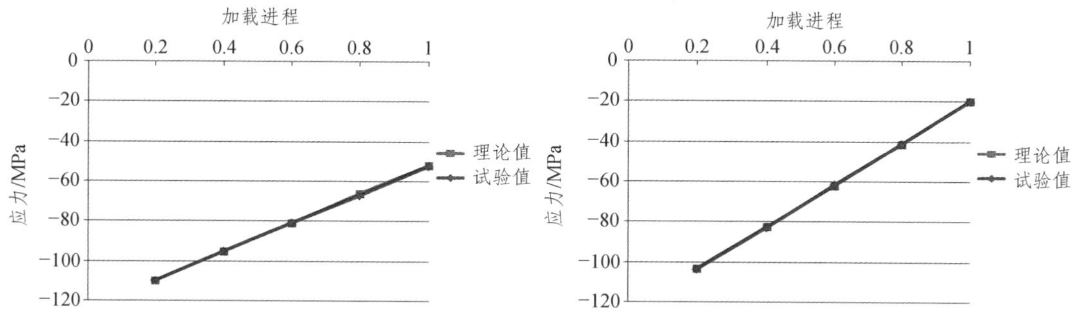

(c)负弯矩工况   (d)超载工况

图 4-51　各工况下测点 LZ8 应力的对比结果

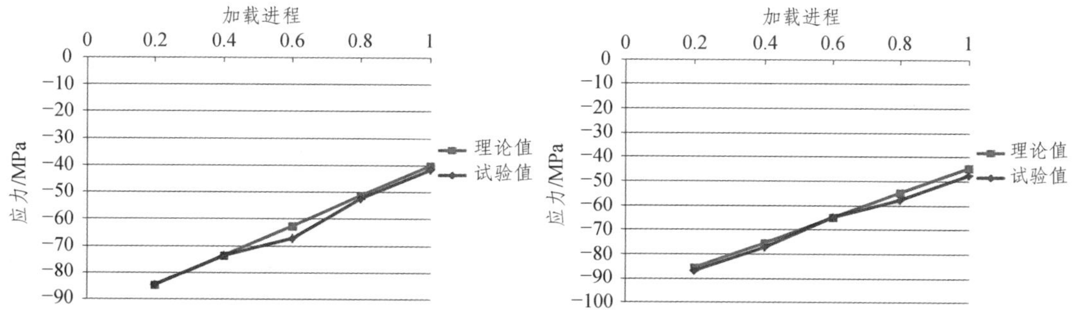

(a)轴力工况   (b)正弯矩工况

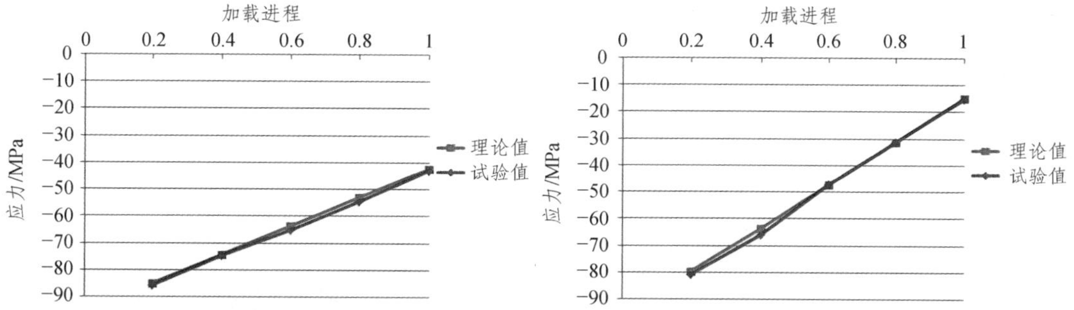

(c)负弯矩工况   (d)超载工况

图 4-52　各工况下测点 LY10 应力的对比结果

由图 4-49~图 4-52 可知，试验结果与有限元分析结果具有较好的吻合度。然而，由于有限元模型的简化处理、边界条件与实际情况存在差异、试验材料的随机性、贴片质量以及数据采集设备的误差等因素，二者在某些测点以及同一测点的特定加载阶段出现了微小偏差。尽管如此，从整体来看，较大误差的测点数量较少且误差值较小，试验结果与有限元分析结果的吻合程度依然良好。从图中可以看出，主梁上各测点在不同工况下的应力随加载进程的变化呈线性变化，表明主梁材料在各工况下均处于弹性状态，结构安全可靠。

4.3.5 混凝土的应力对比

根据混凝土拱座的应力分布情况，除钢拉杆应力集中区域外，拱座部分的应力值普遍较低，大部分区域应力值均低于 10 MPa，满足结构受力安全要求。拱座混凝土主要承受来自拱肋和主梁的荷载作用，其水平效应通过强大的系杆力实现平衡，竖向效应则通过支座进行平衡。作为钢-混结合结构，拱座还受到钢拉杆预紧力的作用，其受力状态较为复杂。为深入研究拱座混凝土在不同荷载工况下的应力分布特征，在混凝土内部布置了 20 个振弦式传感器，并在混凝土表面设置了 20 个应变片，用于监测试验荷载作用下混凝土沿拱肋或主梁纵向的应力分布情况，进而分析荷载的传递路径。

1. 拱肋下方混凝土内部的应力对比

（1）拱肋下方混凝土内部应力的试验结果。

各工况下拱肋下方混凝土内部各测点应力的试验结果如图 4-53 所示。

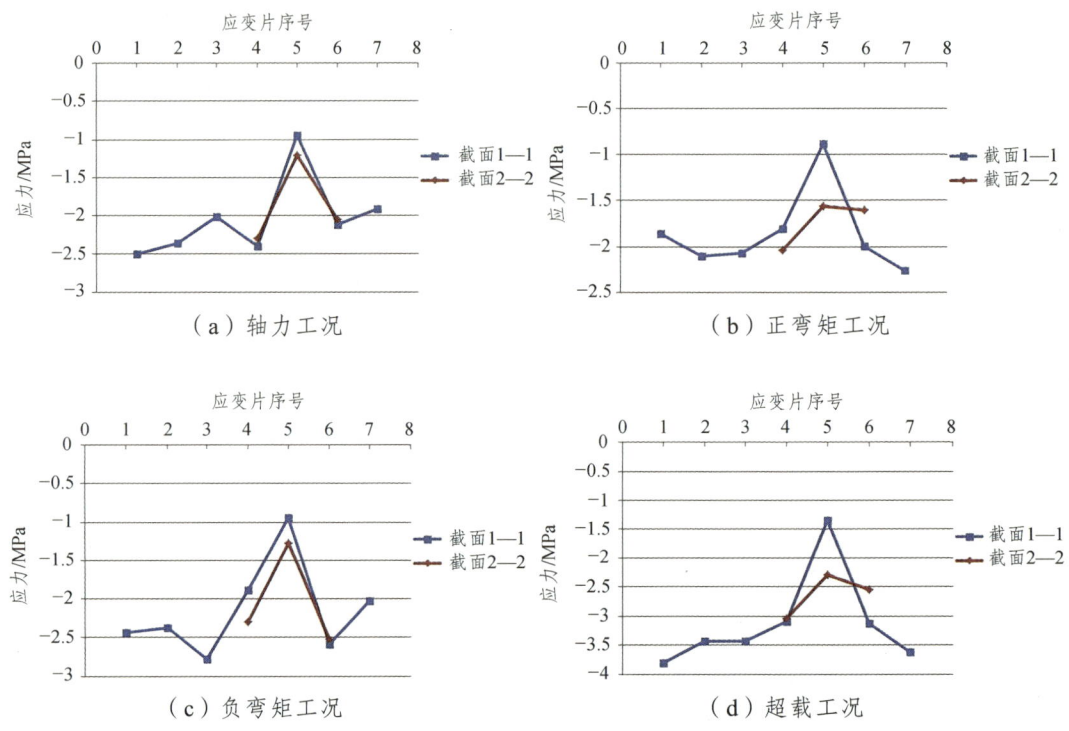

图 4-53　各工况下拱肋下方混凝土内部各测点应力的试验结果

由图 4-53 可以看出，在截面 1—1 的七个测点中，处于中心位置的 5 号测点的应力最小，周围的六个测点应力值较为接近。在正弯矩工况下，1—1 截面的 1~4 号测点、6 号测点和 7 号测点的应力值分别为 -1.86 MPa、-2.10 MPa、-2.07 MPa、-1.80 MPa、-1.99 MPa 和 -2.26 MPa，而 5 号测点的应力仅为 -0.88 MPa。这是因为测点位置离钢结构端面较近，且前六个测点位于靠近钢箱顶底腹板的位置，受力较大，而 5 号测点位于拱肋中心下方混凝土，受力较小。2—2 截面的三个测点呈现出同样的规律，处于中心位置的 5 号测点较 4 号和 6 号测点的应力小。但 2—2 截面的 5 号测点应力比 1—1 截面的 5 号应力小，2—2 截面的 4 号、6 号测点的应力比 1—1 截面的 4 号、6 号测点的应力相近或偏大，这表明混凝土的应力随混凝土内部方向的深入逐渐趋于平均。从试验结果可知，在最不利荷载的前三种工况下，各测点的应力值基本在 -3 MPa 以内；在超载工况下，混凝土上测点的最大值也不超过 -4 MPa。这表明结构具有足够的安全储备。

为进一步判断应力分布情况和沿深度方向的应力变化趋势，给出各工况下拱肋下方混凝土内部中心测点应力与腹板附近测点应力比值结果，如图 4-54 所示。

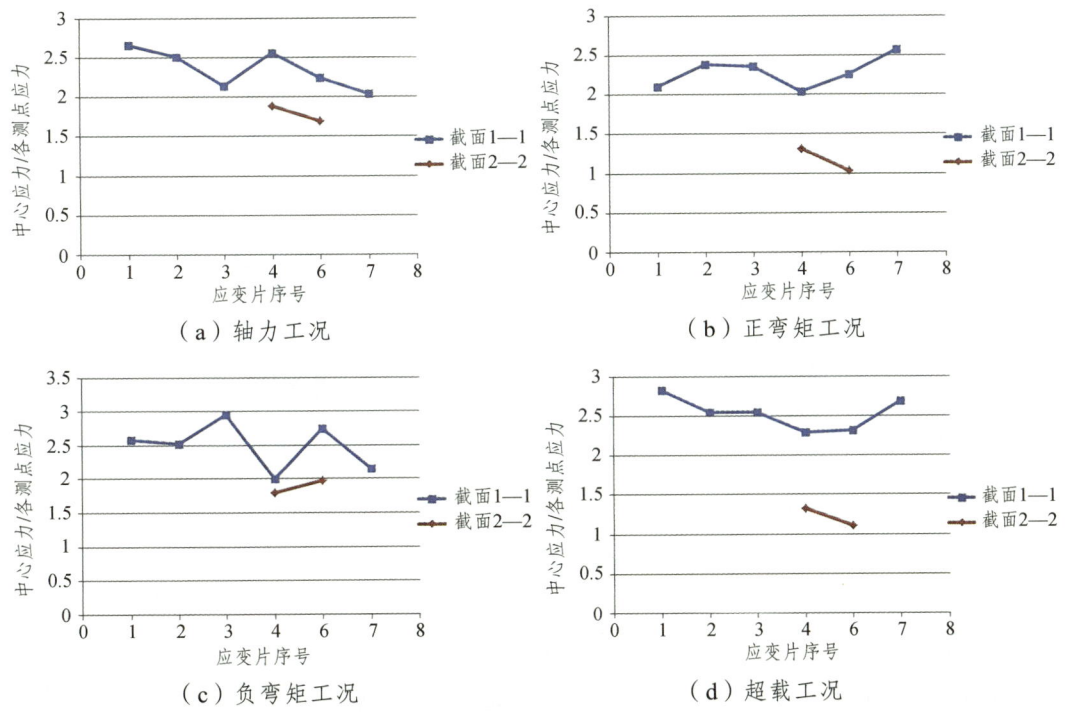

图 4-54　各工况下拱肋下方混凝土内部中心测点应力与腹板附近测点应力比值结果

（2）拱肋下方混凝土内部应力的有限元结果。

图 4-55 给出了在各工况下拱肋下方混凝土内部测点沿拱肋纵向应力的理论计算结果。应力云图截取范围为 1—1 与 2—2 截面之间的结构。

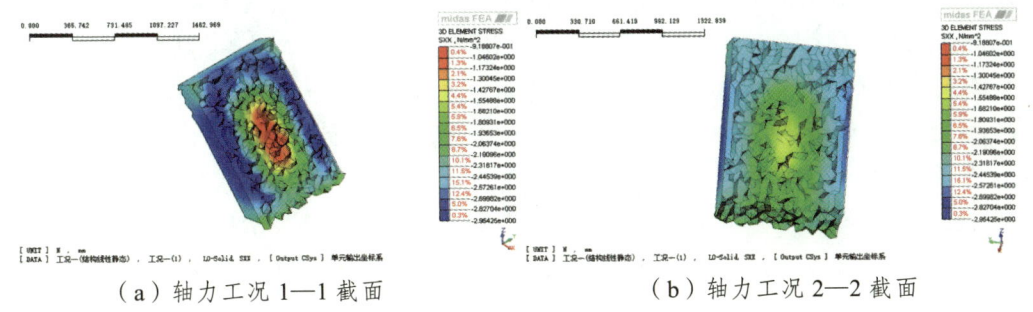

（a）轴力工况 1—1 截面　　　　　　　　（b）轴力工况 2—2 截面

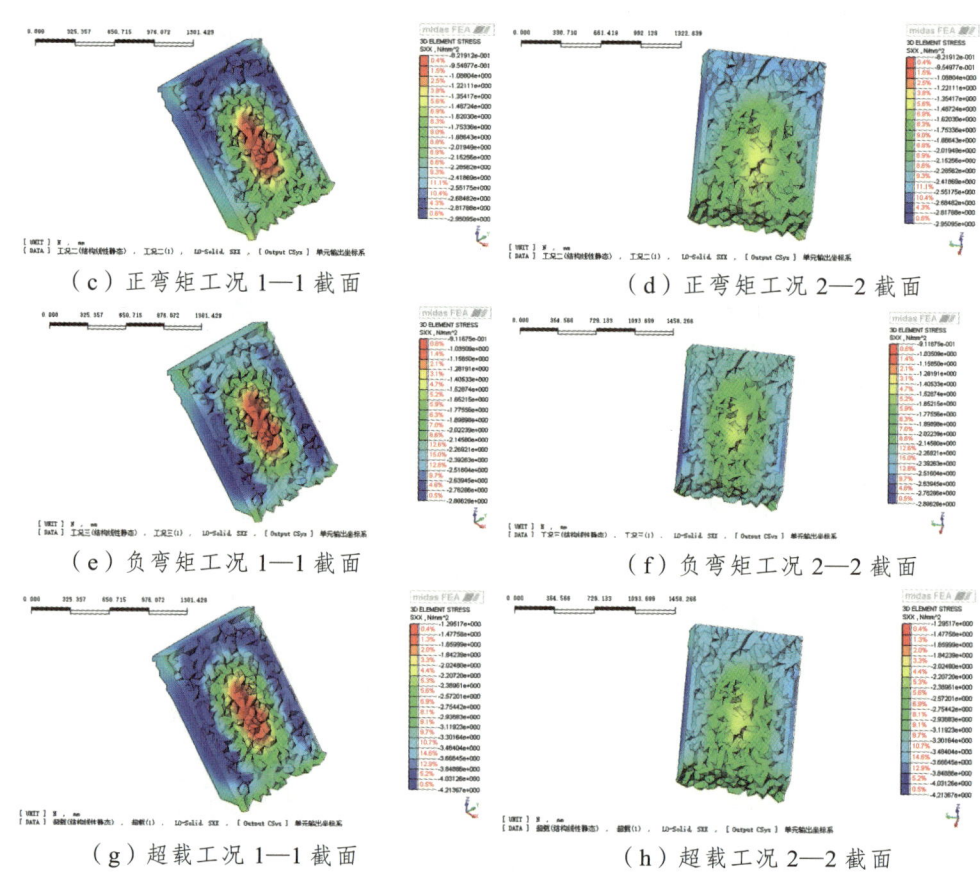

(c) 正弯矩工况 1—1 截面　　　　(d) 正弯矩工况 2—2 截面

(e) 负弯矩工况 1—1 截面　　　　(f) 负弯矩工况 2—2 截面

(g) 超载工况 1—1 截面　　　　(h) 超载工况 2—2 截面

图 4-55　各工况下拱肋下方混凝土内部测点沿拱肋纵向应力理论计算结果

由图 4-55 可知，各工况下 1—1 截面呈现出明显的应力分布特征：四周应力较大，中心应力较小。荷载通过拱箱及加密区加劲肋传递至混凝土，导致靠近钢箱顶、底、腹板位置的混凝土应力较大，而远离这些位置的混凝土应力较小，其中拱肋中心下方的混凝土应力最小。在各工况下，拱肋底板下方的混凝土应力小于拱肋顶、腹板下方的混凝土应力，这是由于底板下方混凝土与梁下方混凝土相连，部分应力传递至梁下方混凝土，使得应力有所降低。2—2 截面的应力分布与 1—1 截面的应力分布相似，呈现出周边应力大，中心应力小的特点。此外，与 1—1 截面相比，2—2 截面的四周应力有所下降，中心应力略有增大，整体表现为应力分布更加均匀。在前三种工况下，拱肋下方混凝土全截面受压，且应力水平较低，最大应力不超过 -3 MPa；在超载工况下，大部分应力在 -4 MPa 以下。这与试验结果一致，表明结构具有足够的安全储备。从结果可以看出，在正弯矩工况下，顶板下方混凝土的蓝色应力区域较轴力工况下更深、范围更大，即应力更大；而在负弯矩工况下，该部分混凝土的蓝色应力区域较轴力工况下更浅、范围更小，即应力更小。这是因为正弯矩使拱肋顶板下混凝土受压，而负弯矩则使其受拉。

为进一步判断应力分布情况和沿深度方向的应力变化趋势，给出各工况下拱肋下方混凝土内部中心测点应力与腹板附近测点应力比值结果，如图 4-56 所示。

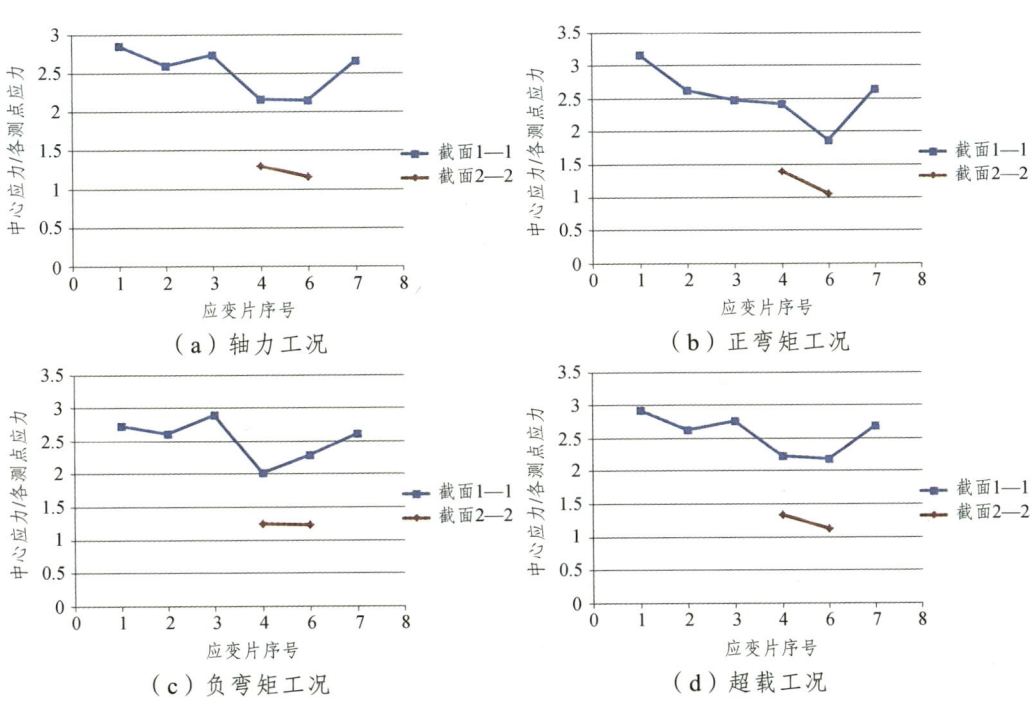

图 4-56　各工况下拱肋下方混凝土内部中心测点应力与腹板附近测点应力比值结果

2. 拱肋下方混凝土表面的应力对比

(1) 拱肋下方混凝土表面应力的试验结果。

各工况下拱肋下方混凝土表面各测点应力的试验结果如图 4-57 所示。

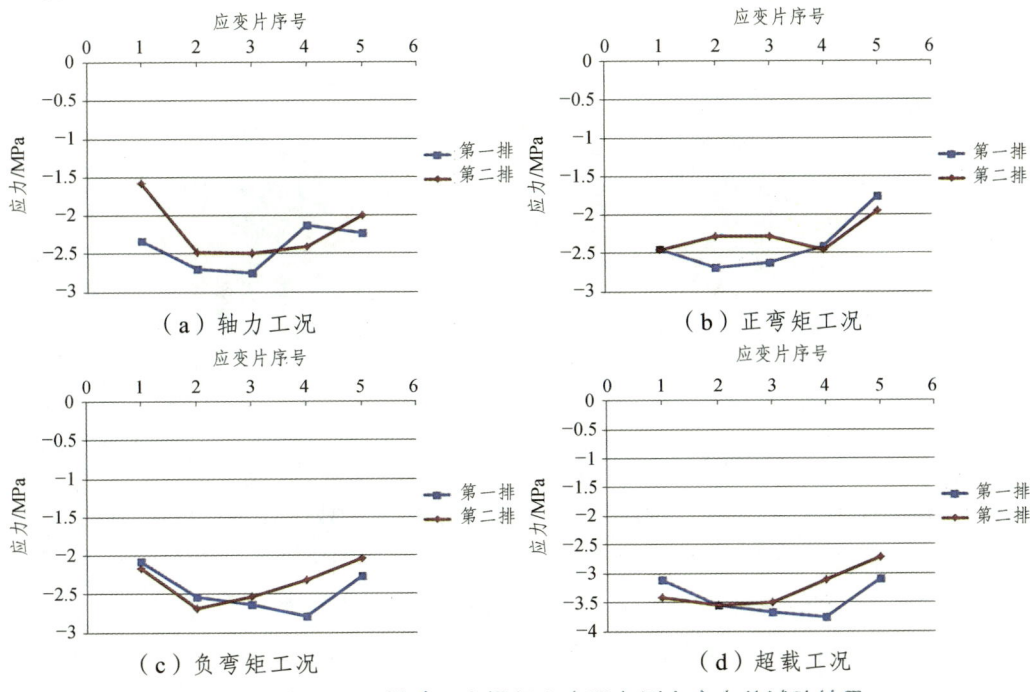

图 4-57　各工况下拱肋下方混凝土表面各测点应力的试验结果

由图 4-57 可以看出，各工况下各排测点应力曲线呈现出向下凹的特点，即中央测点应力大于两侧测点应力。在轴力工况下，第二排测点（GHW2-1～GHW2-5）的应力值分别为 -1.58 MPa、-2.48 MPa、-2.5 MPa、-2.4 MPa 和 -2 MPa。这是因为混凝土表面受到类似于均布荷载的拱肋腹板和加密区加劲肋传来的荷载，中央部分受到的压力最大。此外，从图中可以看出，应力曲线末端呈现上扬趋势，即各排 5 号测点的应力较同一排其他测点偏小。这是由于该部分混凝土与梁下方混凝土相连，部分应力传递至梁下方的混凝土，使得应力有所降低。由于两排测点相距较近，对应测点的应力水平相差不大，大部分差值不超过 0.3 MPa。从试验结果看，在最不利荷载的前三种工况下，各测点的应力值均在 -3 MPa 以内；在超载工况下，混凝土上测点的最大值也不超过 -4 MPa。这表明结构具有足够的安全储备。

（2）拱肋下方混凝土表面应力的有限元结果。

图 4-58 给出了在各工况下拱肋下方混凝土表面测点沿拱肋纵向的应力分布的理论计算结果。

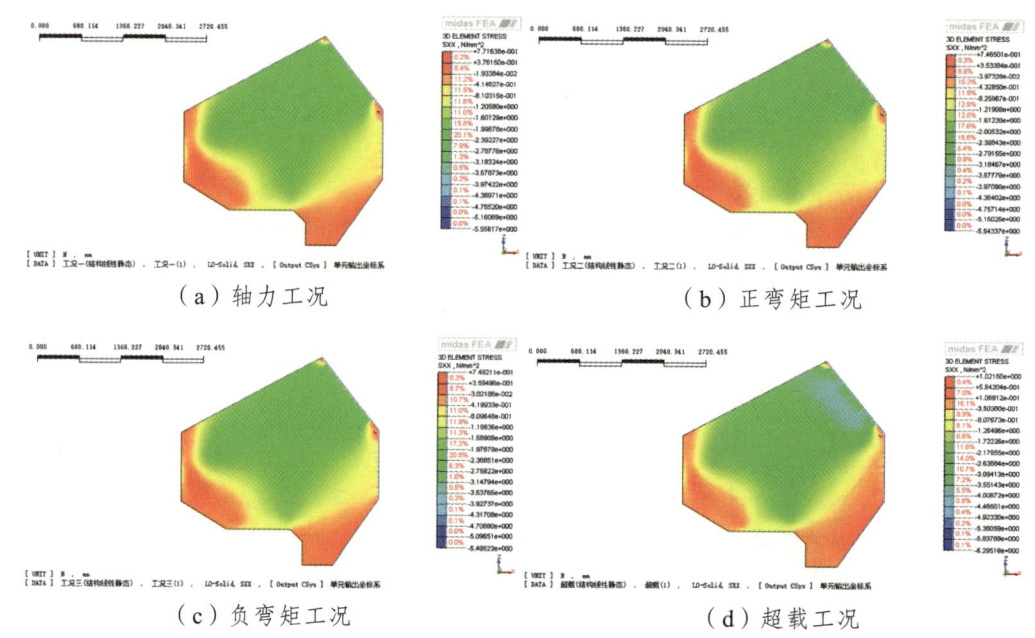

(a) 轴力工况　　　　　　　　　　(b) 正弯矩工况

(c) 负弯矩工况　　　　　　　　　(d) 超载工况

图 4-58　各工况下拱肋下方混凝土表面测点沿拱肋纵向应力理论计算结果

由图 4-58 可以看出，在拱肋下方表面混凝土的角点位置出现少量拉应力，但应力水平很低。在前三种工况下最大拉应力仅为 0.77 MPa，超载工况的最大拉应力也只有 1.02 MPa，小于材料的设计强度。从图中可以看出，拱肋下方混凝土的应力较为均匀且应力水平较低。拱肋底板下方混凝土的应力小于拱肋下方其他位置混凝土的应力，这是因为底板下方混凝土与梁下方混凝土相连，其部分应力传递到与其相连的梁下方的混凝土上,使得应力有所降低,这与试验结果相同。从试验结果看,在最不利荷载的前三种工况下,拱座表面混凝土的应力绝大部分在 –3 MPa 以内;在超载工况下,混凝土应力绝大部分也不超过 –4 MPa。这与试验结果一致,说明了结构具有足够的安全储备。

3. 主梁下方混凝土内部的应力对比

(1) 主梁下方混凝土内部应力的试验结果。

各工况下主梁下方混凝土内部各测点应力的试验结果如图 4-59 所示。

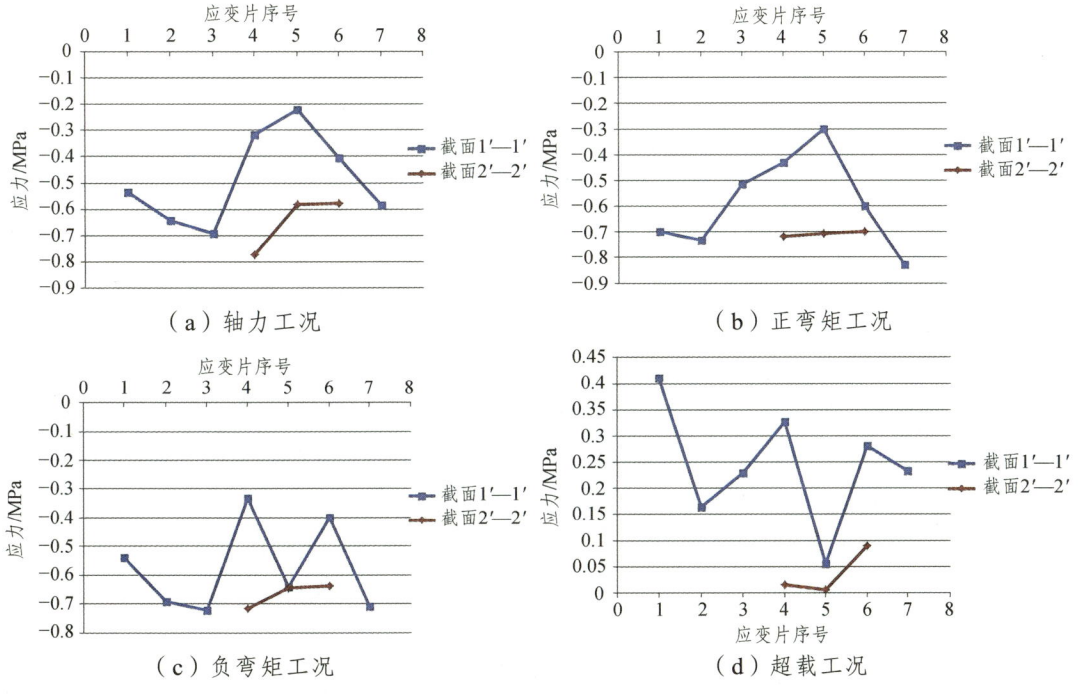

图 4-59　各工况下主梁下方混凝土内部各测点应力的试验结果

由图 4-59 可知,主梁下方混凝土内部测点的应力水平较低,且低于拱肋下方混凝土的应力。这主要是由于主梁下方混凝土受到系杆力的影响,其内力为系杆与拱肋传递的水平分力之差,因而内力水平较低。较低的内力导致该区域测点的应力水平也相应较低,各测点之间的应力差异不大,因此该部分混凝土的应力分布规律不如拱肋下方混凝土那样显著。从图中可以观察到,在截面 1′—1′的七个测点中,位于中心位置的 5 号测点的应力通常低于其他位置的应力。例如,正弯矩工况下,截面 1′—1′的 1~4 号测点、6 号测点和 7 号测点的应力值分别为 –0.70 MPa、–0.73 MPa、–0.52 MPa、–0.43 MPa、–0.60 MPa 和 –0.83 MPa,而 5 号测点外的应力仅为 –0.30 MPa。这是因为测点位置离钢结构端面较近,且前六个测点位于靠近钢箱顶底腹板及加密区加劲肋的位置,受力较大,位于主梁中心下方混凝土的 5 号测点受力较小。2′—2′截面的三个测点呈现出同样的规律,中心位置的 5 号测点较 4 号和 6 号测点的应力小,且 2′—2′截面较 1′—1′截面各测点间的应力差值更小,这表明混凝土的应力随混凝土内部方向的深入逐渐趋于平均。从试验结果看,在最不利荷载的前三种工况下,各测点的应力值在 – 0.9 MPa 以内;在超载工况下,由于梁端锚固在刚性反力架上,混凝土出现一定范围的拉应力(原桥设计中不会出现这种情况),但拉应力值不大,测点中的最大拉应力也不超过 0.45 MPa。这表明结构具有足够的安全储备。

为进一步判断应力分布情况和沿深度方向的应力均匀趋势,给出各工况下主梁下方混凝土内部中心测点应力与腹板附近测点应力比值结果,如图 4-60 所示。

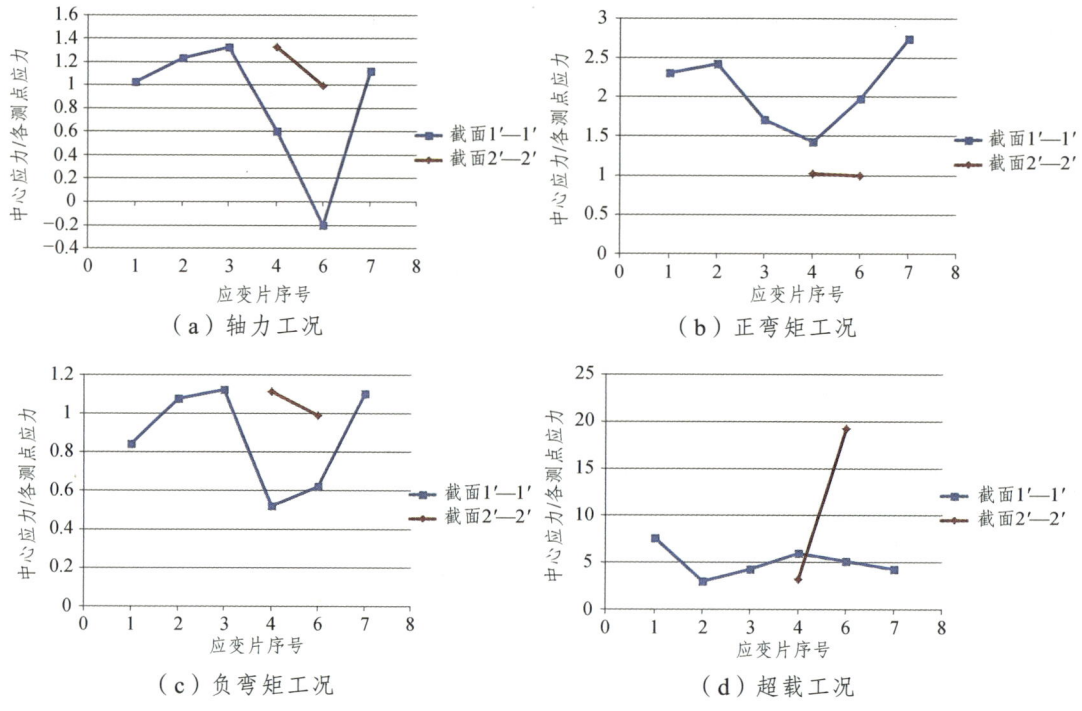

图 4-60　各工况下主梁下方混凝土内部中心测点应力与腹板附近测点应力比值结果

(2)主梁下方混凝土内部应力的有限元结果。

图 4-61 给出了在各工况下主梁下方混凝土内部测点沿纵桥向的应力分布的理论计算结果。应力云图截取范围为 1′—1′与 2′—2′截面之间的结构。

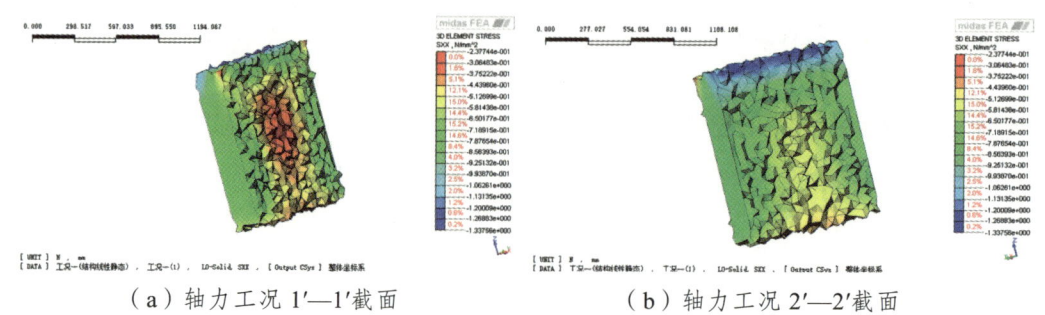

(a)轴力工况 1′—1′截面　　　　　　　　(b)轴力工况 2′—2′截面

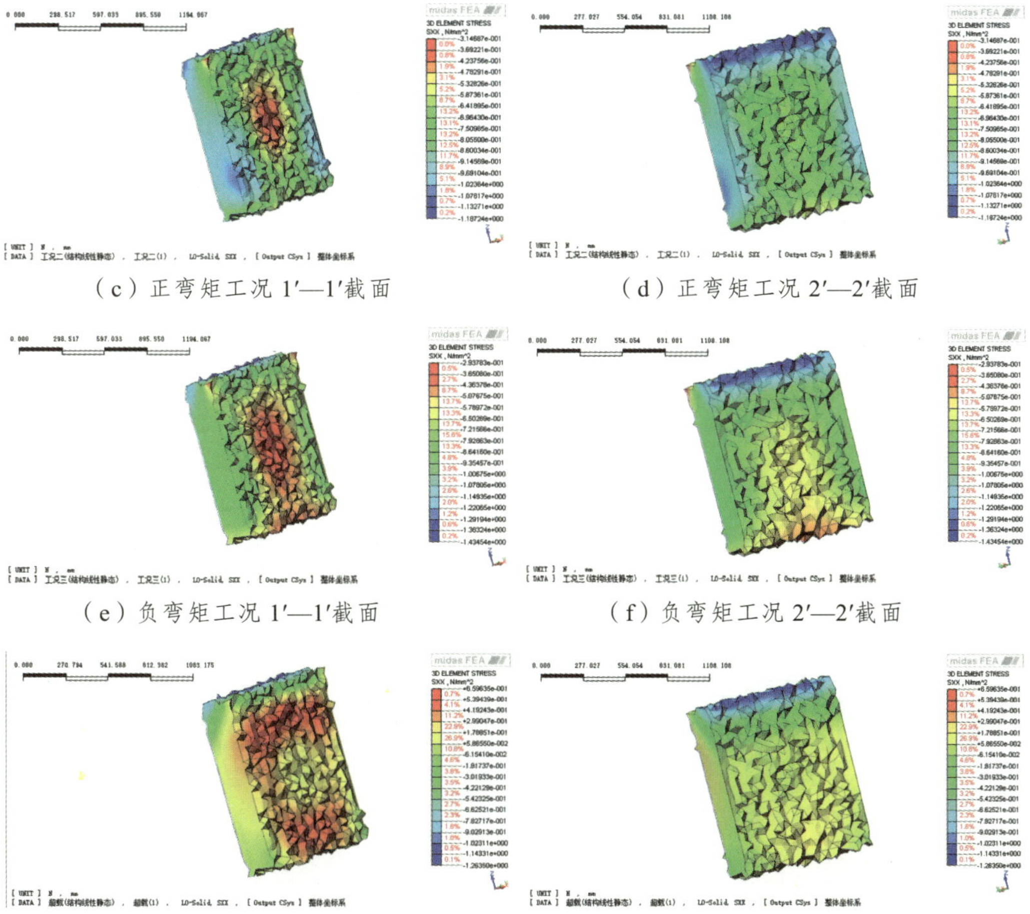

(c) 正弯矩工况 1'—1'截面　　　　　　　(d) 正弯矩工况 2'—2'截面

(e) 负弯矩工况 1'—1'截面　　　　　　　(f) 负弯矩工况 2'—2'截面

(g) 超载工况 1'—1'截面　　　　　　　　(h) 超载工况 2'—2'截面

图 4-61　各工况下主梁下方混凝土内部测点沿纵桥向应力计算结果

由图 4-61 可知，主梁下方混凝土内部应力明显小于主拱下方混凝土内部应力。这主要是由于主梁下方混凝土受到系杆力的影响，其内力为系杆力与拱肋传来的水平分力之差。从图中可以观察到，各工况下，1'—1'截面呈现出四周应力较大、中心应力较小的分布特征。主梁下部混凝土的四周不仅受到系杆力与千斤顶水平分力的差值（较小），还受到钢拉杆的预紧力（较大）。预紧力通过主梁及加密区加劲肋传递至混凝土，导致靠近钢箱顶、底、腹板位置的混凝土应力较大，而远离这些位置的混凝土应力较小，主梁中心下方的混凝土应力最小。2'—2'截面的应力分布与 1'—1'截面的应力分布相似，呈现出周边应力大，中心应力小的特点。此外，2'—2'截面应力分布呈现出更加均匀的特点。在各工况下，主梁顶板下方的混凝土应力略大于腹板下方的混凝土应力，这是由于顶板下方混凝土承受了拱肋底板下方混凝土传递的部分应力；而主梁底板下方的混凝土应力则略小于腹板下方的混凝土应力。这是因为底板下方混凝土的一部分应力传递至拱座下方用于临时支撑的混凝土结构上。在前三种工况下，主梁下方混凝土全截面受压，且应力水平较低，最大应力不超过 -1.44 MPa，在超载工况下，由于主梁端部锚固于刚性反力架上，主梁下方混凝土出现一定范围的受拉区域（原桥设计中不会出现这种情况），但拉应力水平很低，最大拉应力仅为 0.66 MPa，这与试验结果一致，也表明结构具有足够的安全储备。

为进一步判断应力分布情况和沿深度方向的应力均匀趋势，给出各工况下主梁下方混凝土内部中心测点应力与腹板附近测点应力比值结果，如图 4-62 所示。

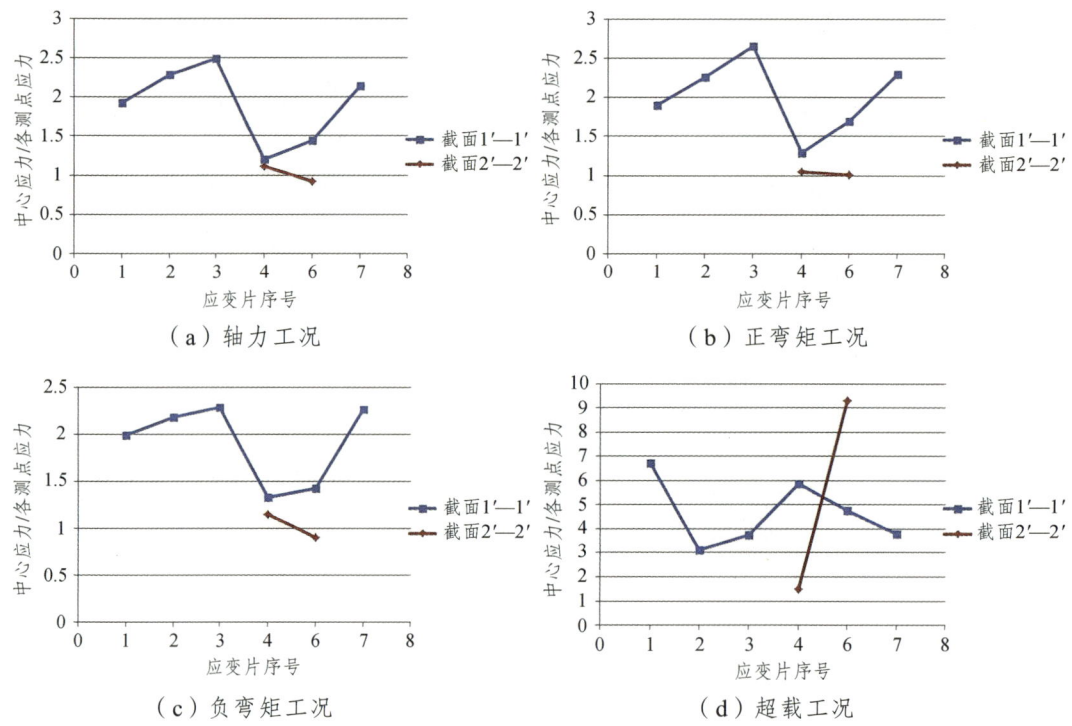

图 4-62　各工况下主梁下方混凝土内部中心测点应力与腹板附近测点应力比值的试验结果

4. 主梁下方混凝土表面的应力对比

（1）主梁下方混凝土表面应力的试验结果。

各工况下主梁下方混凝土表面各测点应力的试验结果如图 4-63 所示。

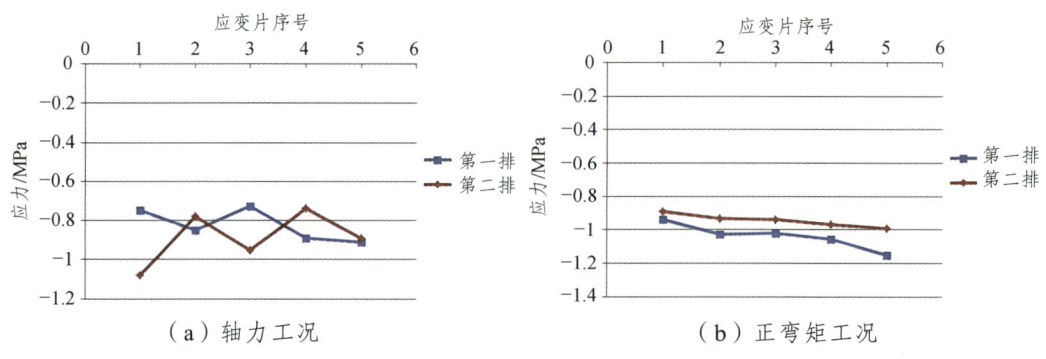

第4章 大跨下承式钢箱系杆拱桥梁拱结合部力学性能

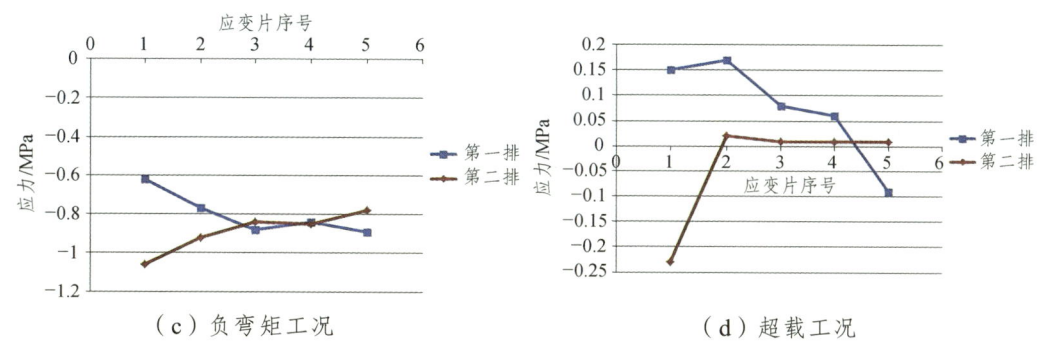

（c）负弯矩工况　　　　　　　　　　（d）超载工况

图 4-63　各工况下主梁下方混凝土表面各测点应力的试验结果

由图 4-63 可以看出，主梁下方表面混凝土的应力水平低于拱肋下方表面混凝土的应力。这主要是由于主梁下方表面混凝土受到系杆力的影响，其内力为系杆与拱肋传来的水平分力之差，因而内力水平较低。较低的内力导致该区域测点的应力水平也相对较低，使得该部分混凝土的应力分布规律不如拱肋下方混凝土那样明显。从各图中可以看出，各排起始测点的应力值较其他位置偏低，例如除正弯矩工况外的其他三种工况中，第二排的 1 号测点应力值较低。这是因为这部分混凝土与拱肋下方混凝土相连，拱肋下方表面混凝土的较大应力传递至主梁下方的混凝土，导致应力有所升高。由于应力水平较低且两排测点相距较近，两排对应测点的应力水平差异很小。从试验结果看，在最不利荷载的前三种工况下，各测点的应力值均在 -1.2 MPa 以内；在超载工况下，由于主梁端部锚固于刚性反力架上，千斤顶的水平分力超过了系杆力（原桥设计中不会出现这种情况），使得混凝土部分位置受拉，但拉应力数值很小，所有测点中最大拉应力也不超过 0.2 MPa。这表明结构具有足够的安全储备。

（2）主梁下方混凝土表面应力的有限元结果。

图 4-64 给出了在各工况下主梁下方混凝土表面测点沿主梁纵向应力理论计算结果。

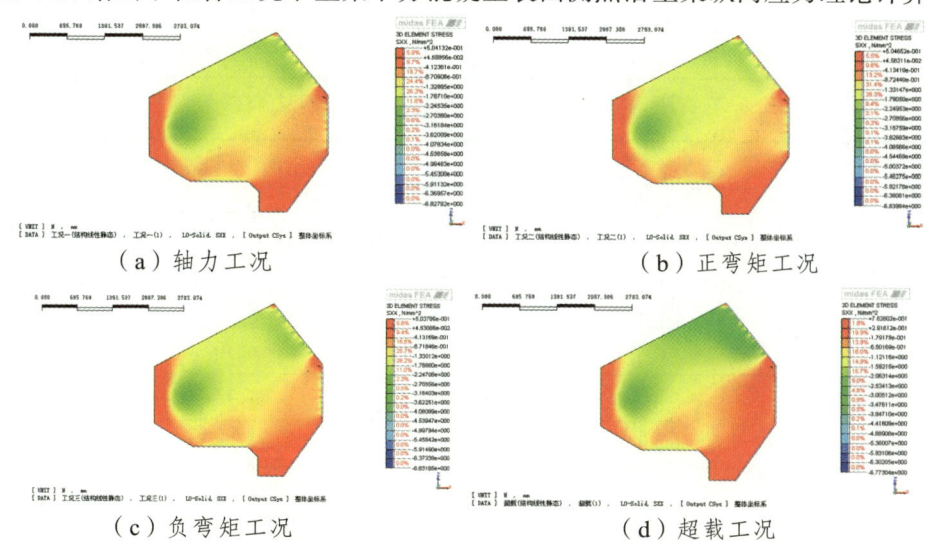

（a）轴力工况　　　　　　　　　　（b）正弯矩工况

（c）负弯矩工况　　　　　　　　　　（d）超载工况

图 4-64　各工况下主梁下方混凝土表面测点沿主梁纵向应力理论计算结果

由图 4-64 可以看出，在主梁下方表面混凝土的上下角点位置出现了少量拉应力，但应力水平较低。在前三种工况下，最大拉应力不超过 0.51 MPa；在超载工况下，最大拉应力也仅为 0.76 MPa，均低于材料的设计强度。主梁顶板下方混凝土的应力高于主梁下方其他位置的混凝土应力。这是由于顶板下方混凝土与拱肋底板下方混凝土相连，拱肋底板下方混凝土的应力传递到梁顶板下方的混凝土，导致应力有所增加，这一现象与试验结果一致。试验结果表明，主梁下方表面混凝土的应力分布较为均匀，且应力水平较低。在最不利荷载的前三种工况下，拱座主梁下方表面混凝土的应力绝大部分在 -2 MPa 以内；在超载工况下，混凝土压应力绝大部分也不超过 -3 MPa。这是由于主梁锚固于刚性反力架上，主梁下方表面混凝土出现一定范围的受拉区域（原桥设计中不会出现这种情况），但拉应力数值不大。这与试验结果一致，说明结构具有足够的安全储备。

5. 混凝土拱座应力分布范围汇总

将拱座各工况下沿拱肋或主梁纵向应力的主要分布范围进行汇总，试验结果见表 4-27，有限元结果见表 4-28。

表 4-27 各工况下拱座上测点沿拱肋或主梁纵向应力分布范围的试验结果　　单位：MPa

拱座位置	工况	最小值	最大值
拱下内部	工况一~三	-2.78	-0.88
	超载工况	-3.81	-1.35
拱下表面	工况一~三	-2.79	-1.58
	超载工况	-3.75	-2.72
梁下内部	工况一~三	-0.83	0.11
	超载工况	0.005	0.41
梁下表面	工况一~三	-1.15	-0.62
	超载工况	-0.23	0.17

表 4-28 各工况下拱座沿拱肋或主梁纵向应力分布范围的有限元结果　　单位：MPa

拱座位置	工况	最小值	最大值
拱下内部	工况一~三	-2.95	-0.82
	超载工况	-4.21	-1.30
拱下表面	工况一~三	-5.56	0.77
	超载工况	-6.30	1.02
梁下内部	工况一~三	-1.43	-0.24
	超载工况	-1.26	0.66
梁下表面	工况一~三	-6.84	0.50
	超载工况	-6.77	0.76

6. 理论值与试验值的对比分析

为节省篇幅，仅随机选取拱肋下方混凝土内部测点 GHN1-7、拱肋下方混凝土表面测点 GHW1-2、主梁下方混凝土内部测点 LHN2-6 和主梁下方混凝土表面测点 LHW2-4，绘制各工况下有限元结果和试验结果随加载进程的应力对比图，以说明试验与有限元结果的吻合情况以及材料的弹塑性状态。横坐标为阶段加载值与各工况加载最大值的比值。对比结果如图 4-65～图 4-68 所示。

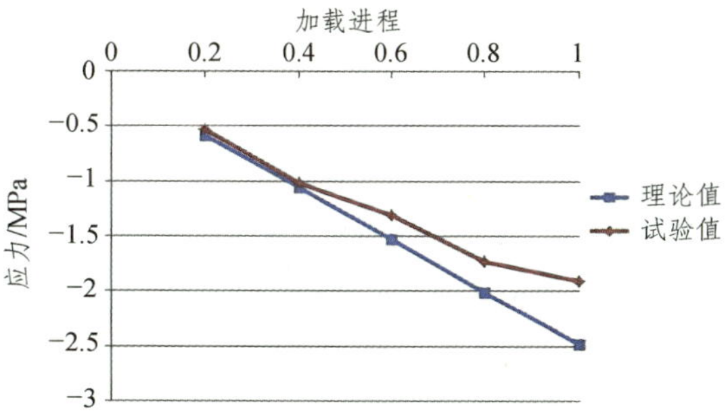

（a）轴力工况

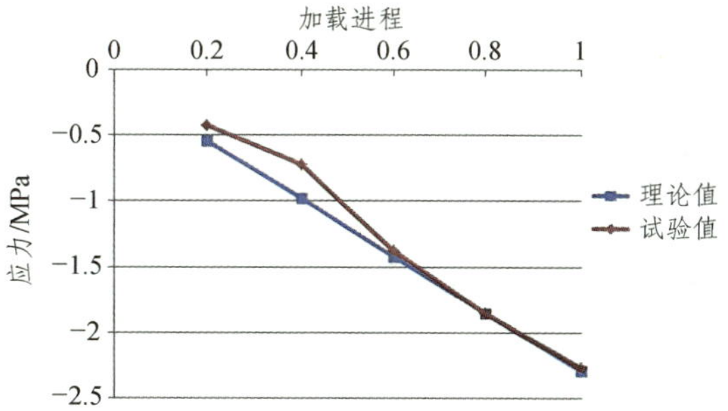

（b）正弯矩工况

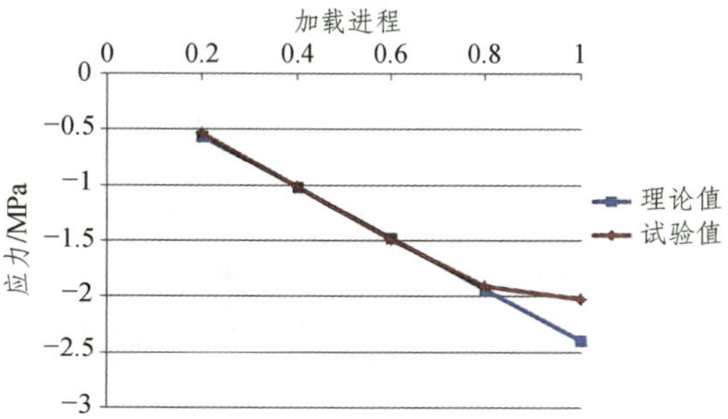

（c）负弯矩工况

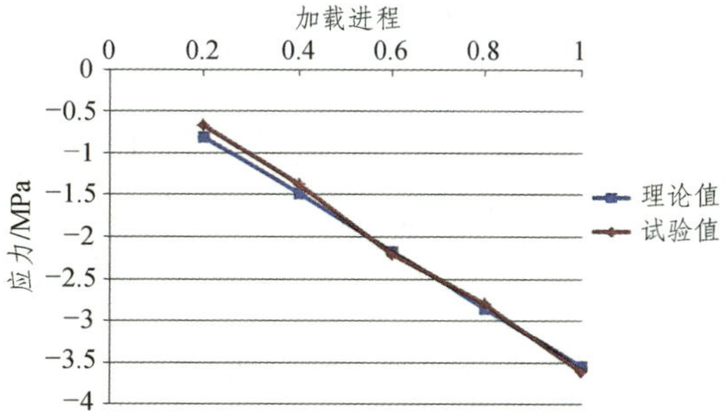

（d）超载工况

图 4-65 各工况下测点 GHN1-7 应力的对比结果

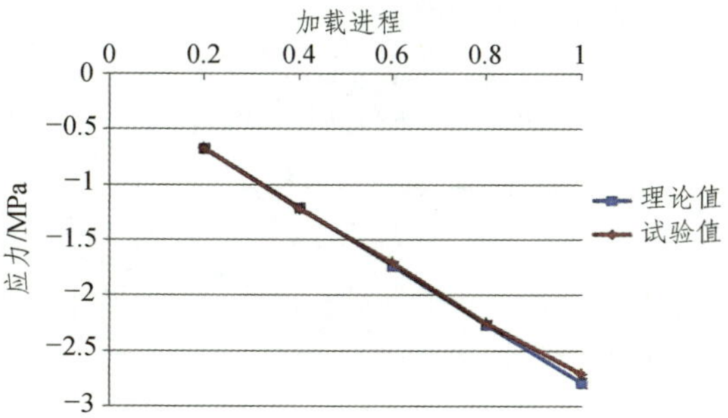

（a）轴力工况

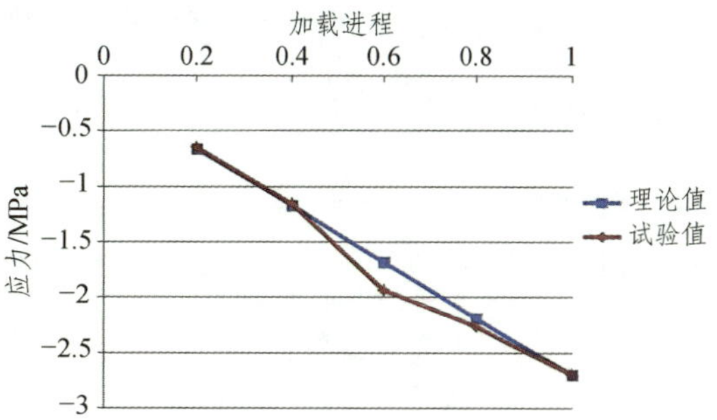

（b）正弯矩工况

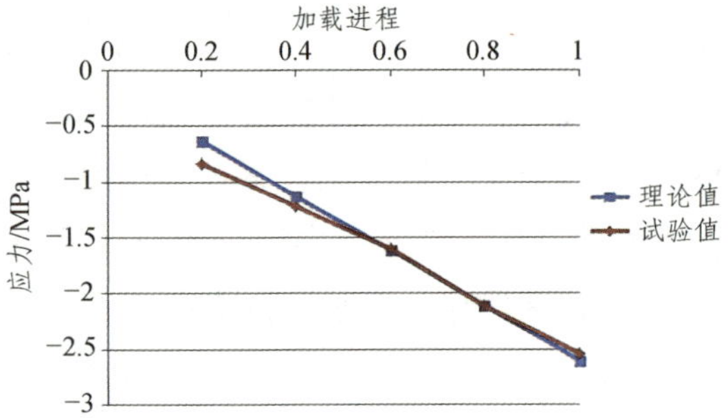

（c）负弯矩工况

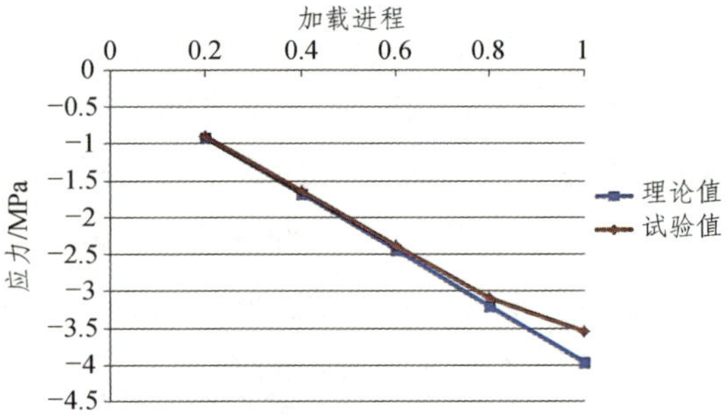

（d）超载工况

图 4-66　各工况下测点 GHW1-2 应力的对比结果

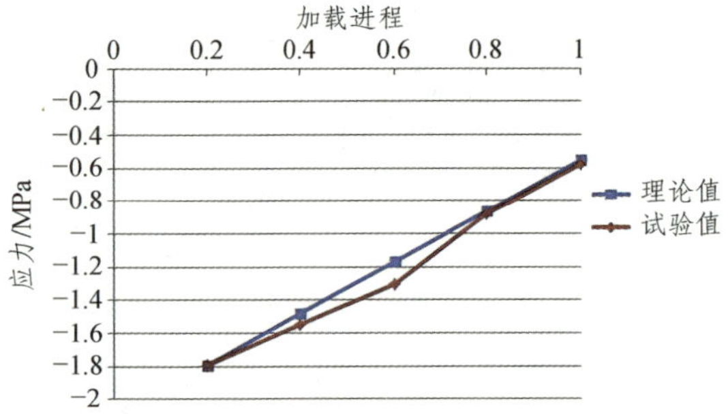

（a）轴力工况

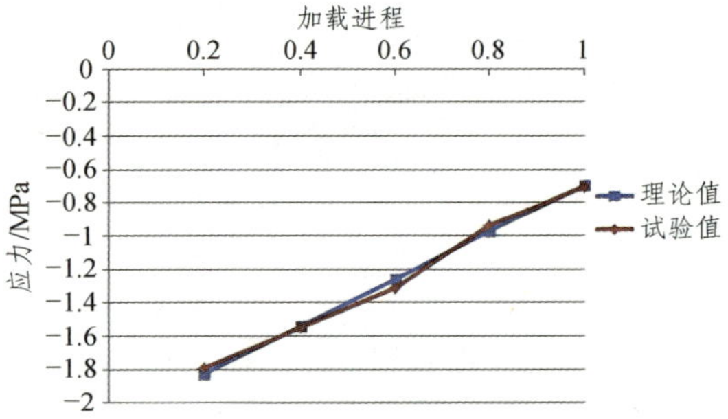

（b）正弯矩工况

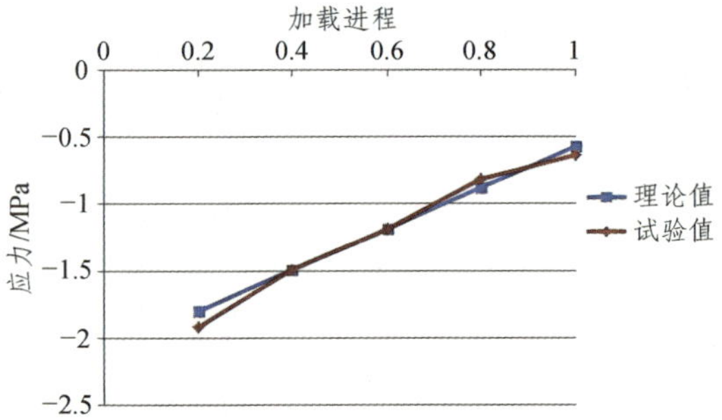

（c）负弯矩工况

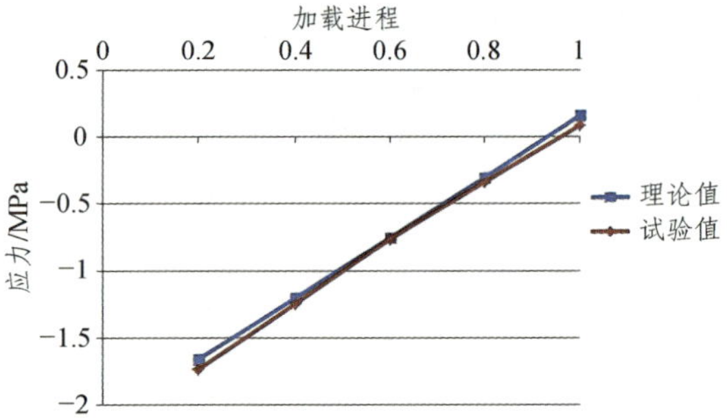

（d）超载工况

图 4-67　各工况下测点 LHN2-6 应力的对比结果

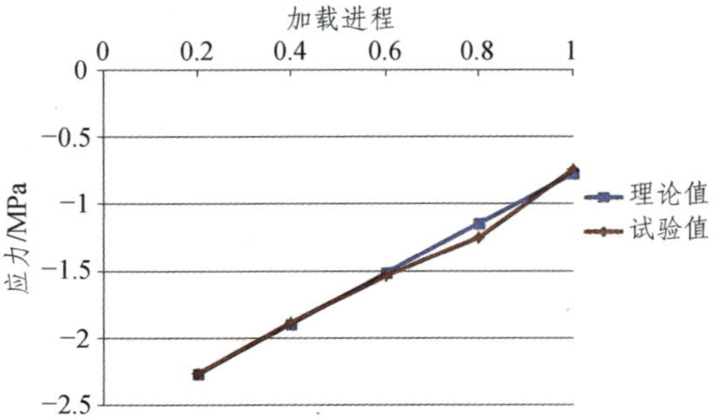

（a）轴力工况

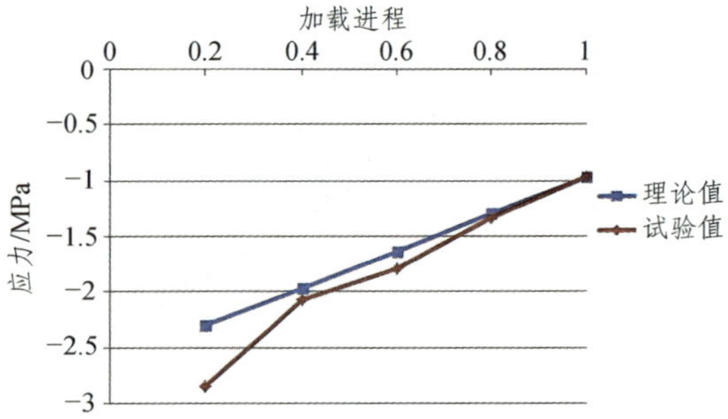

（b）正弯矩工况

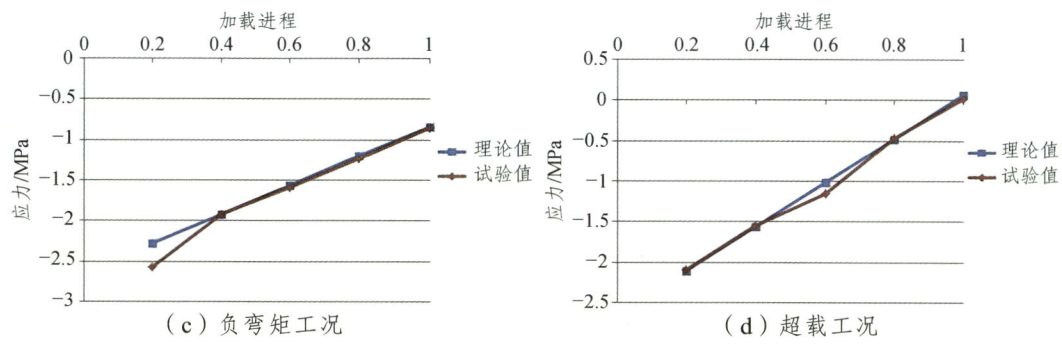

图 4-68 各工况下测点 LHW2-4 应力的对比结果

由图 4-65~图 4-68 可以看出，试验结果与有限元结果整体上基本吻合，但由于有限元模型的简化、边界条件处理与实际情况存在差异、试验材料的随机性、贴片质量、采集设备的误差以及混凝土部分的应力水平较低等原因，两者在某些测点及同一测点在特定加载阶段出现一定误差。整体来看，较大误差的测点数量较少且误差量值较小，试验结果与有限元结果的符合情况较好。从图中可以看出，混凝土各部分测点在各工况下的应力随加载进程的变化呈线性变化，表明拱座混凝土材料在各工况下均处于弹性状态，结构安全可靠。

4.3.6 加劲肋的应力对比

加密区加劲肋作为拱脚与拱座之间的钢-混连接件，是将拱肋荷载传递至混凝土并施加钢拉杆预紧力的关键构造。由钢箱整体应力分布可知，加密区加劲肋与钢箱顶、底、腹板的应力差异较小，且远低于材料设计值。然而，由于局部承受较大的钢拉杆预紧力，加劲肋上的应力分布并不均匀。为深入研究加密区加劲肋的应力分布特征及其应力水平，进一步明确其重要作用，在主拱和主梁的加密区加劲肋上布置了应变片测点。

1. 主拱加劲肋的应力对比

各工况下拱肋加劲肋各测点应力的试验结果如图 4-69 所示。

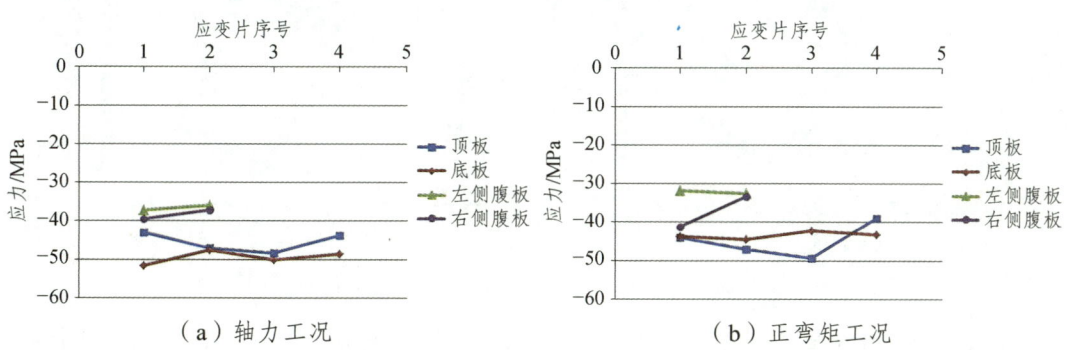

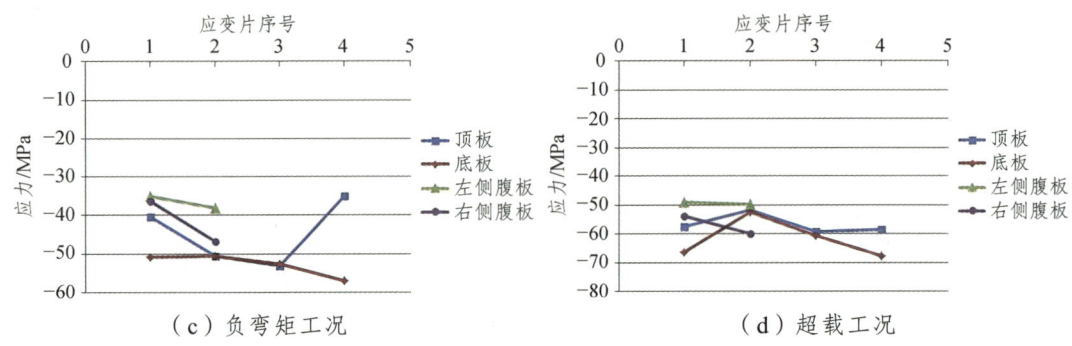

（c）负弯矩工况　　　　　　　　　　（d）超载工况

图 4-69　各工况下拱肋加劲肋各测点应力的试验结果

由图 4-69 可以看出，拱肋加劲肋上的应力分布比较均匀。在前三种工况下，各测点均处于 -30～-60 MPa 之间；在超载工况下，各测点处于 -40～-70 MPa 之间。与拱肋顶、底、腹板第四排测点的应力相比偏小，说明拱肋加劲肋可以帮助分散拱肋钢箱的一部分应力，但主要受力结构仍然是钢箱。在正弯矩作用下，拱肋顶板处的加劲肋应力大于底板处的加劲肋，腹板上侧测点的应力也大于下侧测点；而在负弯矩作用下，顶板处的加劲肋应力小于底板处的加劲肋，腹板上侧测点的应力也小于下侧测点。这是由于正弯矩使顶板受压，而负弯矩使顶板受拉。从试验结果看，各工况下加劲肋上最大应力不超过 -70 MPa，表明加劲肋应力水平低，构造安全可靠。

图 4-70 给出了在各工况下主拱加劲肋沿主拱纵向的应力分布的理论计算结果。

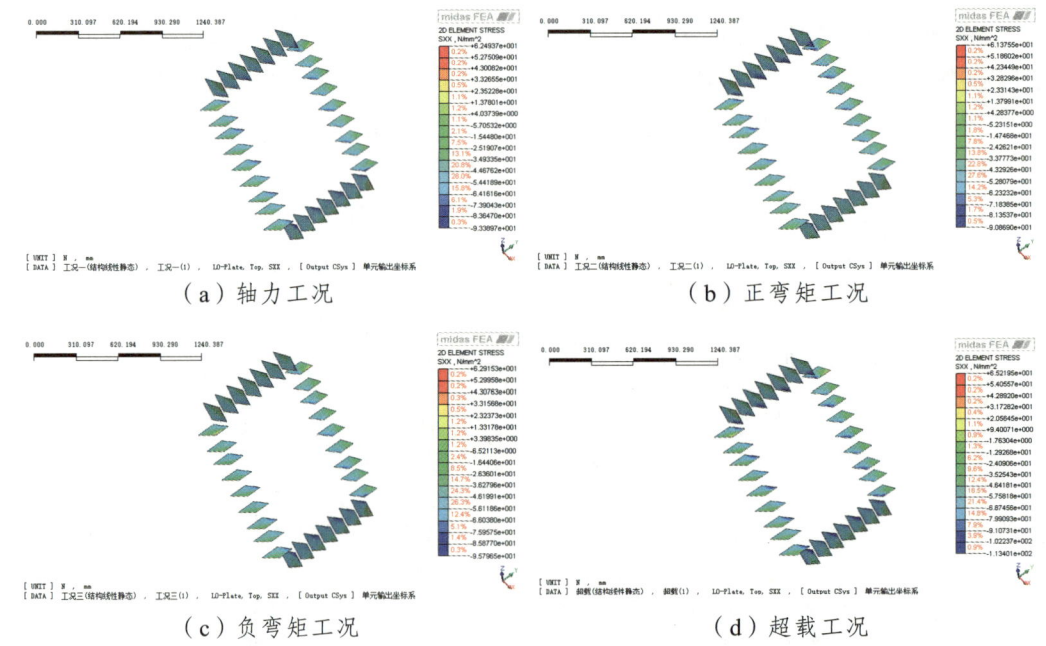

（a）轴力工况　　　　　　　　　　（b）正弯矩工况

（c）负弯矩工况　　　　　　　　　　（d）超载工况

图 4-70　各工况下拱肋加劲肋测点沿拱肋纵向应力理论计算结果

由图 4-70 可以看出，拱肋加劲肋的应力水平较低，顶板、底板和腹板加劲肋的应力情况较为相似，但单个板件上的应力分布并不均匀。个别加劲肋在角点部位承受较小的拉应力，从外上角点至内下角点，应力值沿加劲肋对角线逐渐上升。在加劲肋与拱肋顶板、底板和腹板相交的中上部，应力达到最大值。加劲肋不仅承受拱肋传递的巨大荷载，还受到钢拉杆预紧力的作用，加之局部荷载作用点距离较近，导致各板上的应力分布不均。从图中可以看出，腹板上加劲肋的应力略低于顶板和底板加劲肋的应力，这与试验结果相符。从计算结果看，各工况下拱肋上加劲肋最大压应力不超过 -114 MPa，最大拉应力不超过 65 MPa，结构受力安全。

2. 主梁加劲肋的应力对比

各工况下主梁加劲肋各测点应力的试验结果如图 4-71 所示。

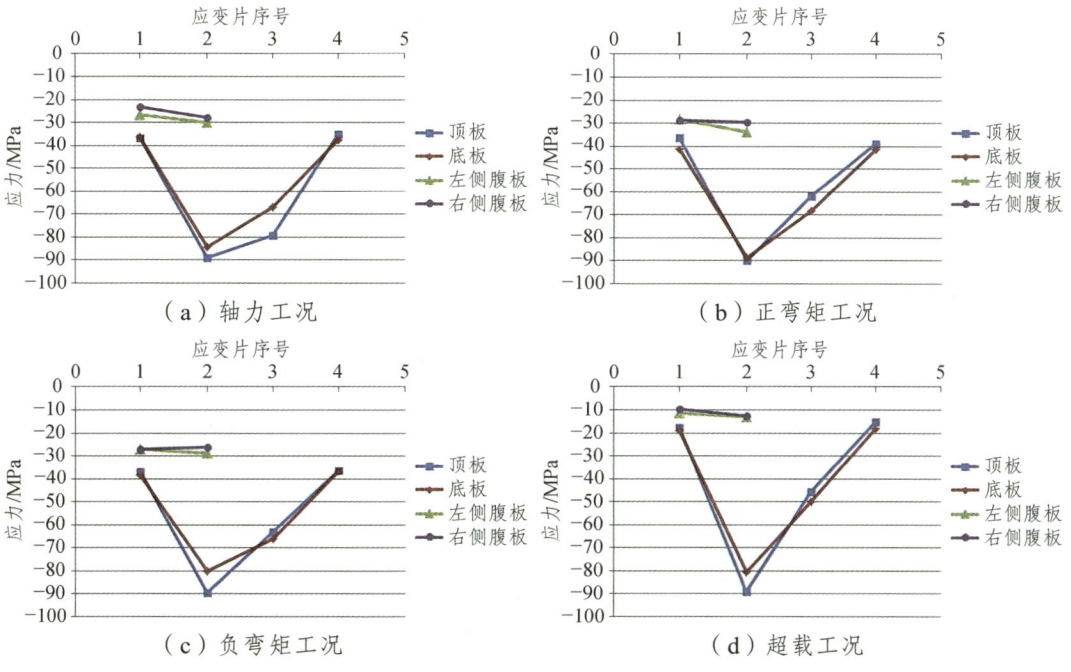

图 4-71 各工况下主梁加劲肋各测点应力的试验结果

由图 4-71 可以看出，主梁顶、底板中间加劲肋的贴片区域出现了明显的应力集中现象。这是由于主梁顶底板的每个加劲肋区格布置了两根加劲肋，使得局部应力较大；同时，中间加劲肋还承受了来自顶底板其他钢拉杆传递的应力，因此受力最大。此外，中间加劲肋下部测点的应力较上部测点小，这是因为梯形加劲肋的上方截面较小，而下方截面较大。除应力集中区域之外，前三种工况下各测点应力在 -20 ~ -50 MPa 之间，超载工况下各测点应力在 0 ~ -30 MPa 之间，相比于主梁顶、底、腹板第四排测点的应力偏小。这说明主梁加劲肋可以帮助分散主梁钢箱的一部分应力，但其主要受力结构仍然是钢箱。在正弯矩作用下，拱肋顶板加劲肋处的应力大于底板加劲肋处；而在负弯矩作用下，顶板加劲肋处的应力则小于底板加劲肋处。这是因为正弯矩使顶板受压，而负弯矩使顶板受拉所致。从试验结果看，各工况下加劲肋上最大应力不超过 -90 MPa，表明加劲肋应力水平低，构造安全可靠。

图4-72给出了在各工况下主梁加劲肋沿纵桥向的应力分布的理论计算结果。

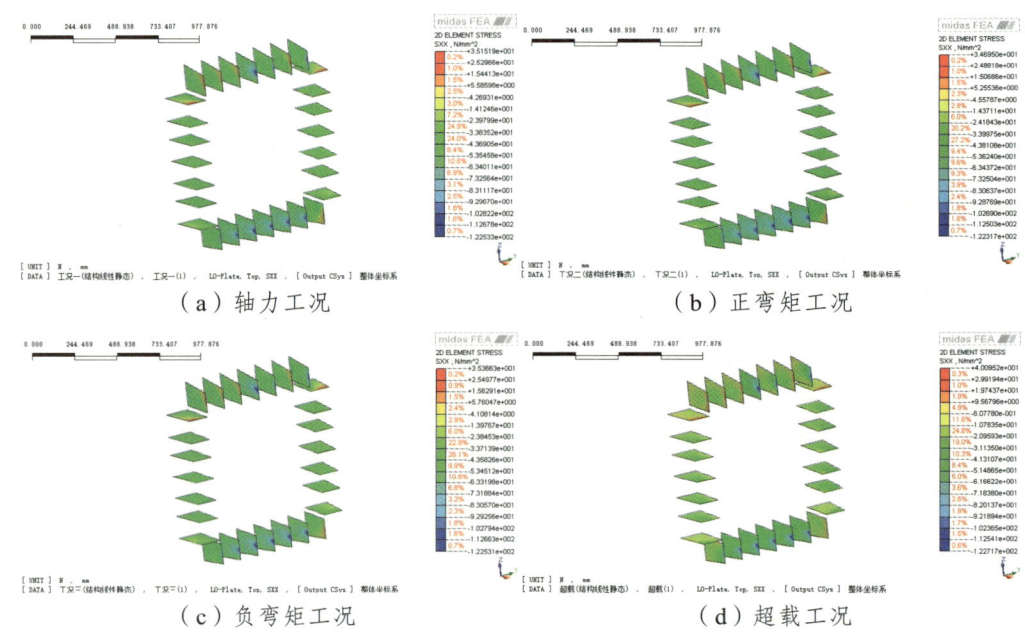

（a）轴力工况　　　　　　　　（b）正弯矩工况

（c）负弯矩工况　　　　　　　（d）超载工况

图4-72　各工况下主梁加劲肋沿纵桥向应力计算结果

由图4-72可以看出，主梁加劲肋的应力水平除部分应力集中区域外普遍较低，这与试验结果相符。顶底板加劲肋在顶部中间区域出现了一定程度的应力集中，这主要是由于主梁顶底板上每个加劲肋区格布置了两根预应力钢拉杆，局部应力增大。在应力集中区域外，单个板件上的应力分布也呈现出不均匀性。与主拱加劲肋的应力分布相似，个别加劲肋在角点部位承受较小的拉应力，从外上角点向内下角点，应力值沿加劲肋对角线逐渐递增。从图中可见，腹板上加劲肋的应力较大，底板加劲肋的应力略小，这一现象与试验结果一致。从计算结果看，各工况下主梁上加劲肋最大压应力不超过 -123 MPa，最大拉应力不超过 40 MPa，结构受力安全。

3. 加劲肋应力分布汇总

将加劲肋各工况下沿拱肋或主梁纵向应力的主要分布范围进行汇总，试验结果见表4-29，有限元结果见表4-30。

表4-29　各工况下加劲肋上测点沿拱肋或主梁纵向应力分布的试验结果　　单位：MPa

加劲肋位置	工况	最小值	最大值
主拱加劲肋	工况一~三	-56.92	-31.68
	超载工况	-67.94	-49.22
主梁加劲肋	工况一~三	-90.04	-23.36
	超载工况	-89.04	-9.7

表 4-30　各工况下加劲肋沿拱肋或主梁纵向应力分布范围的有限元结果　　单位：MPa

加劲肋位置	工况	最小值	最大值
主拱加劲肋	工况一~三	-95.80	62.92
	超载工况	-113.40	65.22
主梁加劲肋	工况一~三	-122.53	35.37
	超载工况	-122.72	40.10

4. 理论值与试验值的对比分析

为节省篇幅，仅选取主拱加劲肋上测点 J-GY2、主梁加劲肋上测点 J-LS1 两个测点绘制各工况下有限元结果和试验结果随加载进程的应力对比图，以说明试验与有限元结果的吻合情况以及材料的弹塑性状态。横坐标为阶段加载值与各工况加载最大值的比值。对比结果如图 4-73、图 4-74 所示。

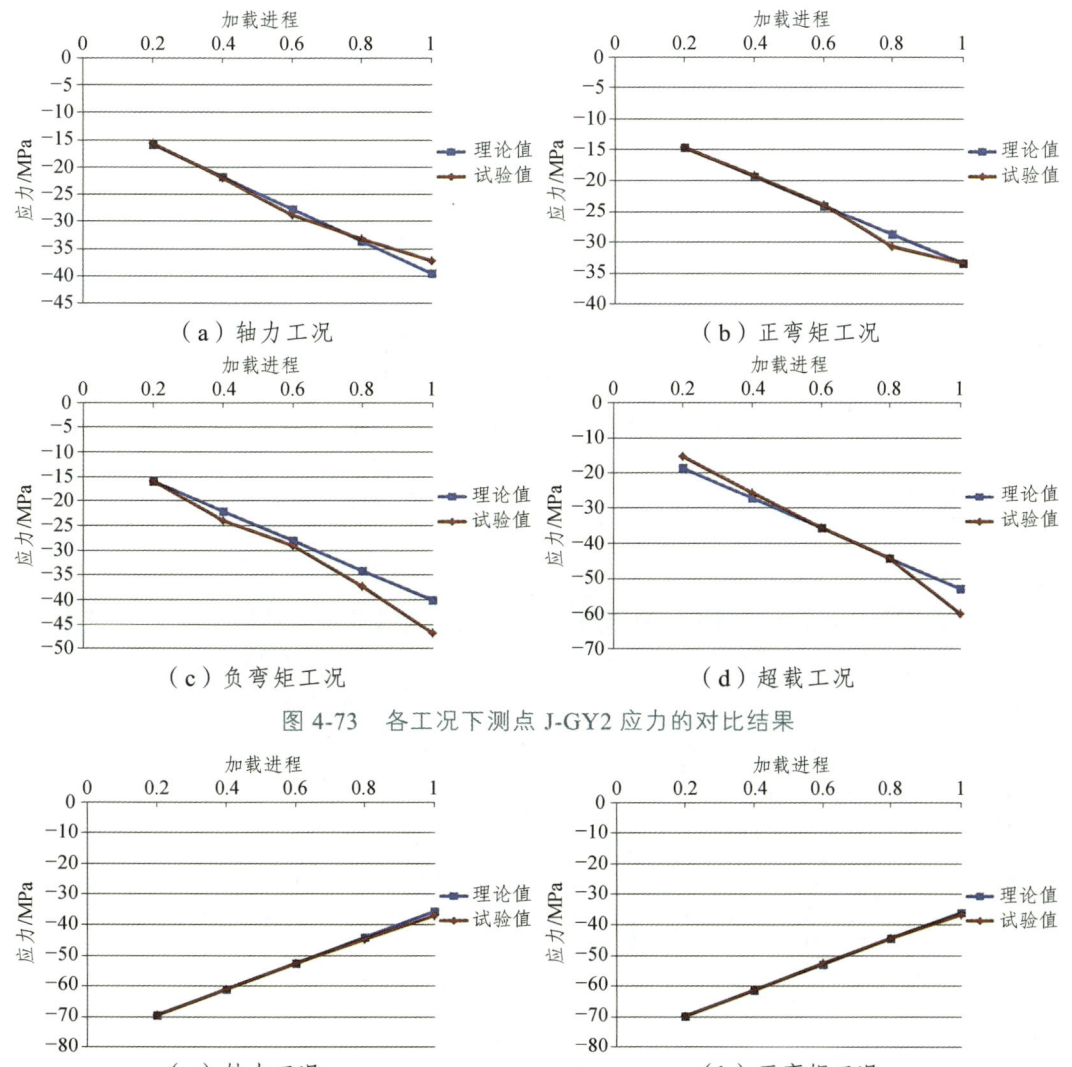

（a）轴力工况　　（b）正弯矩工况

（c）负弯矩工况　　（d）超载工况

图 4-73　各工况下测点 J-GY2 应力的对比结果

（a）轴力工况　　（b）正弯矩工况

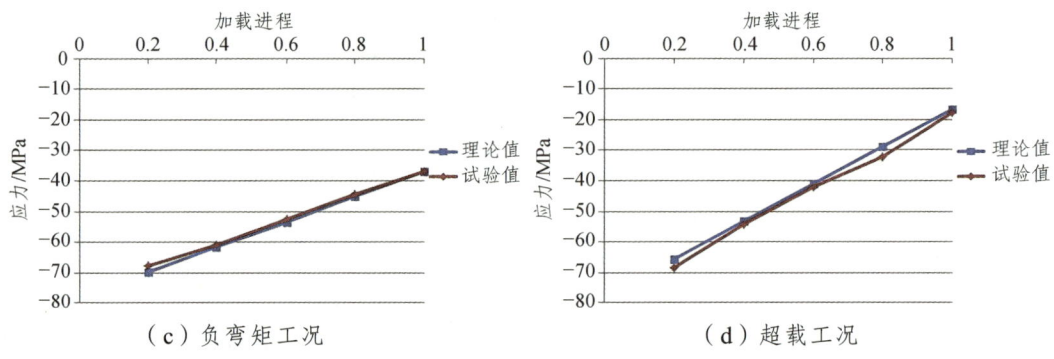

(c) 负弯矩工况　　　　　　　　(d) 超载工况

图 4-74　各工况下测点 J-LS1 应力的对比结果

由图 4-73、图 4-74 可以看出，试验结果与有限元结果整体上基本吻合，但由于有限元模型的简化、边界条件处理与实际情况存在差异、试验材料的随机性、贴片质量以及采集设备的误差等因素，两者在某些测点及同一测点的特定加载阶段出现一定误差，但误差幅度较小。整体而言，较大误差的测点数量较少且误差值较小，试验结果与有限元结果的符合度较高。从图中可见，加劲肋上测点在各工况下应力随加载进程的曲线呈直线，表明加劲肋材料在各工况下均处于弹性状态，结构安全可靠。

4.3.7　钢-混连接件的应力对比

拱脚与拱座为钢-混结合段，钢-混连接件作为使钢结构与混凝土连接可靠、共同受力的重要构造，其受力安全非常重要。钢-混连接部分由钢拉杆、PBL 剪力键、承压板、钢箱内外加劲肋、钢拉杆锚固板等组成。由钢箱整体应力分布可见，除钢拉杆锚固板由于受到钢拉杆较大的局部应力而应力较大外其他钢-混连接件的应力水平很低，远小于材料设计值，构造安全可靠。为研究各钢-混连接件的应力分布和应力水平，了解钢-混连接件的重要作用，在钢-混连接件上共布置了 46 个应变测点。

1. 承压板与钢拉杆锚固板的应力对比

各工况下锚固板及承压板测点在板平面上最大主应力的试验结果如图 4-75 所示。

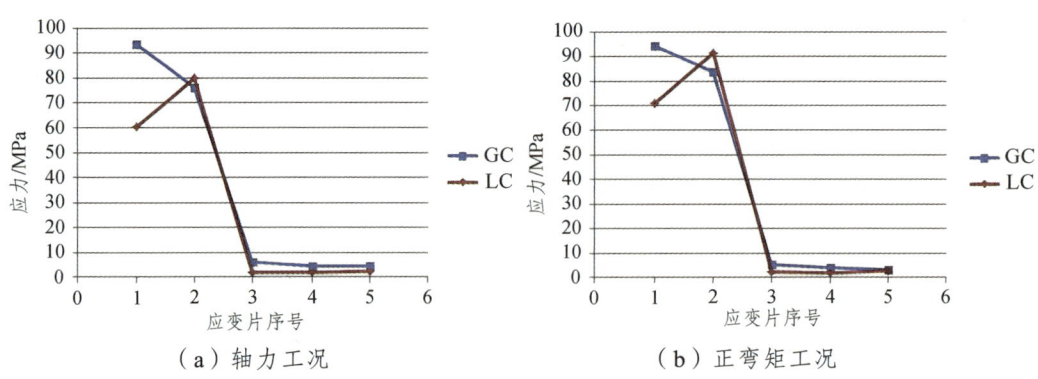

(a) 轴力工况　　　　　　　　(b) 正弯矩工况

第 4 章　大跨下承式钢箱系杆拱桥梁拱结合部力学性能

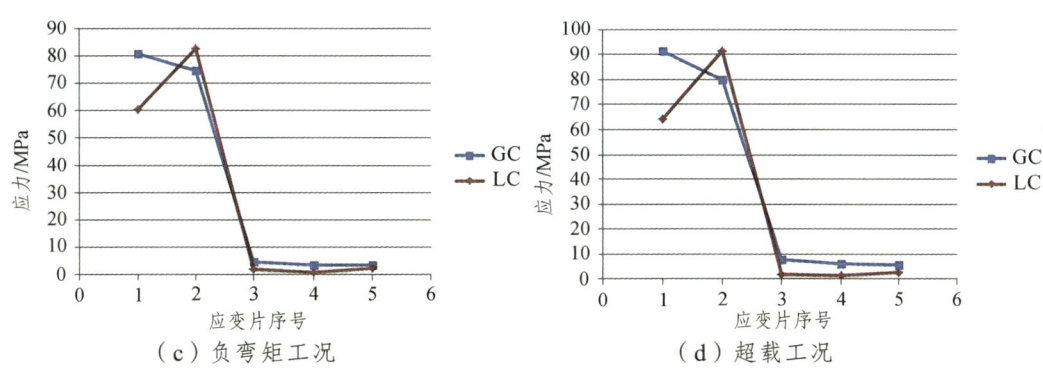

（c）负弯矩工况　　　　　　　　　　　（d）超载工况

图 4-75　各工况下锚固板及承压板测点在板平面上最大主应力的试验结果

由图 4-75 可以看出，钢拉杆锚固板上的应力水平显著高于承压板，这主要是由于锚固板承受了来自钢拉杆的较大局部应力，而承压板因其截面较大，能够有效地将应力传递至混凝土。在钢拉杆预紧力的作用下，钢拉杆螺母垫板下方的锚固板受压，而锚固板的其他部位则出现拉应力。由于所有钢拉杆预紧力均为 53 kN，拱肋和主梁锚固板上四个不同位置的测点最大主应力水平相近，均处于 60～100 MPa，小于材料强度设计值。钢箱及加劲肋下方承压板受压，承压板其他位置出现拉应力。由试验结果可知，承压板上测点位置处最大主应力较小且分布较为均匀，均处于 0～10 MPa，表明承压板应力水平低，构造安全可靠。

图 4-76 给出了在各工况下锚固板平面内最大主应力及承压板最大主应力理论计算结果。

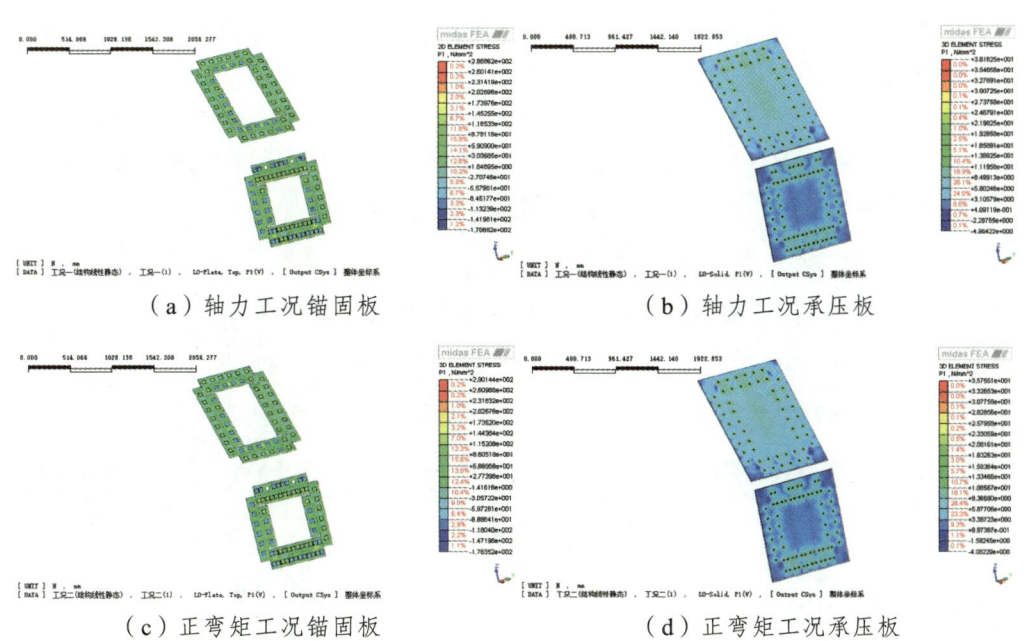

（a）轴力工况锚固板　　　　　　　　　（b）轴力工况承压板

（c）正弯矩工况锚固板　　　　　　　　（d）正弯矩工况承压板

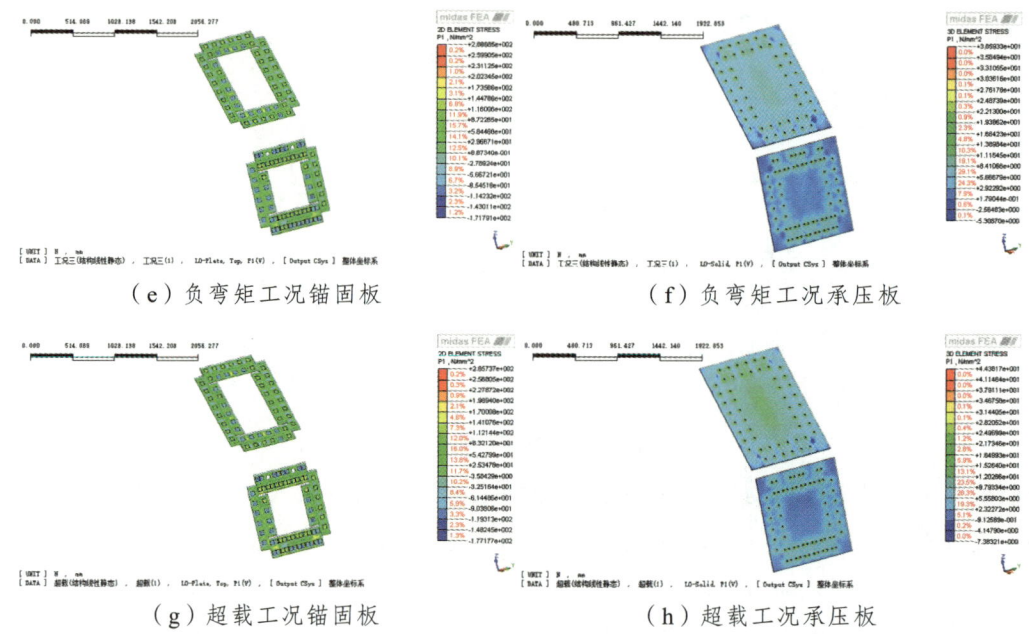

(e) 负弯矩工况锚固板　　　　　　　　(f) 负弯矩工况承压板

(g) 超载工况锚固板　　　　　　　　(h) 超载工况承压板

图 4-76　各工况下锚固板平面内最大主应力及承压板最大主应力计算结果

由图 4-76 可以看出，锚固板上的应力水平显著高于承压板。由于钢拉杆预紧力的局部作用，锚固板的受力情况较为复杂，其最大主应力主要表现为拉应力，仅小部分为压应力。其中，钢拉杆螺母垫板下方的锚固板受力最大，而其他区域受力相对较小。在锚固板与钢箱顶底板中间加劲肋相交处，出现了较大的应力集中，其应力值略高于材料强度，但仍低于材料屈服强度。由于超限区域极小，试验过程中未发现异常现象。除极少数应力集中部位外，锚固板最大主应力均小于材料强度设计值，绝大部分最大主应力小于 200 MPa，与试验结果一致，表明构造安全。

钢箱及加劲肋下方的承压板最大主应力为压应力，其他位置为拉应力。承压板上最大主应力很小，均处于 -10 ~ 50 MPa 之间，与试验结果（承压板板平面上最大主应力）相吻合，表明承压板应力水平低，构造安全可靠。

2. PBL 剪力键开孔板的应力对比

各工况下 PBL 剪力键开孔板测点应力的试验结果如图 4-77 所示。

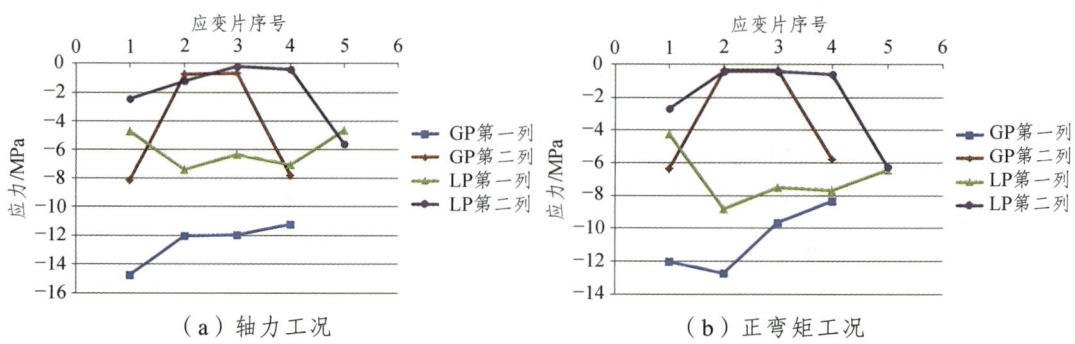

(a) 轴力工况　　　　　　　　　　　(b) 正弯矩工况

第4章 大跨下承式钢箱系杆拱桥梁拱结合部力学性能

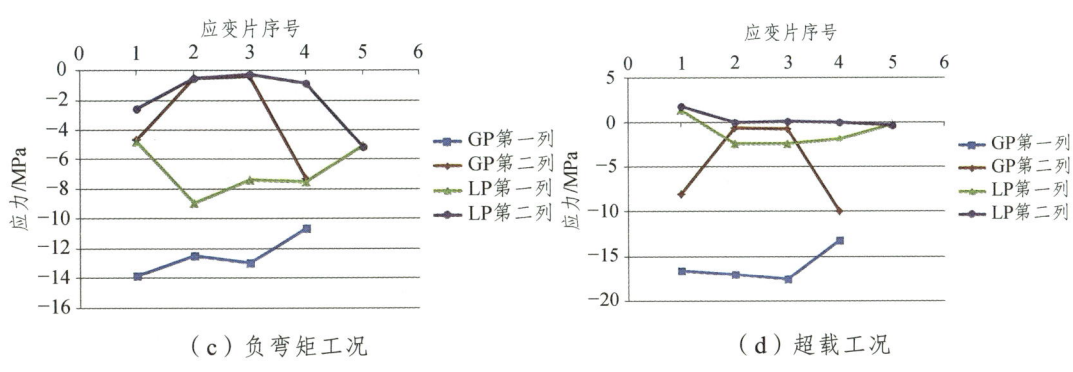

（c）负弯矩工况　　　　　　　　　　　（d）超载工况

图4-77　各工况下PBL剪力键开孔板测点应力的试验结果

由图4-77可以看出，拱肋PBL剪力键开孔板整体应力水平较低，各工况下测点最大应力不超过-20 MPa，远小于材料强度设计值，结构安全可靠。在钢箱腹板及顶底板下方的开孔板位置处（如GP1-1～GP1-4，GP2-1、GP2-4）的应力较大，因为这些部位直接受到钢箱传来的荷载。钢箱中心下方的PBL开孔板位置处（如GP2-2、GP2-3）的应力较小。这种分布规律和混凝土内部测点的应力分布规律相同。

主梁PBL剪力键开孔板与主拱开孔板比应力低但分布形式相同。在主梁腹板及顶底板下方的开孔板位置处（如LP1-1～LP1-5，LP2-1、LP2-5）的应力较大，主梁中心下方的PBL开孔板位置处（如LP2-2～LP2-4）的应力较小。这种分布规律和主梁下方混凝土内部测点的应力分布规律相同。主梁PBL剪力键开孔板整体应力水平很低，各工况下测点最大应力不超过-10 MPa，在超载工况下，主梁PBL剪力键开孔板上出现拉应力，但最大拉应力也不超过2 MPa，远小于材料强度设计值，结构安全可靠。

图4-78给出了在各工况下PBL剪力键开孔板沿各钢箱轴向应力的理论计算结果。

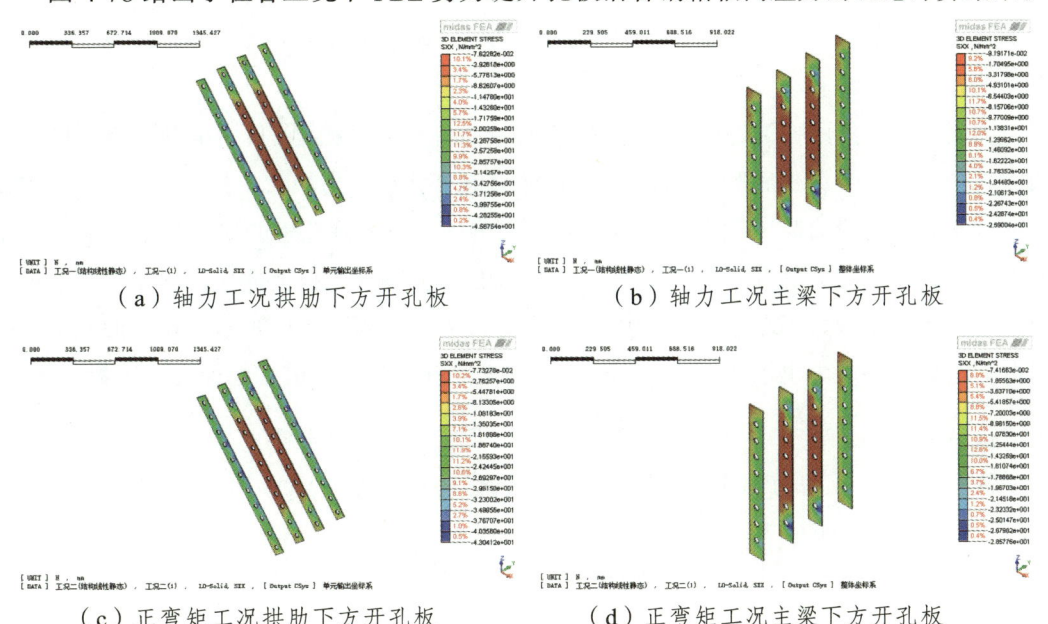

（a）轴力工况拱肋下方开孔板　　　　　（b）轴力工况主梁下方开孔板

（c）正弯矩工况拱肋下方开孔板　　　　（d）正弯矩工况主梁下方开孔板

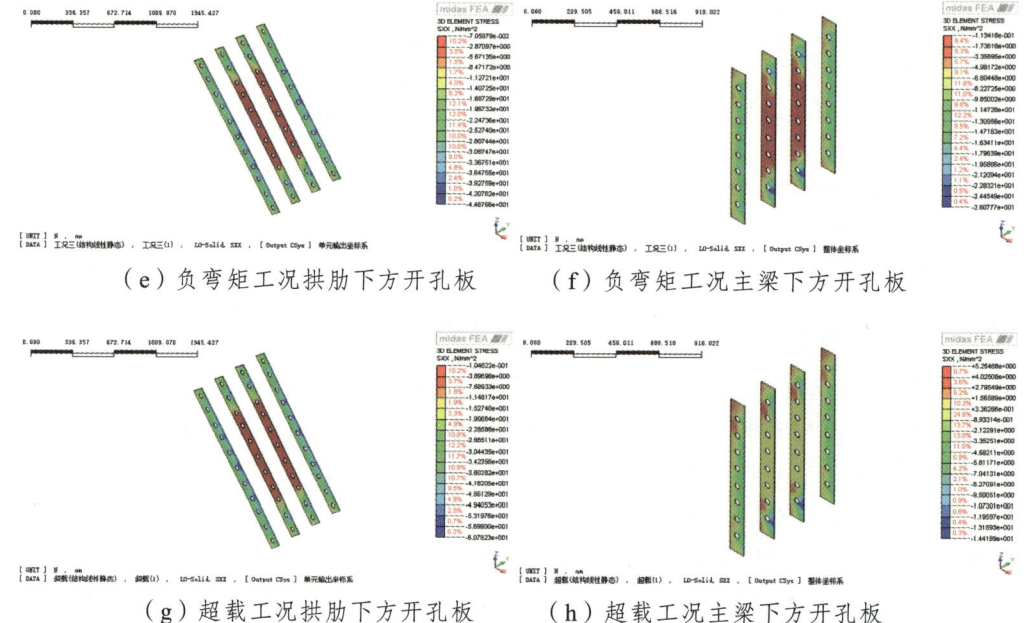

(e) 负弯矩工况拱肋下方开孔板　　(f) 负弯矩工况主梁下方开孔板

(g) 超载工况拱肋下方开孔板　　(h) 超载工况主梁下方开孔板

图 4-78　各工况下 PBL 剪力键开孔板沿各钢箱轴向应力理论计算结果

由图 4-78 可以看出，位于拱肋顶底腹板下方的 PBL 剪力键开孔板应力最大，其与承压板相交区域的应力尤为显著。这是因为荷载直接从钢箱传递至开孔板，导致这些位置的应力较其他区域更大。随着与钢箱下方开孔板距离的增大，其他位置的应力逐渐减小，拱肋中心下方的混凝土应力最小，这与混凝土内部应力分布规律一致。拱肋 PBL 剪力键开孔板上的应力水平较低，在各工况下，最大应力不超过 –61 MPa，远小于材料的强度设计值，结构安全可靠。

主梁 PBL 剪力键开孔板与主拱开孔板的应力分布形式相同，且主梁开孔板的应力较低。其中，位于主梁顶底腹板下方的 PBL 剪力键开孔板应力最大。在这部分开孔板中，靠近承压板处的应力高于远离承压板处的。主梁中心下方开孔板的应力最小，这与主梁下方混凝土内部应力的分布规律一致。主梁 PBL 剪力键开孔板整体应力水平很低，各工况下测点最大压应力不超过 –29 MPa，在超载工况下，主梁 PBL 剪力键开孔板上出现拉应力，但最大拉应力也不超过 5.3 MPa，远小于材料强度设计值，结构安全可靠。

3. PBL 剪力键穿孔钢筋的应力对比

各工况下 PBL 剪力键穿孔钢筋测点应力的试验结果如图 4-79 所示。

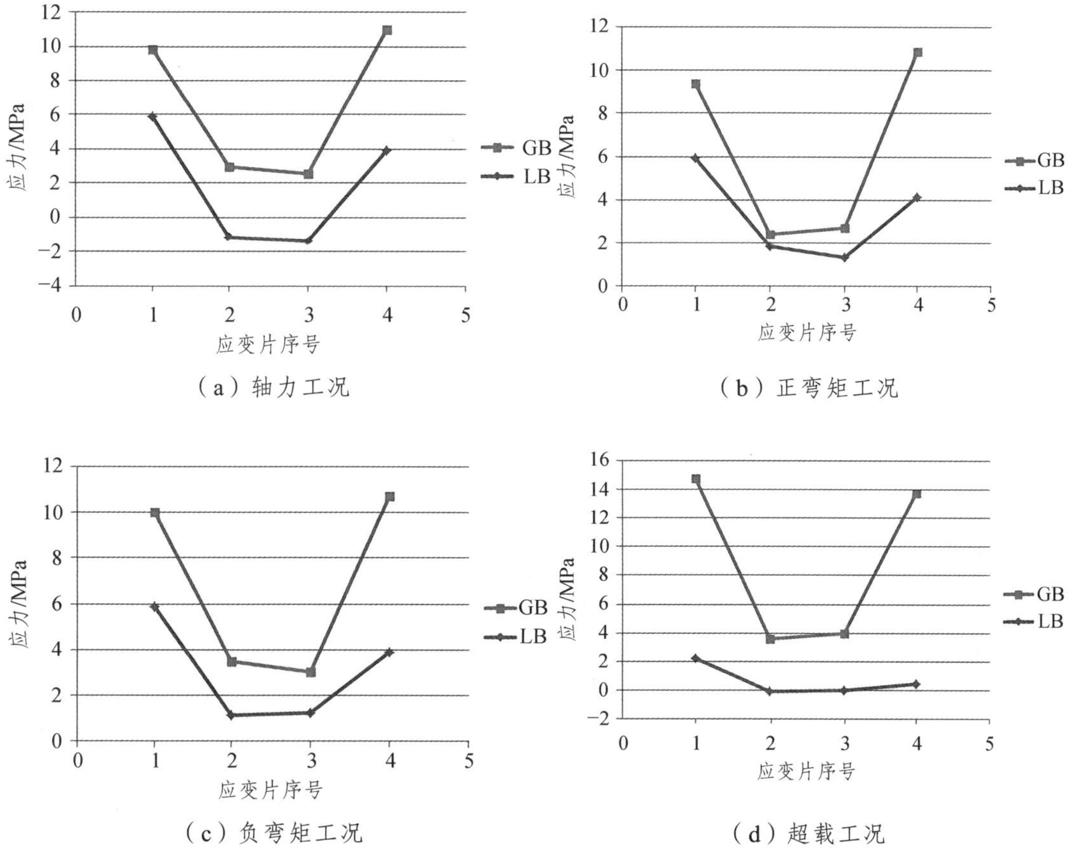

（a）轴力工况　（b）正弯矩工况

（c）负弯矩工况　（d）超载工况

图 4-79　各工况下 PBL 剪力键穿孔钢筋测点应力的试验结果

由图 4-79 可以看出，拱肋 PBL 剪力键穿孔钢筋整体应力水平较低，所有测点位置处钢筋受拉，各工况下各测点最大应力不超过 16 MPa，远小于材料强度设计值，钢筋受力安全。在拱肋腹板下方钢筋位置处测点（如 GB1、GB4）的应力较大，因为这些部位距离腹板传来的荷载最近。在拱肋中心下方钢筋位置处测点（如 GB2 ~ GB3）的应力较小。这种分布规律和混凝土内部测点以及 PBL 开孔板的应力分布规律相同。

主梁 PBL 剪力键穿孔钢筋与主拱 PBL 穿孔钢筋比应力低但分布形式相同。在主梁腹板下方钢筋位置处测点（如 LB1、LB4）的应力较大，主梁中心下方钢筋位置处测点（如 LB2 ~ LB3）的应力较小。同样，这种分布规律和主梁下方混凝土内部测点以及主梁 PBL 开孔板的应力分布规律相同。主梁 PBL 剪力键穿孔钢筋整体应力水平很低，各工况下测点最大应力不超过 6 MPa，在部分工况下由于主梁复杂的受力穿孔钢筋上出现压应力，但最大压应力也不超过 − 2 MPa，远小于材料强度设计值，钢筋受力安全可靠。

图 4-80 给出了在各工况下 PBL 剪力键穿孔钢筋应力的理论计算结果。

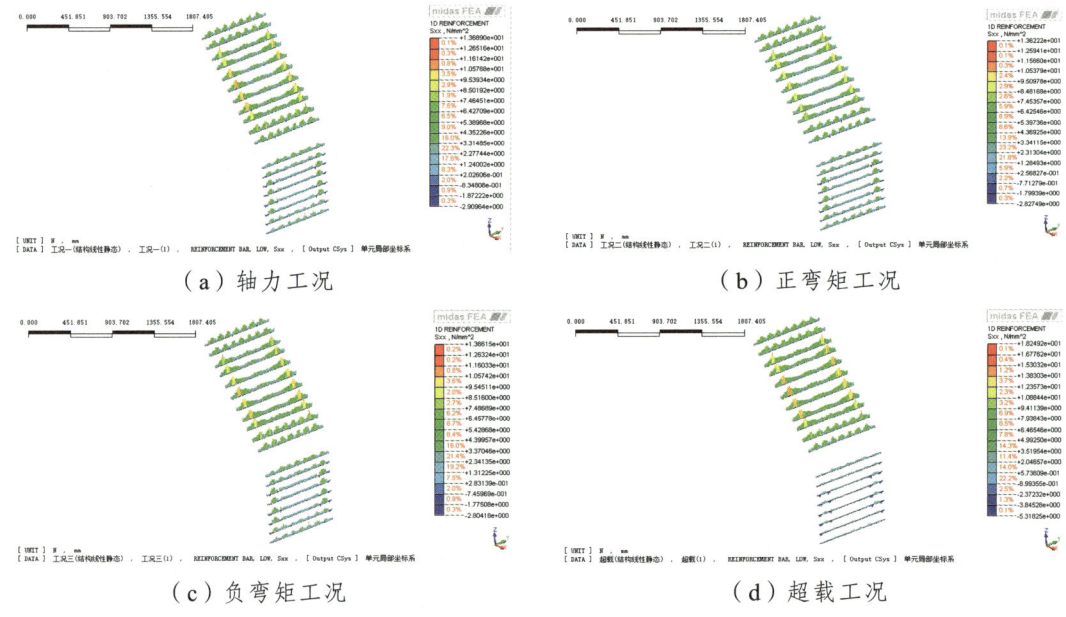

图 4-80　各工况下 PBL 剪力键穿孔钢筋应力理论计算结果

由图 4-80 可以看出，PBL 剪力键穿孔钢筋的整体应力水平较低，但拱肋下方穿孔钢筋的应力略高于主梁下方穿孔钢筋的应力。钢筋的大部分位置处于受拉状态，而主梁下方穿孔钢筋由于受力复杂，部分位置出现受压现象。各工况下穿孔钢筋上最大拉应力不超过 19 MPa，最大压应力不超过 -6 MPa，远小于材料强度设计值，钢筋受力安全。位于钢箱腹板下方的钢筋位置应力最大，因为这些部位距离腹板传来的荷载最近。钢筋其他位置处的应力基本遵循距离腹板下钢筋位置越远、应力越小的规律。这种分布规律与混凝土内部测点以及 PBL 开孔板的应力分布规律一致。

4. 钢-混连接件应力分布汇总

各工况下各连接件上测点应力分布范围的试验结果见表 4-31，有限元结果见表 4-32。

表 4-31　各工况下各连接件上测点应力分布范围的试验结果　　　单位：MPa

连接件类别	工况	最小值	最大值
锚固板	工况一~三	-74.78	103.59
	超载工况	64.07	102.69
承压板	工况一~三	0.81	5.87
	超载工况	1.52	7.56
拱肋开孔板	工况一~三	-14.72	-0.36
	超载工况	-17.65	-0.66
主梁开孔板	工况一~三	-8.96	-0.22
	超载工况	-2.44	1.84
PBL 穿孔筋	工况一~三	-10.72	10.96
	超载工况	-0.07	14.74

表 4-32 各工况下各连接件应力分布范围的有限元结果　　单位：MPa

拱座位置	工况	最小值	最大值
锚固板	工况一~三	-176.35	290.14
	超载工况	-177.18	285.74
承压板	工况一~三	-5.31	38.59
	超载工况	-7.38	44.38
拱肋开孔板	工况一~三	-45.68	-0.07
	超载工况	-60.78	-0.10
主梁开孔板	工况一~三	-28.58	-0.07
	超载工况	-14.42	5.25
PBL 穿孔筋	工况一~三	-2.91	13.69
	超载工况	-5.32	18.25

5. 理论值与试验值的对比分析

为节省篇幅，仅选取拱肋钢拉杆锚固板上测点 GC1、拱肋 PBL 剪力键开孔板上测点 GP1-3、拱肋 PBL 剪力键穿孔钢筋上测点 GB4 三个测点绘制各工况下有限元结果和试验结果随加载进程的应力对比图，以说明试验与有限元结果的吻合情况以及材料的弹塑性状态。横坐标为阶段加载值与各工况加载最大值的比值。对比结果如图 4-81~图 4-83 所示。

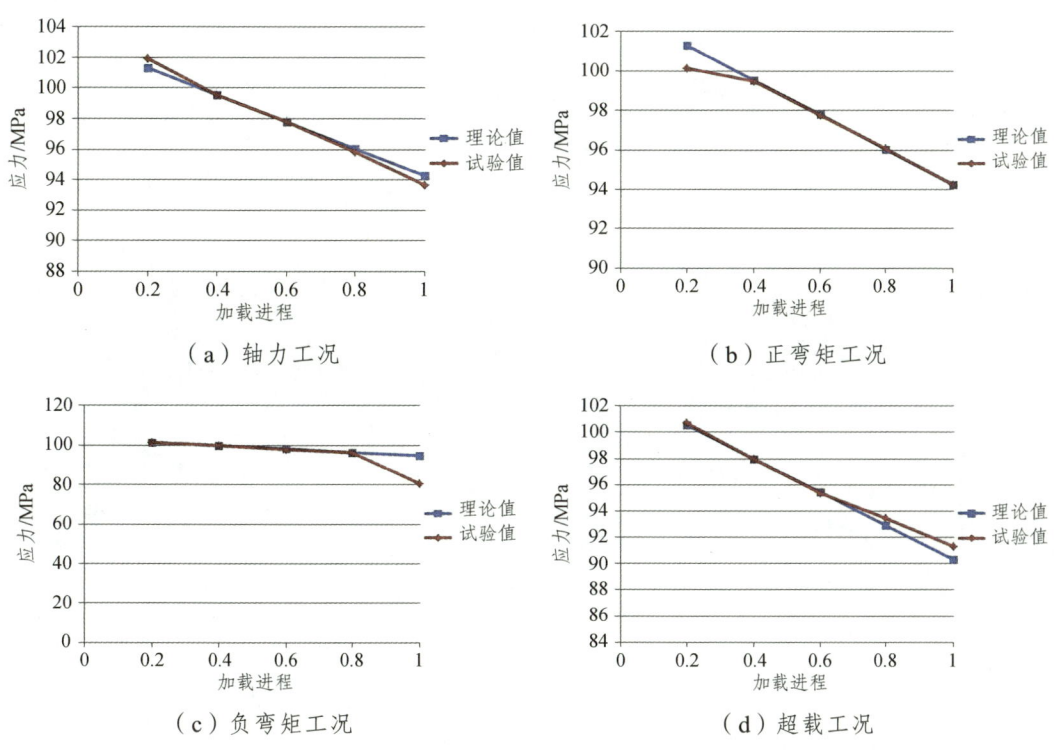

（a）轴力工况　　　　（b）正弯矩工况

（c）负弯矩工况　　　　（d）超载工况

图 4-81 各工况下测点 GC1 应力的对比结果

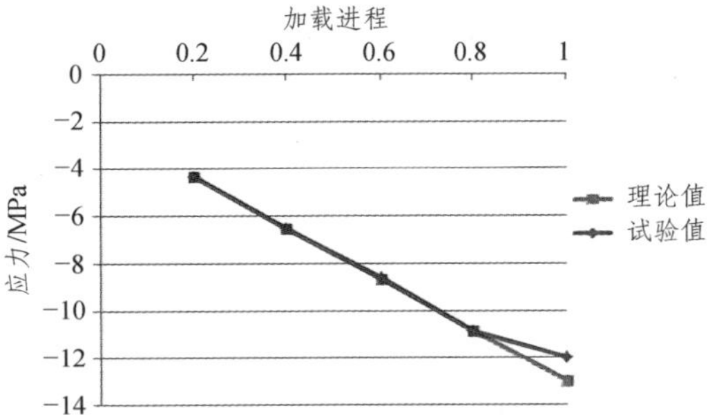

（a）轴力工况 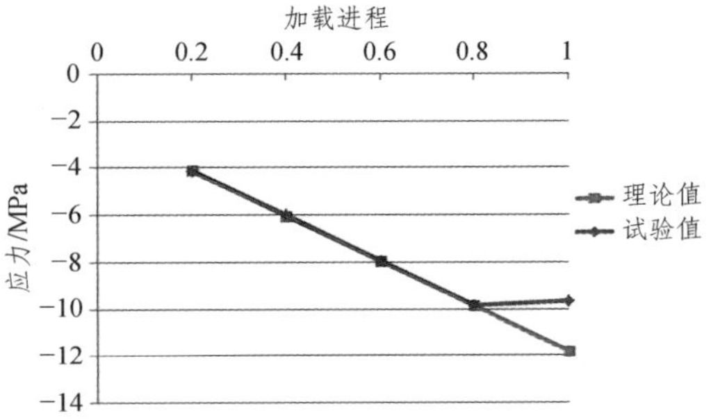　　　　　　　　　　　　（b）正弯矩工况

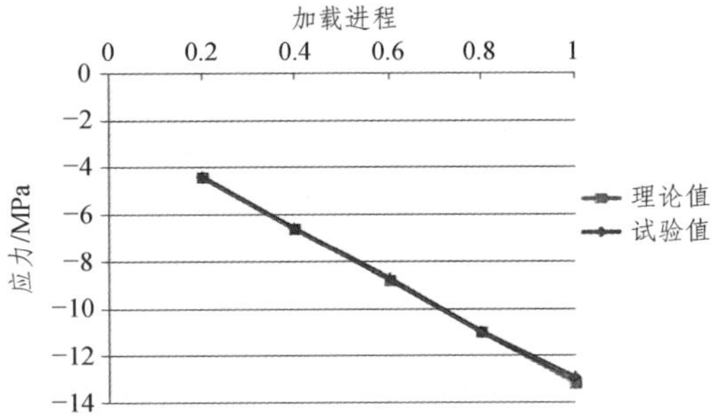

（c）负弯矩工况 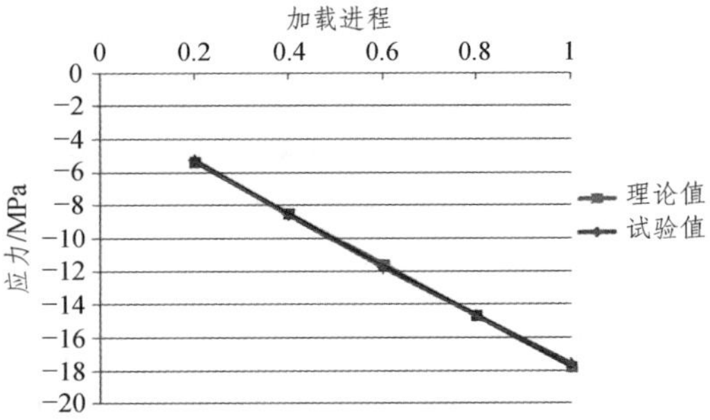　　　　　　　　　　　　（d）超载工况

图 4-82　各工况下测点 GP1-3 应力的对比结果

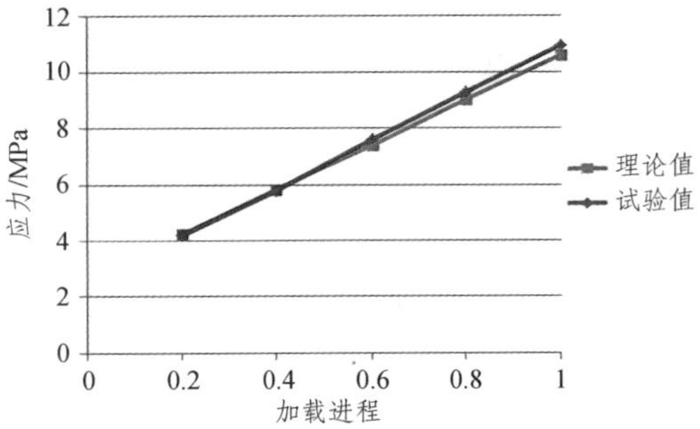

（a）轴力工况 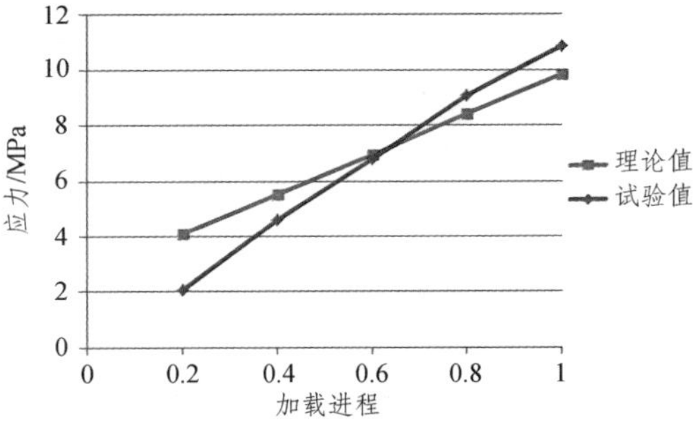　　　　　　　　　　　　（b）正弯矩工况

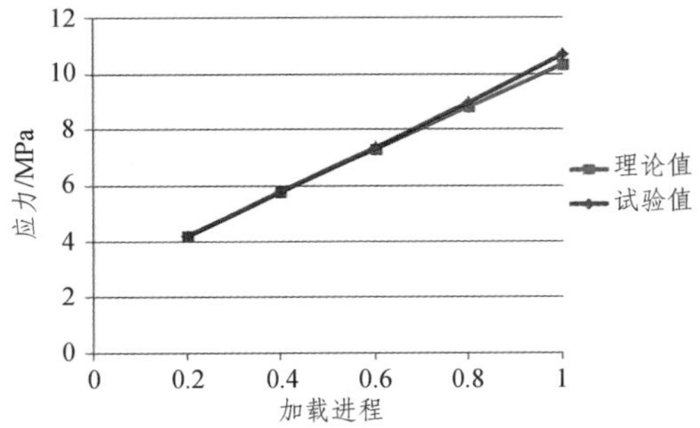

（c）负弯矩工况 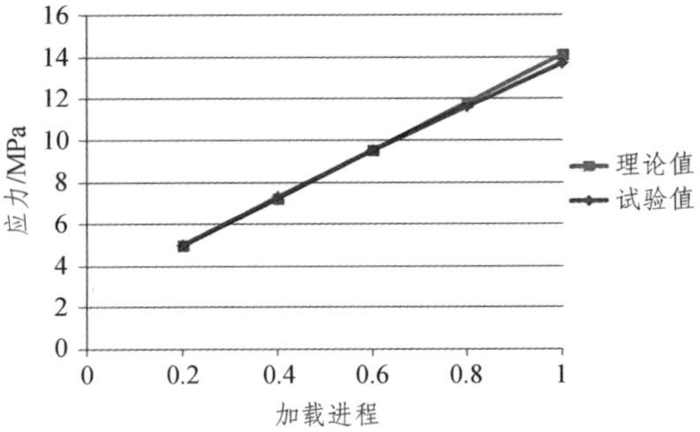　　　　　　　　　　　　（d）超载工况

图 4-83　各工况下测点 GB4 应力的对比结果

由图 4-81 ~ 图 4-83 可以看出，试验结果与有限元分析结果在整体上基本吻合，但由于有限元模型的简化、边界条件处理与实际情况存在差异、试验材料的随机性、贴片质量以及采集设备的误差等因素，两者在某些测点及同一测点的部分加载阶段出现了一定误差，但误差幅度较小。总体而言，较大误差的测点数量较少，且误差量值不大，试验结果与有限元分析结果的符合度较高。从图中可以看出，各钢-混连接件在不同工况下，测点的应力随加载进程呈线性变化，表明各钢-混连接件材料在各工况下均处于弹性状态，结构安全可靠。

4.3.8 结构位移对比

拱脚与拱座负责将全桥荷载传递至基础，其安全性与可靠性至关重要。除了需要了解其应力状况外，还需充分掌握其变形情况。在试验模型上，为反映结构变形特点及位移较大的关键部位，如拱箱、梁箱、支座和系杆处，共布置了 9 个位移传感器，以安全、准确且高效地研究试验模型的位移分布规律与变形特征。

1. 拱座结构的位移对比

各工况下拱座结构各位移测点的试验结果如图 4-84 所示。W1、W2 平行于拱肋方向放置，W3、W4 平行于主梁方向放置，W5、W6 竖直方向放置，W7、W8 水平方向放置，W9 横向放置。以从拱座到跨中为水平位移正向，以从下到上为竖向位移正向。

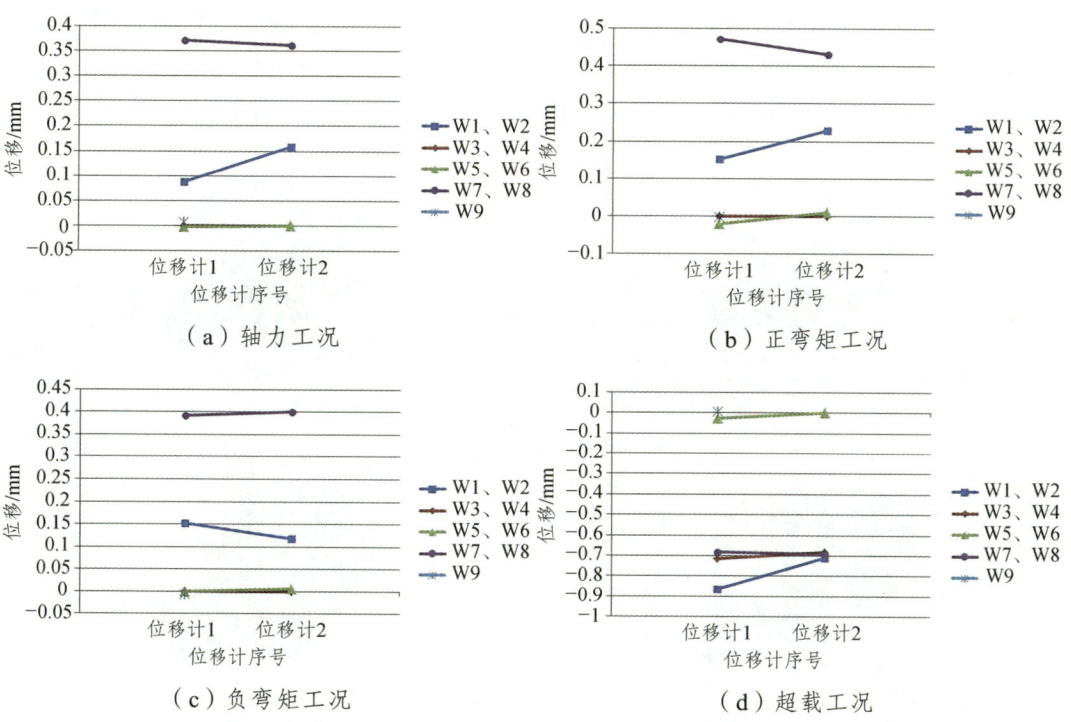

图 4-84 各工况下拱座结构各位移测点的试验结果

由图 4-84 可以看出，各工况下拱脚及拱座的位移非常小，所有测点位置最大位移不超过 0.9 mm。位于拱肋下承板上的 W1、W2 和位于系杆所在拱座端面的 W7、W8 在前三种工况下均为正向位移，在超载工况下均为负向位移。这是因为在前三种工况下，系杆力的作用效应大于拱肋千斤顶荷载的作用效应，导致结构被压紧在反力架上，使得上述各位置均出现正向位移，且呈现出按距离系杆作用的远近，系杆处位移大于拱肋承压板处位移的规律；而在超载情况下，由于梁端锚固在反力架上，拱肋千斤顶荷载的作用效应大于系杆的作用效应，上述各位置则出现负向位移。位于主梁端部的 W3、W4 在前三种工况下位移基本为 0 mm，在超载工况下出现了 0.7 mm 的负位移，说明在超载工况下主梁受拉。各种工况下位于支座附近的 W5、W6 测点位移均在 0 mm 附近，说明支座附近拱座具有足够的刚度。各工况下位于 IP 点横向位移测点 W9 的位移基本为 0 mm，即结构处于平面内受力，没有面外位移。由试验结果可知，各工况下最大压缩量仅为正弯矩工况时的 0.47 mm。综上，拱座结构的位移非常小，结构安全可靠。

图 4-85 给出了在各种工况下拱座位移的理论计算结果。由图 4-85 可以看出，与试验结果一致，拱脚及拱座的位移非常小，前三种工况下结构最大位移仅为 0.67 mm，超载工况下结构最大位移也仅 1.98 mm，且最大位移仅发生在千斤顶加载端。结构在荷载最大的拱肋加载端和拱座系杆锚固端位置处位移最大，然后分别沿各自相邻区域不断较小。各工况下拱肋加载端千斤顶作用位置处位移最大，然后向外向内扩散部位位移次之，到拱肋纵向中央偏下位置位移已有所减小，到拱肋加密区加劲肋以及与其相接触的很小部分混凝土位移达到最小。从拱座系杆锚固截面开始到主梁锚固端位移呈现出逐渐减小的趋势。在超载工况下，由于拱肋加载端荷载巨大，拱脚及拱座各部位位移较其他工况大。综上所述，有限元结果与试验结果一致，也能说明拱脚与拱座结构位移满足要求，结构安全可靠。

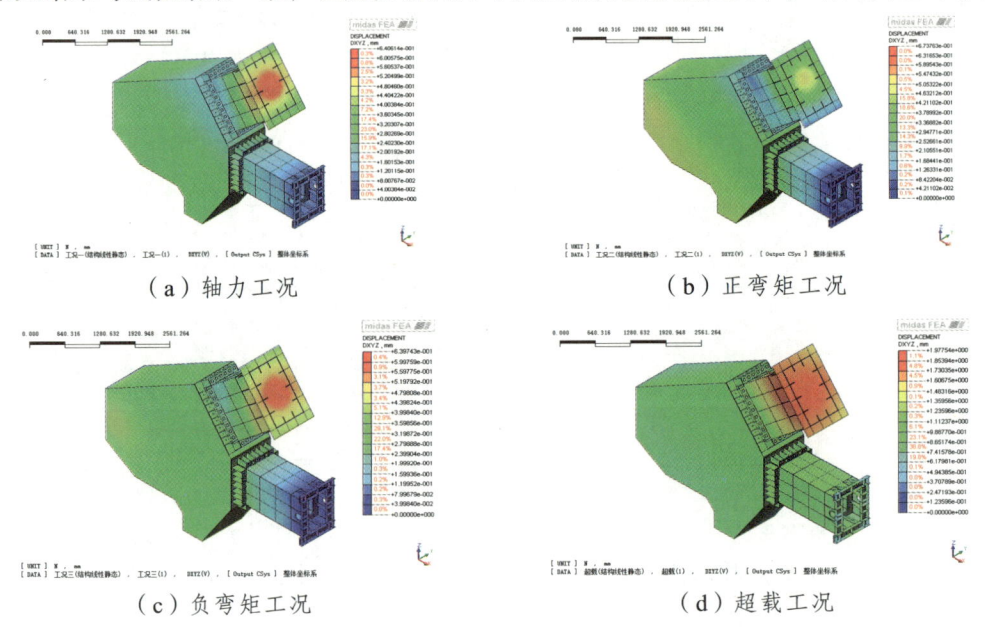

（a）轴力工况　　　　　　　　　（b）正弯矩工况

（c）负弯矩工况　　　　　　　　（d）超载工况

图 4-85　各种工况下拱座位移理论计算结果

2. 理论值与试验值的对比分析

为节省篇幅，仅选取主拱承压板下部位移测点 W2，绘制各工况下有限元结果和试验结果随加载进程的应力对比图，以说明试验与有限元结果的吻合情况以及结构位移的变化趋势。横坐标为阶段加载值与各工况加载最大值的比值。对比结果如图 4-86 所示。

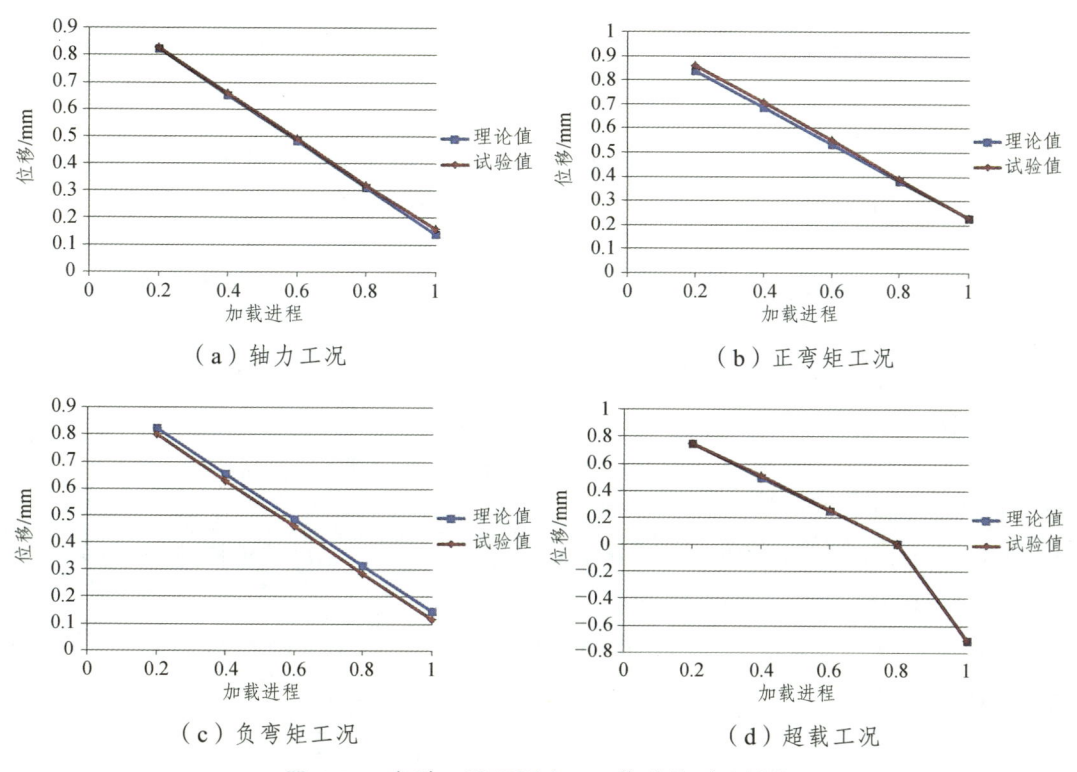

图 4-86　各种工况下测点 W2 位移的对比结果

由图 4-86 可以看出，试验结果与有限元结果整体吻合较好，但在某些位移测点及同一测点的特定加载阶段存在一定误差。这些误差主要源于有限元模型的简化、边界条件处理与实际情况的差异、试验材料的随机性、贴片质量以及采集设备的精度等因素。尽管如此，误差幅度较小，且较大误差测点数量有限，整体符合情况良好。从图中可知，主拱承压板位移测点在前三种工况下的位移随加载进程呈线性变化，表明结构尚未进入塑性变形阶段，材料仍处于弹性状态。在超载工况下，由于主梁端部锚固于刚性反力架上，拱肋水平分荷载超过系杆力，主拱承压板位移方向发生变化，结构位移呈现非线性特征，但位移量较小，结构仍保持安全可靠。

4.4　拱座足尺模型精细有限元分析

通过第 4.3 节拱座钢-混结合段缩尺模型试验与有限元分析的对比，充分验证了采用通用有限元软件 ANSYS 进行精细化有限元分析的可行性与可靠性。本节采用 ANSYS 软件对足尺拱座模型进行有限元分析，并考虑端横梁的影响（第 4.3 节缩尺模型试验未考虑端横梁），以便真实分析结合段的受力性能。针对最大轴力、最大正弯矩及最大负弯矩三种工况进行计算，研究拱座钢-混结合段的传力机理。

4.4.1 有限元模型建立

1. 材料性能

有限元模型采用和实桥相同的材料建立，材料参数采用实际材料参数，钢-混结合段的主要材料包括钢板、混凝土、预应力钢拉杆、PBL 贯通钢筋及 PBL 剪力键，材料参数如下。

钢板：采用 Q345C，弹性模量为 $E=2.06\times10^5$ MPa，泊松比为 $\mu=0.3$，容重 $\gamma=78.50$ kN/m³。

混凝土：采用 C50 混凝土，弹性模量为 $E=3.46\times10^5$ MPa，泊松比为 $\mu=0.2$，容重 $\gamma=26.0$ kN/m³。

预应力钢拉杆：公称直径为 36 mm，弹性模量为 $E=1.95\times10^5$ MPa，泊松比为 $\mu=0.3$，容重 $\gamma=78.50$ kN/m³。

PBL 贯通钢筋：采用 HRB400，弹性模量为 $E=2.0\times10^5$ MPa，泊松比为 $\mu=0.3$，容重 $\gamma=78.50$ kN/m³。

PBL 剪力键：采用 Q345C，弹性模量为 $E=2.06\times10^5$ MPa，泊松比为 $\mu=0.3$，容重 $\gamma=78.50$ kN/m³。

2. 单元类型选取

在采用 ANSYS 建立有限元模型时，为真实模拟钢-混结合段在原桥中的受力情况，需对不同材料的构件采用不同的有限元单元进行模拟。鉴于模型较为复杂，混凝土和钢结构部分应分开建模。由于模型中钢板厚度远小于其长度和宽度，因此选用不计剪切变形的壳单元 Shell63 来模拟钢板，板厚通过实常数设置；混凝土部分则采用实体单元 Solid65 模拟，且不计入普通钢筋；弹性垫块选用实体单元 Solid45 进行模拟；预应力钢拉杆采用杆单元 Link8 模拟，预应力通过赋予杆单元初应变的方式施加，预应力单元节点与混凝土单元节点通过约束方程实现预应力加载；PBL 贯通钢筋采用 Beam188 单元模拟，其单元节点与混凝土的连接通过约束方程实现；PBL 剪力键选用壳单元 Shell63 模拟，与钢板的连接通过共节点实现，与混凝土的连接则通过约束方程完成。

3. 单元网格划分

有限元模型的单元网格划分直接影响计算结果的精度，因此在进行网格划分时应尽可能细致精确。在对模型进行单元划分时，优先采用映射网格划分；当映射网格划分难以实现时，则采用自由网格划分。由于该混结合段模型的构件多为不规则形状，因此混凝土拱座和横梁采用自由网格划分形式，划分为全四面体网格；拱肋和主纵梁则采用自由网格划分方式，划分为全三角形网格。本桥拱座钢-混结合段有限元模型网格划分如图4-87所示。

图 4-87　有限元模型网格划分

4. 荷载及边界条件

主纵梁断面约束所有节点在 X 方向的位移，支座位置则约束所有节点在 Y 方向的位移，并选择其中一点约束其余两个方向的位移；混凝土横梁断面约束所有节点在 Z 方向的位移。拱肋断面的所有节点与断面中间节点耦合，用于施加轴力和弯矩。该模型通过重力加速度来考虑结构的自重。预应力钢绞线施加的预应力采用等效节点力进行替代。为避免应力集中导致不收敛，建立了弹性垫块以施加预应力。模型边界条件如图4-88所示。

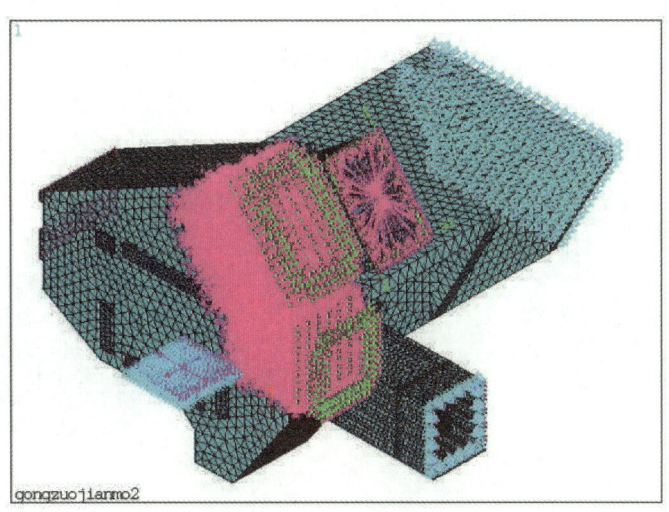

图 4-88　模型边界条件

控制截面各工况的原桥内力见表4-33。

表 4-33　控制截面各工况的原桥内力

工况类型	轴向力/kN	面内弯矩/(kN·m)	偏心距/m
最大轴力	－57 181	703	上偏 0.012
最大正弯矩	－53 235	10 090	上偏 0.190
最大负弯矩	－55 852	－4 734	下偏 0.085

本节针对表 4-33 中的三种工况，对原桥足尺模型的拱座进行了计算。由于计算结果差异较小，下文仅展示最大轴力工况的有限元计算结果。首先，探讨拱座总体应力的分布规律；其次，深入分析钢箱拱肋与钢箱主梁的应力变化机制；接着，研究混凝土拱座的应力分布规律；最后，讨论拱座各构件的变形机理。

4.4.2　总体应力

本节讨论最大轴力工况下拱脚各构件（含拱肋钢箱、主梁钢箱、混凝土拱座，端横梁）的应力及其位移与变形。

由图 4-89 可知，不考虑局部应力集中区域，拱肋钢箱 Von Mises 应力均小于 137.5 MPa。普通段应力分布较均匀，约为 110 MPa；加强段应力明显下降，约为 50 MPa；承压板格构应力最低，约为 20 MPa。拱肋钢箱纵向整体表现出全截面均匀压缩的趋势，应力分布层次分明，过渡平稳。这表明加强段有效起到了应力分散的作用，结构设计合理。由图 4-90 可知，在不考虑局部应力集中区域的情况下，主梁钢箱的 Von Mises 应力整体较拱肋钢箱的应力小。其中，普通段的应力最小，且分布较为均匀；加强段的应力大于普通段，最大应力出现在拉杆锚固板的螺栓孔及加劲肋处；承压板的应力较小。主梁钢箱纵向整体也呈现出全截面均匀压缩的趋势，应力由混凝土向钢箱分层降低，过渡平稳。这进一步表明，加强段在应力分散方面发挥了作用，结构设计合理。

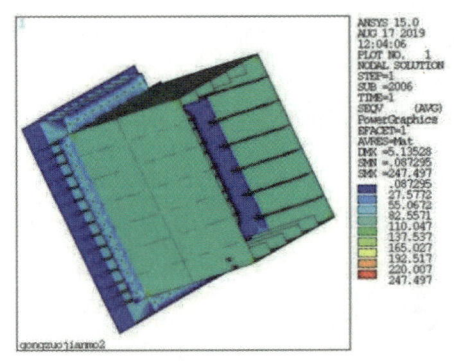

图 4-89　拱肋钢箱 Von-Mises 应力

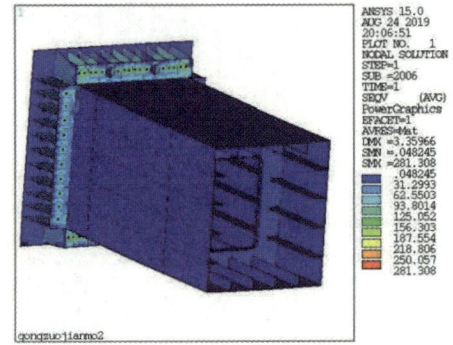

图 4-90　主梁钢箱 Von-Mises 应力

由图 4-91、图 4-92 可知，不考虑局部应力集中区域，拱座总体呈三向受压状态，最大压应力为 －16.9 MPa，小于混凝土的抗压强度。与钢箱拱肋及钢箱主梁的接触面中间，局部出现 1.6 MPa 拉应力，与端横梁交界面局部也出现了 1.6 MPa 拉应力，但均小于 C50 混凝土的抗拉强度，满足强度要求。

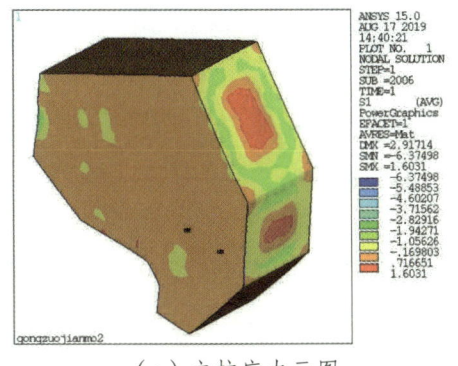（a）主拉应力云图   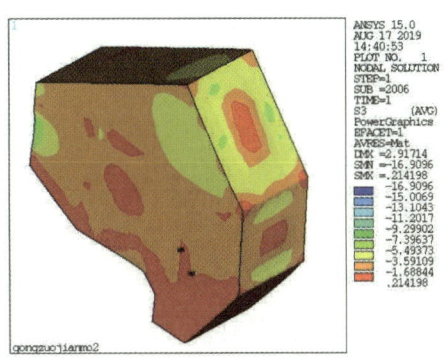（b）主压应力云图

图 4-91　混凝土拱座应力云

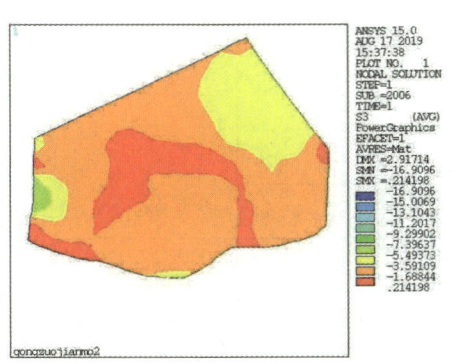（a）主压应力云图   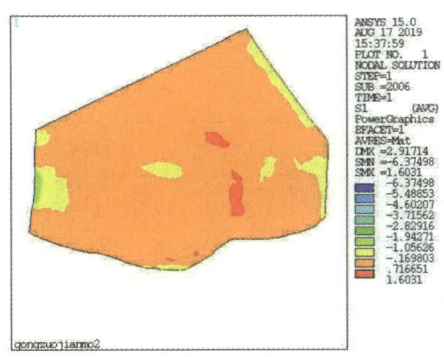（b）主拉应力云图

图 4-92　混凝土横梁与拱座交界面应力云

由图 4-93 可知，混凝土端横梁的总体应力水平较低，最大压应力为 –4.9 MPa，小于 C50 混凝土的抗压强度；最大拉应力为 1.5 MPa，小于 C50 混凝土的抗拉强度，满足强度要求。

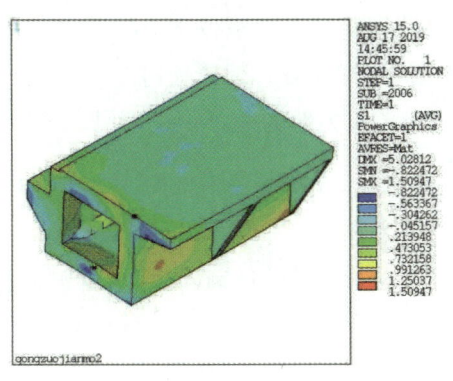（a）主拉应力云图   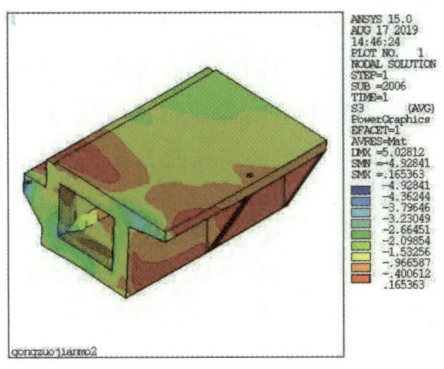（b）主压应力云图

图 4-93　混凝土横梁应力云

综上,拱座各钢、混凝土构件应力均满足强度要求,计算数值与缩尺模型试验数据吻合,结构设计合理,具有足够的安全储备。

4.4.3 拱肋钢箱应力状态

本节分普通段、加强段、钢-混结合段三部分,分别讨论拱肋钢箱应力纵、横向分布规律,探讨拱肋钢箱与混凝土拱座间的传力机理。

1. 拱肋钢箱普通段应力

拱肋钢箱普通段各板应力主要分布范围见表4-34。表中除横隔板为Von Mises应力外,其余均为顺桥向应力。

表4-34 拱肋钢箱普通段各板应力主要分布范围

构件类型	最小应力/MPa	最大应力/MPa	应力集中部位
顶板	-112.1	-91.6	周边四角
底板	-122.9	-91.3	
左腹板	-124.4	-87.6	
右腹板	-112.3	-82.7	
顶板加劲肋	-112.3	-81.7	普通段与加强段相连接部位
底板加劲肋	-111.9	-82.2	
左腹板加劲肋	-111.8	-86.7	
右腹板加劲肋	-120.2	-82.6	
横隔板	1.8	39.0	周边四角

由表4-34可知,拱肋钢箱普通段顶板、底板、腹板及其加劲肋顺桥向应力分布较均匀,且数值相近,约为-110 MPa。由此可知,拱肋钢箱各纵向板件均为拱肋轴力的主要传力构件;拱肋钢箱普通段应力集中主要出现在周边四角处,建议通过合理构造,避免该处应力集中的出现;横隔板受力较小,Von Mises应力约为30 MPa,为非主要受力构件,其主要对拱肋钢箱起加强面外稳定的作用。

2. 拱肋钢箱加强段应力

拱肋钢箱加强段各板主要应力分布范围见表4-35。表中除拉杆锚固板、承压板为Von Mises应力外,其余均为顺桥向应力。

表 4-35 拱肋钢箱加强段各板主要应力分布范围

构件类型	最小应力/MPa	最大应力/MPa	应力集中部位
顶板	-94.1	-59.6	
底板	-80.5	-48.6	
左侧腹板	-91.8	-49.6	角点位置
右侧腹板	-94.0	-51.7	刚度突变部位
顶板内加劲肋	-126.1	-51.1	
底板内加劲肋	-81.4	-18.5	
左腹板内加劲肋	-116.4	45.0	
右腹板内加劲肋	-85.4	-3.7	
顶板外加劲肋	-127.3	-29.2	角点位置
底板外加劲肋	-72.3	-8.5	刚度突变部位
左腹板外加劲肋	-127.5	-28.4	
右腹板外加劲肋	-72.5	-21.0	
拉杆锚固板	0.5	137.7	螺栓孔附近
承压板	0.1	45.9	加劲肋附近

由表 4-35 可知，拱肋钢箱加强段顶板、底板、腹板及其加劲肋顺桥向应力分布较均匀，约为 -90 MPa，较普通段有所下降。这表明，加强段通过增加加劲肋面积有效降低了钢板应力，效果显著。加强段的应力集中现象仍主要出现在四角及刚度突变部位，建议通过合理构造设计，避免应力集中。此外，由于锚固端密集，拉杆锚固板局部承压较大，在螺栓孔及加劲肋处的 Von Mises 应力较高，需充分考虑降低局部应力的措施，如适当增加板厚。承压板受力较小，Von Mises 应力约为 20 MPa，受力安全。

3. 拱肋钢-混结合段应力

拱肋钢箱钢-混结合段 PBL 开孔板、PBL 贯通钢筋、钢拉杆的应力如图 4-94~图 4-97 所示。

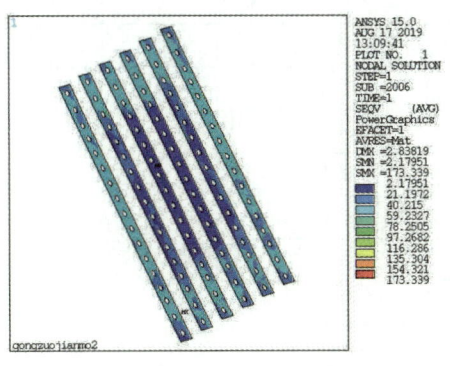

图 4-94 PBL 开孔板 Von Mises 应力

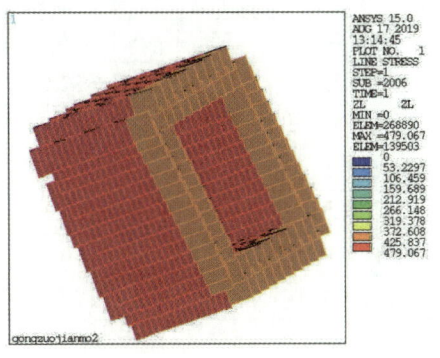

图 4-95 预应力钢拉杆轴向应力

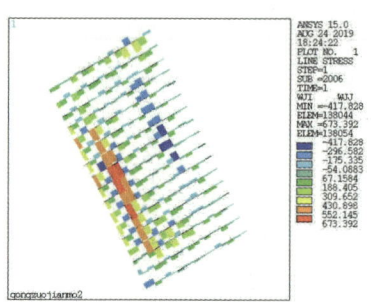

图 4-96 PBL 贯通钢筋剪应力

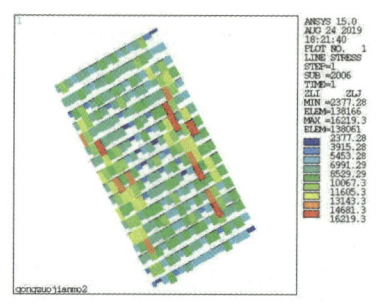

图 4-97 PBL 贯通钢筋轴应力

由图 4-94 可知，拱肋钢箱钢-混结合段 PBL 开孔板 Von Mises 应力主要分布范围主要为 2.2 ~ 21.2 MPa，应力分布规律为中间小，四周大。这是因为四周由钢箱顶板、底板、腹板传来的力较大，而中间主要是通过承压板传力，力较小。PBL 开孔板的应力明显高于混凝土拱座应力，说明 PBL 开孔板将以剪力的形式继续将来自承压板的应力继续向混凝土拱座传递。其中，PBL 开孔板应力集中区域主要分布在螺栓孔附近位置。由图 4-95 可知，钢拉杆由于施加了预应力，而受轴向拉力。由图 4-96、图 4-97 可知，PBL 贯通钢筋有内力产生，说明 PBL 贯通钢筋也参与了传力。

综上，剪力键（PBL 开孔板、PBL 贯通钢筋）通过传递剪力能将钢与混凝土有效紧密地结合在一起，防止二者的剥离。

4.4.4 主梁钢箱应力状态

本小节分普通段、加强段、钢-混结合段三部分，分别讨论主梁钢箱应力纵、横向的分布规律，探讨主梁钢箱与混凝土拱座间的传力机理。

1. 主梁钢箱普通段应力

主梁钢箱普通段各板主要应力分布范围见表 4-36。表中除横隔板为 Von Mises 应力外，其余均为顺桥向应力。

表 4-36 主梁钢箱普通段各板主要应力分布范围

构件类型	最小应力/MPa	最大应力/MPa	应力集中部位
顶板	-32.0	-7.2	
底板	-22.9	3.4	
左腹板	-33.0	-0.7	
右腹板	-37.1	-4.3	角点位置
顶板加劲肋	-30.0	1.4	与加强段交界位置
底板加劲肋	-27.5	2.3	
左腹板加劲肋	-38.0	1.6	
右腹板加劲肋	-30.3	-1.2	
横隔板	0.1	12.7	—

由表 4-36 可知，拱肋钢箱普通段顶板、底板、腹板及其加劲肋顺桥向应力分布较均匀，且数值相近，约为 – 30 MPa。由此可见，拱肋钢箱的各纵向板件均为拱肋轴力的主要传力构件。拱肋钢箱普通段各构件的应力集中主要出现在同一截面，即与钢拉杆锚固板的交界面，建议通过合理设计普通段与加强段的连接界面，以避免该处出现较大的应力集中。此外，横隔板受力较小，Von Mises 应力平均约为 10 MPa，为非主要受力构件，主要对拱肋钢箱起加强面外稳定的作用。

2. 主梁钢箱加强段应力

主梁钢箱加强段各板主要应力分布范围见表 4-37。表中除拉杆锚固板、承压板为 Von Mises 应力外，其余均为顺桥向应力。

表 4-37　主梁钢箱加强段各板主要应力分布范围

构件类型	最小应力/MPa	最大应力/MPa	应力集中部位
顶板	– 62.1	– 42.2	边角处
底板	– 70.4	– 6.1	
左侧腹板	– 71.7	– 12.8	
右侧腹板	– 55.4	– 15.6	
顶板内加劲肋	– 87.0	– 48.6	
底板内加劲肋	– 87.4	– 20.1	
左腹板内加劲肋	– 90.4	– 35.5	
右腹板内加劲肋	– 87.2	– 21.5	
顶板外加劲肋	– 75.6	– 10.5	
底板外加劲肋	– 75.2	– 10.4	
左腹板外加劲肋	– 82.4	– 10.4	
右腹板外加劲肋	– 82.1	– 19.2	
钢拉杆锚固板	0.6	187.7	螺栓孔附近
承压板	0.05	31.5	加劲肋附近

由表 4-37 可知，主梁钢箱加强段顶、底、腹板及其加劲肋顺桥向应力分布较均匀，平均约为 – 55 MPa，比普通段压应力有所增加，这主要是钢拉杆锚固力引起的。加强段应力集中仍然主要出现在四角及刚度突变部位，建议通过合理构造，避免出现应力集中现象。此外，由于锚固端密集，拉杆锚固板局部承压大，在螺栓孔、加劲肋处的 Von Mises

应力比较大，需充分考虑降低局部应力的措施，如适当增加板厚。承压板受力较小，Von Mises 应力平均约为 20 MPa，受力安全。

3. 主梁钢-混结合段应力

主梁钢-混结合段应力如图 4-98～图 4-101 所示。

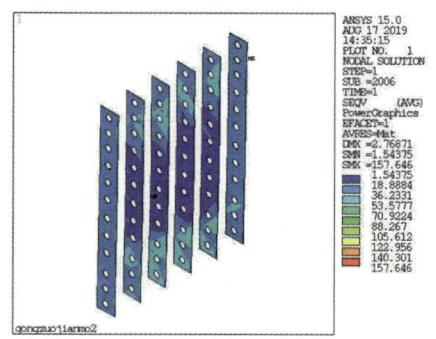

图 4-98　PBL 开孔板 Von-Mises 应力

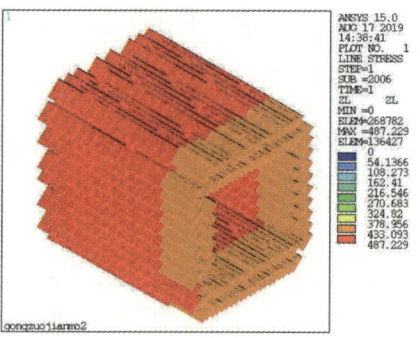

图 4-99　预应力钢拉杆轴向应力

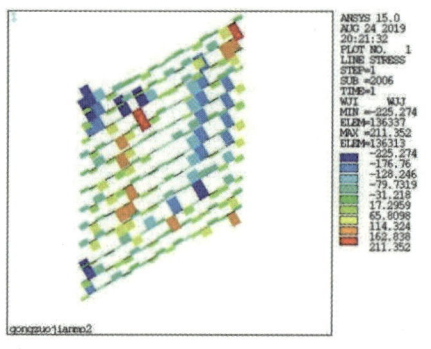

图 4-100　PBL 贯通钢筋剪力

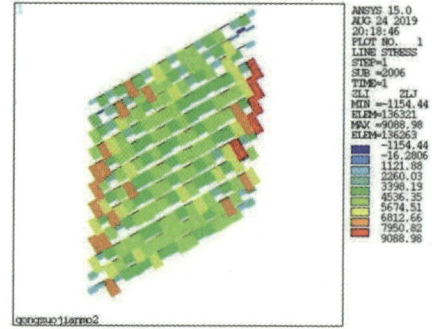

图 4-101　PBL 贯通钢筋轴力

由图 4-98 可知，拱肋钢箱钢-混结合段 PBL 开孔板 Von Mises 应力主要分布范围主要为 1.5～53.6 MPa，应力分布规律为中间小、四周大。这是因为四周由钢箱顶、底、腹板传来的力较大，而中间主要是通过承压板传力，力较小。PBL 开孔板的应力明显高于混凝土拱座应力，说明 PBL 开孔板将以剪力的形式继续将来自承压板的应力继续向混凝土拱座传递。其中，PBL 开孔板应力集中区域主要分布在螺栓孔附近位置。由图 4-99 可知，钢拉杆由于施加了预应力，而受轴向拉力作用。由图 4-100、图 4-101 可知，PBL 贯通钢筋有内力产生，说明 PBL 贯通钢筋也参与了传力。综上，剪力键（PBL 开孔板、PBL 贯通钢筋）通过传递剪力的形式，能将钢与混凝土有效紧密地结合在一起，防止二者的剥离。

4.4.5 混凝土拱座应力状态

在混凝土拱座内部，分别选取距离承压板 0 m、0.18 m、0.78 m、1.38 m、3.28 m 的 5 个截面，其应力云图如图 4-102~图 4-111 所示。

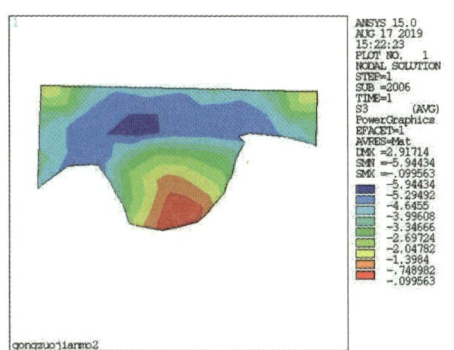

图 4-102　距承压板 0 m 主压应力

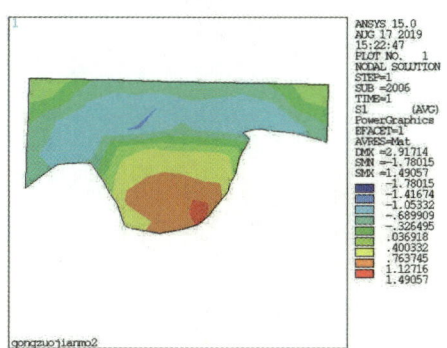
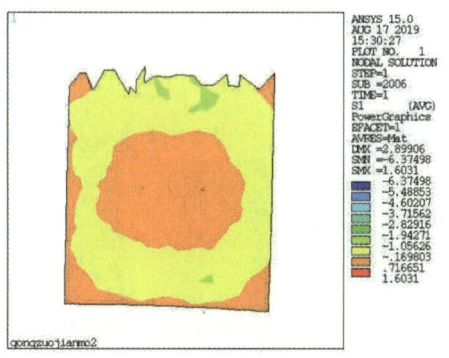

图 4-103　距承压板 0 m 主拉应力

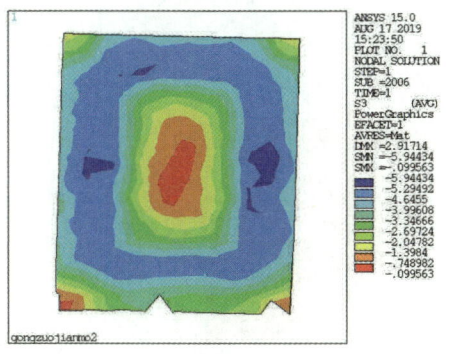
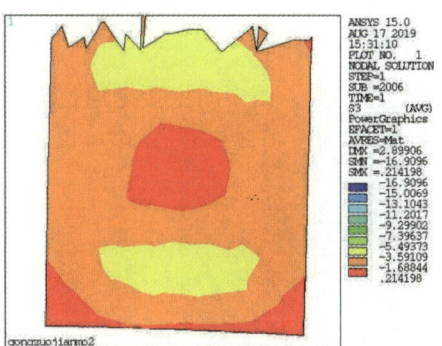

图 4-104　距承压板 0.18 m 主压应力

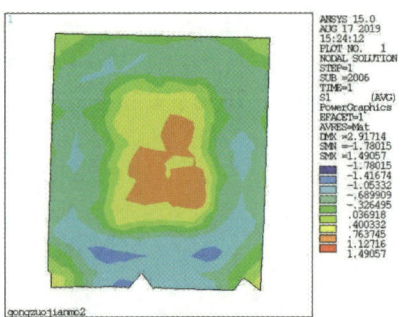 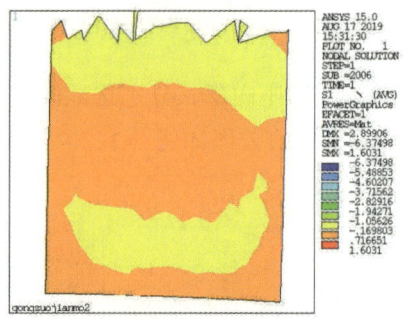

图 4-105　距承压板 0.18 m 主拉应力

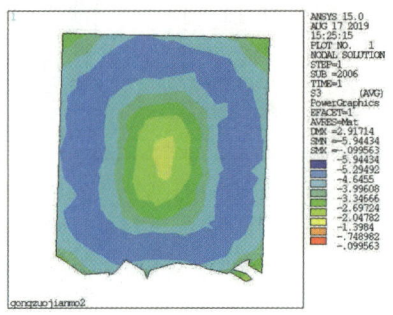 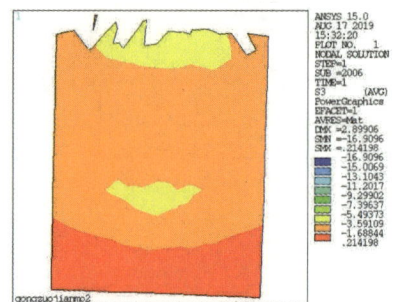

图 4-106　距承压板 0.78 m 主拉应力

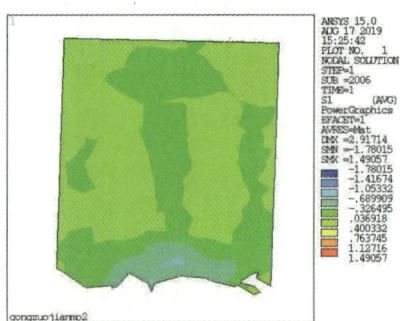 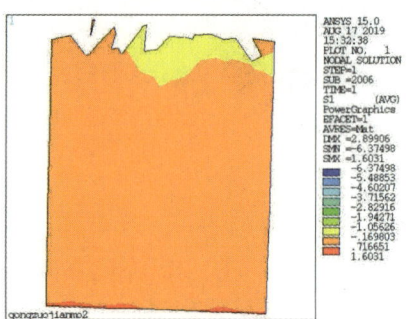

图 4-107　距承压板 0.78 m 主拉应力

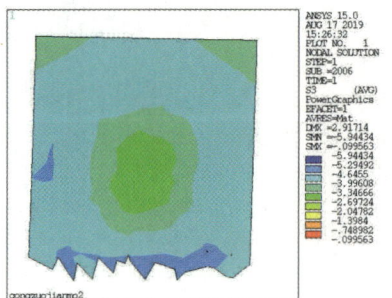 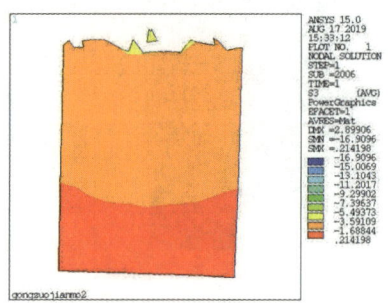

图 4-108　距承压板 1.38 m 主压应力

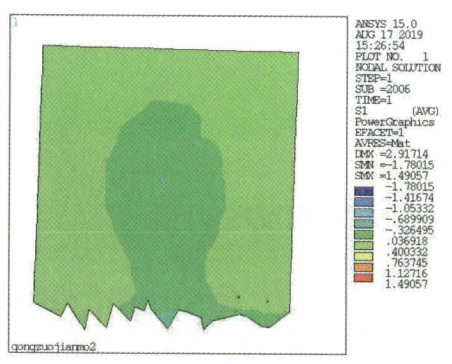
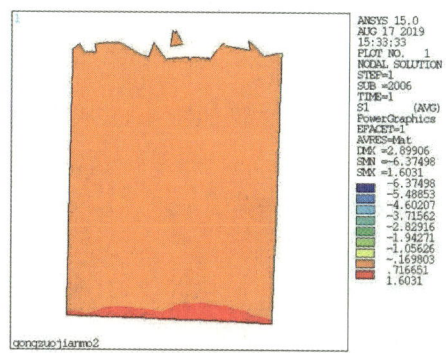

图 4-109　距承压板 1.38 m 主拉应力

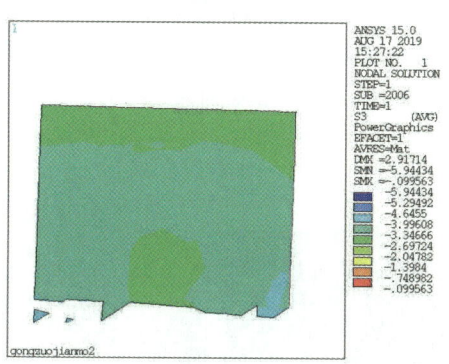
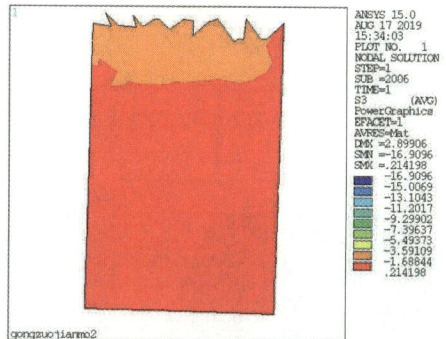

图 4-110　距承压板 3.28 m 主压应力

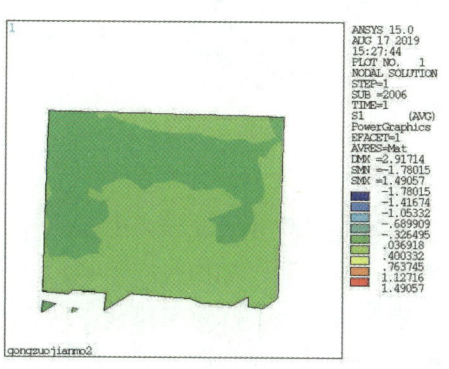
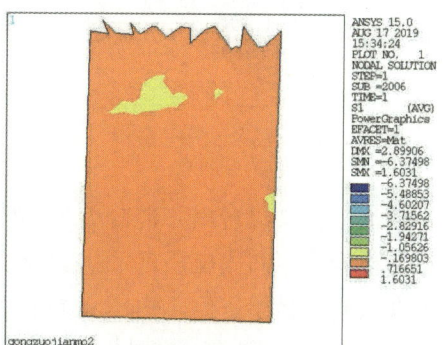

图 4-111　距承压板 3.28 m 主拉应力

混凝土拱座在承压板截面的应力分布呈现以下规律：横向分布以截面中心为圆心，由内而外，应力先增大后减小，并在与钢箱顶板、底板、腹板对应的位置达到最大值，随后向外逐渐减小；纵向分布则表现为由承压板向混凝土内部应力逐渐减小并趋于均匀。

4.4.6　位移与变形状态

本节分别给出混凝土拱座、混凝土端横梁、拱肋钢箱、主梁钢箱的变形与位移云图，分析拱座各构件的位移与变形规律。

1. 混凝土拱座的变形

混凝土拱座的变形如图 4-112~图 4-115 所示。

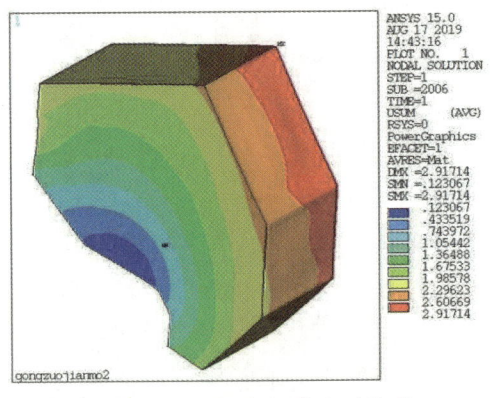

图 4-112 混凝土拱座总位移

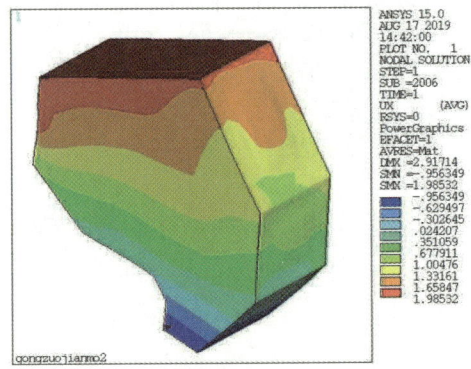

图 4-113 混凝土拱座顺桥向位移

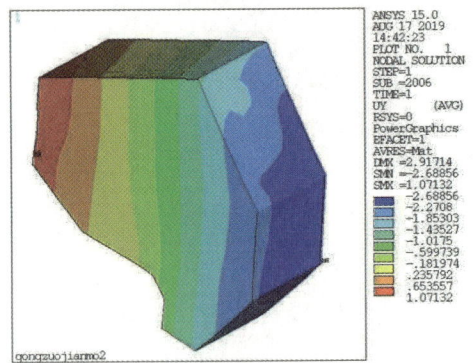

图 4-114 混凝土拱座竖向位移

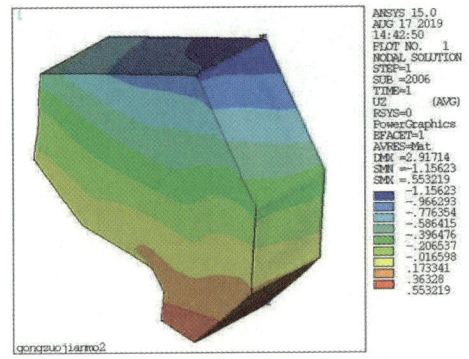

图 4-115 混凝土拱座横向位移

由图 4-112 可以看出，混凝土拱座的总位移变化规律表现为以支座为中心的转动，最大位移出现在距离支座最远的拱肋及主梁承压板处；受混凝土端横梁的影响，最大位移发生在偏向端横梁一侧。由图 4-113 可以看出，混凝土拱座的顺桥向位移零点位于支座处，支座以上位移指向跨中，主梁处的平均顺桥向位移约为 0.7 mm，拱肋处约为 1.3 mm；支座以下部分位移则指向跨外，这一规律与拱座总位移变化规律相一致。由图 4-114 可以看出，混凝土拱座的竖向位移零点同样位于支座处，支座以右位移向下，距离支点最远的承压板截面竖向位移最大，为 -2.7 mm；支座以左位移向上，距离支点最远的系杆锚固端截面竖向位移最大，为 1.1 mm，此规律与拱座总位移变化规律相一致。由图 4-115 可知，混凝土拱座的横桥向位移零点也位于支座处，受端横梁的影响，支座以上位移偏向端横梁，距离支座最远的拱座顶面横向位移最大，为 -1.2 mm。

混凝土拱座位移范围见表 4-38。

表 4-38 混凝土拱座位移范围　　　　　　　　　　　单位：mm

总位移		顺桥向		竖向		横向	
最小值	最大值	最小值	最大值	最小值	最大值	最小值	最大值
0.1	2.9	−1.0	2.0	1.1	−2.7	0.6	−1.2

2. 混凝土端横梁的变形

混凝土端横梁的变形如图 4-116～图 4-119 所示。

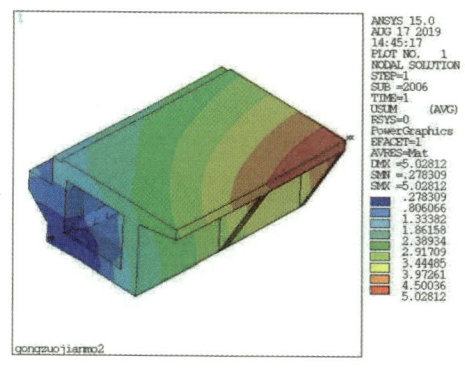

图 4-116 混凝土横梁总位移

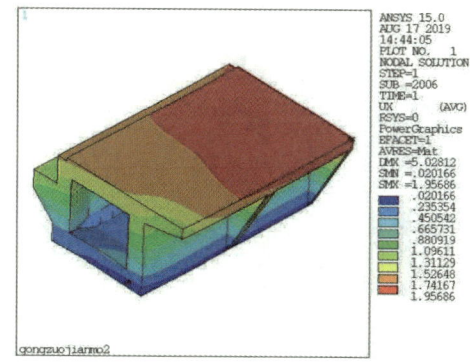

图 4-117 混凝土横梁顺桥向位移

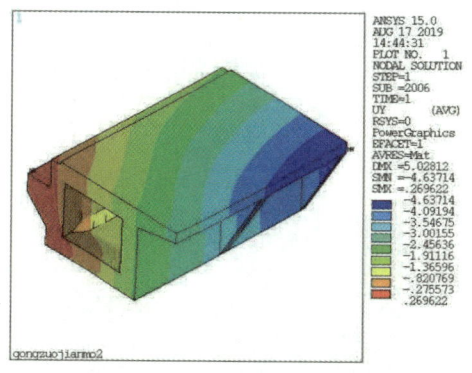

图 4-118 混凝土横梁竖向位移

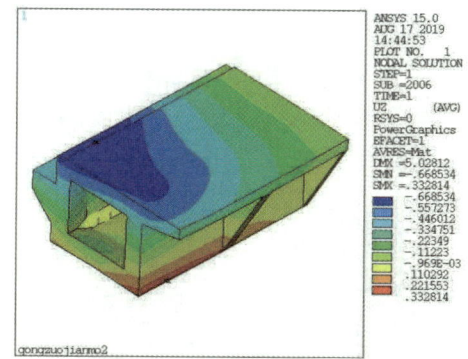

图 4-119 混凝土横梁横桥向位移

由图 4-116 可以看出，混凝土横梁的总位移变化规律表现为靠近混凝土拱座端位移较小，端横梁跨中位移最大，达到 5 mm。由图 4-117 可以看出，混凝土端横梁的顺桥向位移下小、上大，主要是与拱座纵向位移协调的结果，最大值为 2.0 mm，发生在横梁上翼缘靠近中部位置。由图 4-118 可以看出，混凝土端横梁竖向位移的变化规律及数值与总位移十分相似，说明总位移中，竖向位移比重最大，即总位移主要就是竖向位移。由图 4-119 可以看出，混凝土端横梁的横桥向位移较小，最大值为 −0.7 mm，发生在横梁上翼缘靠近拱座位置，主要是由横梁预应力引起。

混凝土横梁位移范围见表 4-39。

表 4-39 混凝土横梁位移范围 单位：mm

总位移		顺桥向		竖向		横向	
最小值	最大值	最小值	最大值	最小值	最大值	最小值	最大值
0.3	5.0	0.02	2.0	0.3	-4.6	0.3	-0.7

3. 拱肋钢箱的变形

拱肋钢箱的变形如图 4-120 ~ 图 4-128 所示。

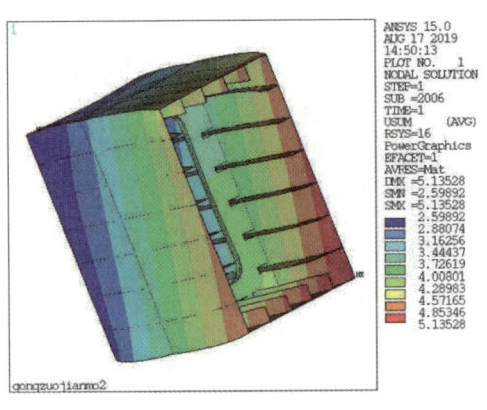

图 4-120 拱肋普通段钢箱总位移

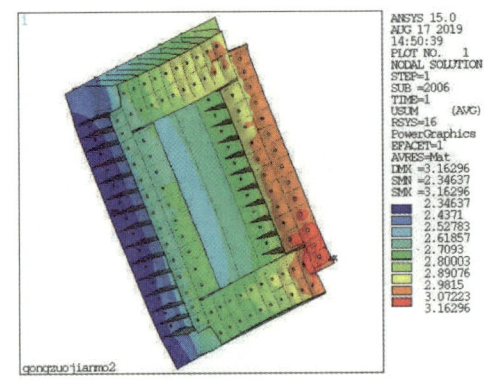

图 4-121 拱肋加强段钢箱总位移

根据圣维南原理，不讨论横隔板与加载端区段的位移。从图 4-120 可以看出，普通段总位移为 2.6 ~ 3.2 mm。由图 4-121 可以看出，加强段总位移为 2.3 ~ 3.2 mm，其中，钢拉杆锚固板总位移最大，这是由于板应力较大。

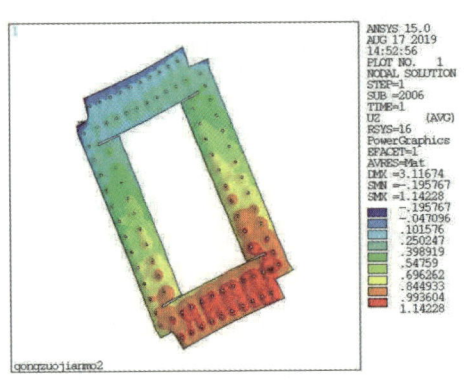

图 4-122 拱肋拉杆锚固板法向变形

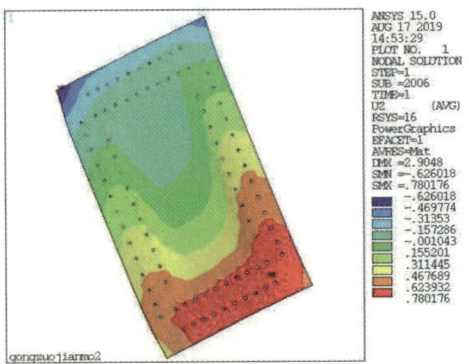

图 4-123 拱肋承压板法向变形

从图 4-122 可以看出，拱肋拉杆锚固板由于受压，绝大多数法向位移指向拱座方向，仅在上侧翼缘有少许上翘。法向位移分布规律为上小、下大，最大值为 1.1 mm，出现在下侧翼缘位置。由图 4-123 可知，拱肋承压板法向位移分布规律与拉杆锚固板法向位移相同，即上小、下大，最大值为 0.8 mm，最大位移发生在下侧位置。

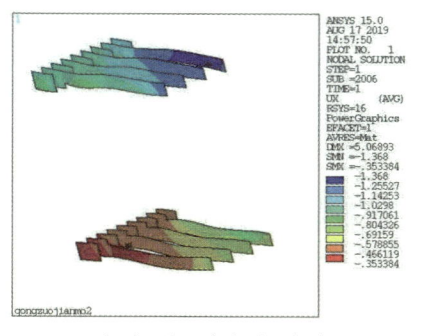
(a)顶、底板加劲肋

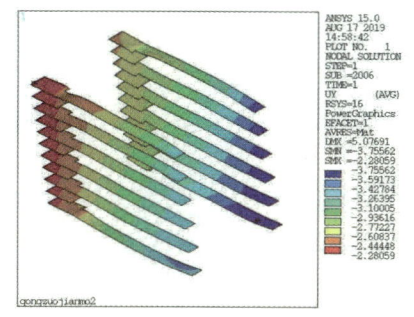
(b)左、右腹板加劲肋

图 4-124　拱肋钢箱内加劲肋法向变形

根据圣维南原理，不讨论横隔板与加载端区段的位移。从图 4-124 可以看出，顶、底板内加劲肋法向位移不大。左、右腹板内加劲肋法向位移较大，最大值为 –3.1 mm，这主要是由钢箱拱肋的刚体位移引起的。加劲肋横向变形的总体规律表现为加强段的变形小于普通段的变形，这主要是受约束条件的影响。

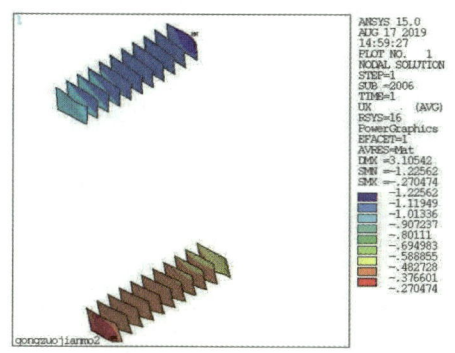
(a)顶、底板加劲肋

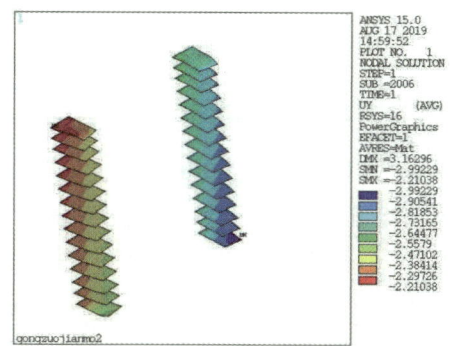
(b)左、右腹板加劲肋

图 4-125　拱肋钢箱外加劲肋法向变形

从图 4-125 可以看出，拱肋钢箱顶、底外加劲肋，左、右腹板外加劲肋的横向位移的最大值均发生在两侧，共 8 块加劲肋处，此 8 块加劲肋受力也最大。

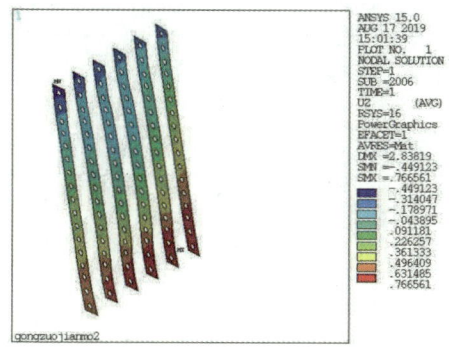

图 4-126　拱肋 PBL 开孔板拱轴向变形

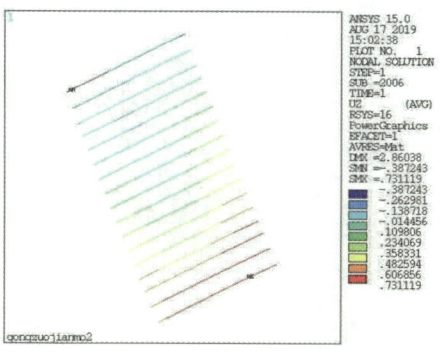

图 4-127　拱肋 PBL 贯通钢筋横向变形

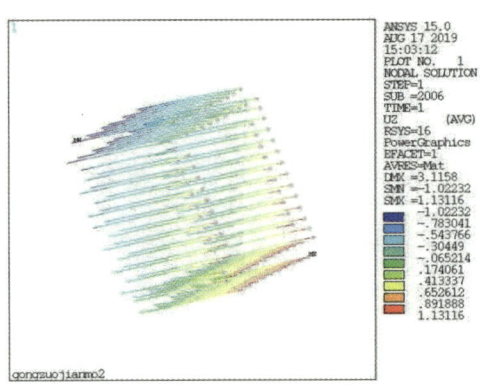

图 4-128　拱肋预应力钢拉杆轴向变形

从图 4-126 可以看出，拱肋 PBL 开孔板拱轴向位移最大值为 0.8 mm，最大位移发生在下侧的角点位置。从图 4-127 可以看出，拱肋 PBL 贯通钢筋横向位移最大值为 0.7 mm，最大位移发生在最下排钢筋位置。从图 4-128 可以看出，拱肋预应力钢拉杆轴向位移最大值为 1.1 mm，最大位移发生在最下两层靠近拉杆锚固板钢筋的位置。

拱肋钢箱变形范围见表 4-40。

表 4-40　拱肋钢箱变形范围

构件类型	位移方向	位移数值/mm	
		最小值	最大值
普通段钢箱	总位移	2.6	3.2
加强段钢箱		2.3	3.2
普通段顶、底板内加劲肋	横向	−0.8	−0.5
加强段顶、底板内加劲肋		−0.7	−0.4
普通段左、右腹板内加劲肋	横向	−3.1	−2.4
加强段左、右腹板内加劲肋		−2.4	−2.3
加强段顶、底板外加劲肋	横向	−1.2	−0.3
加强段左、右腹板外加劲肋		−3.0	−2.2
拉杆锚固板	法向	−0.2	1.1
承压板		−0.6	0.8
PBL 开孔板	拱轴向	−0.4	0.8
PBL 贯通钢筋	横向	−0.4	0.7
预应力钢拉杆	轴向	−1.0	1.1

4. 主梁钢箱的变形

主梁钢箱的变形如图 4-129～图 4-137 所示。

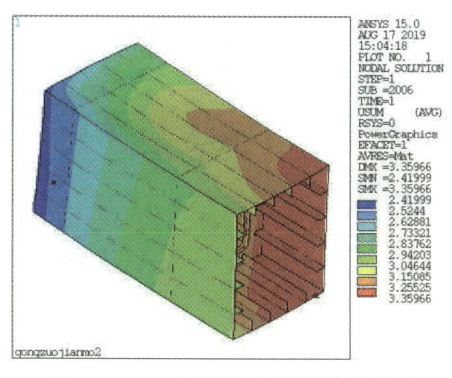
图 4-129　主梁普通段钢箱总位移

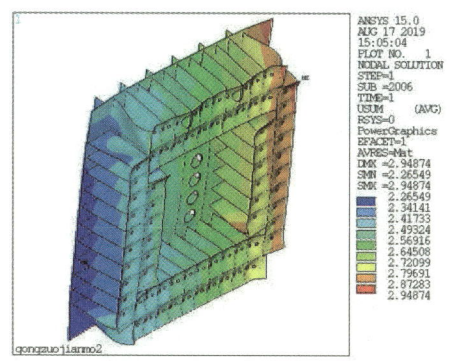
图 4-130　主梁加强段钢箱总位移

根据圣维南原理，不讨论右侧横隔板与加载端区段的位移。由图 4-129 可知，普通段总位移 2.4～3.2 mm。由图 4-130 可知，加强段总位移为 2.3～3.0 mm。

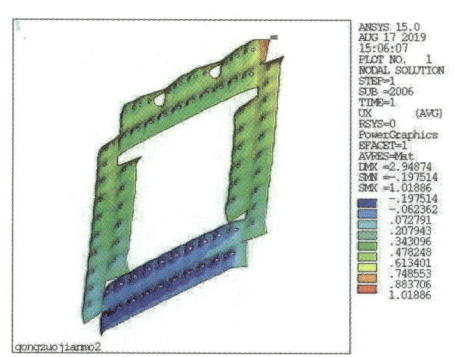
图 4-131　主梁拉杆锚固板法向变形

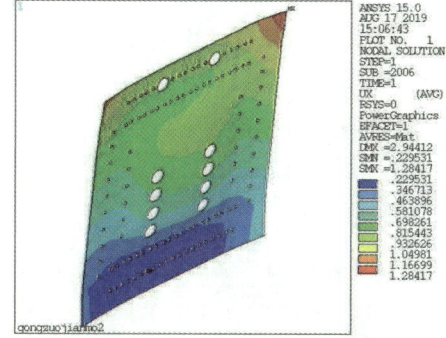
图 4-132　主梁承压板法向变形

从图 4-131 可以看出，主梁拉杆锚固板法向位移在角点处均有不同程度的上翘。法向位移分布规律与拱肋钢箱拉杆锚固板相反，为上大、下小，最大值为 1.0 mm，出现在上侧翼缘角点位置。从图 4-132 可以看出，主梁承压板法向位移分布规律与拉杆锚固板法向位移相同，即上大、下小，最大值为 1.3 mm，发生在右上角位置。

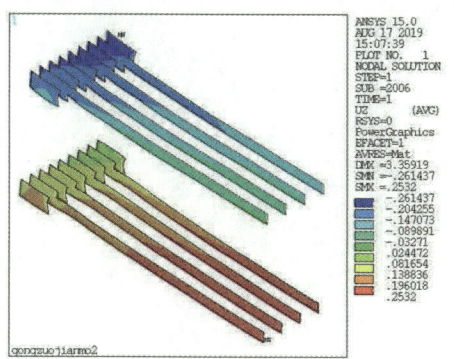

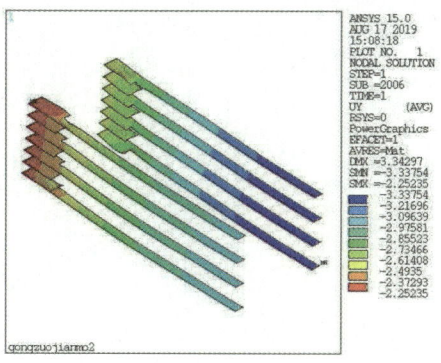

图 4-133　主梁钢箱内加劲肋横向变形

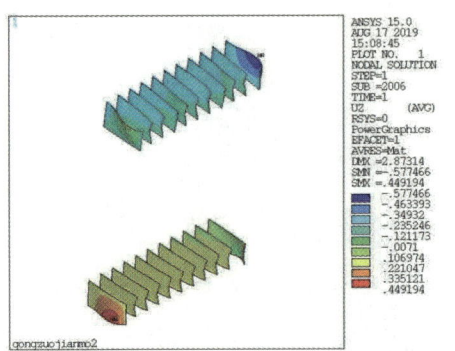
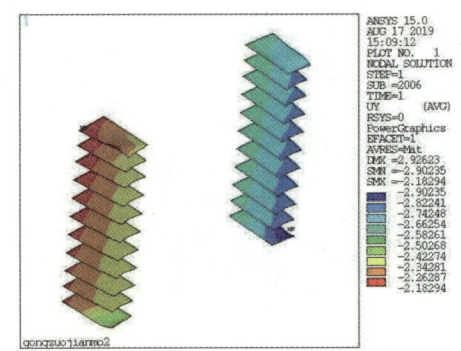

图 4-134　主梁钢箱外加劲肋横向变形

根据圣维南原理，不讨论横隔板与加载端区段的位移。从图 4-133 可以看出，顶、底板内加劲肋法向位移不大。左、右腹板内加劲肋法向位移较大，最大值为 -3.1 mm，这主要是由钢箱拱肋的刚体位移引起的。加劲肋横向变形的总体规律表现为加强段的变形小于普通段的变形，这主要是受约束条件的影响。从图 4-134 可以看出，拱肋钢箱顶、底外加劲肋，左、右腹板外加劲肋的横向位移的最大值均发生在两侧，共 8 块加劲肋处，此 8 块加劲肋受力也最大。

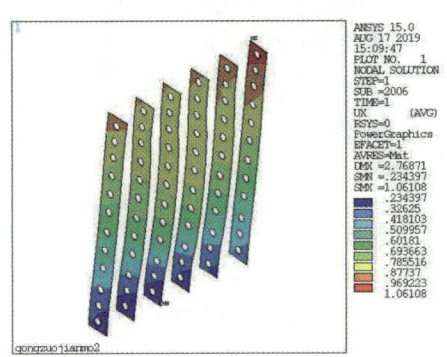
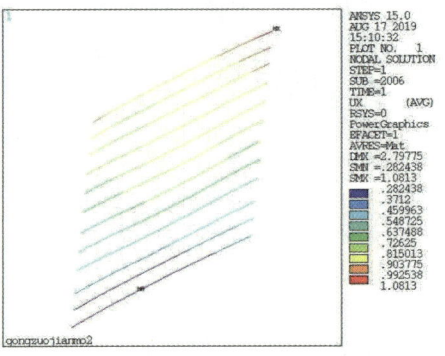

图 4-135　主梁 PBL 开孔板横向变形　　图 4-136　主梁 PBL 贯通钢筋横向变形

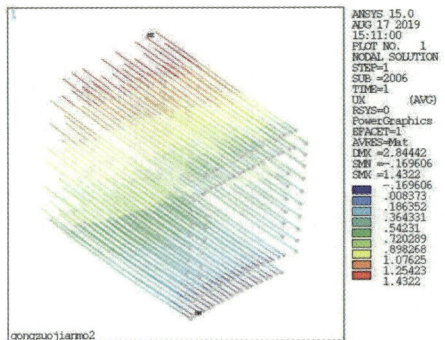

图 4-137　主梁预应力钢拉杆轴向变形

从图 4-135 可以看出,主梁 PBL 开孔板横向位移最大值为 1.1 mm,最大位移发生在右侧靠近上侧的角点位置。从图 4-136 可以看出,主梁 PBL 贯通钢筋横向位移最大值为 1.1 mm,最大位移发生在最上排钢筋右侧位置。从图 4-137 可以看出,主梁预应力钢拉杆轴向位移最大值为 1.4 mm,发生在最上两层钢筋的端部位置。

主梁钢箱变形范围见表 4-41。

表 4-41　主梁钢箱变形范围

构件类型	位移方向	位移数值/mm	
		最小值	最大值
普通段钢箱	总位移	2.4	3.2
加强段钢箱		2.3	3.0
普通段顶、底板内加劲肋	横向	−0.2	0.2
加强段顶、底板内加劲肋		−0.3	0.2
普通段左、右腹板内加劲肋	横向	−3.1	−2.5
加强段左、右腹板内加劲肋		−2.5	−2.3
加强段顶、底板外加劲肋	横向	−0.6	0.5
加强段左、右腹板外加劲肋		−3.0	−2.2
拉杆锚固板	法向	−0.2	1.1
承压板		0.2	1.1
PBL 开孔板	拱轴向	0.2	1.1
PBL 贯通钢筋	横向	0.3	1.1
预应力钢拉杆	轴向	−0.2	1.4

4.5　小　结

本章通过模型试验与有限元分析相结合的方法,对金鸡达旦河大桥拱脚钢-混结合段的力学行为进行了研究,分析了拱脚各构件的应力与位移分布规律,并评估了节点设计的安全性与构造的合理性。主要结论如下:

(1)模型试验结果与模型及原型的有限元计算结果均表明:拱脚各构件的 Von Mises 应力呈分层变化,过渡平稳,应力均满足规范要求,安全可靠。其中,拱肋钢箱应力最大,大部分在 150 MPa 以下;主梁钢箱应力次之,大部分在 70 MPa 以下;混凝土拱座应力最小,基本在 5 MPa 以下。

(2)拱肋钢箱轴向应力分布规律:自加载端至混凝土端,拱肋钢箱的轴向压应力呈单调递减趋势。其中,普通段根部压应力最大(前三个工况约为 −100 MPa,超载工况约为 −150 MPa);加强段锚固板侧压应力有所降低,这是两种效应叠加的结果(一是加劲肋数量增加导致应力降低，二是钢拉杆锚固力使应力增加）；加强段承压板侧应力再次降低，这得益于梯形加劲肋的作用。

（3）主梁钢箱轴向应力分布规律：自锚固端至混凝土端，主梁轴向压应力先增后减，普通段应力最小，至加强段锚固板侧压应力增加，这是因为钢拉杆锚固产生的压应力大于因加劲肋数量增多而降低的应力；至加强段承压板侧应力有所减小，这是由加劲肋截面增加而导致的。在超载工况下，主梁钢箱普通段轴向应力出现约 25 MPa 的拉应力，说明此时支座外移，主梁钢箱受拉。建议采用适当的施工措施，以便保证主梁钢拉杆的锚固，并严格限制桥梁的通行荷载，避免车辆超载情况出现。

（4）混凝土拱座应力分布规律：混凝土横向应力由中心向四周应力逐渐增大；混凝土纵向应力自承压板至混凝土端，周边应力缓慢降低，混凝土中心应力则有所增加，整体应力趋于均匀。

（5）混凝土拱座总体呈三向受压状态，大部分应力小于 – 5 MPa，最大压应力为 – 16.9 MPa，小于混凝土的抗压强度。与钢箱拱肋及钢箱主梁的接触面中间及与端横梁交界面，均出现局部 1.6 MPa 拉应力，但均小于 C50 混凝土的抗拉强度，满足强度要求。

（6）钢拉杆锚固板主应力小于 150 MPa，主要由钢拉杆锚固力引起；承压板主应力小于 – 30 MPa；拱肋 PBL 开孔板应力小于 – 18 MPa，由于 PBL 剪力键的应力明显大于混凝土应力，这充分说明，剪力键在连接两种不同材料时起到了关键作用。

（7）混凝土端横梁的总体应力水平较低，最大压应力为 – 4.9 MPa，小于 C50 混凝土的抗压强度；最大拉应力为 1.5 MPa，小于 C50 混凝土的抗拉强度，满足强度要求。

（8）混凝土拱座总位移变化规律表现为以支座为中心的转动。混凝土横梁总的位移变化规律表现为靠近混凝土拱座端位移较小，端横梁跨中位移最大。拱肋钢箱、主梁钢箱的位移均小于 3.2 mm。

（9）试验及有限元计算均表明，金鸡达旦河大桥拱脚应力能满足规范要求。拱脚受力合理、传力顺畅、应力水平低，安全可靠。

第5章 山区强风作用下大跨径钢箱系杆拱桥先拱后梁施工关键技术

本章以金鸡达旦河大桥在强风作用下的先拱后梁施工关键技术作为研究对象，综合运用结构分析理论、极限状态设计、三维数值模拟方法及物理模型试验技术，深入揭示高烈度近场强震区大跨下承式钢箱系杆拱桥的受力特征，并提出相应的设计方法与优化技术。通过监控检测设备对桥梁架设安装过程中的受力情况进行实时分析，结合先进工法与优异工艺，提出适用于干热河谷地带强阵风季风作用下的施工工法。同时，充分利用预制拼装的优势，有效缩短建设周期，为今后类似工程提供宝贵经验。

▶ 5.1 钢箱系杆拱桥总体计算与安装方案

5.1.1 研究意义

金鸡达旦河大桥是一座主跨跨径为 265 m 的下承式预应力钢索钢箱系杆拱桥，其跨径为目前国内同类型桥梁之最。该桥内部为超静定结构，外部则为静定结构，整体结构及受力情况复杂。由于桥位处季风强劲，上部结构采用缆索吊装斜拉扣挂、先拱后梁的施工方法，其技术难度高，线形控制复杂，工期紧张。通过对桥梁结构的分析，需解决如下主要问题：

（1）拱座体型较大，钢筋、预埋定位件及预应力管道等布置密集，拱肋首节段的预埋精度要求较高，且无推力拱座施工对混凝土的自密实性能有较高要求。因此，需对拱座处混凝土进行优化设计并加以应用，以确保其质量。

（2）在拱肋节段安装过程中，拱脚的受力和位移随施工阶段的变化而变化。因此，拱座处临时支座的设计需结合全桥安装过程进行综合分析，以确保其满足各施工阶段的要求。

（3）小里程岸右侧的小山脊下边坡陡峭，地表覆盖层较厚，库区水位深，地形条件复杂，且季节性阵风较大。在采用缆索吊装斜拉扣挂安装拱肋时，缆索锚固及抗缆风锚固难度较大，拱肋的横向稳定控制也面临挑战。在拱肋安装过程中，临时扣索的张拉时间、拆除时间、张拉力大小以及张拉锚固位置均对拱肋的安装线形和内力状态产生显著影响。由于拱肋为钢结构，其线形受温度变化影响较大，因此需分析山区强风对斜拉扣挂系统的影响因素，以确保整个钢箱系杆拱桥施工过程中的稳定性。

（4）在桥梁上部结构安装过程中，采用系杆进行钢箱拱的体系转换。由于钢箱拱安装时桥梁结构受力复杂，且拱座为无推力拱座，系杆体系转换程序将直接影响桥梁构件的受力大小。若体系转换程序不当，可能导致局部构件失稳，进而影响桥梁整体施工。因此，需对干热河谷地带强风作用下的钢箱系杆拱桥安装成桥过程进行监控测量，并进行稳定性分析，以提出合理的先拱后梁体系转换施工工艺。

为解决以上施工难题，主要研究内容如下：

（1）山区强风作用对斜拉扣挂系统的影响因素分析。

（2）干热河谷地带强风作用对钢箱拱桥安装成桥过程稳定性分析。

（3）大跨径钢箱系杆拱桥体系转换支座设计施工与结构受力分析。

（4）自密实混凝土在大体积异形拱脚中的应用。

5.1.2 钢箱系杆拱桥总体安装方案分析

1. 有限元模型

根据大桥安装顺序，利用有限元软件 Midas Civil，按照设计给定的结构基本参数以及施工工序对施工过程进行安装分析，通过计算获得各施工阶段结构的受力和变形等控制数据。拱座采用实体单元模拟，格构梁拱肋及拱座横梁采用梁单元模拟，吊杆及扣索采用桁架单元模拟，桥面板采用板单元模拟。

在模型中，临时水平支座均采用仅受压的弹性连接边界条件进行近似模拟，其连接刚度根据模型提取后赋予；永久支座及临时竖向支座则采用一般支撑模拟，而拱座与主梁之间采用刚性连接模拟。金鸡达旦河大桥成桥模型如图 5-1 所示。

图 5-1　金鸡达旦河大桥成桥模型

2. 计算阶段

本次计算依据施工方案划分施工阶段，实际整理计算结果的施工阶段称为计算阶段。计算阶段划分见表 5-1。

表 5-1 计算阶段划分

计算阶段号	计算阶段
CS1	拱座及横梁施工
CS2	拱肋 01 节段和 02 节段吊装
CS3	拱肋 03 节段和 04 节段吊装
CS4	拱肋 05 节段和 06 节段吊装
CS5	拱肋 07 节段和 08 节段吊装
CS6	拱肋 09 节段和 10 节段吊装
CS7	拱肋节段 11 吊装
CS8	合龙段吊装
CS9	张拉 N1、N2 系杆
CS10	扣索松弛
CS11	格构梁吊装
CS12	张拉 N3、N4 系杆
CS13	一期荷载
CS14	张拉 N5、N6、N7 系杆
CS15	二期荷载
CS16	张拉 N8、N9、N10 系杆
CS17	成桥阶段（桥面附属荷载，拆除临时支座）

3. 各计算阶段计算结果

完成拱肋 01 节段和 02 节段吊装时，扣挂 1#扣索，最大应力约为 6.8 MPa，如图 5-2 所示。

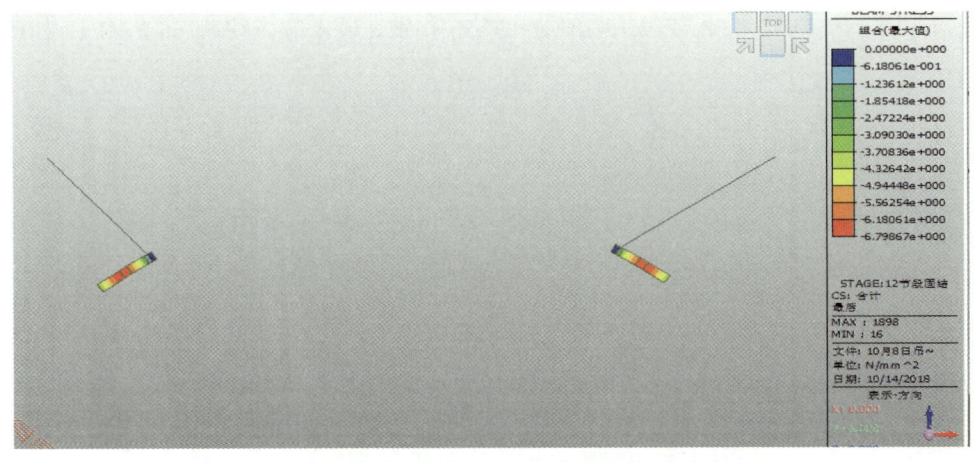

图 5-2 拱肋 01 节段和 02 节段吊装时应力

完成拱肋 03 节段和 04 节段吊装时，扣挂 2#扣索，最大应力约为 32.5 MPa，如图 5-3 所示。

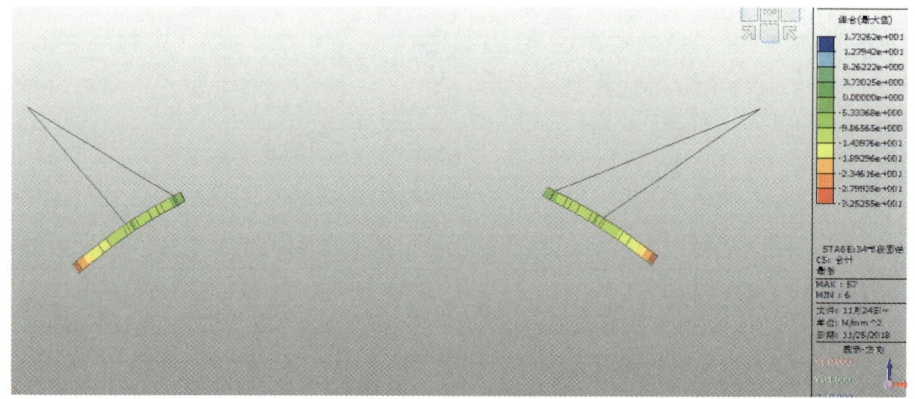

图 5-3　拱肋 03 节段和 04 节段吊装时应力

完成拱肋 05 节段和 06 节段吊装时，扣挂 3#扣索，最大应力约为 49.6 MPa，如图 5-4 所示。

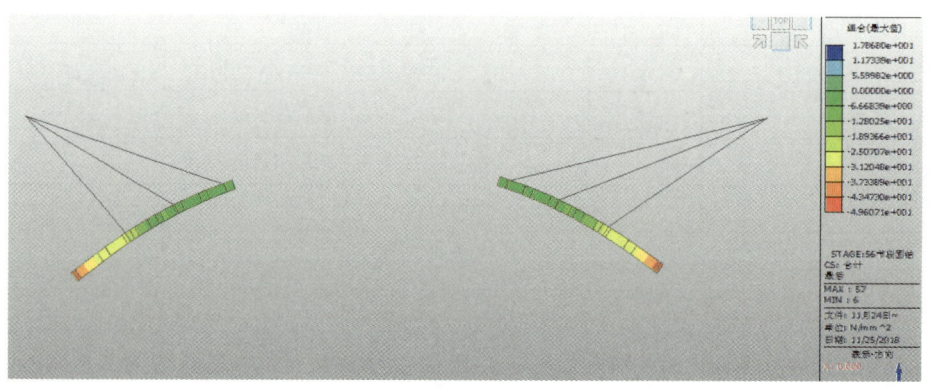

图 5-4　拱肋 05 节段和 06 节段吊装时应力

完成拱肋 07 节段和 08 节段吊装时，扣挂 4#扣索，最大应力约为 66.2 MPa，如图 5-5 所示。

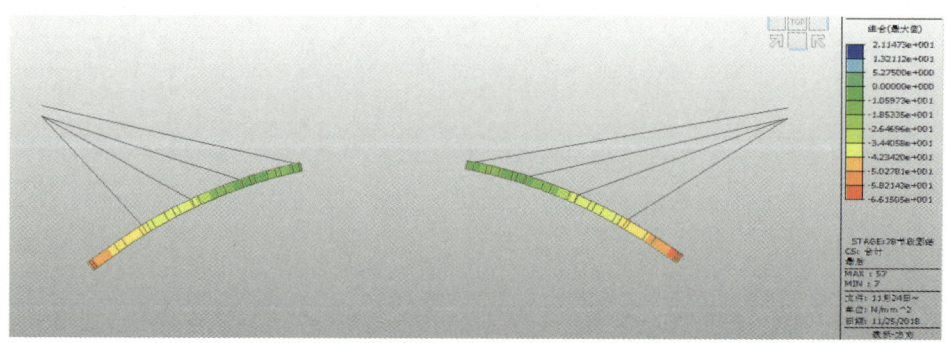

图 5-5　拱肋 07 节段和 08 节段吊装时应力

完成拱肋 09 节段和 10 节段吊装时，扣挂 5#扣索，最大应力约为 65.0 MPa，如图 5-6 所示。

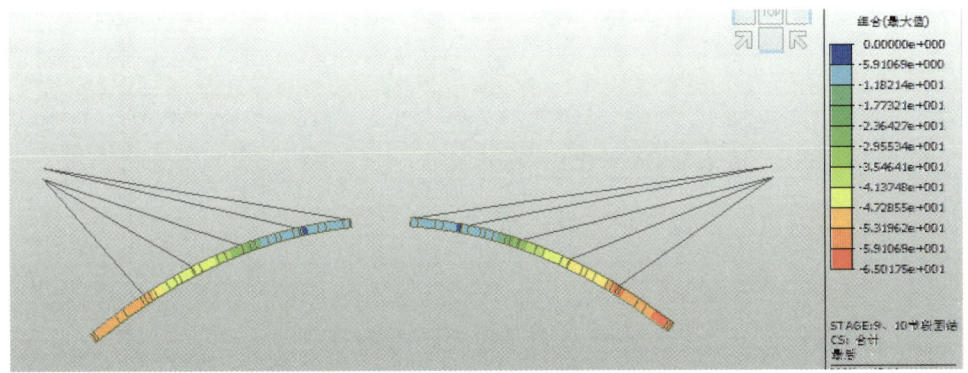

图 5-6　拱肋 09 节段和 10 节段吊装时应力

完成拱肋 11 节段吊装时，扣挂 6#扣索，最大应力约为 773.1 MPa，如图 5-7 所示。

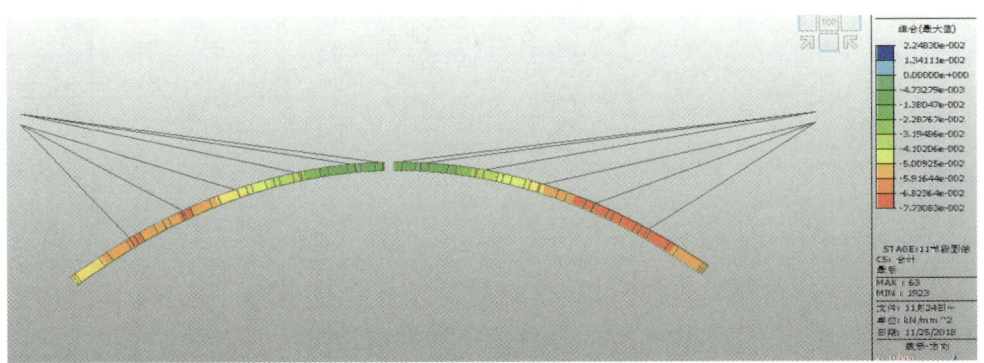

图 5-7　拱肋 11 节段吊装时应力

完成拱肋吊装最大悬臂状态时加入极限风，拱肋的最大应力约为 113.8 MPa，如图 5-8 所示。

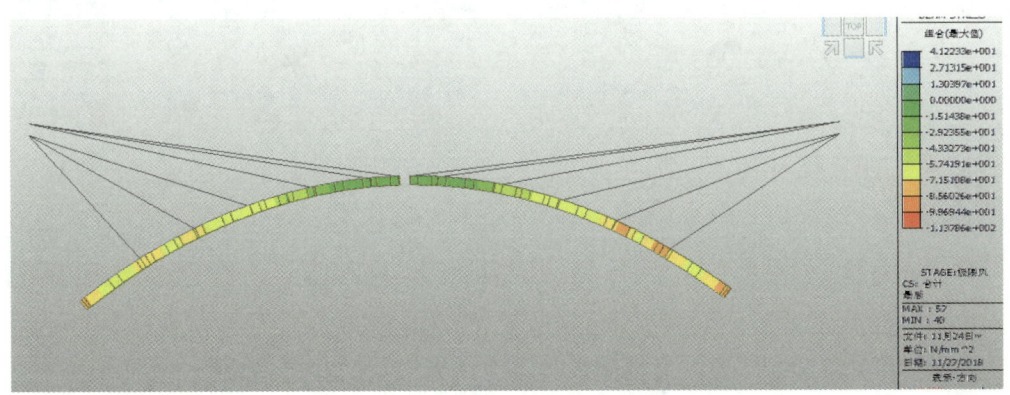

图 5-8　拱肋节段 11 吊装后计入极限风荷载应力

完成拱肋合龙段固结时，最大应力约为 79.8 MPa，如图 5-9 所示。

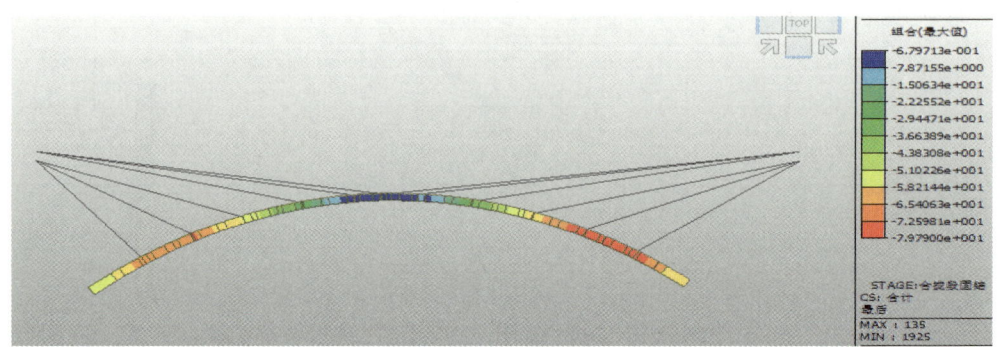

图 5-9　拱肋合龙固结时拱肋应力

张拉 N1、N2 系杆时，该阶段拱肋最大应力约为 84.6 MPa，如图 5-10 所示。

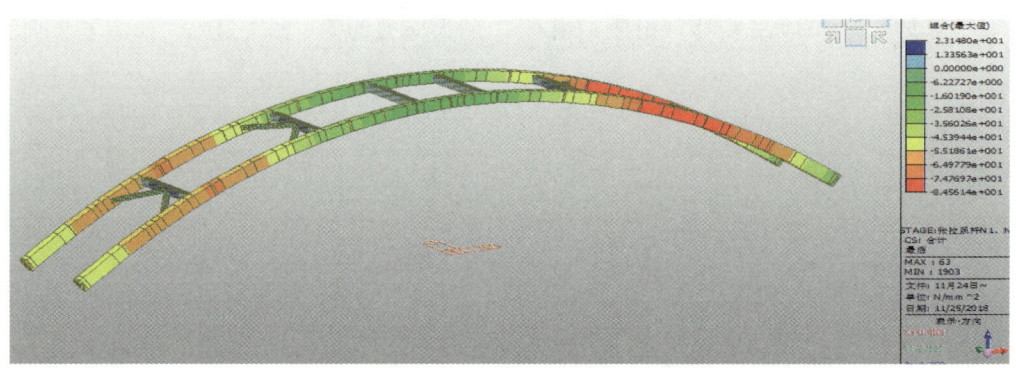

图 5-10　张拉 N1、N2 系杆时拱肋应力

松弛扣索时，该阶段拱肋最大应力约为 81.2 MPa，如图 5-11 所示。

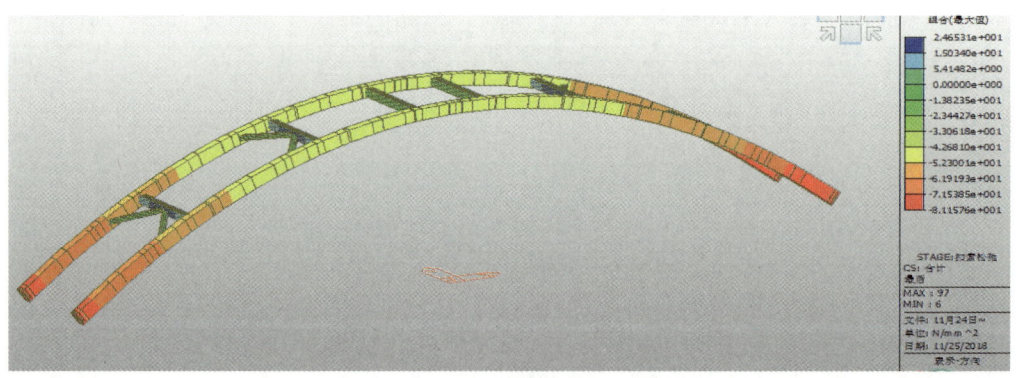

图 5-11　松弛扣索时拱肋应力

完成格构梁吊装时，该阶段拱肋最大应力约为 115.8 MPa，如图 5-12 所示。

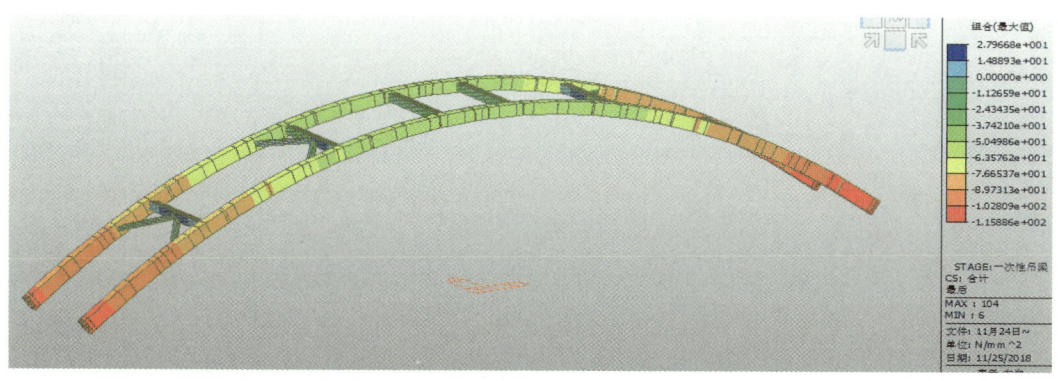

图 5-12 完成格构梁吊装时拱肋应力

张拉 N3、N4 系杆时,该阶段拱肋最大应力约为 104.5 MPa,如图 5-13 所示。

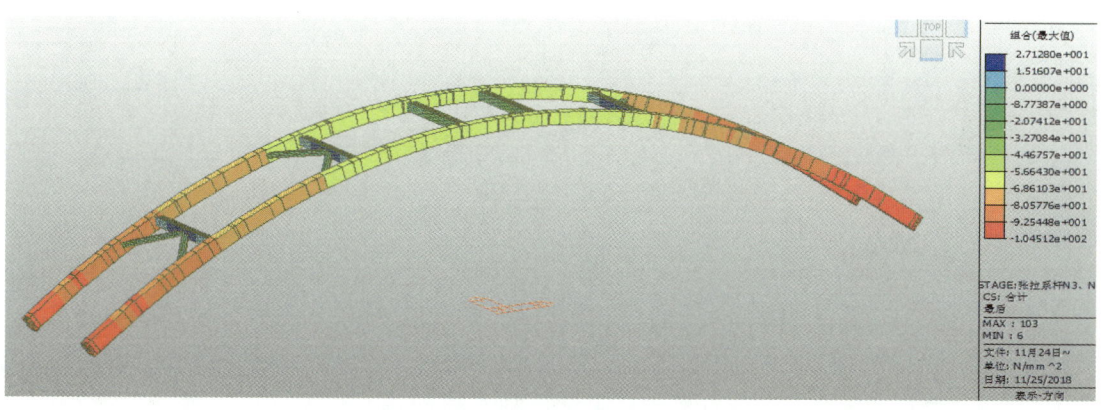

图 5-13 张拉 N3、N4 系杆时拱肋应力

施加一期恒载后,该阶段拱肋最大应力约为 135.0 MPa,如图 5-14 所示,

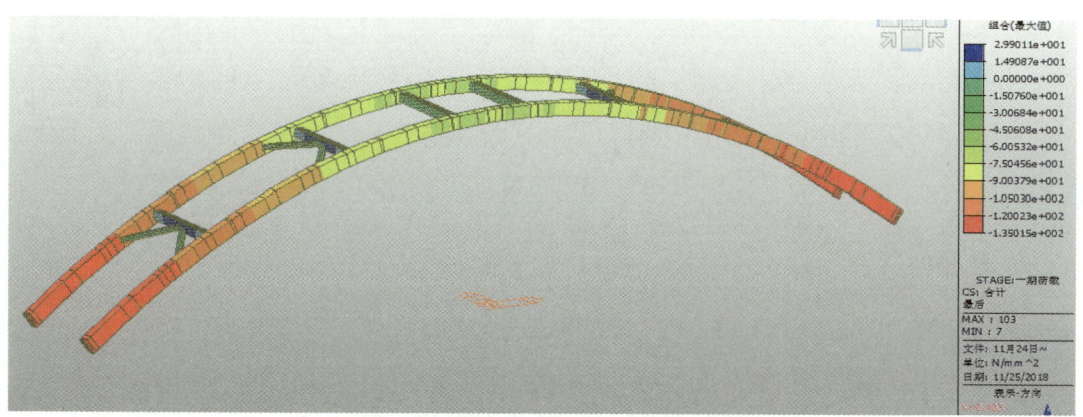

图 5-14 施加一期荷载后拱肋应力

张拉 N5、N6、N7 系杆时,该阶段拱肋最大应力约为 130.5 MPa,如图 5-15 所示,

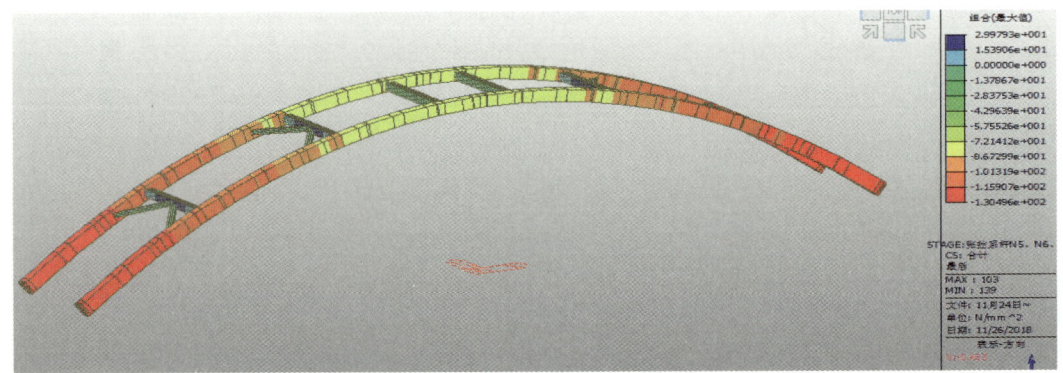

图 5-15　张拉 N5、N6、N7 系杆时拱肋应力

施加二期荷载后，该阶段拱肋最大应力约为 134.0 MPa，如图 5-16 所示，

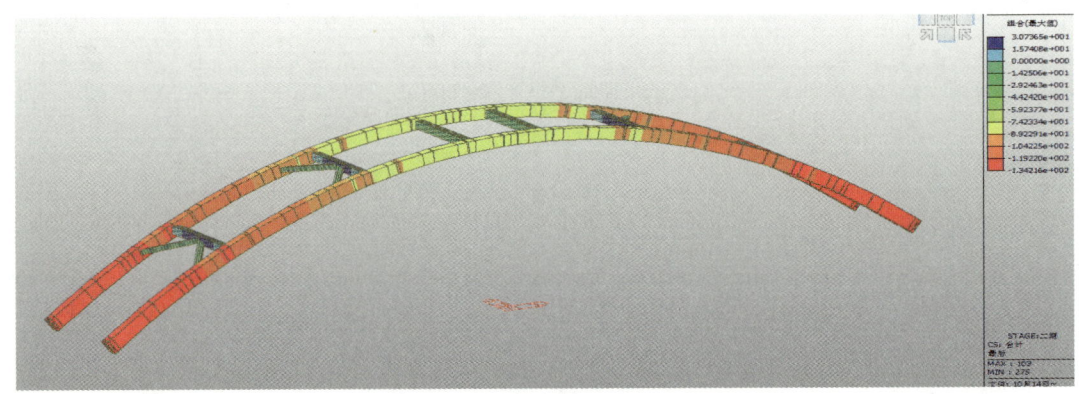

图 5-16　施加二期荷载后拱肋应力

张拉 N8、N9、N10 系杆时，该阶段拱肋最大应力约为 133 MPa，如图 5-17 所示。

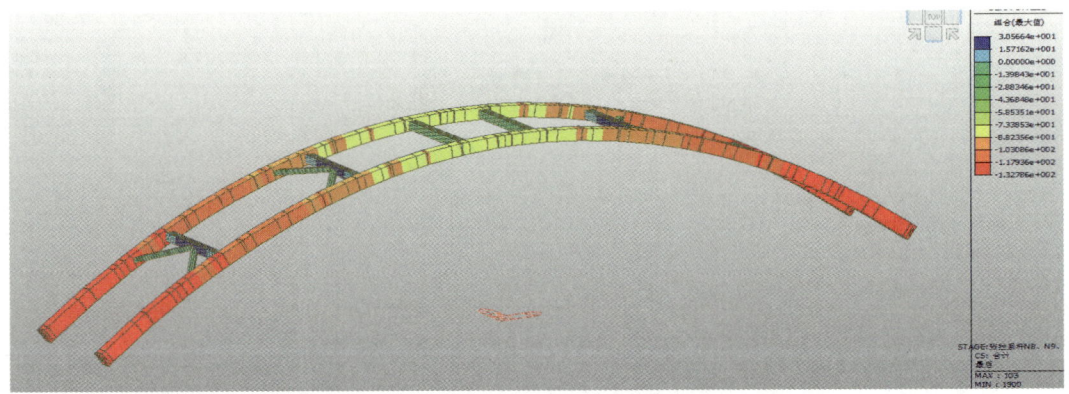

图 5-17　张拉 N8、N9、N10 系杆时拱肋应力

成桥状态时，拱肋最大应力约为 150 MPa，如图 5-18 所示，

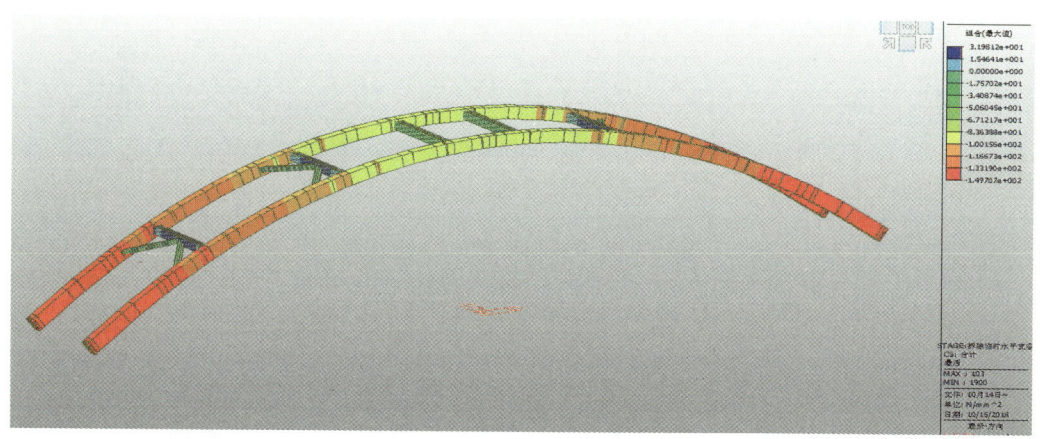

图 5-18　成桥状态时拱肋应力

成桥状态轴力弯矩吊杆力如图 5-19～图 5-23 所示。

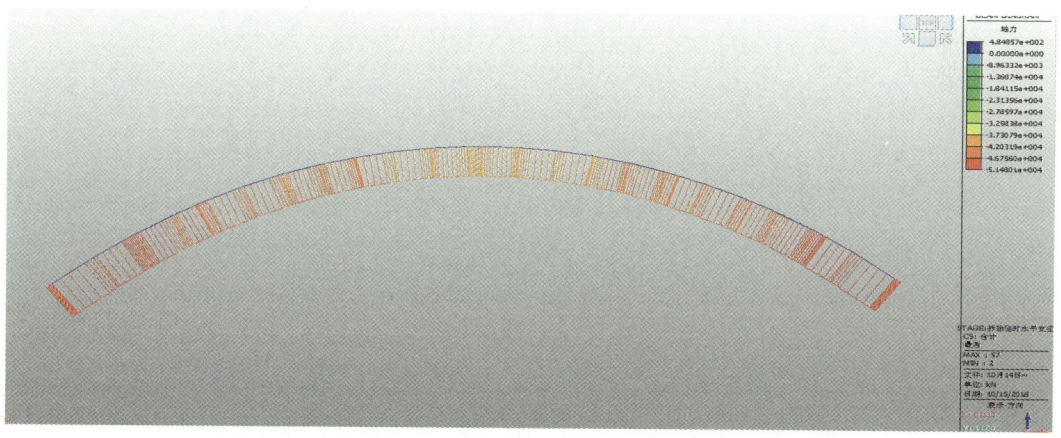

图 5-19　成桥拱肋轴力

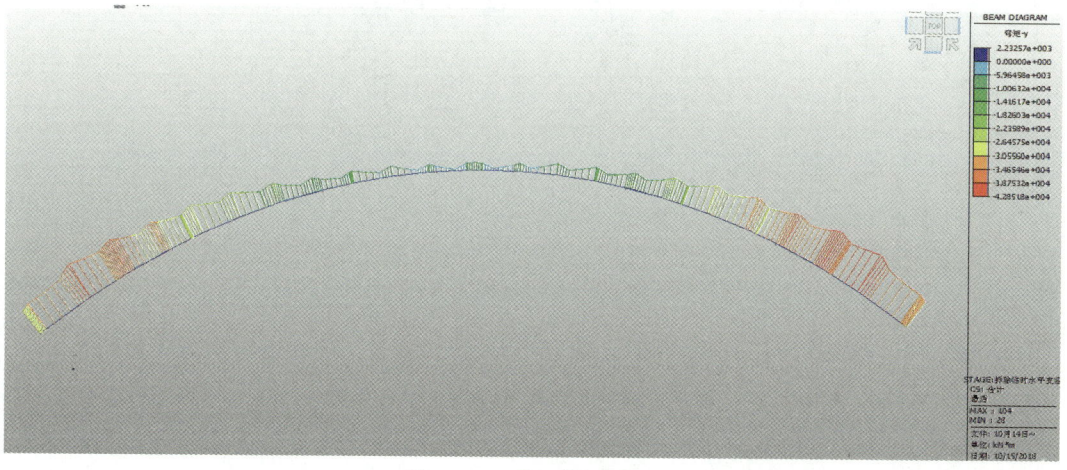

图 5-20　成桥拱肋弯矩

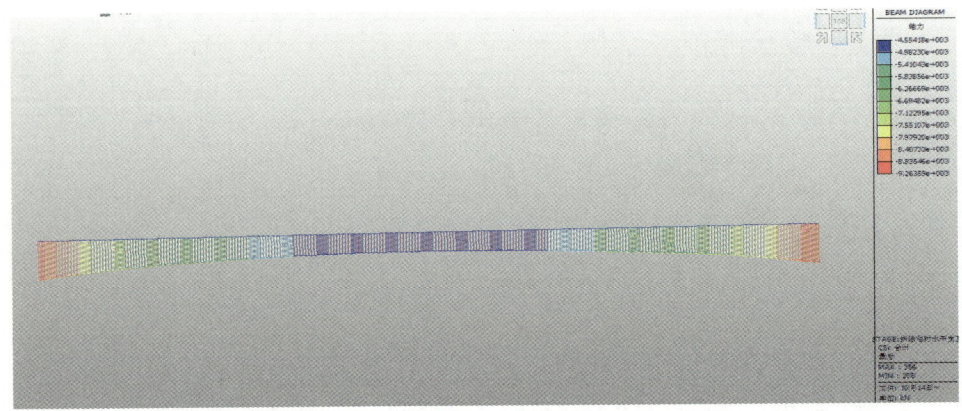

图 5-21 主梁轴力

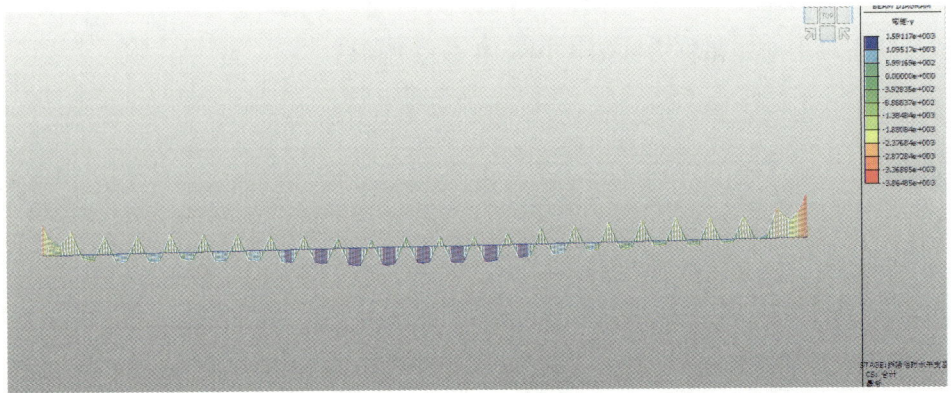

图 5-22 主梁弯矩

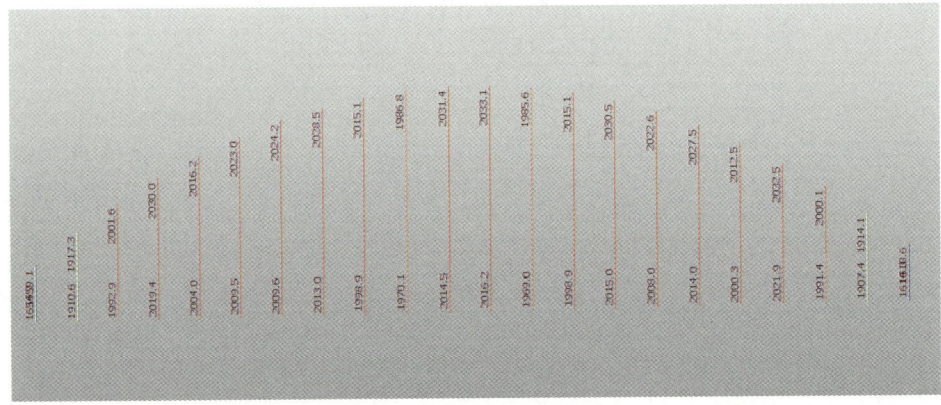

图 5-23 成桥吊杆力

由图 5-19～图 5-23 可知，拱肋最大轴力约为 51 480 kN，最大弯矩约为 4 285 kN·m；主梁最大轴力约为 9 264 kN，最大弯矩约为 3 865 kN·m；吊杆力除短吊杆以外分布均匀。

4. 支座反力结果表格汇总

永久支座及临时竖向支座竖向反力结果见表 5-2，永久支座水平向反力及临时水平支座反力见表 5-3。

表 5-2 永久支座及临时竖向支座竖向反力

计算阶段	永久支座竖向反力/kN		临时竖向支座反力/kN	
	大理岸	永胜岸	大理岸	永胜岸
拱座及横梁施工	13 489	13 568	8 141	8 303
拱肋 01 节段和 02 节段吊装	13 802	14 267	8 846	8 695
拱肋 03 节段和 04 节段吊装	11 642	12 465	12 330	11 912
拱肋 05 节段和 06 节段吊装	11 395	12 382	13 376	12 866
拱肋 07 节段和 08 节段吊装	13 451	15 262	12 462	11 227
拱肋 09 节段和 10 节段吊装	17 163	20 121	9 512	7 167
拱肋 11 节段吊装	21 088	24 808	6 179	3 095
合龙段吊装	22 180	26 127	5 218	1 887
张拉 N1、N2 系杆	10 592	17 221	16 799	11 126
扣索松弛	10 418	8 769	19 574	21 450
B11、B11′格构梁吊装	17 939	16 811	19 678	21 024
张拉 N3、N4 系杆	21 888	21 026	15 892	16 973
一期荷载	30 987	30 472	15 512	16 249
张拉 N5、N6、N7 系杆	35 536	35 253	11 223	11 711
二期荷载	36 537	36 038	12 489	13 200
张拉 N8、N9、N10 系杆	40 488	40 705	8 749	8 775
成桥阶段	53 217	53 873	—	—

表 5-3 永久支座水平向反力及临时水平支座反力

计算阶段	永久支座水平反力/kN	临时水平支座反力/kN	
	大理岸	大理岸	永胜岸
拱座及横梁施工	−525	525	—
拱肋 01 节段和 02 节段吊装	−594	988	−598
拱肋 03 节段和 04 节段吊装	−640	1 952	−1 710
拱肋 05 节段和 06 节段吊装	−144	2 446	−2 820
拱肋 07 节段和 08 节段吊装	1 500	2 786	−5 023
拱肋 09 节段和 10 节段吊装	3 350	2 578	−6 842
拱肋 11 节段吊装	5 217	2 262	−8 551
合龙段吊装	5 669	2 138	−8 933
张拉 N1、N2 系杆	−3 779	1 683	—
扣索松弛	−2 848	2 718	—
B11、B11′格构梁吊装	−1 464	1 464	—
张拉 N3、N4 系杆	−1 385	1 385	—
一期荷载	−1 158	1 158	—
张拉 N5、N6、N7 系杆	−1 277	1 277	—
二期荷载	−1 462	1 462	—
张拉 N8、N9、N10 系杆	−759	759	—
成桥阶段	—	—	—

5. 扣索索力计算汇总

在拱肋安装过程中，正式扣索共设置 6 索，从拱脚至拱顶依次编号为 1# ~ 6#。在非正式扣索节段吊装时，均需设置临时扣索。为简化计算，临时扣索不参与过程分析。施工过程共划分为 8 个阶段，对 8 个节段的扣索进行了分析，分析结果见表 5-4、表 5-5。

表 5-4 大理岸扣索分析结果

施工步骤	扣索索力/kN					
	6#扣索	5#扣索	4#扣索	3#扣索	2#扣索	1#扣索
拱肋 11 节段吊装	1 740	1 678	1 471	1 125	763	415
拱肋 09 节段和 10 节段吊装	—	1 878	1 698	1 329	963	527
安装 2 号横撑（斜撑不安装）	—	—	1 753	1 402	1 063	599
拱肋 05 节段和 06 节段吊装	—	—	1 607	1 285	968	555
拱肋 05 节段和 06 节段吊装	—	—	—	1 384	1 063	611
安装 1 号横撑（斜撑不安装）	—	—	—	—	1 237	700
拱肋 04 节段和 03 节段吊装	—	—	—	—	1 077	610
拱肋 02 节段和 01 节段吊装	—	—	—	—	—	726
索力最大值	1 740	1 878	1 753	1 402	1 237	726

表 5-5 永胜岸扣索分析结果

施工步骤	扣索索力/kN					
	6#扣索	5#扣索	4#扣索	3#扣索	2#扣索	1#扣索
拱肋 11 节段吊装	1 854	1 801	1 601	1 238	815	436
拱肋 09 节段和 10 节段吊装	—	2 014	1 841	1 454	1 025	562
安装 2 号横撑（斜撑不安装）	—	—	1 905	1 533	1 127	636
拱肋 05 节段和 06 节段吊装	—	—	1 750	1 409	1 023	582
拱肋 05 节段和 06 节段吊装	—	—	—	1 525	1 134	651
安装 1 号横撑（斜撑不安装）	—	—	—	—	1 336	763
拱肋 04 节段和 03 节段吊装	—	—	—	—	1 165	663
拱肋 02 节段和 01 节段吊装	—	—	—	—	—	769
索力最大值	1 854	2 014	1 905	1 525	1 336	769

5.2 缆索吊设计与施工

金鸡达旦河大桥桥址地处深水库区，水源保护要求严格，且两岸地形地势条件不适宜采用支架法和转体法施工，因此采用缆索吊装斜拉扣挂先拱后梁的施工方法。设计过程中，综合考虑桥梁的结构形式、周边环境、结构吊重及地质水文等因素，最终确定了满足钢箱系杆拱桥起重吊装要求的缆索吊机方案。该缆索吊机的吊装能力主要由钢箱拱拱肋节段及格构梁的吊重决定。金鸡达旦河大桥拱肋轴线线形采用悬链线,理论拱轴线拱脚水平距离 $L=265$ m,矢高 $f=53$ m,矢跨比为1/5,拱轴系数 $m=1.3$,两拱肋轴线横向间距为30.6 m。主拱肋(钢箱)立面如图5-24所示。

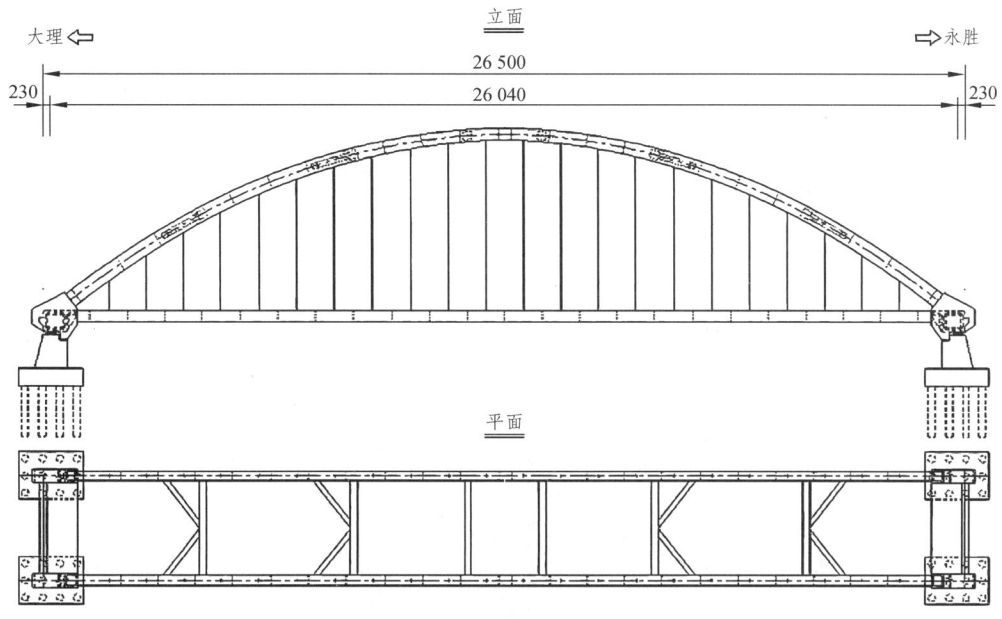

图5-24 主拱肋(钢箱)立面

两片拱肋通过4道K形风撑和2道一字形风撑连为一体。上下游拱肋沿桥轴立面分为25个吊装节段。各拱肋节段之间采用全焊式连接方式,标准吊装节段在桥轴立面水平线上的投影长度为10.8 m,合龙段在桥轴立面水平线上的投影长度为4 m,单肋吊装最大节段质量为80.7 t。全桥拱肋吊装节段质量统计见表5-6。

表5-6 全桥各节段质量统计

序号	拱肋节段代号	质量/t	数量	序号	拱肋节段代号	质量/t	数量
1	00 段	32.1	2	13	06 段	55.2	2
2	00′段	31.9	2	14	06′段	54.7	2
3	01 段	80.7	2	15	07 段	59.1	2
4	01′段	79.8	2	16	07′段	58.7	2
5	02 段	64.7	2	17	08 段	57.0	2
6	02′段	63.9	2	18	08′段	56.6	2
7	03 段	68.0	2	19	09 段	51.1	2
8	03′段	67.2	2	20	09′段	50.8	2
9	04 段	64.5	2	21	10 段	50.1	2
10	04′段	64.8	2	22	10′段	49.9	2
11	05 段	57.0	2	23	11 段	54.3	2
12	05′段	56.4	2	24	11′段	54.2	2

一字形风撑的外尺寸为 2 400 mm×2 400 mm，K 形风撑中斜撑外尺寸为 1 600 mm× 1 600 mm。横撑与拱肋之间设有整体节点，整体节点与横撑之间采用全断面熔透焊接连接。拱肋、风撑截面如图 5-25 所示。风撑的最大吊装质量为 51 t。本桥格构梁采用钢-混组合梁，即在钢格构梁上设置混凝土桥面板。为降低格构梁的恒载弯矩，设计采用一期桥面板安装前的无弯矩梁方案，即在安装一期桥面板前，钢格构梁采用铰接方式，待一期桥面板施工完成后，将钢格构梁由铰接转为刚接，随后施加二期桥面板及其他二期恒载。钢格构梁主要由主纵梁、次纵梁和横梁组成。格构梁标准横断面、平面如图 5-26、图 5-27 所示。

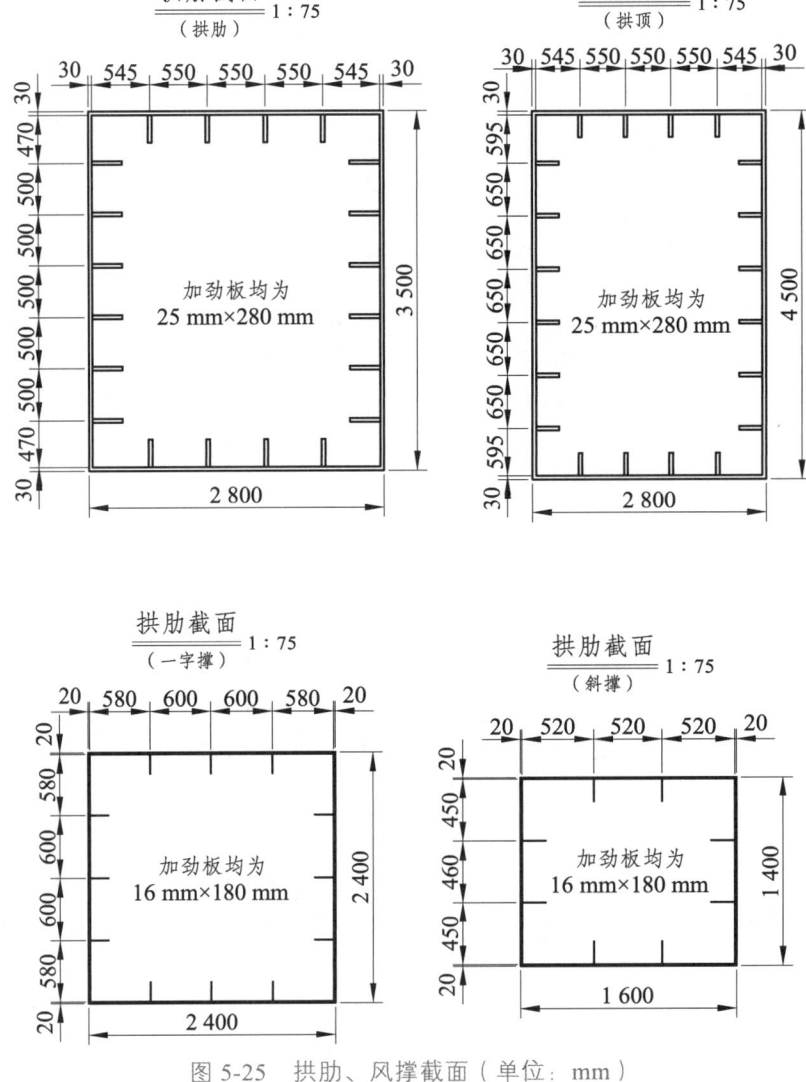

图 5-25 拱肋、风撑截面（单位：mm）

第 5 章 山区强风作用下大跨径钢箱系杆拱桥先拱后梁施工关键技术

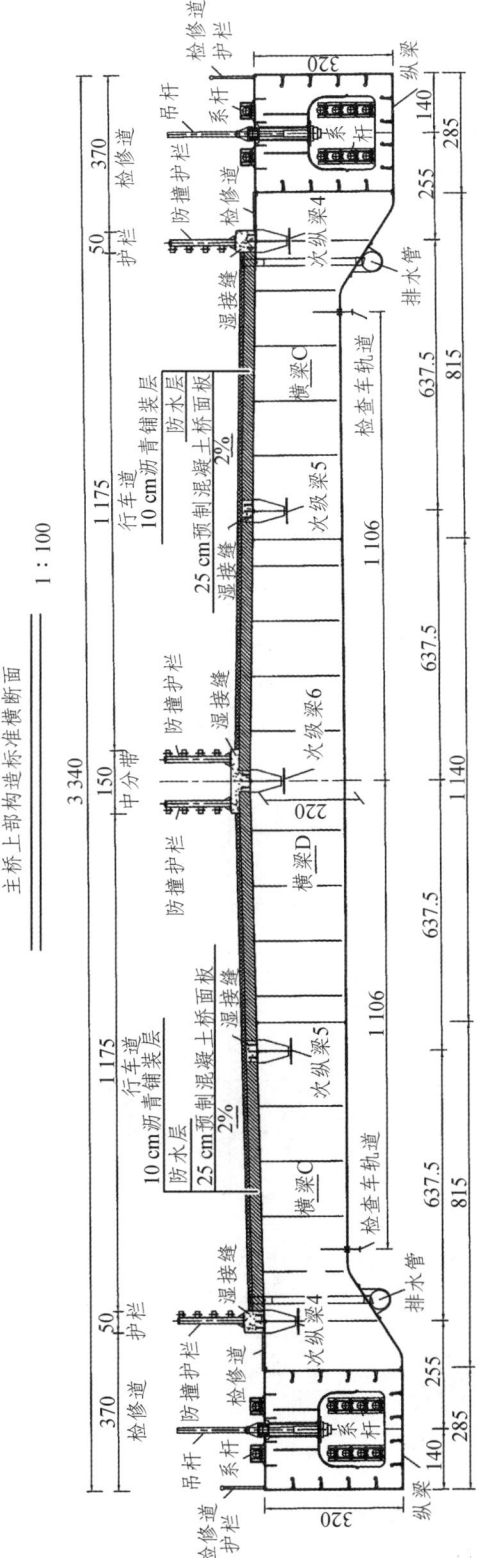

图 5-26 格构梁标准横断面（单位：mm）

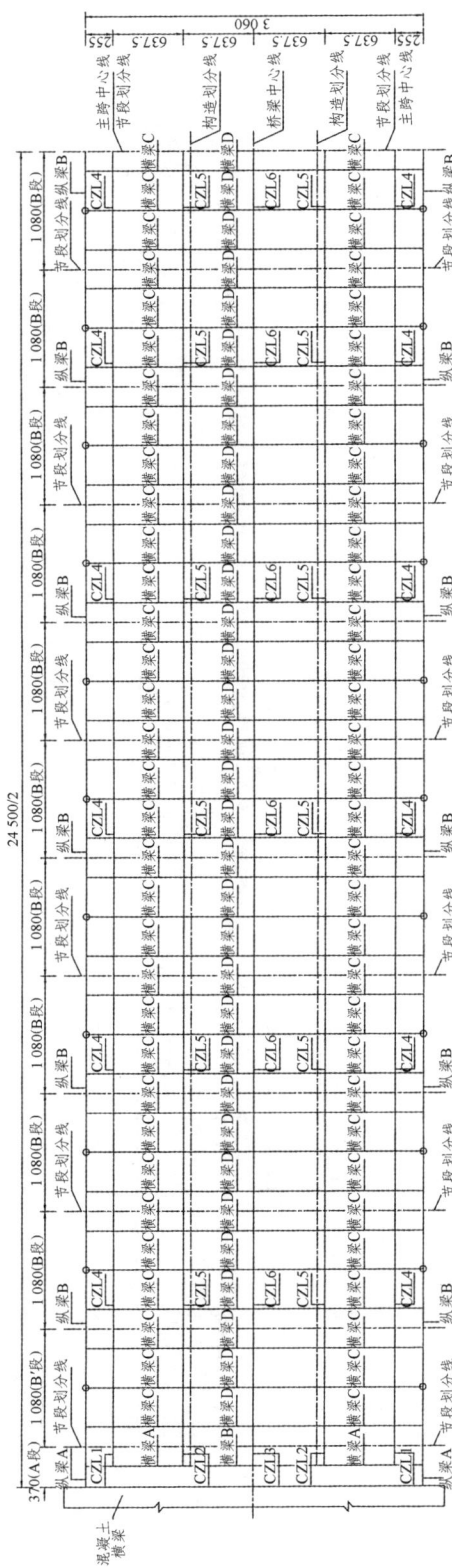

图 5-27 格构梁平面（单位：mm）

格构梁纵桥向共分为 24 个梁段，其中与小桩号侧拱座结合段为 A 节段，与大桩号侧拱座结合段为 C 节段，其余全部为标准段（B 节段）。A、C 节段长 3.7 m，为钢-混结合段，单个节段包括 2 道主纵梁、5 道次纵梁和 1 道横梁；B 节段长 10.8 m，共 22 个节段，单个节段包括 2 道主纵梁、5 道次纵梁和 3 道横梁。吊杆锚固于主纵梁横隔板上。格构梁各构件运输至拱脚处现场组装成单个节段整体吊装，格构梁节段梁长 10.8 m、宽 33.5 m、最大吊装质量为 132.42 t，两拱肋轴线横向间距为 30.6 m，钢箱拱宽 2.8 m。

考虑到整个拱桥的计算跨径为 265 m，大小里程侧的地形受限，高低相差较大，且施工中格构梁在大里程侧拱脚下进行总拼起吊运输，需要占地面积大。一方面为了便于施工，另一方面为节约施工成本，根据地形的不同，本桥缆索吊机采用左右幅不对称布置，主索的计算跨径布置为 245 m（左 263 m）+318 m+169 m，各跨连续布置，中间转点支撑于塔架的索鞍上，两端锚固在锚碇装置上。施工中，主索的最大重载垂度垂跨比为 1/14（22.71 m）。缆索吊机如图 5-28 所示。

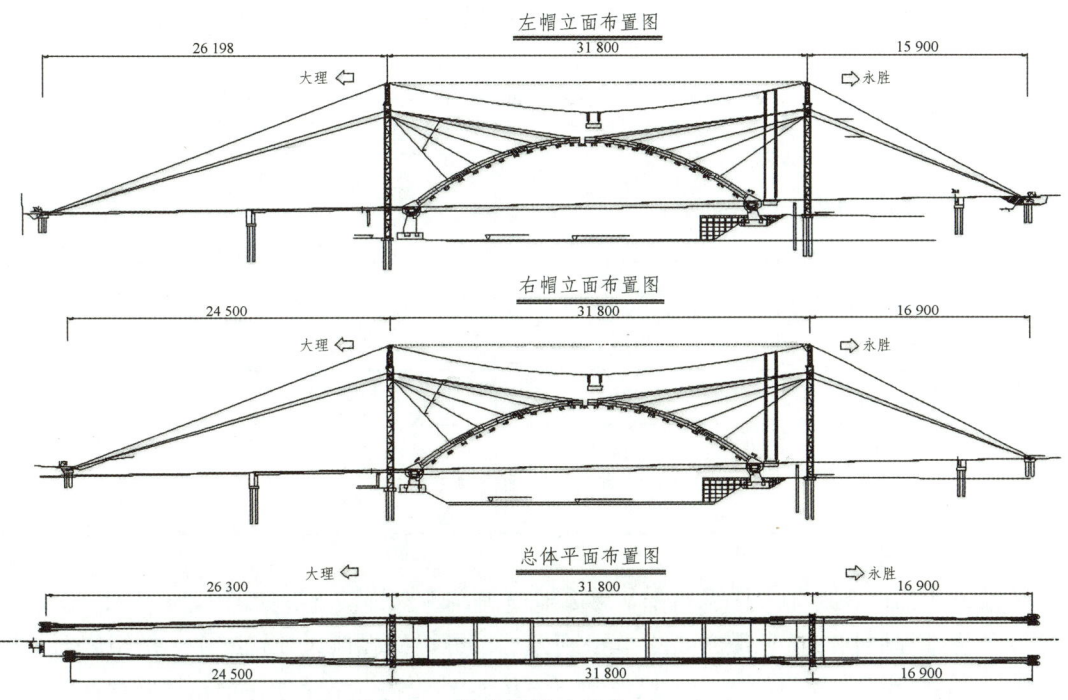

图 5-28 缆索吊机（单位：cm）

1. 缆索吊各结构设计

主吊装缆索参数见表 5-7。

卷扬机选型如下：

（1）单个吊点配置 1 台 5 t 和 1 台 10 t 摩擦式滚筒卷扬机（线速度恒定）牵引。

（2）单个吊点 2 台 6 t 摩擦式滚筒卷扬机（线速度恒定）起吊。

（3）2 台 5 t 普通中速卷扬机牵引最不利位置辅助牵引。

表 5-7 主索结构参数表

型　号	满充式钢丝绳 （CFRC8×36SW-56 mm）	6×37+1	6×37+1
根数×直径	2×ϕ56	2×ϕ21.5	2×ϕ28
每沿米质量/(kg/m)	44.94	1.638	2.768
截面积/mm²	1 667	174.27	294.52
钢丝直径/mm	1.2~3.0	1.0~1.70	1.3
抗拉强度/MPa	1 960	1 770	1 770
破断拉力/kN	2 328	281	580
张力安全系数	3.87	6.4	5.7

工作天线系统缆索参数见表 5-8。单个吊点配置 2 台 5 t 双筒中速卷扬机牵引、起吊。

表 5-8 工作天线系统缆索参数

型　号	6×37+1	6×37+1	6×37+1
根数×直径	1×ϕ47.5	2×ϕ19.5	1×ϕ19.5
每沿米质量/(kg/m)	7.929	1.326	1.326
截面积/mm²	843.47	141.16	141.16
钢丝直径/mm	2.2	0.9	0.9
抗拉强度/MPa	1 770	1 770	1 770
破断拉力/kN	1 224	205	205
张力安全系数	5.37	7.6	8.06

前风缆锚固在对岸主墩承台上，后风缆锚固在主索锚碇上，如图 5-29 所示。索塔安装及吊装过程中临时抗风缆，如图 5-30 所示，风缆锚固在侧风缆锚碇中。拱箱侧向抗风缆如图 5-31 所示。侧风缆分为上风缆和下风缆，上风缆一端设置在钢箱拱肋外侧，一端锚固在风缆地锚上；下风缆一端设置在钢箱拱肋下方，一端锚固在拱座上。

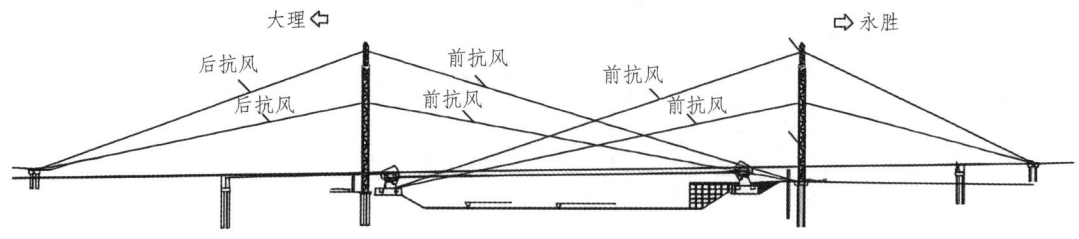

图 5-29 前后抗风缆布置

第 5 章 山区强风作用下大跨径钢箱系杆拱桥先拱后梁施工关键技术

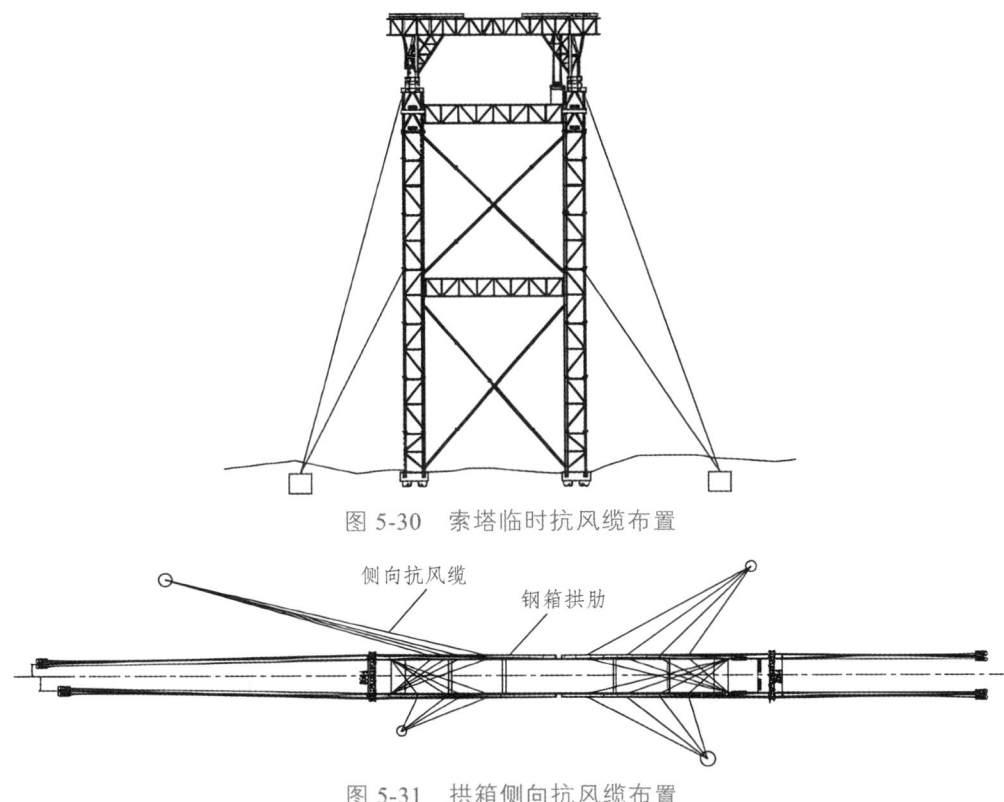

图 5-30 索塔临时抗风缆布置

图 5-31 拱箱侧向抗风缆布置

拱肋吊装系统吊具如图 5-32 所示。

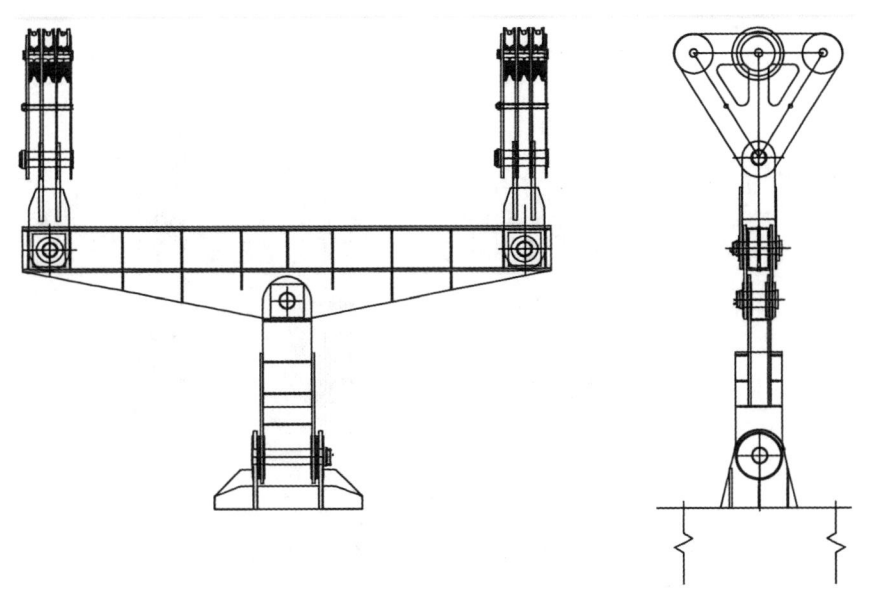

图 5-32 吊具设计

全桥布设四组主索,每组上设置 2 套吊具,共计 8 套。吊具数量、规格见表 5-9。

表 5-9 吊具数量、规格

序号	名　称	规　格	数　量
1	缆索跑车	2×4	8 套
2	吊点定滑车组	3×3	8 套
3	吊点动滑车组	2×3	8 套

跑车总体设计如图 5-33 所示。

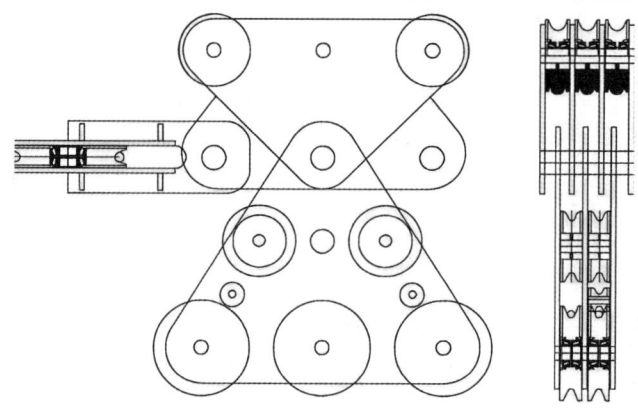

图 5-33 跑车总体设计

缆索跑车设计：承重主索 3ϕ56 mm；起吊索 ϕ21.5 mm，跑车车轮直径与主索直径的关系为 $D = 5.28d$，跑车承受的竖向力 $T = 600$ kN。各部位应力安全系数 $K \geqslant 2.0$，滑车的滑轮内嵌入柱式流动轴承。

起吊滑车设计如图 5-34 所示。

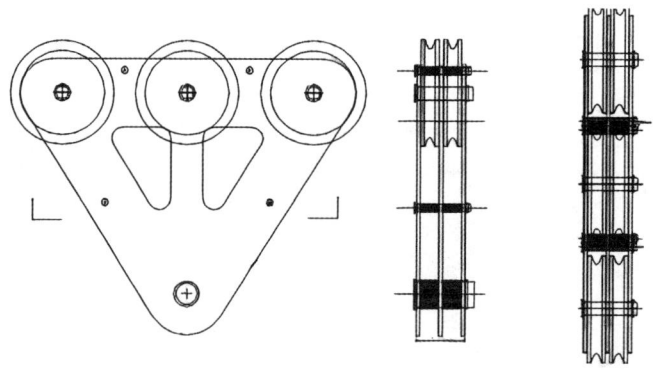

图 5-34 起吊滑车设计

起吊滑车组设计依据及技术指标：① 起吊绳走线数 10 线；② 起吊绳直径为 21.5 mm；③ 车组直径与起吊绳直径之比为 $D/d = 20$；④ 车组滑轮内嵌入柱式滚动轴承；⑤ 滑车组承受的力为 600 kN；⑥ 各部位应力安全系数 $K \geqslant 2.0$ 起吊滑车组结构设计。

扣塔立于混凝土基础上，扣塔与基础的连接形式为螺栓固接。主塔架采用 ϕ560×

10 mm，材质为 Q345。钢管作为主承重结构，每半幅塔采用 4 根钢管，其中，钢管规格为 $\phi560\times10$ mm，钢管长度为 12 m，钢管间用 $\phi219\times6$ mm 无缝钢管杆件作为平连杆，$\phi219\times6$ mm 无缝钢管杆件作为斜杆连接构成格构体系。左右幅格构立柱间采用桁架结构横梁进行连接，采用 $\phi460\times6$ mm，Q235 钢管组合作为大斜撑。因地形条件限制，扣塔永胜岸高 85.44 m，大理岸左幅 102.44 m（右幅 93.44 m），采用不对称设计，如图 5-35 所示。

图 5-35　大理岸索扣塔立面（不对称设计）

吊塔立柱采用 $\phi560\times10$ mm 钢管，加强杆及顶部桁架采用型钢组拼形成，下端通过铰接方式与扣塔联接，上端由分配梁组成索鞍平台，总体结构如图 5-36 所示。

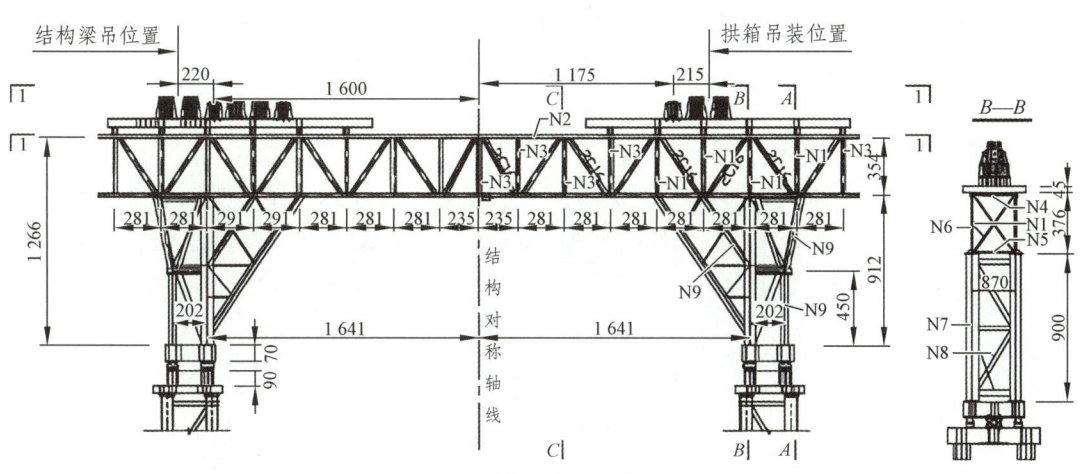

图 5-36　吊塔设计（单位：cm）

由于采用先拱后梁施工法，拱与梁的吊点会相互干涉，缆索吊机的设计吊重为 2-2×40.5 t，吊点纵向间距为 9 m。拱安装完毕后，将主索同步顶推横移，将吊点外移 4.3 m，用于格构梁吊装。缆索吊的吊点横向布置如图 5-37 所示。吊塔与扣塔铰接部分结构采用型钢组拼形成，如图 5-38 所示。

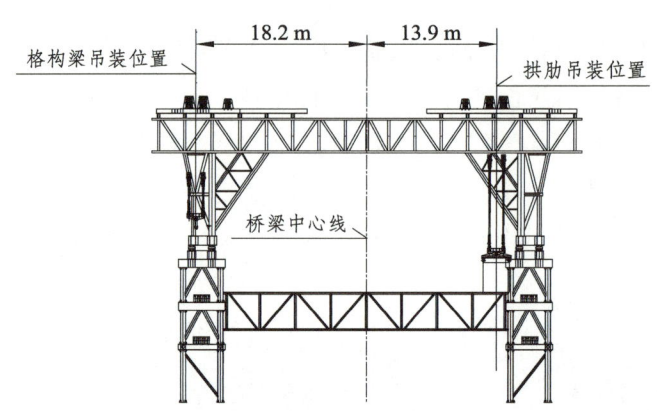

图 5-37 缆索吊机吊点布置

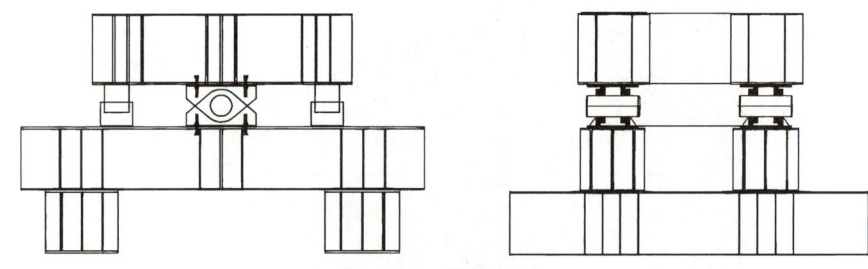

图 5-38 铰座结构

2. 斜拉扣挂系统受力分析计算

在本桥施工过程中，拱肋节段的安装采用逐段扣挂临时拉索的方式。为减少扣索数量，除拱肋节段外，其余节段按照每安装两个节段扣挂一根正式拉索，并拆除前一节段的临时扣索。两岸拱肋的扣索均锚固于该岸扣塔顶的钢锚箱上。扣挂体系采用 Midas Civil 软件按空间杆系结构进行计算。为精确控制拱肋安装阶段的扣、锚索力，扣挂过程中扣锚索的强度计算不考虑风力影响。

根据本桥施工图提供的风力研究成果，桥位处 100 年重现期的 10 min 平均最大基本风速为 32.8 m/s，且地面粗糙度系数按照 B 类地表选取为 0.16。该桥梁钢主梁基准面平均高度为 27 m，拱肋及吊杆的基准高度为 60 m，当风荷载与汽车荷载组合桥，桥面高度处的风速为 25 m/s，静阵风风速及横桥向风荷载计算见表 5-10。

表 5-10 静阵风风速计算

工况	结构	基本风速 V_{10}/（m/s）	基准高度 Z/m	基准风速 V_d/（m/s）	静阵风系数 G_v	静阵风风速 V_g/（m/s）
极限风	主梁	32.8	27	38.4	1.28	49.2
	吊杆	32.8	60	43.7	1.28	55.9
	拱肋	32.8	60	43.7	1.28	55.9
运营风	主梁	21.3	27	25.0	1.28	32.0
	吊杆	21.3	60	28.4	1.28	36.4
	拱肋	21.3	60	28.4	1.28	36.4
公式		基准风速 $V_d=1.0(Z/10)^{0.16}$；静阵风风速 $V_g=V_d \times G_v$				

单侧钢管立柱风荷载计算见表 5-11。

表 5-11 单侧钢管立柱风荷载计算

节点号	立柱中点高度/m	基本风速 V_{10}/(m/s)	基准高度 Z/m	基准风速 V_d/(m/s)	静阵风系数 G_v	静阵风风速 V_g/(m/s)	构件阻力系数 C_h	构件宽度/m	线荷载/(N/m)	第二排钢管立柱线荷载/(N/m)
1	15.5	25.584	15.5	27.44	1.35	37.05	0.5	0.72	308.81	247.05
2	24.5	25.584	24.5	29.53	1.35	39.86	0.5	0.72	357.54	286.03
3	33.5	25.584	33.5	31.04	1.35	41.91	0.5	0.72	395.19	316.15
4	42.5	25.584	42.5	32.25	1.35	43.54	0.5	0.72	426.45	341.16
5	51.5	25.584	51.5	33.26	1.35	44.89	0.5	0.72	453.49	362.79
6	60.5	25.584	60.5	34.12	1.35	46.07	0.5	0.72	477.47	381.98
7	69.5	25.584	69.5	34.89	1.35	47.10	0.5	0.72	499.14	399.31
8	78.5	25.584	78.5	35.58	1.35	48.03	0.5	0.72	518.97	415.18
9	87.5	25.584	87.5	36.20	1.35	48.87	0.5	0.72	537.32	429.85
10	92.5	25.584	92.5	36.52	1.35	49.30	0.5	0.72	546.96	437.56
11	95	25.584	95	36.68	1.35	49.52	0.5	0.72	551.64	441.31
12	98.5	25.584	98.5	36.89	1.35	49.80	0.5	0.72	558.07	446.45

单侧钢管平斜风荷载计算见表 5-12。

表 5-12 单侧钢管平斜风荷载计算

节点号	立柱中点高度/m	基本风速 V_{10}/(m/s)	基准高度 Z/m	基准风速 V_d/(m/s)	静阵风系数 G_v	静阵风风速 V_g/(m/s)	构件阻力系数 C_h	构件宽度/m	线荷载/(N/m)	第二排钢管线荷载/(N/m)
1	15.5	25.584	15.5	27.44	1.35	37.05	0.5	0.25	107.23	85.78
2	24.5	25.584	24.5	29.53	1.35	39.86	0.5	0.25	124.14	99.32
3	33.5	25.584	33.5	31.04	1.35	41.91	0.5	0.25	137.22	109.77
4	42.5	25.584	42.5	32.25	1.35	43.54	0.5	0.25	148.07	118.46
5	51.5	25.584	51.5	33.26	1.35	44.89	0.5	0.25	157.46	125.97
6	60.5	25.584	60.5	34.12	1.35	46.07	0.5	0.25	165.79	132.63
7	69.5	25.584	69.5	34.89	1.35	47.10	0.5	0.25	173.31	138.65
8	78.5	25.584	78.5	35.58	1.35	48.03	0.5	0.25	180.20	144.16
9	87.5	25.584	87.5	36.20	1.35	48.87	0.5	0.25	186.57	149.25
10	92.5	25.584	92.5	36.52	1.35	49.30	0.5	0.25	189.92	151.93
11	95	25.584	95	36.68	1.35	49.52	0.5	0.25	191.54	153.23

塔顶的不平衡力主要包括以下几个方面：① 主索倾角改变所产生的不平衡力；② 向跨内方向的风力；③ 牵引索的不平衡力；④ 起重索的不平衡力。通过分析，可以得出塔顶的不平衡水平力数据。在跨中重载情况下，缆索塔塔顶的不平衡水平力达到最大值。为改善塔顶的不平衡力，本桥拟采用以下技术措施：在每组主索的三根钢绳中，设置一根主索反扣至缆索塔顶索鞍上。反扣索与主索通过滑轮进行调节，在不同工况下，反张力随主索受力变化而调整，从而克服了单独设置背索时需一次性施加初张力以控制塔顶偏位的困难，显著改善了塔顶的不平衡力。

根据全桥构件的自重分布可知，单侧受力最大为吊装 1 号拱肋节段质量（80.9 t）时的工况（格构梁荷载小于该荷载，不做控制验算荷载）。因缆索系统主索张力在吊重荷载位于跨中时最大，计算中施工控制荷载的选取以跨中 1 号节段为准，以靠近塔端最重节段质量为施工验算荷载对主索进行验算及最大牵引力进行计算。计算索塔塔顶不平衡水平力时，各工况计算受力汇总见表 5-13 ~ 表 5-17。

表 5-13 大理岸索塔（单柱）受力汇总

项目名称	角度/rad		索力/kN	竖向力/kN	水平力/kN	备注
	跨中	边跨				
主索	0.158 8	0.415 4	3 802	2 336	275	
主起吊索	0.158 8	0.415 4	175.36	99	13	
主牵引索	0.158 8	0.415 4	176.2	99	13	
工作索	0.158 8	0.415 4	313	176	23	
工作起吊索	0.158 8	0.415 4	16	9	1	
工作牵引索	0.158 8	0.415 4	33.1	19	2	
总计				2 737	327	

表 5-14 永胜岸索塔（单柱）受力汇总

项目名称	角度/rad		索力/kN	竖向力/kN	水平力/kN	备注
	跨中	边跨				
主索	0.158 8	0.478 2	3 802	2 551	−184	尾索反扣索塔
主起吊索	0.158 8	0.478 2	175.36	108	17	
主牵引索	0.158 8	0.478 2	176.2	109	18	
工作索	0.158 8	0.478 2	313	194	31	
工作起吊索	0.158 8	0.478 2	16	10	2	
工作牵引索	0.158 8	0.478 2	33.1	20	3	
总计				2 993	−113	

表 5-15 大理岸索塔（单柱）受力汇总

项目名称	角度/rad		索力/kN	竖向力/kN	水平力/kN	备注
	跨中	边跨				
主索	0.377 0	0.415 4	1 344	1 202	20	
主起吊索	0.377 0	0.415 4	175.36	135	3	
主牵引索	0.377 0	0.415 4	202	156	3	
工作索	0.158 8	0.415 4	313	176	23	
工作起吊索	0.158 8	0.415 4	16	9	1	
工作牵引索	0.158 8	0.415 4	33.1	19	2	
总计				1 697	52	

表 5-16 永胜岸索塔（单柱）受力汇总

项目名称	角度/rad		索力/kN	竖向力/kN	水平力/kN	备注
	跨中	边跨				
主索	0.040 1	0.478 2	3 802	1 953	−139	尾索反扣索塔
主起吊索	0.040 1	0.478 2	175.36	88	20	
主牵引索	0.040 1	0.478 2	39.94	20	4	尾索自重
工作索	0.158 8	0.478 2	313	194	31	
工作起吊索	0.158 8	0.478 2	16	10	2	
工作牵引索	0.158 8	0.478 2	33.1	20	3	
总计				2 285	−79	

表 5-17 吊塔顶不平衡水平力汇总

工况	项目	塔顶不平衡力（大理）/kN	塔顶不平衡力（永胜）/kN	备注
工况1	1号节段（80.45 t，跨中）	327	−113	
工况2	1号节段（80.45 t，安装大理1#段）	52	−79	
工况3	风力（顺桥向横梁+塔柱）	±19.9	±19.9	Midas结构模型计算

表 5-13～表 5-17 中，"+"表示塔柱向跨中偏（表中省略了"+"），"−"表示塔柱向边跨偏。从表中数据可以看出，索塔的偏位控制受工况1和工况2控制。由于结构的对称性，且因工况3和起吊安装工况并不组合，故索塔最大不平衡力向跨中方向为327 kN，向岸侧为113 kN。

抗风缆设置前后风缆，风缆绳采用2-4φ48钢绳，前风缆锚固在对岸主墩承台上，后风缆锚固在主索锚碇上。

后风缆考虑垂度的非线性影响后的等效弹性模量为

$$E_1 = \frac{E_k}{1+\dfrac{(qL_1)^2 A_k E_k}{12T^3}} \qquad (5\text{-}1)$$

式中：A_k——风缆截面积，mm^2；

E_k——风缆弹性模量，N/mm^2；

q——风缆单位长度质量，kg/m；

L_1——后风缆长度，m；

T——风缆初张力，N。

后风缆每根索的参数：截面积 $A_k=843\ mm^2$，弹性模量 $E_k=120\times10^9\ N/mm^2$，长度 $L_1=228\ m$，初张力 $T=9\ 800\ N$，单位长度质量 $q=8.8\ kg/m=86.24\ N/m=86.24\times10^{-3}\ N/mm$。计算得到 $E_1=138.6\times10^9\ N/mm^2$。

前风缆考虑垂度的非线性影响后的等效弹性模量为

$$E_2 = \frac{E_k}{1+\dfrac{(qL_2)^2 A_k E_k}{12T^3}} \qquad (5\text{-}2)$$

式中：A_k——风缆截面积，mm^2；

E_k——风缆弹性模量，N/mm^2；

q——风缆单位长度质量，kg/m；

L_2——前风缆长度，m；

T——风缆初张力，N。

前风缆每根索的参数：截面积 $A_k=843\ mm^2$，弹性模量 $E_k=120\times10^9\ N/mm^2$，长度 $L_2=228\ m$，初张力 $T=9\ 800\ N$，单位长度质量 $q=86.24\times10^{-3}\ N/mm$。计算得到 $E_2=82.24\times10^9\ N/mm^2$。

后风缆的水平向弹性刚度系数（4 根索合计）为

$$K_1 = \frac{E_1 A_k \cos\beta}{L_1} \qquad (5\text{-}3)$$

计算得到 $K_1=1\ 876\ kN/m$。

前风缆的弹性刚度系数（4 根索合计）为

$$K_2 = \frac{E_2 A_k \cos\beta}{L_2} \qquad (5\text{-}4)$$

计算得到 $K_2=877\ kN/m$。

吊装过程中，索塔的最大相对水平偏位 $\delta_1 = H/K_1 = 327/1\ 876 = 0.174\ m$（跨中吊装，大理岸索塔向跨中偏位）；

$\delta_2 = H/K_2 = -113/877 = -0.129$ m（跨中吊装，永胜岸索塔向边跨偏位）。其中，H 为吊装过程不平衡水平力的最大变化量。

通过适当设置塔的预偏量，控制缆索塔的偏位在 1/100 以内。索塔安装完毕后，大理岸索塔向主地锚方向预偏 8 cm，永胜岸索塔向跨中预偏 6 cm。在试吊过程中根据具体情况再适当调整预偏量。永胜岸索塔后风缆由于距离更近，弹性刚度系数更大，索塔位移更小。

3. 吊塔计算

（1）吊塔受力分析。

经对比分析，起吊吊点重载在跨中时，索塔竖向受力最大，因此，吊塔最不利工况主要分析以下几种工况即可。

① 工况一：吊装除 1#（01'）段拱肋节段外，吊点在跨中位置时，此时受力最不利，大理岸及永胜岸吊塔受力汇总见表 5-18、表 5-19。

表 5-18　大理岸吊塔（单柱）受力汇总

项目名称	角度/rad		索力/kN	竖向力/kN	水平力/kN	备注
	跨中	边跨				
主索	0.158 8	0.415 4	3 802	2 336	275	
主起吊索	0.158 8	0.415 4	175.36	99	13	
主牵引索	0.158 8	0.415 4	176.2	99	13	
工作索	0.158 8	0.415 4	313	176	23	
工作起吊索	0.158 8	0.415 4	16	9	1	
工作牵引索	0.158 8	0.415 4	33.1	19	2	
前风缆	0.268 8		391	138		
后风缆		0.179 8	757	306	-327	
合计			5 664	3 180	0	

表 5-19　永胜岸吊塔（单柱）受力汇总

项目名称	角度/rad		索力/kN	竖向力/kN	水平力/kN	备注
	跨中	边跨				
主索	0.158 8	0.478 2	3 802	2 643	-184	尾索反扣索塔
主起吊索	0.158 8	0.478 2	175.36	108	17	
主牵引索	0.158 8	0.478 2	176.2	109	18	
工作索	0.158 8	0.478 2	313	194	31	
工作起吊索	0.158 8	0.478 2	16	10	2	
工作牵引索	0.158 8	0.478 2	33.1	20	3	
前风缆	0.359 5		513	180	113	
后风缆		0.478 2	228	105		
合计			5 256	3 369	0	

② 工况二：吊装拱肋节段 1#段，此时受力最不利，大理岸及永胜岸吊塔受力汇总见表 5-20、表 5-21。

表 5-20 大理岸吊塔（单柱）受力汇总

项目名称	角度/rad		索力/kN	竖向力/kN	水平力/kN	备 注
	跨 中	边 跨				
主 索	0.377 0	0.415 4	2 688	2 074	40	
主起吊索	0.377 0	0.415 4	175.36	135	3	
主牵引索	0.377 0	0.415 4	202	156	3	
工作索	0.158 8	0.415 4	313	176	23	
工作起吊索	0.158 8	0.415 4	16	9	1	
工作牵引索	0.158 8	0.415 4	33.1	19	2	
前风缆	0.268 8		391	138		
后风缆		0.179 8	479	193	−72	
合 计			4 297	2 900	0	

表 5-21 永胜岸吊塔（单柱）受力汇总

项目名称	角度/rad		索力/kN	竖向力/kN	水平力/kN	备 注
	跨 中	边 跨				
主 索	0.377 0	0.478 2	2 688	2 433	−285	尾索反扣索塔
主起吊索	0.377 0	0.478 2	175.36	145	7	
主牵引索	0.377 0	0.478 2	202	167	8	尾索自重
工作索	0.158 8	0.478 2	313	194	31	
工作起吊索	0.158 8	0.478 2	16	10	2	
工作牵引索	0.158 8	0.478 2	33.1	20	3	
前风缆	0.359 5		649	228	233	
后风缆		0.478 2	173	80		
合 计			4 249	3 277	0	

③ 工况三：吊装格构梁，且吊点在跨中时，此时受力最不利，大理岸及永胜岸吊塔受力汇总见表 5-22、表 5-23。

表 5-22　永胜岸吊塔（单柱）受力汇总

项目名称	角度/rad		索力/kN	竖向力/kN	水平力/kN	备注
	跨中	边跨				
主索	0.158 8	0.478 2	3 590	2 495	−174	尾索反扣索塔
主起吊索	0.158 8	0.478 2	175.36	108	17	
主牵引索	0.158 8	0.478 2	176.2	109	18	
工作索	0.158 8	0.478 2	313	194	31	
工作起吊索	0.158 8	0.478 2	16	10	2	
工作牵引索	0.158 8	0.478 2	33.1	20	3	
前风缆	0.359 5		502	177	103	
后风缆		0.478 2	228	105		
合计				3 218	0	

表 5-23　大理岸吊塔（单柱）受力汇总

项目名称	角度/rad		索力/kN	竖向力/kN	水平力/kN	备注
	跨中	边跨				
主索	0.158 8	0.415 4	3 590	2 206	260	
主起吊索	0.158 8	0.415 4	175.36	99	13	
主牵引索	0.158 8	0.415 4	176.2	99	13	
工作索	0.158 8	0.415 4	313	176	23	
工作起吊索	0.158 8	0.415 4	16	9	1	
工作牵引索	0.158 8	0.415 4	33.1	19	2	
前风缆	0.268 8		391	138		
后风缆		0.179 8	757	306	−312	
合计			5 452	3 050	0	

（2）吊塔分析结果。

经过建模计算得到拱肋及格构梁吊装时的应力如图 5-39～图 5-41 所示。

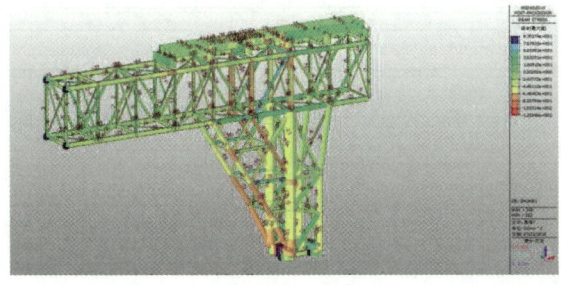

图 5-39　拱箱吊装索塔应力

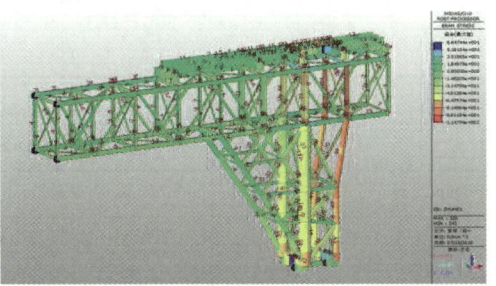

图 5-40　格构梁吊装索塔应力

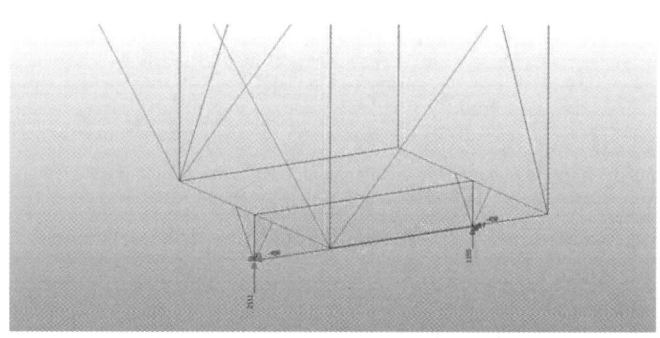

图 5-41 支点反力图（拱箱吊装）

由图 5-39～图 5-41 可知，拱肋吊装时的最大应力为 125 MPa<235 MPa，满足设计要求；格构梁吊装时的最大应力为 114 MPa<235 MPa，满足设计要求。

（3）扣塔系统计算。

扣索分析采用 Midas Civil 软件进行分析。扣索采用桁架单元，拱肋采用梁单元，31 个梁单元，6 个桁架单元。拱座、扣锚点采用铰接。横撑采用独立节点荷载模拟，拱肋加劲板、横格板的非模型重量按照重量提高系数进行自重调整。根据设计图，桥址地区 100 年一遇平均最大基本风速为 V_{10}=32.8 m/s，拱平均高度为 60 m，高度 60 m 处的设计基准风速 $V_d=k_1V_{10}$=1.47×32.8≈48.22 m/s（k_1 为考虑地面粗糙度类别和梯度风的风速高度变化修正系数 1.47；V_{10} 为基本风速）。

考虑设计风速重现期换算系数为 0.75，60 m 高度处的施工阶段的设计风速 V_{sd}=0.75V_d=0.75×48.22≈36.17 m/s。静阵风风速 $V_g=G_vV_{sd}$，静阵风系数 G_v 取 1.26，C_h 阻力系数取 1.3，拱肋平均高度为 H=4 m，空气密度 ρ=1.25 kg/m³，则拱肋上的横桥向的风荷载

$$F=\frac{1}{2}\rho V_{sd}C_h H=0.5\times\frac{1.25}{1\,000}\times(1.26\times36.17)^2\times1.3\times4\approx6.75\text{ kN/m}$$

拱肋安装过程中，正式扣索设置 6 索，由拱脚向拱顶依次编号为 1#～6#。在安装过程中，非正式扣索节段吊装时均设置临时扣索。为便于计算，临时扣索不进行过程分析计算。施工过程共建立了 8 个施工阶段，即 CS1～CS8。施工阶段划分见表 5-24。

表 5-24 施工阶段划分

序号	编号	工况	备注
1	CS1	安装 01#段，扣临时扣索	
2		安装 02#段，扣 1#扣索，拆临时扣索	
3	CS2	安装 03#段，扣临时扣索	临时扣索采用钢丝绳
4		安装 04#段，扣 2#扣索，拆临时扣索	
5	CS3	安装 1 号横撑（斜撑不安装）	

续表

序号	编号	工况	备注
6	CS4	安装05#段，扣临时扣索	
7		安装06#段，扣3#扣索，拆临时扣索	
8	CS5	安装07#段，扣临时扣索	
9		安装08#段，扣4#扣索，拆临时扣索	
10	CS6	安装2号横撑（斜撑不安装）	
11	CS7	安装09#段，扣临时扣索	
12		安装10#段，扣5#扣索，拆临时扣索	
13	CS8	安装11#节段	
		合龙	不作为扣索结构分析

永胜岸、大理岸扣索最终拉力如图 5-42、图 5-43 所示。

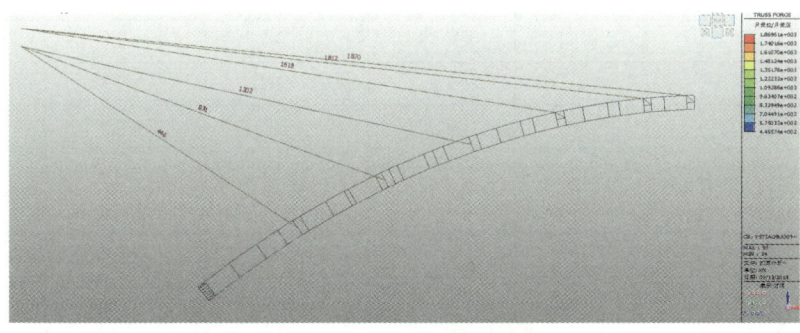

图 5-42　永胜岸扣索最终拉力

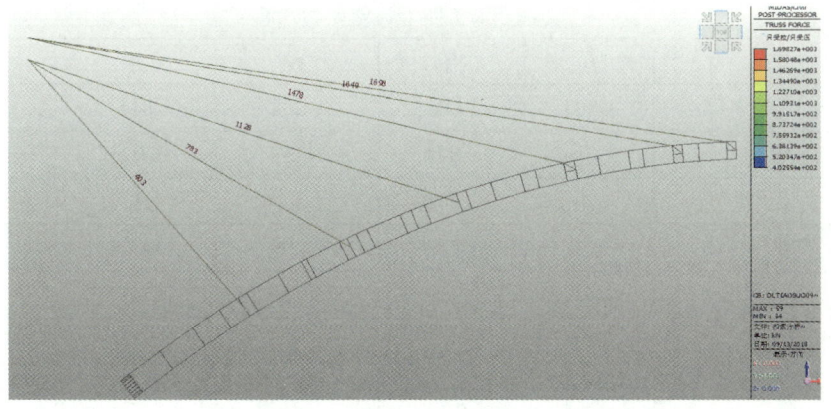

图 5-43　大理岸扣索最终拉力

扣索索力分析结果见表 5-25～表 5-28。

表 5-25 大理岸扣索分析汇总

施工步骤	扣索索力/kN					
	f_6	f_5	f_4	f_3	f_2	f_1
CS8	1 740	1 678	1 471	1 125	763	415
CS7		1 878	1 698	1 329	963	527
CS6			1 753	1 402	1 063	599
CS5			1 607	1 285	968	555
CS4				1 384	1 063	611
CS3					1 237	700
CS2					1 077	610
CS1						726
最大值	1 740	1 878	1 753	1 402	1 237	726

表 5-26 大理岸节段吊装预抬值

施工步骤	预抬值 d					
	d_6	d_5	d_4	d_3	d_2	d_1
CS8	4	2	0	0	0	0
CS7		−51	−43	−34	−23	−13
CS6			−58	−46	−33	−18
CS5			−32	−27	−20	−12
CS4				−48	−35	−20
CS3					−58	−32
CS2					−39	−22
CS1						−36

表 5-27 永胜岸扣索分析汇总

施工步骤	扣索索力/kN					
	f_6	f_5	f_4	f_3	f_2	f_1
CS8	1 854	1 801	1 601	1 238	815	436
CS7		2 014	1 841	1 454	1 025	562
CS6			1 905	1 533	1 127	636
CS5			1 750	1 409	1 023	582
CS4				1 525	1 134	651
CS3					1 336	763
CS2					1 165	663
CS1						769
最大值	1 854	2 014	1 905	1 525	1 336	769

表 5-28 大理岸节段吊装预抬值

施工步骤	预抬值 d /cm					
	d_6	d_5	d_4	d_3	d_2	d_1
CS8	0.6	0	−0.3	0.2	0.7	0.6
CS7		−17.6	−15	−11.4	−7.4	−3.9
CS6			−17.6	−14.9	−11.1	−6.4
CS5			−7.2	−7.7	−6.9	−4.5
CS4				−13.9	−11.1	−6.9
CS3					−19.0	−11
CS2					−12.3	−7.3
CS1						−11

根据扣塔结构图建立结构分析模型，索塔压力通过集中荷载传递至塔顶分配梁。分析结果如图 5-44 ~ 图 5-48 所示。

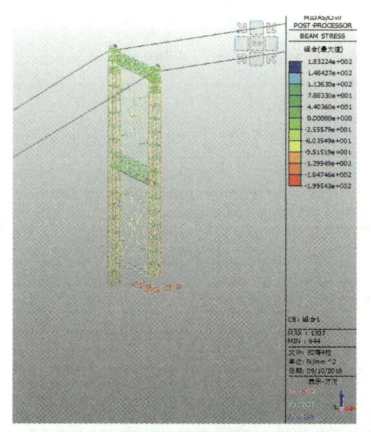

图 5-44 扣塔应力

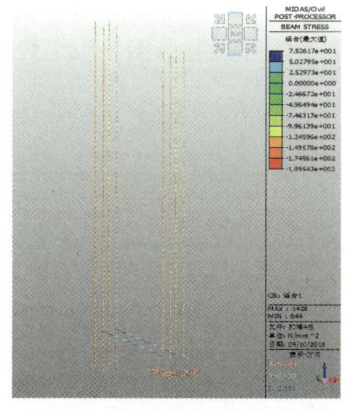

图 5-45 扣塔立柱钢管应力

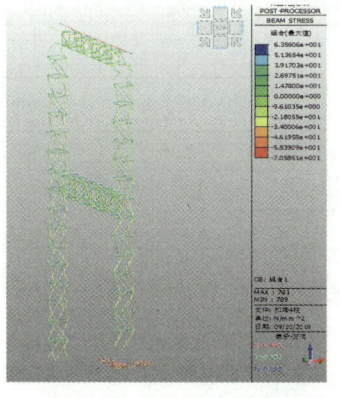

图 5-46 扣塔连杆应力

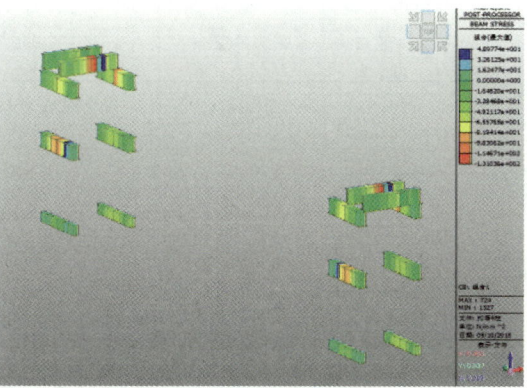

图 5-47 扣塔塔顶型钢应力

图 5-48 扣塔支反力

扣塔主要承载扣索压力、索塔压力及风荷载。扣索压力按扣锚箱承载的水平力相等原则进行背索计算,计算结果见表 5-29、表 5-30。

表 5-29 大理岸索塔扣锚箱受力计算

项目名称	扣索计算											
	f_6		f_5		f_4		f_3		f_2		f_1	
	水平力 H	竖向力 V	水平力 H	竖向力 V	水平力 H	竖向力 V	水平力 H	竖向力 V	水平力 H	竖向力 V	水平力 H	竖向力 V
水平角度 /rad	0.141 4		0.158 8		0.218 2		0.300 2		0.486 9		0.785 4	
CS8/kN	1 752		1 687		1 469		1 117		754		407	
值/kN	1 735	247	1 666	267	1 434	318	1 067	330	666	353	288	288
$\sum H$/kN	4 834						2 021					
$\sum V$/kN	832						971					
背索计算												
项目名称	2#背索						1#背索					
	水平力 H			竖向力 V			水平力 H			竖向力 V		
值/kN	4 834			1 674			2 021			653		

表 5-30 永胜岸索塔扣锚箱受力计算

项目名称	扣索计算											
	f_6		f_5		f_4		f_3		f_2		f_1	
	水平力 H	竖向力 V	水平力 H	竖向力 V	水平力 H	竖向力 V	水平力 H	竖向力 V	水平力 H	竖向力 V	水平力 H	竖向力 V
水平角度 /rad	0.123 9		0.134 4		0.178 0		0.235 6		0.377 0		0.609 1	
CS8/kN	1 854		1 801		1 601		1 239		816		437	
值/kN	1 840	229	1 785	241	1 576	284	1 205	289	759	300	358	250
$\sum H$/kN	5 200						2 322					
$\sum V$/kN	754						840					
背索计算												
项目名称	2#背索						1#背索					
	水平力 H			竖向力 V			水平力 H			竖向力 V		
值/kN	5 200			1 944			2 322			929		

索塔对扣塔最大压力（支点反力）：内侧 V_1=2 111 kN，H_1=456 kN（向内）；外侧 V_2=1 155 kN，H_2=458 kN（向内）。主钢管容许承载力：主钢管采用 ϕ559×10 mm 螺旋钢管，材质为 Q345，i=193.79 mm，钢管长系比：$\lambda=L_0/i$ =5 740/193.79=29.62，轴心受压构件的稳定系数 ψ = 0.9，因此，扣塔钢管最大压应力 δ_{max}=199.5 MPa<$[\delta]=\psi \times f$=247.5 MPa，结构安全。连接钢管容许承载力计算：钢管采用 ϕ250×5 mm 螺旋钢管，材质为 Q23B，i=86.64 mm，钢管长系比：$\lambda=L_0/i$ =3 770/86.64=43.5，轴心受压构件的稳定系数 ψ = 0.9，因此，有扣塔连接钢管最大压应力 δ_{max}=70.5 MPa<$[\delta]=\psi \times f$=175 MPa，结构安全。扣塔整体稳定性分析：把结构自重荷载作为常量，其他荷载作为变量进行扣塔整体稳定性分析，提取结构一、二阶屈曲模态，如图 5-49 和图 5-50 所示。一阶模态临界荷载系数为 7.64，表现为下主斜撑失稳；二阶模态临界荷载系数为 8.13，表现为上主斜撑失稳，但结构整体稳定性满足要求。

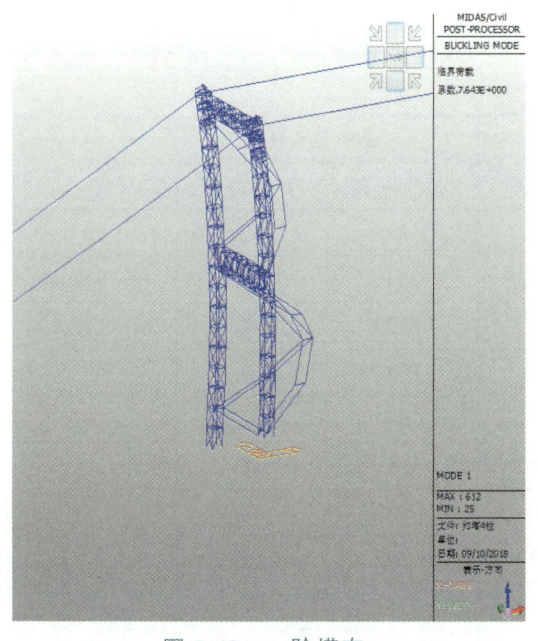

图 5-49　一阶模态

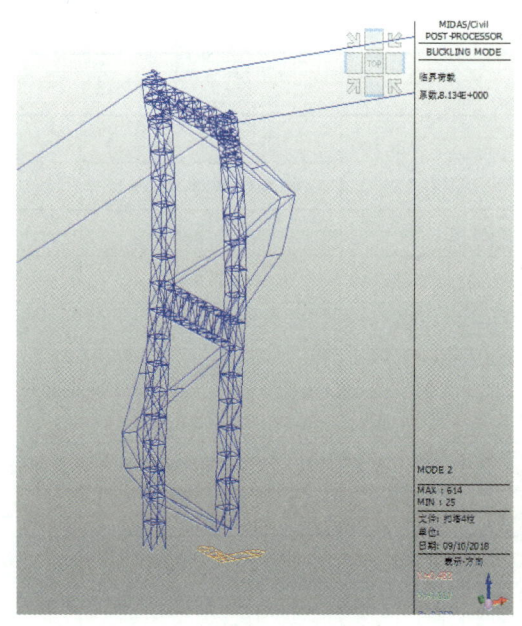

图 5-50　二阶模态

（4）主地锚计算。

主地锚主要受主索、起吊索、牵引索、风缆，扣索对应的背索等拉力。大理岸、永胜岸的地锚受力见表 5-31、表 5-32。

表 5-31　大理岸地锚受力汇总

项目名称	水平角度/rad	索力/kN	分解力/kN		备 注
	边 跨		水平力 H	竖向力 V	
主　索	0.415 4	1 457	1 333	588	
主起吊索	0.415 4	351	321	142	转向滑车
主牵引索	0.415 4	352	322	142	转向滑车
工作索	0.415 4	313	286	126	
工作起吊索	0.415 4	16	15	6	
工作牵引索	0.415 4	33	30	13	
1#背索	0.312 4	2 124	2 021	653	
2#背索	0.333 4	5 116	4 834	1 674	
压塔索	0.415 4	200	183	81	
后风缆	0.415 4	757	693	306	
合　计		10 720	10 039	3 731	

表 5-32　永胜岸地锚受力汇总

项目名称	水平角度/rad	索力/kN	分解力/kN		备 注
	边 跨		水平力 H	竖向力 V	
主　索	0.478 2	1 457	1 294	671	
主起吊索	0.478 2	351	311	161	转向滑车
主牵引索	0.478 2	352	313	162	转向滑车
工作索	0.478 2	313	278	144	
工作起吊索	0.478 2	16	14	7	
工作牵引索	0.478 2	33	29	15	
1#背索	0.357 8	2 479	2 322	868	
2#背索	0.380 5	5 603	5 202	2 081	
压塔索	0.478 2	200	178	92	
后风缆	0.478 2	228	202	105	
合　计		11 032	10 143	4 307	

采用 Madas Civil 分析软件进行桩-土模拟计算。承台采用板单元，桩基采用梁单元。结构分析不考虑承台底摩擦力和承台前被动土压力，结构更偏于安全。结构计算模型如图 5-51 所示。

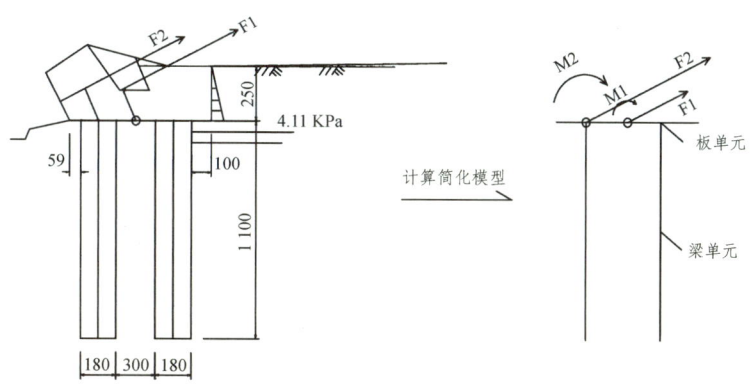

图 5-51 结构计算模型

大理岸地质参数:地锚处的地质为粉砂夹中砂,褐黄色,密实,弱胶结,近半成岩,呈薄层状,层理明显,局部夹薄层粉土、黏土,其承载能力 $[f_0]$=400 kPa, q_{ik}=100 kPa。采用"m"法确定土弹簧单元。根据桩位处现场实际情况,m 取 18 000 kN/m^4,因此有:

F_1=2 124+5 116=7 240 kN,M_1=$F_1 \times L_1$=7 240×1.8=13 032 kN·m;

F_2=3 480 kN,M_2=$F_1 \times L_1$=3 480×1=3 480 kN·m。

经计算分析,桩的弯矩、剪力、位移如图 5-52~图 5-54 所示。

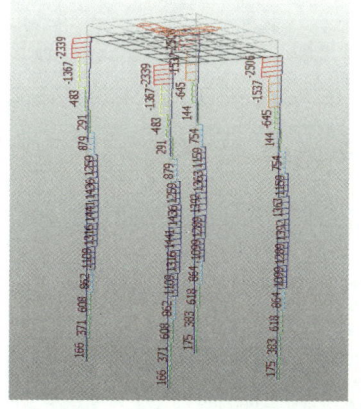
图 5-52 桩弯矩(单位:kN)

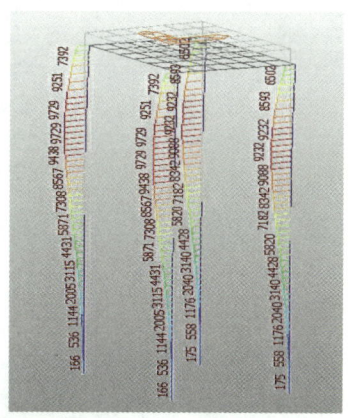
图 5-53 桩剪力(单位:kN)

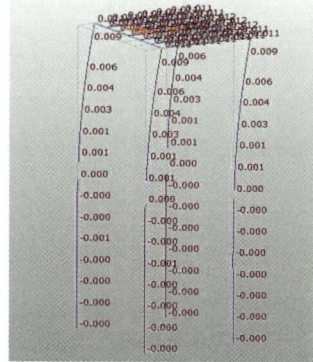
图 5-54 桩位移(单位:m)

桩基承受的最大弯矩为 9 729 kN·m，最大剪力为 5 026 kN，产生的最大位移为 9 mm，其承载能力满足要求。

永胜岸地质参数：地锚处的地质为碎石、灰白、灰黄、稍密、成分为中风化灰岩，棱角状，粉、细砂充填，其承载能力为$[f_0]$=400 kPa，q_{ik}=100 kPa。根据桩位处现场实际情况，m取值 18 000 kN/m^4，因此有：

F_1=2 479+5603=8 082 kN，$M_1=F_1 \times L_1$=8 082×1.73=13 982 kN·m；

F_2=3 480 kN，$M_2=F_1 \times L_1$=2 950×0.9=2 655 kN·m。

经计算分析，桩的弯矩、剪力、位移如图 5-55～图 5-57 所示。

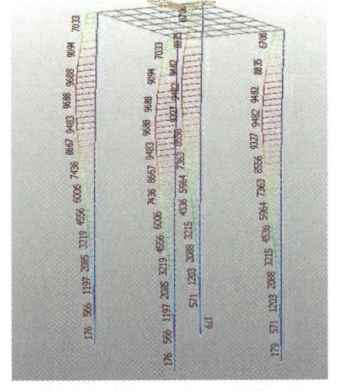

图 5-55 桩弯矩（单位：kN）　　图 5-56 桩剪力（单位：kN）

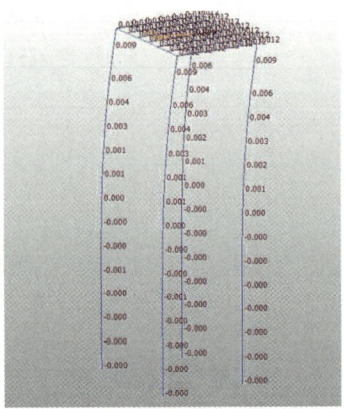

图 5-57 桩位移（单位：m）

桩基承受的最大弯矩为 9 688 kN·m，最大剪力为 2 513 kN，产生的最大位移为 9 mm，其承载能力满足要求。

4. 斜拉扣挂系统的稳定性的影响因素分析与控制

（1）索扣塔稳定性的影响因素分析。

金鸡达旦河大桥结构体系复杂，拼装节段多，吊装高度大。主拱采用斜拉扣挂体系施工，由于本工程的缆索吊采用索扣塔一体化设计，扣塔作为拱肋施工过程中最主要的临时构件,承担着主要的受力任务,其安全性、稳定性和不同阶段的变形量直接影响拱肋的安装质量和控制精度。根据前述计算可知,除考虑影响吊塔顶不平衡的因素(主索倾角的改变而产生的不平衡力、向跨内方向的风力、牵引索的不平衡力、起重索的不平衡力)外,还需要考虑以下问题:① 由于扣索锚固在扣塔上,拱肋安装过程中临时索及扣索扣挂在扣塔上,锚索及扣索索力的不均衡、锚扣索张拉时间、拆除时间、张拉力的大小以及张拉锚固的位置均对拱肋的安装线形和内力状态有较大影响,同时会导致索扣塔的不稳定,造成位移过大等问题。因此,在拱肋安装扣挂索过程中,应对扣塔的垂直度及塔顶位移变化进行观测。② 桥位位于山区河谷地带,季风较大,风荷载对索扣塔的影响显著。在施工过程中,观测到未进行吊装安装状态下仅因风载引起的扣塔塔顶位移偏差在 1~3 cm 之间。

(2)索扣塔稳定性的控制。

为确保斜拉扣挂系统的稳定性,保证钢箱系杆拱桥的顺利施工,施工过程中,施工单位首先根据监控单位的监控要求做好各阶段的工作安排,具体安排见表 5-33。

表 5-33 各施工阶段的工作安排

施工阶段	监控工作	施工单位配合工作
拱座及基础(缆索吊装系统同)施工阶段	1. 收集设计图纸及施工资料,开展相关研究工作(图纸方案、质量统计、仿真计算、参数分析等); 2. 确定桥墩基础沉降、位移观测点的布置方案; 3. 缆索吊装系统施工过程扣塔控制截面应力、温度监测	1. 拱座基础沉降、位移观测点的布置实施及初始值测量; 2. 提供相关资料
拱肋施工阶段	1. 拱肋线形测点布置,以及应变、温度测试元件安装; 2. 复核测量控制网; 3. 提供拱肋安装定位坐标,并进行测量复核; 4. 拱肋控制截面应力、温度、风力风速监测; 5. 拱肋悬臂吊装施工过程的动态监测及数据分析; 6. 拱肋施工过程的扣塔塔偏及应力分析; 7. 拱肋施工过程的扣索索力控制; 8. 拱肋合龙控制	1. 协助测点布置、测试元件安装及现场保护; 2. 提供测量控制网数据; 3. 提供拱肋节段质量、施工临时荷载、支架预压变形数据; 4. 提供拱肋各节段安装线形数据; 5. 反馈拱肋悬臂安装过程中的各项数据; 6. 协助进行合龙口状态观测
主梁施工阶段	1. 格构梁主纵梁线形测点布置及应变、温度测试元件安装; 2. 确定吊索下料长度; 3. 确定格构梁主纵梁各节段安装标高,并进行测量复核; 4. 确定各吊索张拉索力并进行测量控制; 5. 拱肋、格构梁主纵梁控制截面应力监测,桥墩基础沉降、位移监测,温度、风力风速监测; 6. 主梁合龙控制	1. 协助测点布置、测试元件安装及现场保护; 2. 提供主梁质量、吊索弹模、施工临时荷载等数据; 3. 提供主梁各节段施工过程中主梁、拱肋线形数据; 4. 提供吊索张拉过程中张拉千斤顶、磁通量传感器读数; 5. 协助进行桥墩基础沉降、位移监测; 6. 协助进行合龙口状态观测
成桥恒载阶段	1. 拱肋线形及应力、主梁线形及应力、吊索力测量; 2. 编制总结报告	协助完成成桥阶段观测工作

在钢箱系杆拱桥的施工过程中，应特别关注各构件吊装及扣锚索张拉环节的缆索吊系统安全性。为确保施工安全，应在扣塔中部增设变形测点，以监测偏心受压可能引发的侧向变形。吊装过程中，需实时观测吊塔和扣塔塔顶的纵向偏位以及地锚的位移。吊塔塔顶的偏位应控制在塔高的 1/400 以内，拱肋精确定位后，扣塔塔顶的最大位移也不得超过 10 mm。若偏移量超过允许值，应立即停止施工，并对扣锚索的索力进行调整。

扣锚索的张拉控制应以线形标高控制为主，张拉力及钢绞线伸长量作为复核依据。扣锚索应分级张拉，且张拉加载过程应缓慢均匀。每束扣索钢绞线的长度应保持一致。

在缆索吊机上安装安全监控系统与电路联动系统，其机电控系统采用成熟的可编程逻辑控制器（PLC）作为核心，并选用能耗低、性能稳定的变频器作为关键驱动设备。此外，系统中还整合了具备监视与控制功能的触摸屏及上位工控机，作为人机交互接口。通过将先进的集中监视控制技术应用于架桥缆索吊机系统，操作员能够全面掌握设备运行状态，实现灵活精准的控制。

（3）缆索吊安全监控及电路联动系统。

工程缆索吊采用安全监控及电路联动系统，以确保施工安全。该系统由起升和牵引机构组成，电机采用三相异步绕线式电机，并通过转子甩电阻方式调节升降和牵引速度。控制系统采用 PLC 控制系统。电气设备分别布置在电气房内，电气房内设有电源控制、主升降控制、牵引控制、工作升降控制和工作牵引控制等。电阻柜安装在电气房外，通过司机室联动台操作各机构。监控系统增强了人机交互能力，操作人员能够实时监控系统工作情况，并使系统操作更加便捷。

各配电柜内的各类开关信号均通过 PLC 进行处理，确保控制保护联锁的可靠性。当故障发生时，相关部位会自动启动保护机制，并通过故障指示灯进行报警指示。为确保安全，本机的升降和牵引两个机构不能同时运行。此外，在本机的关键部位（如电源控制柜、联动台等）均设有紧急停车按钮，这些按钮能够可靠地切断整机电源，实现紧急停车。本工程现场共配置 32 台卷扬机，大理岸和永胜岸每侧各设有 4 台主起升卷扬机、4 台主牵引卷扬机、2 台工作索起升卷扬机以及 2 台工作索牵引卷扬机。每侧 12 台卷扬机配备一个 PLC 控制台。缆索吊单侧 PLC 电器控制系统如图 5-58 所示。

升降机构由 4 台三相异步绕线式电机驱动（其中 1#、2#、3#、4#电机功率都为 85 kW），卷扬机滚筒上均带有旋转编码器，电机工作制式为 S2、30 min。PLC 控制电机的正、反转接触器和转子接触器，完成电机正、反转和低速、中速、高速三档不同的速度要求。4 台升降卷扬机可以单动也可以联动。升降机构的电机过流、荷载超载、卷扬机高低限位、卷扬机刹车电源辅助触头都接入 PLC 中。

牵引机构由 4 台三相异步绕线式电机驱动（其中 1#、2#、3#、4#电机功率都为 42 kW），电机工作制式为 S2、30 min。电机同样用通过 PLC 控制电机的正、反转接触器和转子接触器，完成电机正、反转和低速、中速、高速三档不同的速度要求。牵引卷扬机滚筒侧安装有旋转编码器，两台电机同时牵引两台起重小车，两台起重小车串联在一起，牵引卷扬机一台收绳，一台放绳，达到牵引起重小车目的。工作升降机构由 2 台 22 kW 三相异步绕线式电机分别驱动 2 套工作升降卷扬机，电机由 PLC 控制其正、反转接触器和转子接触器，完成电机正、反转和低速、中速、高速三档不同的速度要求。工作牵引机构由两台摩擦式卷扬机分别驱动两套工作牵引卷扬机，每台电机为三相异步绕线式电机，功率为 22 kW。通过 PLC 控制电机的正、反转接触器和转子接触器，完成电机正、反转和低速、中速、高速三挡不同的速度要求。牵引卷扬机滚筒侧安装有旋转编码器。

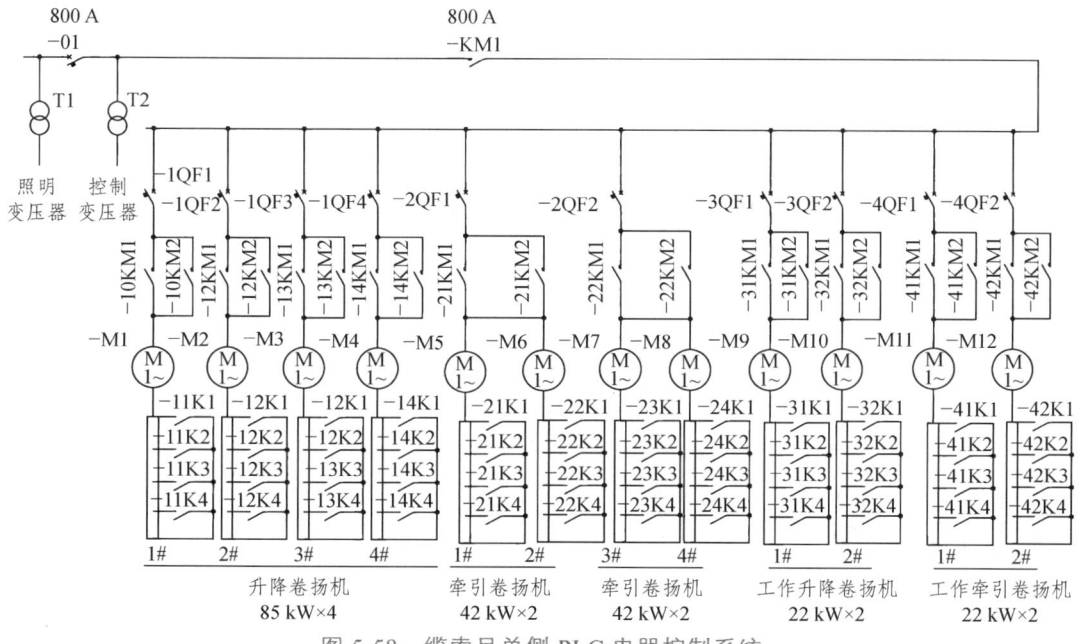

图 5-58　缆索吊单侧 PLC 电器控制系统

缆索吊的电源控制系统包括总断路器、总接触器、变压器、中间继电器、可编程逻辑控制器及开关电源等设备，主要用于对主运行机构的电路以及照明与辅助机构进行配电，并配备短路、欠压、过流、过载等保护装置。在缆索吊主升降机的工作升降控制系统中，设有断路器、接触器、继电器等设备，主升降卷扬机的调速通过 PLC 控制电机转子甩电阻的方式实现，同时将卷扬机的高度限位器接入 PLC，通过调整高度限位器即可设定卷扬机升降的极限高度。同样，在牵引及工作前移控制系统中，也设置了断路器、接触器、继电器等设备，并通过 PLC 控制电机转子甩电阻的方式实现卷扬机状态的调整，卷扬机的高度限位器同样接入 PLC，调整高度限位器即可设定其升降的极限高度。

司机室是本系统的核心操作接口，为确保操作台稳定可靠地运行，并实现对整个系统的安全操控，大理岸 PLC、上游和下游操作室的远程站采用光纤环网连接，不仅保证了长距离传输的可靠性，还支持多种传输介质的灵活组合。缆索吊电路联动台设置于司机室内，作为全车的控制指令中心，通过操纵指令控制器，可实现各机构的单独或联动操作及调速给定，从而精确控制钢箱系杆拱桥各构件的吊装。缆索吊控制系统的制动电阻箱采用不锈钢电阻，用于电机制动能耗，并采用户外侧板式安装。为确保缆索起重机在构件安装过程中的安全，配置了以下安全装置：安全监控摄像头、荷载限制器、高度极限限位、牵引极限限位、超速开关、风速仪、避雷针和航空障碍灯等。为提升控制灵活性，当自动监控系统未启用时，仍可通过每个变频器柜门上的按钮和旋转开关启动变频器，采用端子控制方式给定速度和运行信号，操作相应的卷扬机动作。变频器具备便捷的功能设置，其内部存储两组用户参数：用户 1 参数组存储通过通信方式控制变频器的参数；用户 2 参数组存储通过端子方式控制变频器的参数。两组参数可通过参数 16.05 进行切换，确保两种控制方式互不干扰，从而实现系统安全、可靠的运行。

基于 PLC 与变频器的缆索吊机自动监控系统，充分结合了 PLC 抗干扰能力强、适用于工业现场的特点，以及 WinCC 组态软件强大的数据处理与图形表现能力。该系统采用实时性好、可靠性高的 PROFIBUS 现场总线与以太网相结合的通信网络，并利用变频器的调速性能，融合了先进的自动化技术、计算机技术、通信技术、故障诊断技术和软件技术，具备可靠性高、维护简便等优势。该系统实现了数据的集中管理、自动控制与手动控制相结合、故障检测等多重功能，为系统的连续、稳定、安全运行提供了有力保障。该套系统已在金鸡达旦河大桥缆索吊中成功应用，有效确保了缆索吊起重吊装的安全性。

5.3 拱座及横梁施工

大跨径下承式钢箱系杆拱桥的拱座多为无推力拱座，其拱座与横梁施工常采用支架施工法。具体而言，该施工法是在拱座周围搭设钢管桩支架，并采用钢模板及拉杆作为模板支承；同时，模板与支架的安装与拆卸均使用汽车吊进行操作，混凝土则通过泵送方式浇筑。

5.3.1 拱座自密实混凝土配制

在拱座施工前，需先预埋拱肋节段。鉴于本工程特点，钢筋及拱座预埋件安装具有配筋率高、定位精度要求高等特点，且后续混凝土振捣密实难度较大。此外，拱座位置在后续施工过程中将承受复杂的水平及竖向推力，受力情况复杂。因此，拱座施工质量的优劣将直接影响整体结构的受力性能。

为确保预埋段的安装精度，拱肋预埋段的定位安装采用角钢作为劲性骨架进行固定。同时，为减少混凝土振动对预埋段的影响，拱座及横梁的混凝土浇筑采用自密实大体积混凝土，并分层分段进行。由于地材受限，本工程使用的粗集料最大级配粒径超过 20 mm，超出了常规自密实混凝土设计的粗集料级配范围，因此需要研究一种适用于大粒径粗骨料的 C50 自密实大体积混凝土。该混凝土的设计包括自密实性能设计、胶凝材料水化热设计和强度等级设计三部分。各类结构物的自密实大体积混凝土配合比必须通过试验确定，试验方法应遵循常态混凝土的相关规定；涉及自密实性能的试验则需按照自密实性能检测方法执行，以确保混凝土的和易性、抗离析性和流动性。同时，针对大体积混凝土性能的试验，需按照胶凝材料的水化热试验方法进行，以尽量降低混凝土的水化热，减少温度裂缝。采用自密实混凝土替代常态混凝土结构时，应采用同强度等级的混凝土。根据大桥拱座及横梁的特点，为保证混凝土能够自密实，且强度满足要求，提出了该自密实混凝土设计指标，具体见表 5-34。

表 5-34 自密实混凝土设计指标

混凝土抗压强度/MPa		水化热/（kJ/kg）		坍落度扩展值（和易性）/mm	压力泌水率（泵送性能）/%	初凝时间/min	终凝时间/min
7 d	28 d	7 d	28 d				
57.2~64.7	61.2~68.4	<250	<370	610~630	25~35	235	455~460

该自密实混凝土的材料要求如下：

（1）考虑到混凝土的强度高，且为大体积混凝土，要求配制混凝土所用水泥 7 d 的水化热不大于 250 kJ/kg。

（2）为了减少绝对用水量和水泥用量，降低混凝土的水化热，提高混凝土后期强度，并改善混凝土的黏塑性及可泵性，应掺加优质粉煤灰。粉煤灰采用 F 类 I 级粉煤灰。

（3）自密实混凝土的流动性高，细骨料采用天然中粗砂，其细度模数在 2.7~2.9 之间，含泥量小于 2%，泥块含量小于 0.5%，孔隙率小于 47%。在该指标范围内，砂石级配良好，砂率适中，形成的骨架结构密实，能有效解决自密实混凝土在大流动性与稳定性之间的矛盾，从而提升混凝土的整体质量。

（4）粗骨料采用级配碎石，包括粒径为 5~9.5 mm 的小粒径级配碎石及 9.5~26.5 mm 的大粒径级配碎石。碎石中小粒径级配碎石与大粒径级配碎石的质量参合比为 3∶7，其针片状颗粒含量小于 5%。其中，小粒径级配碎石与大粒径级配碎石的级配范围为：26.5 mm 标准筛累计筛余量占 0%~5%；19 mm 标准筛累计筛余量占 30%~70%；16 mm 标准筛累计筛余量占 90%~100%；9.5 mm 标准筛累计筛余量占 90%~100%；4.75 mm 标准筛累计筛余量占 90%~100%。通过增加粒径 25 mm 的大粒径粗骨料，增大骨料之间的孔隙率，控制其针片状颗粒的含量小于 5%，提高了混凝土的强度，降低了混凝土的水化热。

（5）为改善混凝土的和易性，在提升其流动性的同时保持较好的黏聚性和保水性，需添加改性剂。该改性剂以超细微硅粉为活性载体，是一种复合型特种纳米材料，具有保水增塑、润滑填充、密实增强、抗离析和耐腐蚀等多项性能。

（6）本工程采用 TK-PAC2 聚羧酸系高性能减水剂。该减水剂具有缓凝时间长、高减水、高保坍等特性。其不仅能够显著改善混凝土的工作性能，还可将减水率提升至 38%，有效减少拌和用水量，节约水泥用量，进而降低水化热。此外，该减水剂能够延长混凝土的塑性保持时间，便于浇筑作业，提升施工效率，且不会对后期强度产生明显影响。该产品适用于大体积、大流动自密实、高扬程和超长距离泵送以及高温施工等多种高性能混凝土工程。根据确定的材料要求，反复调整各原材料配比参数，最终确定了大粒径粗骨料 C50 自密实大体积混凝土理论配合比：水泥为 416～474 kg/m³，粉煤灰为 45～52 kg/m³，骨料为 756～787 kg/m³，级配碎石为 1 004～1 045 kg/m³，水为 162 kg/m³，减水剂为 7.59～8.67 kg/m³，改性剂为 45～52 kg/m³。

在拱座施工前，该混凝土在拱座附近进行了 1∶4 的缩尺模型试验。试验采用上述大粒径粗骨料 C50 自密实大体积混凝土进行浇筑，浇筑后结构强度满足要求，混凝土表面光滑无裂缝，外观质量优良。该混凝土突破了传统自密实混凝土粗集料粒径 20 mm 的限制，采用了 26.5 mm 的粗集料，并在混凝土中添加了高效减水剂和改性剂，显著改善了混凝土的流动性和水化热特性，同时提高了混凝土强度。这不仅有助于提高拱肋预埋节段的安装精度，还能确保拱座及横梁混凝土的密实度，从而保证拱座的施工质量。因此，这种创新的粗骨料大粒径自密实混凝土可广泛应用于拱座及横梁施工中。

5.3.2 拱座及横梁施工

金鸡达旦河大桥拱座分五层浇筑，横梁分三层浇筑，其分层浇筑如图 5-59 所示。拱座及横梁底模板采用组合钢模板，端模及侧模采用 15 mm 胶合板，拱座及横梁施工平台采用钢管及型钢搭设，钢管立柱采用 $\phi 426 \times 8$ mm 钢管，主楞采用双拼 I45a 工字钢，次分配梁采用 I36a 工字钢。两侧平台宽度均大于 2 m，平台上采用满铺木板。平台需安装栏杆，栏杆高度为 1.4 m，并设置防护网。拱座及横梁的钢筋施工、模板施工、预应力管道等工程施工按照常规施工进行。

拱座横梁施工主要难点在于预埋件的精确定位安装和混凝土的浇筑。拱座施工前，需要预埋的构件多，主要包含有各类小型预埋件安装、格构梁 A（C）段安装定位、拱肋 00（00′）段安装定位、钢拉杆安装定位、永久系杆预埋管道等。其中，格构梁及拱肋节段的预埋采用型钢作为劲性骨架定位安装，以确保其精度。拱座和横梁混凝土采用自密实混凝土，其浇筑过程几乎无需振捣。通过冷却水水温的观测，此类混凝土产生的水化热较小。然而，为确保拱座混凝土的密实性，施工时仍配备了小型振捣棒，以防止局部混凝土浇筑不密实。

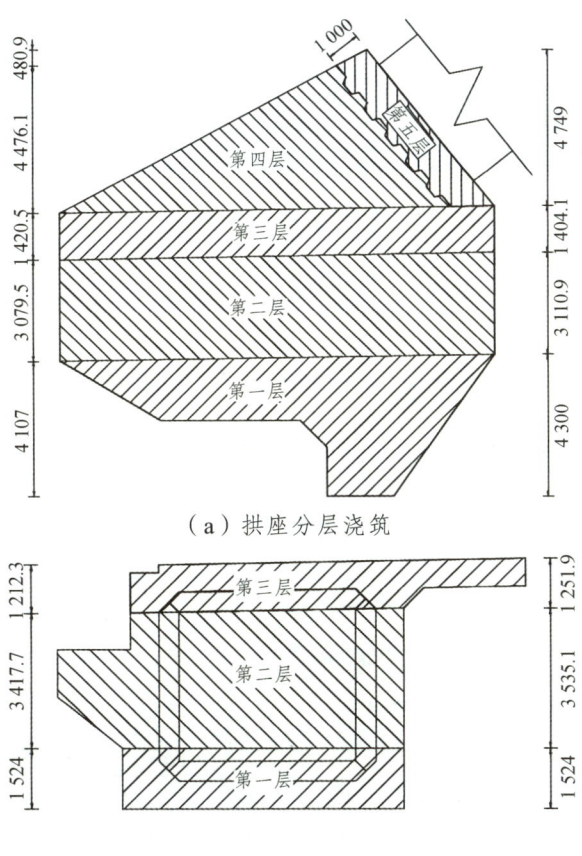

（a）拱座分层浇筑

（b）横梁分层浇筑

图 5-59　拱座及横梁分层浇筑（单位：mm）

5.3.3　拱座处临时支座施工

金鸡达旦河大桥内部为超静定结构体系，外部为整体简支体系。该桥梁采用缆索吊装先拱后梁施工法，施工中不可避免地会产生拱脚水平推力和竖向支撑力，导致拱脚三向位移。在施工过程中，本桥拱座主要受钢纵梁、钢拱肋、系杆、横梁预应力、支座综合传力影响，受力模式呈三向受压状态。拱座受力如图 5-60 所示。

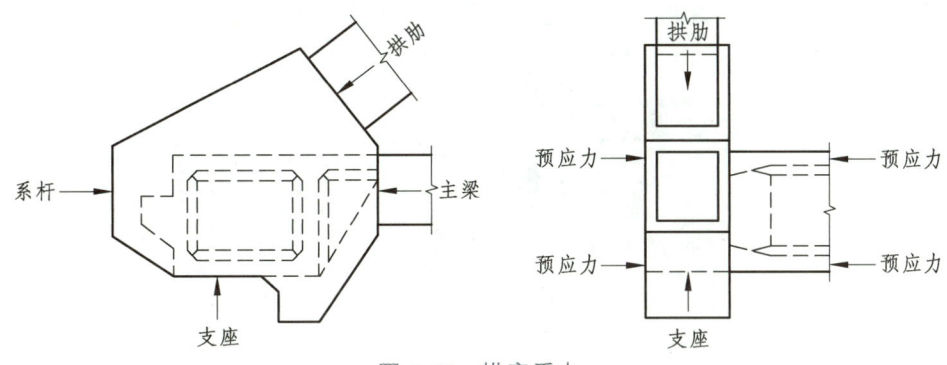

图 5-60　拱座受力

在拱座处，抗推力需通过临时支座传递至墩柱，以平衡拱座的受力。由于安装过程中，拱座可能产生位移偏差，因此必须设置临时支座。设计院提出的临时支座方案为采用横向盆式橡胶支座 GPZ（Ⅱ）-15-SX 和竖向盆式支座 GPZ（Ⅱ）-5-SX 作为临时支座，并在支座底部安装楔形垫块，以便于临时支座的固定与拆除。临时支座与拱座之间，楔形垫块与墩柱之间均采用硫磺砂浆进行黏结。拱座处支座设计如图 5-61 所示。

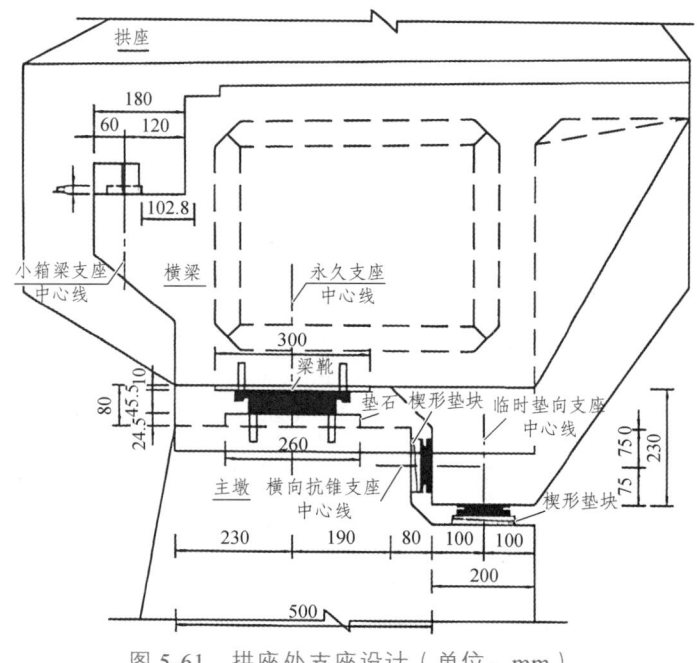

图 5-61　拱座处支座设计（单位：mm）

在实际施工过程中，监控单位对临时支座的受力情况进行复核，并对拱肋安装过程及体系转换过程中的受力和位移进行了深入分析。施工单位巧妙利用四氟乙烯板、混凝土块和不锈钢板的特点，采用简易材料制作临时支座，在满足施工要求的前提下，节约了施工成本，解决了大跨径钢箱系杆拱桥缆索吊装先拱后梁的施工过程中拱脚大抗推力及大位移量需求的难题。临时支座结构如图 5-62 所示。

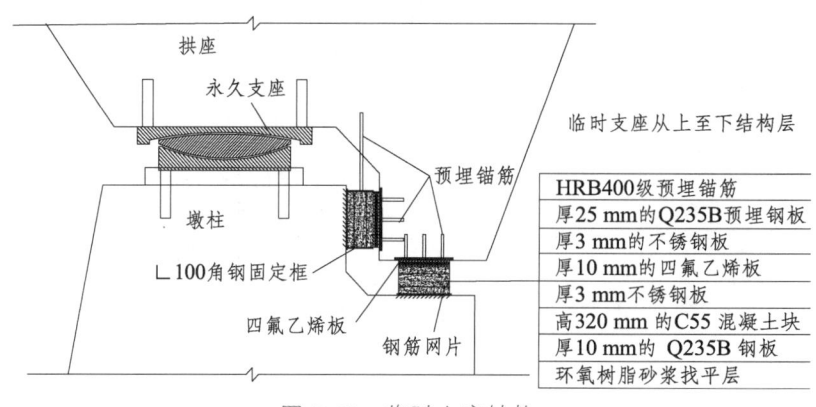

图 5-62　临时支座结构

临时支座采用混凝土与四氟乙烯板组合结构，二者均具备高强度抗压性能，能够有效承受巨大推力。同时，由于四氟板与不锈钢板之间的摩擦系数较低，施工过程中拱座的水平位移变化不会受到限制，便于拱肋及钢主梁安装、系杆张拉等工序中对拱座位移的调整。在系杆拱桥施工中，由于系杆张拉引起的上拱效应，临时支座易于脱空，便于拆除。

设计该临时混凝土块四氟板支座的方法及步骤如下：

（1）根据桥梁的安装施工过程，分析拱座处的横向抗推支座和竖向支撑临时支座的受力大小及位移。

（2）根据钢箱系杆拱桥其建模计算过程可知，当张拉永久系杆 N1 和 N2 后，扣索松弛时，拱座处的临时支座竖向反力最大，计算出大理岸拱座处的临时垂直支座的最大竖向反力为 19 678 kN，永胜岸拱座处的临时垂直支座的最大竖向反力为 21 450 kN。由于整个桥梁设计的大理岸的高程相较永胜岸的高程低，拱肋节段吊装过程中，计算出大理岸拱座处的临时抗推支座的最大水平反力为 2 786 kN，永胜岸拱座处的临时抗推支座的最大水平反力为 8 933 kN，均未超过设计规定的 12 000 kN 的限值，因此，只需要设计满足能够承受计算所需结构受力的临时支座，且便于安装拆除即可。为了确保安全，临时支座水平总推力按照 15 000 kN 设计，竖向力总承载力按照 30 000 kN 设计。

（3）根据支座的受力大小，确定了临时支座采用混凝土块、四氟乙烯板、不锈钢板组成，竖向临时支座外侧采用角钢固定框固定在拱座预埋钢筋内。每个横向水平推力支座及竖向临时支座的承载力为 15 000 kN，每个主墩拱座选用 1 个水平推力支座，填充混凝土尺寸为 780 mm × 780 mm × 320 mm，临时支座的承载能力为 24.65 N/mm² < 25.3 N/mm²（临时支座的混凝土等级为 C55，其轴心抗压强度为 25.3 N/mm²）。主墩接触面尺寸为 1 000 mm × 1 000 mm，轴心抗压强度 15 N/mm² < 19.1 N/mm²（主墩的混凝土等级为 C40，轴心抗压强度为 19.1 N/mm²），可满足要求。每个主墩拱座处选用 2 个竖向临时支座，填充混凝土尺寸为 780 mm × 780 mm × 320 mm，其临时支座的承载能力为 24.65 N/mm² < 25.3 N/mm²（临时支座的混凝土等级为 C55）。主墩接触面尺寸为 1 000 mm × 1 000 mm，轴心抗压强度 15 N/mm² < 19.1 N/mm²（主墩的混凝土等级为 C40），故其选择尺寸均符合使用要求。临时支座如图 5-63 所示。

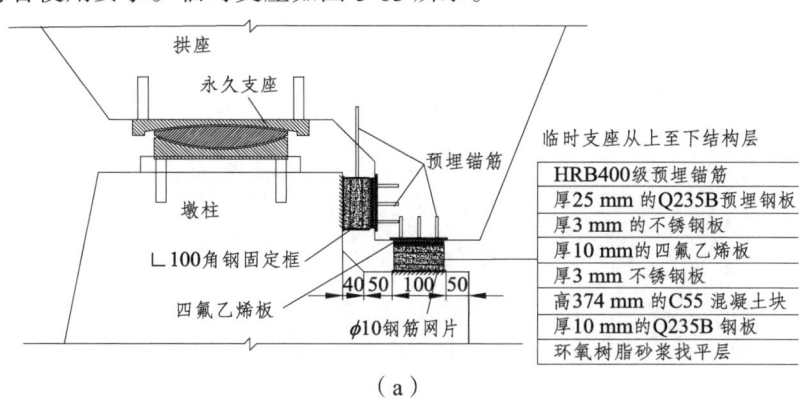

(a)

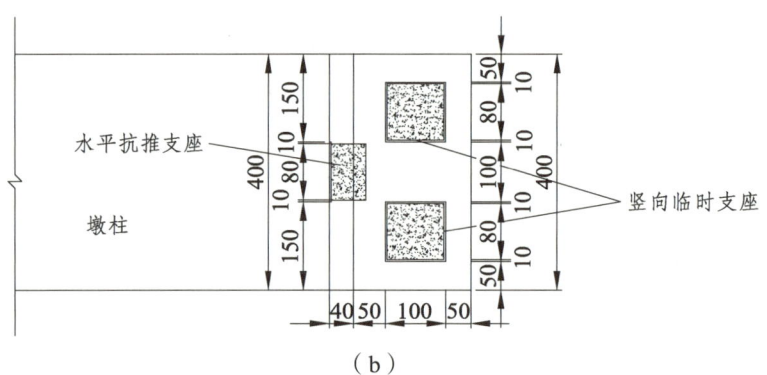

(b)

图 5-63 临时支座立面及平面（单位：mm）

（4）根据设计要求，制作混凝土垫块，并依次安装各个结构的临时支座，完成临时支座的安装。其支座安装方法与常规支座安装相同，其中竖向支座的安装采用在支座外侧设置型钢钢框架。钢框架的一部分预埋在拱座下翼缘，以防止竖向支座因自重坠落。

（5）在施工过程中，对临时支座的位移变化进行观测，并根据施工要求对拱脚位移进行调整。在钢箱系杆拱桥体系转换过程中，通过持续监测，未发现临时支座出现局部压碎的现象，表明该临时支座设计符合工程要求。

5.4 钢箱拱拱肋节段安装

5.4.1 拱肋节段总体安装方法

拱肋节段根据设计要求的线形和分段在工厂预制完成后，分节段运输至现场存放并吊装。本桥所有拱肋均从永胜岸起吊，其中拱肋首节段通常较短，采用支架法安装；其余拱肋节段则采用斜拉扣挂无支架缆索吊装法进行安装。拱肋采取整节段安装方式，每个节段为单肋安装，待左右幅同一节段吊装就位后，安装节段间连接横撑，即完成一个节段的安装。拱肋节段安装（图 5-64）采用两岸对称悬拼方式，除拱肋 01 和 01′节段外，每安装一节段拱肋即设置一个扣索，其余拱肋节段的扣索安装按照安装两个节段，扣挂一个扣索的原则进行。

图 5-64 拱肋节段安装

5.4.2 钢箱拱拱肋节段安装步骤

钢箱拱拱肋节段安装工艺流程如图 5-65 所示。

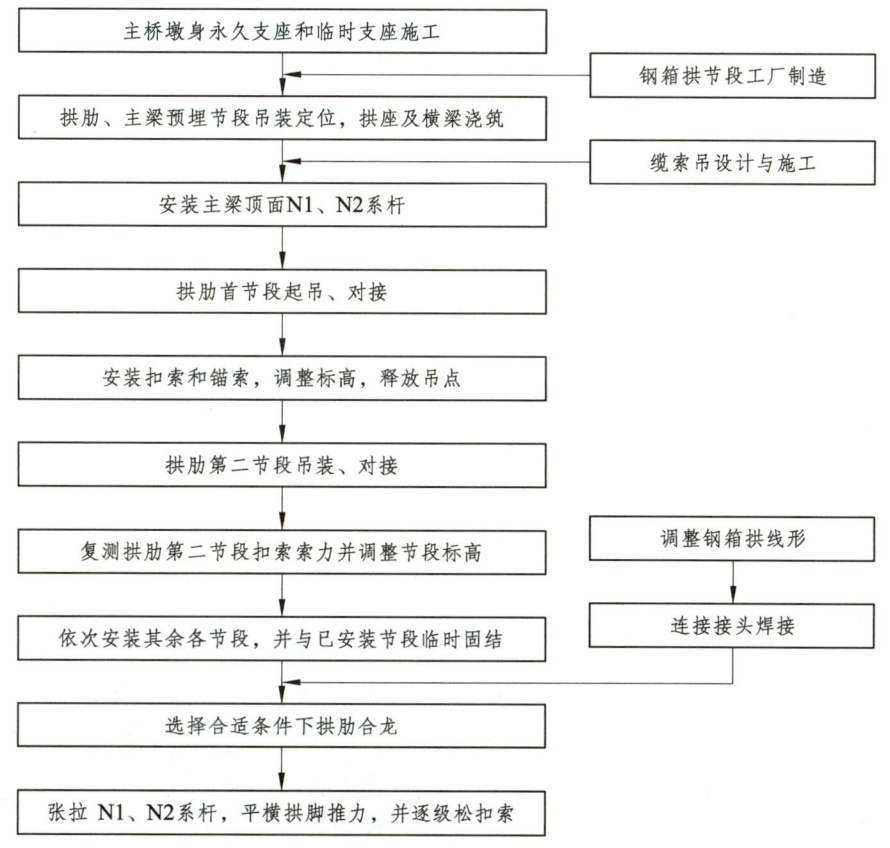

图 5-65　钢箱拱拱肋节段安装工艺流程

（1）由于大理岸 G0 节段拱肋距离缆索吊的距离小于缆索吊最近吊装距离，因此，大理岸 G0 节段吊装时需增加 1 台卷扬机水平辅助缆索吊进行安装，如图 5-66 所示。拱肋从永胜岸起吊 G0 节段后牵引至大理岸，调整拱肋斜度与设计安装线形基本一致，并安装辅助卷扬机进行拼装。

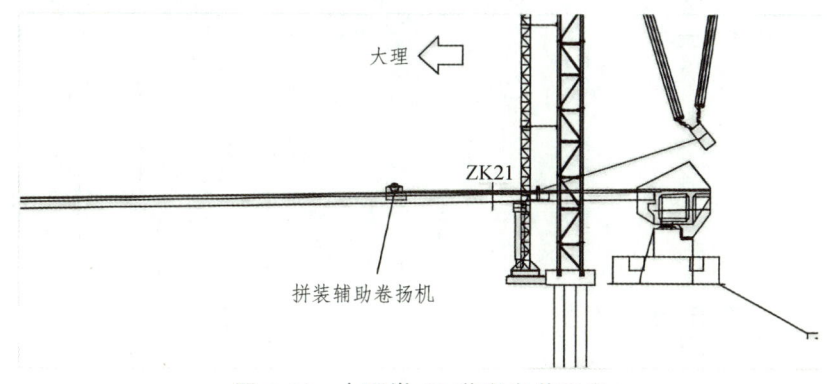

图 5-66　大理岸 G0 节段安装示意

（2）缓慢降到拱脚处预埋的拱脚支座上，采用导链拽拉等措施将左幅第一节段根部拱脚之间对应的中心线吻合，将拱肋插入拱座中。测量 G0 节段的标高及线形，调整至与设计线形相吻合时进行混凝土的浇筑。为确保拱肋断面设计线形旋转至所需角度，需通过计算两侧吊装千斤绳的长度，以实现安装时设计角度的控制。拱肋吊装如图 5-67 所示。

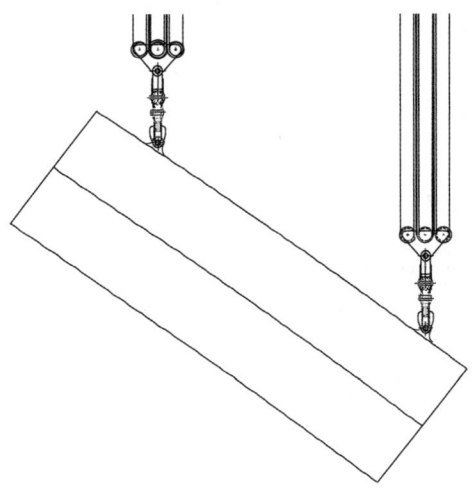

图 5-67　拱肋吊装

（3）大理岸 G0 段安装完成后，按照相同的方法安装永胜岸 G0 段。

（4）当 G0 段安装完毕后，进行拱肋 G1 段的架设和安装。安装前准备工作：测量并标出拱肋对应安装中心线，检查扣索穿挂情况、对应锚索就位情况、钢箱拱节段前端施工平台支架及安全网安装固定是否牢固、张拉设备是否就位等。

（5）缓慢降到 G1 节段安装位置，采用导链拽拉等措施将左、右幅第二节段根部与 G0 节段之间对应的中心线吻合，连接匹配件的连接螺栓。拱肋连接匹配件如图 5-68 所示。拱段连接前先采用 M42 的 40Cr 螺杆粗定位后，再用 M24 螺栓进行精定位。

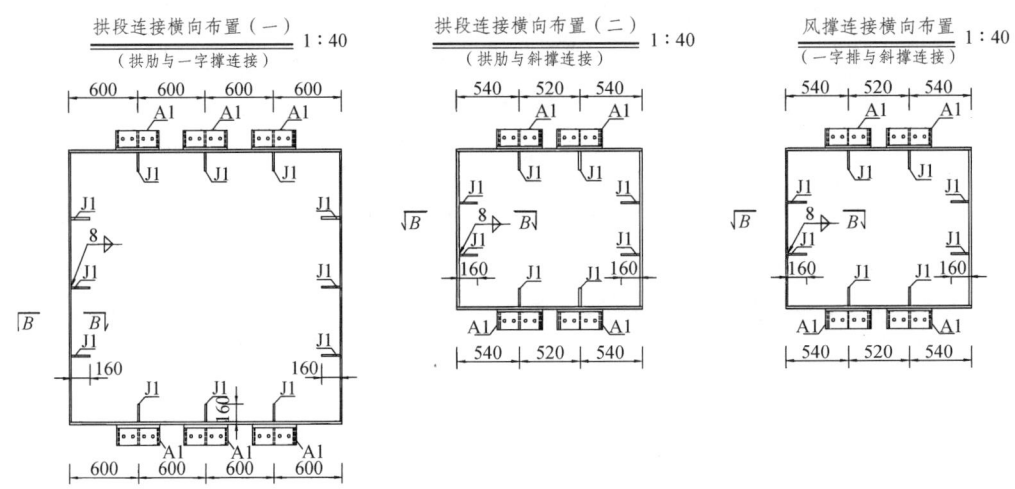

图 5-68　拱肋连接匹配件（单位：mm）

（6）用提升卷扬机将拱肋的扣索牵引至主塔顶施工平台上，并逐孔穿过对应的扣索索道，再通过张拉千斤顶临时锚固。

（7）逐根调整已就位的锚索，使得每根钢绞线的索力基本一致，然后按不大于 9 800 N（10 t）预张拉力进行张拉（张拉力根据监控单位提供的数据进行）。在锚索力小于 9 800 N 时，按锚索力进行张拉；大于 9 800 N 时，可根据具体数据进行分级张拉。分级张拉时，锚索每预张拉一级后，需调整扣索张拉力。调整扣索索力的增值所产生的对主塔上锚点的水平力应与预张拉锚索索力所产生的锚点反向水平力相等。

（8）逐根调整扣索，使每根钢绞线索力基本一致，按照锚索张拉级数所对应墩顶的水平力进行张拉控制。

（9）应缓慢均匀地进行张拉加载。每个操作点须有技术人员指导、记录和把关，注意观测交界墩的墩顶位移、引桥梁体受力情况，并作好记录。在张拉过程中，所有数据应及时报指挥台，以便指挥台正确指挥。张拉人员未得到准确指令时，严禁张拉。

（10）锚索、扣索依次张拉，直至大理侧第二节段拱肋前端达到要求的标高值。拱肋安装原则：以拱肋前端标高为主要控制目标，张拉力及钢绞线伸长量用于监控复核。在整个张拉过程中，缆吊单钩需始终跟踪收紧，但在扣索张拉达到标高后，缓慢松钩，并同时监测拱肋测点标高，不满足时需通过调整扣锚索，以达到计算要求。满足要求后，进行下一吊施工。

（11）参照上述 G1 段拱肋架设步骤进行后续节段的架设。当拱肋设有横撑时，需先安装横撑后，才可进行下一节段的安装。

（12）在拱肋节段斜拉扣挂缆索吊悬臂拼装过程中，可依据单侧调整内力的扣索总数量不超过三对的原则进行控制。具体而言，当两节段永久连接形成后，可逐次拆除已完成承载功能的根部扣索，并转移至悬臂端，从而实现少扣索斜拉扣挂施工。这一方法不仅减少了扣索的工程量，也降低了调索的次数。

5.4.3 拱肋节段吊装施工

（1）拱肋节段吊装前，缆索吊机应完成试吊与调整工作，并办理相关使用手续。同时，须制定详细的检查、使用、维修、控制及调整等实施细则，以确保缆索吊机始终处于良好的工作状态，保障施工安全。

（2）拱肋节段吊装前，检测每节段拱肋的制造误差，以调整现场安装误差。同时根据本桥的理论线形，考虑拱肋制造拼装时加入的预拱（预拱按照拱顶 21 cm，拱脚为 0 cm），并按照悬链线进行设计。拱肋轴线控制坐标如图 5-69 所示，拱肋轴线控制坐标点见表 5-35。

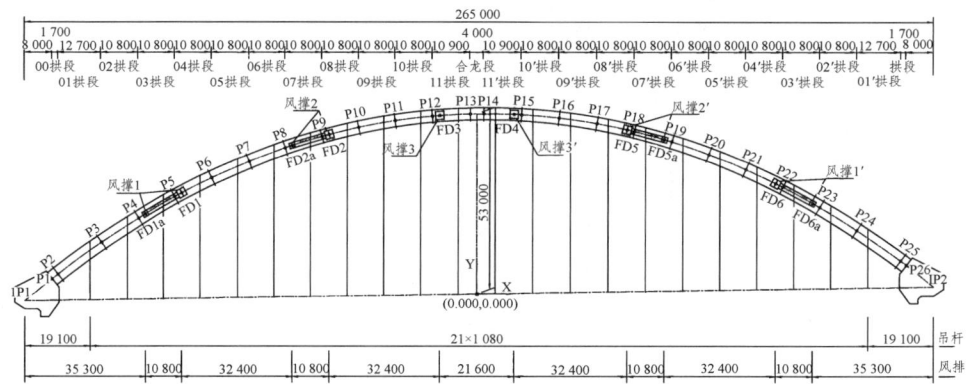

图 5-69 拱肋轴线控制坐标（单位：mm）

表 5-35 拱肋轴线控制坐标点

拱肋轴线控制坐标点	理论纵桥向 X /m	理论竖向 Y /m	预拼纵桥向 X /m	预拼竖向 Y /m
IP1	-132.500	-2.120	-132.500	-2.120
P1	-124.500	4.473	-124.500	4.499
P2	-122.800	5.814	-122.800	5.845
P3	-110.100	15.176	-110.100	15.243
P4	-99.300	22.255	-99.300	22.349
P5	-88.500	28.552	-88.500	28.670
P6	-77.700	34.089	-77.700	34.229
P7	-66.900	38.887	-66.900	39.046
P8	-56.100	42.964	-56.100	43.138
P9	-45.300	46.334	-45.300	46.521
P10	-34.500	49.010	-34.500	49.207
P11	-23.700	51.001	-23.700	51.205
P12	-12.900	52.314	-12.900	52.522
P13	-2.000	52.956	-2.000	53.166
拱顶	0.00	53.000	0.00	53.210
P14	2.000	53.020	2.000	53.230
P15	12.900	52.727	12.900	52.935
P16	23.700	51.760	23.700	51.963
P17	34.500	50.114	34.500	50.311
P18	45.300	47.784	45.300	47.970
P19	56.100	44.759	56.100	44.933
P20	66.900	41.028	66.900	41.186

续表

拱肋轴线控制坐标点	理论纵桥向 X /m	理论竖向 Y /m	预拼纵桥向 X /m	预拼竖向 Y /m
P21	77.700	36.575	77.700	36.715
P22	88.500	31.384	88.500	31.502
P23	99.300	25.433	99.300	25.527
P24	110.100	18.699	110.100	18.766
P25	122.800	9.473	122.800	9.774
P26	124.500	8.457	124.500	8.483
IP2	132.500	2.120	132.500	2.120

（3）吊装时，每节段吊点均采用固定吊点方式进行，以防止吊装过程中吊点滑动而引起钢箱拱变形。拱肋安装以拱肋前端标高为主要控制目标，张拉力及钢绞线伸长量用于监控复核。施工中，应按照模型计算、实际施工情况调整钢箱拱的线形，并设置一定的预抬高。拱肋线形测点布置如图 5-70 和图 5-71 所示。在拱肋拼装阶段，每个拼装阶段的前后端均设置了线形测点；而在合龙吊装阶段，则重点监测中拱段端部、拉索锚固点及拱顶的位移。本桥拱肋安装允许偏差应满足：高程偏差不大于 1 cm，里程偏差不大于 2 cm，轴线偏差不大于 1 cm。各拱肋节段安装偏差满足上述要求后，方可进行下一节段拱肋的安装。

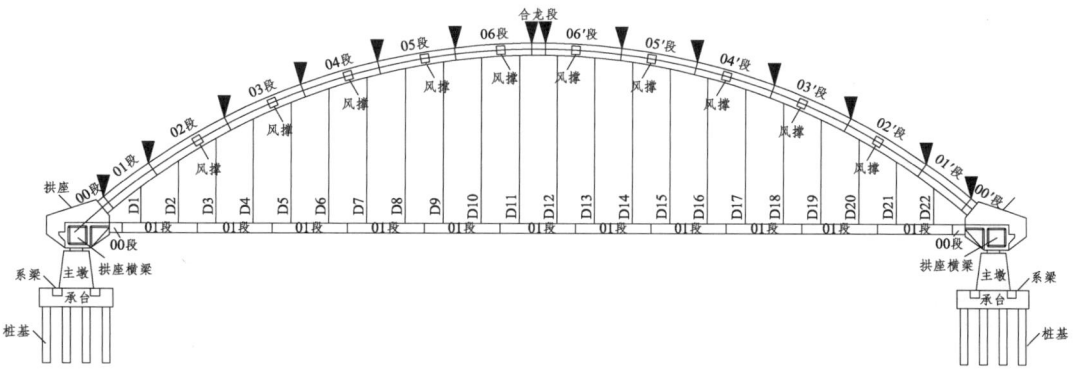

图 5-70 拱肋线形测点立面

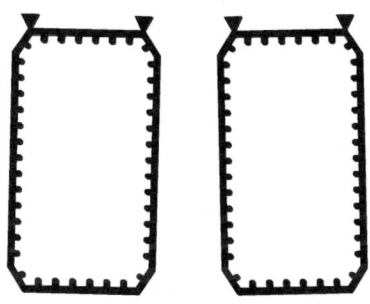

图 5-71 拱肋线形测点横断面

（4）待拱肋初步就位且钢拱稳定后，将卷扬机的钢丝绳牵引至待挂索位置，在钢绞线前端打捆处拴好钩，用卷扬机整体拽拉到位。随后，通过已标记的一根钢绞线调顺整束钢绞线，再过索道，按编号进入锚具进行锚定。

（5）拱肋就位后，应及时连接。钢箱拱的连接采用匹配件螺栓连接的形式进行临时连接，这样可以减少拱肋节段的焊接。

（6）在拱肋吊装完成并松钩时，务必缓慢操作，以防止对前一段拱肋造成过大的冲击，同时需实时监测拱肋的变化情况。拱上作业队伍应特别注意，严禁电焊及氧割作业时触碰钢绞线。

（7）钢箱拱肋逐节对称拼装，逐节调整锚索、扣索的索力以及调整钢箱拱侧向缆风，使钢箱拱线形达到设计要求。经过模型计算，扣索索力及锚索索力值见表5-36，拱肋节段吊装预抬值见表5-37、表5-38。拱肋节段线形调整及测量宜选择低温时进行。

表5-36 扣索索力及锚索索力值 单位：kN

名称	大理岸		永胜岸		备注
	左幅	右幅	左幅	右幅	
1#扣索	430	430	418	418	拱肋01和01′节段安装焊接完成
M1#锚索	234	233	311	311	
2#扣索	1 117	1 117	1 150	1 150	拱肋04和04′节段安装焊接完成后
M2#锚索	1 206	1 208	1 468	1 468	
3#扣索	1 316	1 316	1 482	1 482	拱肋06和06′节段安装焊接完成后
M3#锚索	1 232	1 232	1 460	1 460	
1#扣索	895	895	1 180	1 180	大理岸及永胜岸扣索张拉完成后，再次调整1#～3#扣索索力。
2#扣索	1 157	1 157	1 165	1 165	
3#扣索	1 316	1 316	1 482	1 482	
4#扣索	1 295	1 295	1 419	1 419	拱肋08和08′节段安装焊接完成后
M4#锚索	1 412	1 412	1 485	1 485	
5#扣索	1 048	1 048	1 288	1 288	拱肋10和10′节段安装焊接完成后
M5#锚索	1 683	1 683	1 760	1 760	
6#扣索	1 342	1 342	1 493	1 493	拱肋11和11′节段安装焊接完成后
M6#锚索	1 055	1 055	1 235	1 235	
1#扣索	864	864	1 127	1 127	拱肋合龙前调索
2#扣索	1 294	1 294	1 272	1 272	
3#扣索	1 750	1 750	1 875	1 875	
4#扣索	1 758	1 758	1 791	1 791	
5#扣索	970	970	1 198	1 198	
6#扣索	1 454	1 454	1 607	1 607	

表 5-37 大理岸拱肋节段吊装预抬值

施工步骤	预抬值 d/cm					
	d_6	d_5	d_4	d_3	d_2	d_1
CS8	4	2	0	0	0	0
CS7		−51	−43	−34	−23	−13
CS6			−58	−46	−33	−18
CS5			−32	−27	−20	−12
CS4				−48	−35	−20
CS3					−58	−32
CS2					−39	−22
CS1						−36

表 5-38 永胜岸拱肋节段吊装预抬值

施工步骤	预抬值 d/cm					
	d_6	d_5	d_4	d_3	d_2	d_1
CS8	0.6	0	−0.3	0.2	0.7	0.6
CS7		−17.6	−15	−11.4	−7.4	−3.9
CS6			−17.6	−14.9	−11.1	−6.4
CS5			−7.2	−7.7	−6.9	−4.5
CS4				−13.9	−11.1	−6.9
CS3					−19.0	−11
CS2					−12.3	−7.3
CS1						−11

（8）由于小里程岸右侧小山脊下边坡陡，地表覆盖层厚，库区水位深，地形条件复杂，缆索吊的扣锚及抗缆风锚固困难，施工中采取少缆风的形式进行安装。安装过程中，应加强测量监控，以保证拱肋的线形。同时，为保证山区强风下拱肋及格构梁安装的横向稳定性，施工过程中，增设了风缆。风缆分为上风缆及下风缆，上风缆一端设置在钢箱拱肋外侧，一端锚固在风缆地锚上；下风缆一端设置在钢箱拱肋下方，一端锚固在拱座上。

（9）锚索、扣索依次张拉，在整个张拉过程中应同时监测拱肋测点标高。不满足时，需通过扣锚索调整达到计算要求，满足要求后，进行下一吊施工。

（10）锚索、扣索均采用钢绞线束（抗拉强度标准值为 1 860 MPa），通过扣塔一一对应设置。扣索张拉端设在扣塔顶，锚固端设于钢箱拱前端；锚索张拉端设在扣塔顶，固定端设在两岸锚碇处。扣索、锚索采用卷扬机辅助牵引到位。可在两岸分别布置一台 5 t 的卷扬机，并在塔顶适当的位置设置转向滑轮，满足各扣、锚索的牵引工作。

（11）根据监控单位提供的数据进行张拉。锚索力大于 10 t 时，可根据具体数据进行分级张拉。分级张拉时，锚索每预张拉一级后，需调整扣索张拉力。

（12）张拉加载应缓慢均匀地进行，每个操作点须有技术人员指导、记录和把关，为保证扣锚系统的安全，在扣塔顶部及扣索锚碇的关键部位设置观测点，同时观测交界墩的墩顶位移、桥梁体受力情况，并作好记录，严控扣塔塔顶的纵向位移值。在张拉过程中，所有数据应及时报指挥台，以便指挥台正确指挥。张拉人员未得到准确指令时，严禁张拉。

（13）拱肋节段悬拼过程采用少扣索体系，理论上可按照单侧调整内力的扣索总数量不超过三对进行控制，即当两节段永久连接形成后，可以逐次拆除已完成承载功能的根部扣索转移至悬臂端，实现少扣索斜拉扣挂施工。为了安全起见，扣索除拱肋01（01'）、10（10'）节段外，其余节段按照安装2个节段，扣挂1个扣索进行。在拱肋拼装节段的实际施工中，通过对扣索索力的观测发现，在后续拱肋节段安装过程中，每次节段安装完成后，仅有少数扣索（通常为三对）承担主要荷载，而局部扣索的索力较小，甚至为零。因此，采用少扣索体系进行拱肋安装是可行的。这为今后类似工程的施工提供了参考依据。

（14）扣锚索按照两岸左右对称、扣锚索对应逐束同步松除。先分级松除锚索，再松除对应的扣索。各扣点每批可按1/4扣索力松扣，按扣索编号自下而上依次进行，两节段间应有15 min左右的间隔，同时观察各节段标高变化有无不正常现象，当有过大的标高变化时，应查找原因作出正确的判断，并在下一松扣程序中作出调整。每一次松索均应对拱圈轴线，交界墩的墩顶位置进行测量检查，确定无异常情况变化时才可进行下一步松索。松索时，千斤顶回油不要太快，以免因松索对钢箱拱和交界墩产生瞬间力的冲击而发生意外。

5.4.4 拱肋节段合龙施工

对于下承式钢箱系杆拱桥，钢箱拱的拱肋线形直接影响着桥梁结构的整体受力。

在钢箱拱合龙阶段，除了需承受自身荷载外，还需考虑其他未施加的荷载，因此必须提前预留后期挠度。合龙时的拱轴线形调整和结构内力控制显得尤为关键。在实际工程中，拱的合龙不可避免地会出现线形和内力与设计预期值的偏差，这主要源于以下几个问题：

（1）结构计算模型与实际结构的不一致，以及材料物理常数的变化导致的位移计算偏差。

（2）安装节段在工厂制造过程中存在几何偏差。

（3）架设安装过程中结构发生的非弹性变形（如栓孔错孔，焊接变形）。

（4）施工过程测量精度引起的误差。

（5）施工临时结构变形以及索的非线性变形。

（6）拱合龙过程中结构温度不均匀。

由于误差的累积引起合龙段尺寸与理论计算不符时，采用拱轴线控制和内力调整手段并结合斜拉扣挂装置，可快速实现无应力状态下拱肋精确合龙。合龙段施工控制措施主要有以下几点：

（1）合龙段线形长度预先保留预留长度，其吊装长度可根据实际情况而定。

（2）合龙前，通过调整缆索吊扣锚索索力、张拉系杆索等措施进行内力调整，使合龙后的拱结构内力与状态与设计模式相吻合。

（3）对于大跨径钢箱拱，合龙口尺寸受温度变化的影响难以精确计算，可根据现场72 h的连续观测结果实测确定，测量拱肋线性的影响主要选择晚上十点至早上八点时间范围内，在温度稳定下每30 min测量一次，其他时段每2 h测量一次。根据设计拱轴线坐标对应某温度与合龙时的温度差报设计单位，设计单位根据气温资料重新计算，修正拱轴线坐标值。

（4）线形满足设计要求后，在傍晚的时候测量接头部位拱之间的间距，按设计要求，根据观测结果进行拱肋合龙段的余量配切，并按要求拧紧固定螺栓余焊接，完成拱肋的合龙施工。

合龙前后钢箱拱的线形控制标准见表5-39。

表5-39 线形控制标准

序号	检测项目	合龙前允许偏差/cm	合龙前允许偏差/cm
1	各点标高（与扣挂索力影响后的计算差值）	−0.5～+1.5	−5～5
2	两肋对称点高差	≤−2.0	±3
3	拱肋平面偏差	≤±1.5	≤2.5

5.5 钢主梁安装及吊杆张拉施工

5.5.1 钢主梁总体安装方法

金鸡达旦河大桥主梁采用钢-混组合梁，即在钢格构梁主梁上设置混凝土桥面板。钢格构梁主要由主纵梁、次纵梁及横梁组成。两拱肋轴线横向间距为30.6 m，钢箱拱宽2.8 m，其总宽为33.4 m，而钢主梁节段梁长10.8 m、宽33.5 m。因采用先拱后梁施工方法，整节段钢主梁空间无法垂直正常起梁运梁，拱与梁的吊点会相互干涉。本次采用在主纵梁外侧设置长1.525 m，高1.3 m的格构梁特大型空间转换吊具，同时缆索吊起重索顶推同步向外侧横移，使整节段格构梁在钢箱拱两侧外侧垂直起吊横移，满足钢主梁节段的吊装施工需求。在永胜岸侧搭设起吊拼装平台，将工厂制造的单元件组装成的单个节段整体吊装，整节段格构梁从拱肋两侧的总拼胎架上先纵移再横移至拱肋下方进行起吊。格构梁节段吊装由两岸向中间依次对称进行，利用两套跑车系统左右幅抬吊架设安装，并及时安装格构梁节段间的连接螺栓。格构梁整节段吊装如图5-72所示。

图5-72 格构梁整节段吊装

5.5.2 钢主梁节段安装步骤

（1）拱肋安装完毕后，空载横移塔吊索鞍至格构梁吊装位置，同时将主缆同步顶推横移 4.3 m，用于格构梁吊装。缆索吊的吊点移动前后横向布置如图 5-73 所示。

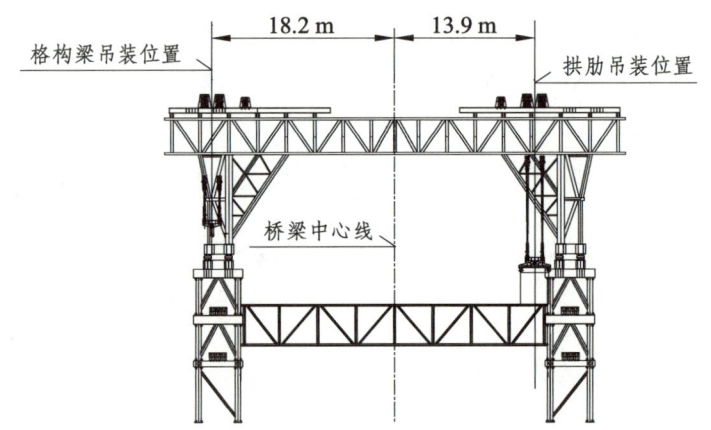

图 5-73　缆索吊吊点移动前后

（2）安装吊杆和临时系杆，并拆除永胜岸塔吊，为格构梁吊装运输通道腾出空间。

（3）将格构梁运输至钢平台上，设备、人员全部到位，利用缆索吊吊具将格构梁旋转，然后正式吊装至待架格构梁轴线上，随后进行对位安装的螺栓孔。缆索吊依次安装拱脚及边跨格构梁。

（4）大理侧与永胜侧对称安装，保证两侧拱肋受力保持一致。

（5）格构梁逐节段安装，合龙段采用实测合龙，合龙段主梁进行实配安装，通过实测两主梁间的实际距离，来制造两主梁间的纵梁，以保证桥面系的合龙精度及质量。

5.5.3 钢主梁节段吊装

（1）吊装前，缆索吊机应完成试吊和调整完善工作，并办理有关使用手续，并使缆索吊机始终处于良好的工作状态，确保施工安全。

（2）在现场格构梁节段成型时严格按设计图进行编号，并标明左右幅，不得混乱。现场堆放整齐，堆放次序应与吊装顺序一致。将格构梁运输至安装位置，设备、人员全部到位，利用缆索吊吊装至格构梁轴线上，随后进行对位安装的螺栓孔。

（3）格构梁主梁线形监测包括施工过程中的线形监测及成桥后线形监测。主梁施工过程中主要为拼装线形的控制，在每个梁段布置 2 排（6 个）线形测点，标示方法为刻十字丝，并在十字丝交叉处冲点，为便于数据校核，主梁临时变形测点应与施工单位共用一套。格构梁吊装匹配时，根据前后端测点的高差确定格构梁的定位角度，吊索张拉到位测试时仅测试每段格构梁前端上下游测点。格构梁 A（C）梁段线形测量点的布置如图 5-74 所示。

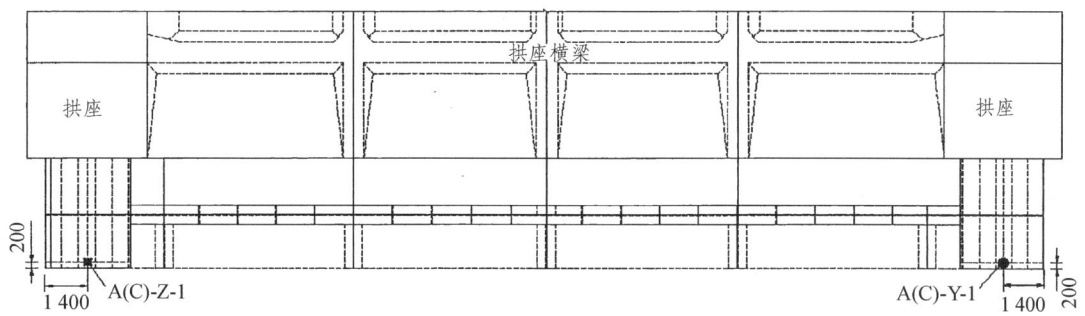

图 5-74　格构梁 A（C）梁段线形测点布置示意（单位：mm）

（4）一方面，优化格构梁吊点，在格构梁两外侧腹板上焊接专用型钢三角架吊装吊耳，将格构梁的吊点设置在安装完的拱肋正下方的外侧；另一方面，采用缆索吊钢索与索鞍同步顶推向外横移技术，将缆索吊的起吊点横移至拱肋外侧，解决了大型格构梁吊装过程中难题。格构梁 B 梁段线形测点布置如图 5-75 所示。

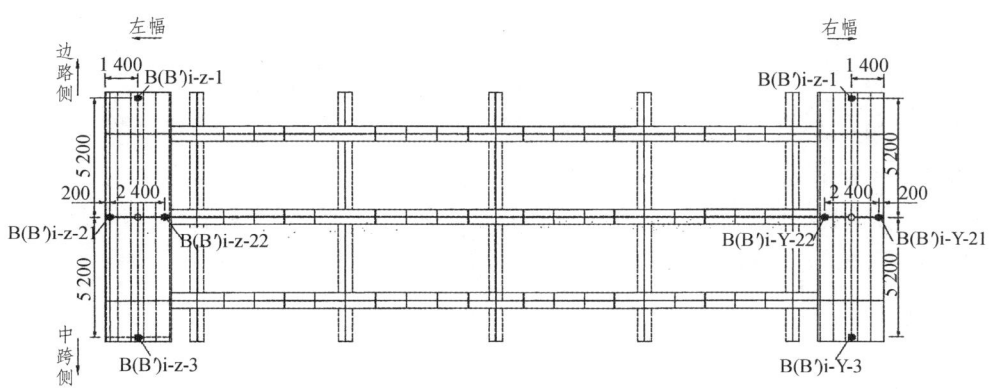

图 5-75　格构梁 B 梁段线形测点布置示意（单位：mm）

（5）格构梁在拱肋合龙后采用缆索吊机安装，缆索吊机需有专人统一指挥，缓慢将格构梁提起，起吊过程中严格监视钢丝绳的受力情况，待节段脱离支架后静止一段时间，确认无偏斜后再继续提升。缆索吊机的吊钩从拱肋两外侧下钩进行格构梁起吊。

（6）起吊后的格构梁横向要求水平，纵向在拱肋前后标高调整时，需确保捆绑钢丝绳不得滑移。在拱肋脱离支撑后应静止一段时间，横向水平没有问题后调整前后点标高，观察钢丝绳滑移情况。若发现问题，应及时进行调整。

（7）使用缆索吊机进行粗略对位时，动作幅度应尽量小，并根据格构梁的晃动情况顺势调整吊钩方向。待横梁稳定后，使用导链进行微调，使格构梁与预定中心线对齐，随后将格构梁下放至安装位置。最后，通过内法兰外侧设置的临时连接结构，用冲钉完成精确对位，并安装高强度螺栓。

（8）格构梁就位后，应及时联结，以保证横梁与纵梁间的稳定性，并及时松钩，准备下一节段的安装。吊机脱钩前需保证横梁及纵梁连接螺栓数量达到 80% 及以上且横梁挂索已按设计要求完成。格构梁吊装完成松钩时，一定要慢，避免对前一段造成过大冲击，并注意观测格构梁连接处变化。

（9）每一节段格构梁安装完成后，应及时进行相应的吊杆张拉，吊杆力的控制应考虑后续阶段二期恒载的影响。

（10）在钢主梁安装、系杆索张拉及各部位施工等因素的影响下，实际吊杆索力 T 往往与理论计算值 T_i 有较大差异，且对称点的索力也不尽相同。因此，在施工中，采用张拉千斤顶在拱顶张拉吊杆实测的吊杆索力 T，并通过建立单位索力影响矩阵，计算吊杆张拉调整至目标索力所需的索力增加实际值。随后，采用千斤顶对两片拱同时从两侧向中间对称进行吊杆索力调整，并采用一次张拉到位的方法进行施工。

（11）格构梁合龙段线形长度预先保留预留长度，其吊装长度可根据实际情况而定。线形满足设计要求后，在傍晚的时候测量接头部位的间距，按设计要求进行制造实配合龙段，以保证合龙精度及质量。

5.5.4 吊杆安装

1. 吊杆安装总体方案

金鸡达旦河大桥全桥共设置 22 对吊杆，吊杆安装从跨中依次向两岸进行安装，为提升格构梁吊装速度，本方案拟采用独立吊装系统进行吊杆安装，与格构梁安装平行作业。吊杆独立吊装系统布设于拱肋箱室内，通过起重索、导轮组及吊钩形成吊装系统，将吊杆从各起吊位置垂直提起，穿过拱肋底板安装孔就位进行吊杆各组件的安装。吊杆安装如图 5-76 所示，吊杆安装就位如图 5-77 所示。

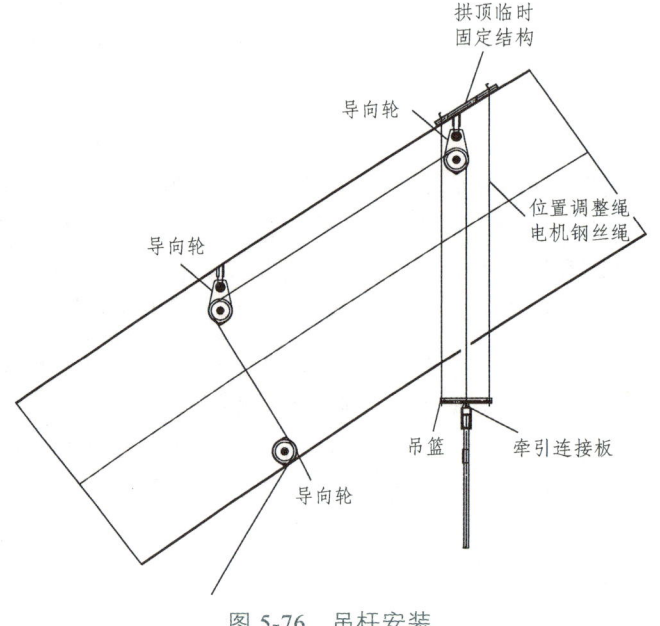

图 5-76 吊杆安装

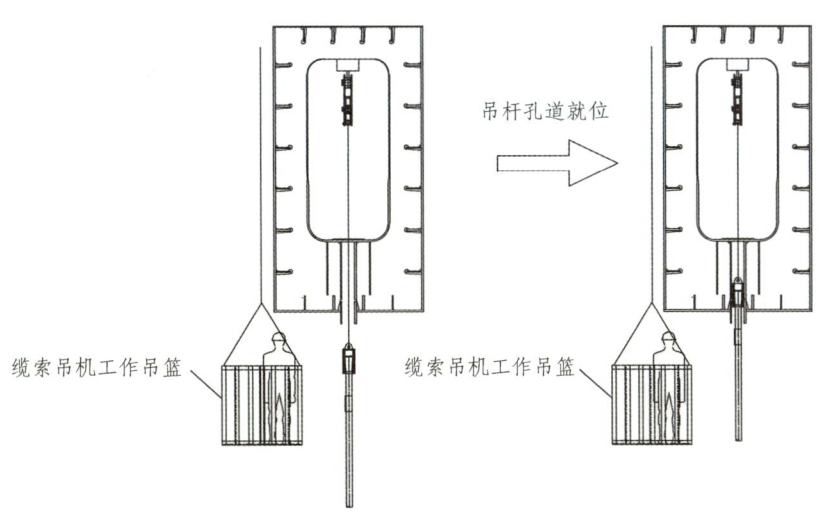

图 5-77 吊杆安装就位

2. 吊杆安装施工工艺流程

吊杆安装施工工艺流程如图 5-78 所示。

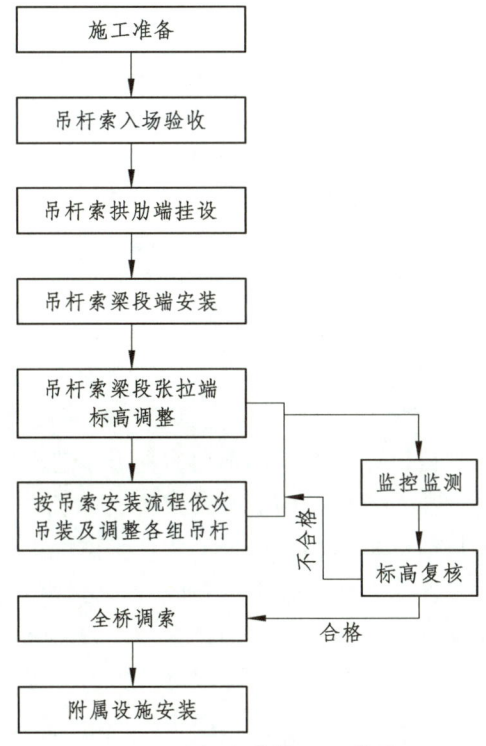

图 5-78 吊杆安装施工工艺流程

3. 吊杆安装施工

检查吊杆索预埋索导管内的通畅情况，并清理拱上与梁下锚垫板上的杂物、焊渣及开孔处的毛刺。在锚垫板上标出孔道口的十字中心线，确保锚杯螺母居中并与锚板紧密贴合。将吊杆索、配套附件及施工机具运送至工地，并安装相关设备。准备相关施工资料（包括施工中拱上与梁下锚垫板间的实际尺寸，与理论尺寸进行对比，通过调整螺母与锚杯间的相对尺寸来修正两者之间的差异）。

首先将锚杯螺母置于拱内锚垫板上，拆除索体上的打包带，在固定端锚杯上安装牵引板，用 5 t 的 U 形卡环和牵引板相连，用专用工具与卷扬机连接；然后放开卷扬机钢丝绳穿过索导管，连接上 U 形卡环，缓慢提升索体，使索体穿过索道管（此过程中为了防止吊杆索索体与索导管发生摩擦受损，应调整索体位置，减少吊杆索索体与索导管发生摩擦受损。另外，在索导管上端口处铺设橡胶皮或麻布袋，严防索体与索导管上端口处直接接触造成索体 HDPE 护套损伤）；随后提升吊杆索，当固定端锚杯露出锚垫板 10 cm 左右时，分别安装固定端锚杯螺母；最后继续提升索体，直到将固定端锚杯安装到设计位置，完成吊杆索拱肋端挂设。

为确保施工进度与连续性，在完成全部吊杆索拱肋端挂设后，立即开始梁端安装。在距张拉端锚杯一定距离（索导管长度+1.5 m）的索体上设置吊点，利用缆索吊机系统起吊索体。当张拉端锚杯高于梁端索导管 10 m 时，停止起吊，施工人员辅助锚杯对准索导管，随后缓慢下落索体，使锚杯进入梁端索导管。在梁端索导管上端口铺设橡胶皮或麻布袋，以防索体与梁端索导管上端口直接接触，造成索体 HDPE 护套损伤。当张拉端锚杯露出梁端索导管下端口时，依次安装球铰垫板和张拉端锚杯螺母，继续下落索体。待索体完全落下后，拧紧张拉端锚杯螺母，并撤除缆索吊机系统的吊钩。若张拉端螺母未戴平扣，则在索体上设置牵引点，利用两台 3 t 倒链对称牵引吊杆索，直至张拉端锚杯螺母戴平扣。吊杆安装完成后，安装减震器，以避免桥面加载后吊杆偏心安装不上去，影响减震效果，并采取可靠措施防止施工期间及运营后滑落。

吊杆张拉时，应在张拉端锚杯索道管处安装反力架、承力筒，并对称安装张拉杆及张拉千斤顶；同时在电动油泵上安装进、回油表，并通过高压油管将电动油泵与张拉千斤顶连接。吊杆张拉应严格遵循监控领导小组下达的指令，分级分批进行，并做好伸长量记录；张拉所用的千斤顶、油泵、油表需配套标定并配套使用，张拉记录应完整齐全。张拉过程中，应确保对称进行，以保证千斤顶均匀受力；若出现不对称张拉情况，应及时调整。需详细记录油表读数、索力、伸长量及索头相对于锚垫板的位置，以便相互校核；张拉前后应测量索头与锚垫板的相对位置，并在张拉过程中分级记录油表读数、索力及伸长量。索力调整应遵循"调整后索力达到成桥索力吨位"的原则，按预定级次的相应张拉力，通过电动油泵进油或回油逐级调整索力。若需降低索力，则应先通过进油拉动吊杆索，使锚环松动，再旋开锚环并回油以降低索力。每根吊杆上应安装上下两个锚头保护罩，保护罩与锚垫板采用螺栓连接。锚头防护罩内填充防腐油脂，其滴点应不小于 260 ℃。吊杆张拉前，应在拱肋及纵梁连接端锚具表面涂抹防腐油脂，确保吊杆不腐蚀且可更换。上下锚头防护罩均采用油脂灌注填充，灌注过程中需设置排气孔及注油孔，分别上下布置，并通过油泵注浆机进行操作，注油压力控制在 35 MPa 左右，直至排气孔内溢出油脂，确保油脂灌注密实。

5.6 桥面系杆施工

5.6.1 体系转换

金鸡达旦河大桥全桥共设置 20 束永久系杆,上下游侧每侧设置 10 束 15-55 型钢绞线成品索,永久系杆索均采用体外预应力束方式设计,其永久系杆的布置如图 5-79 所示。

本工程采用预应力永久系杆进行体系转换,永久系杆的体系转换分四批次张拉:① 拱肋合龙后;② 钢主梁合龙后;③ 一期预制桥面板及湿接缝安装完成后;④二期桥面板、钢主梁与拱座、横梁现浇板浇筑完成后。在钢箱系杆拱桥体系转换施工过程中,桥梁首先通过第一批系杆张拉,松弛扣索,将拱肋自重产生的水平推力逐渐转移至永久系杆上,使拱肋与系杆形成整体稳定结构。随后,安装钢主梁和钢吊杆,使拱肋、吊杆、钢主梁逐步形成稳定结构。随着结构自重的增加,拱脚产生的水平推力也随之增大,因此需继续张拉系杆,并拆除临时支座,使整个拱桥初步形成外部为简支梁、内部为超静定结构,从而减少结构构件的受力,确保各构件受力更加均衡,进一步提升结构的稳定性。一期桥面荷载及二期桥面荷载施加后,内部超静定结构构件的受力更加复杂,可通过系杆的张拉进行平衡,避免局部构件失稳。

5.6.2 体系转换施工流程及步骤

金鸡达旦河大桥永久系杆采用体外预应力束方式设计,分上、中、下层设置。考虑到永久系杆的特点,工程施工中充分利用结构自身的永久系杆进行分批分级张拉施工,完成全桥的体系转换施工。其体系转换施工工艺流程为:主桥墩身施工→拱座及横梁施工→拱肋节段吊装及合龙→张拉上层部分系杆索(N1、N2)至设计要求索力,并松弛拱肋扣锚索→钢主梁节段安装及张拉吊杆→钢主梁合龙→张拉最下层系杆索(N3、N4)至设计要求索力→安装预制桥面板并浇筑一期桥面湿接缝→调整主梁线形,并张拉中间部分系杆索(N5、N6、N7)→拆除扣锚索并安装二期预制桥面和浇筑湿接缝→张拉剩余部分系杆索(N8、N9、N10),完成全桥体系转换施工。

具体体系转换施工步骤如下:

(1)进行开挖及现浇施工,安装吊装系统和扣挂系统的地锚及吊塔基础,安装扣塔及缆索吊装系统,并进行调试及试吊工作。搭设拱座及横梁的现浇支架,安装拱脚永久支座与临时支座,同时预埋拱肋 00 段、格构梁 A 段、格构梁 C 段的预埋件,以及系杆管道和系杆锚具。在安装拱座及横梁预应力过程中,需对系杆 N1、N2 的后锚位置进行局部加强。浇筑拱座及拱座横梁混凝土,待混凝土强度及弹性模量达到设计值的 100%,且龄期不少于 14 d 后,张拉横梁预应力钢束。

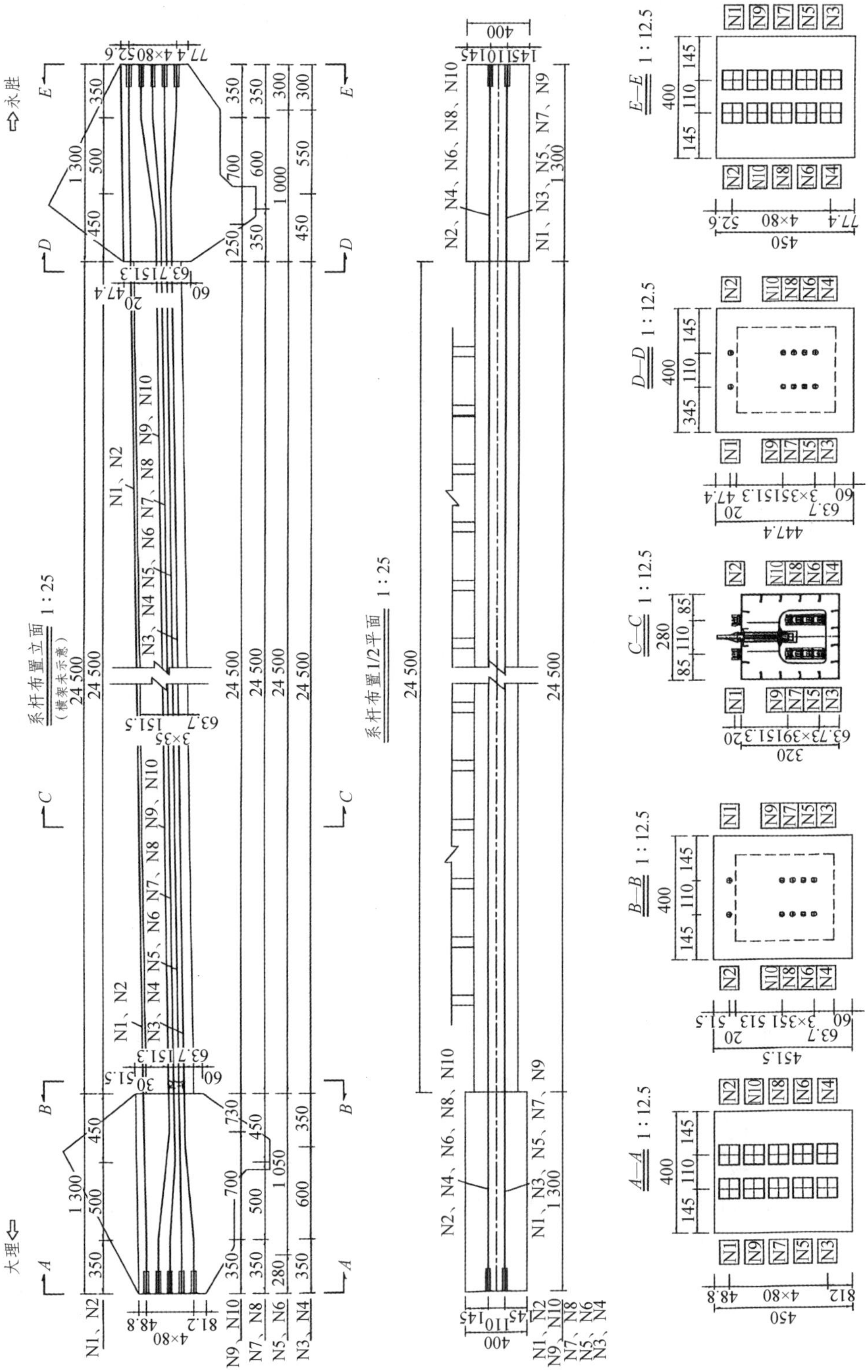

图 5-79 永久系杆（单位：mm）

（2）拱肋吊装按照设计图纸要求及吊装方案和监控要求进行安装。安装过程中注意观测索力及水平推力，当水平推力超过 1 000 t 时，采取张拉永久系杆 N1、N2 进行控制。拱座随着拱肋节段的安装，其承受的水平力、竖向力等一直在发生变化，会引起拱座的位移变化，可通过设置的临时支座，可以将其拱座承受的荷载传递到墩柱上。同时，采用调整扣索索力、缆风等措施调整拱肋线形，纠偏后继续进行架设，直至主拱肋合龙，继续监控索力及水平推力。

（3）拱肋合龙后，安装所有吊杆并张拉永久系杆 N1 和 N2。永久系杆 N1 和 N2 分 8 级张拉，首次分别张拉预紧至 260 t、250 t，其后每次张拉力增量为 50 t，最后一次张拉力增量为 10 t，最终张拉至 560 t。张拉永久系杆 N1、N2 后，考虑扣索垂直效应，1#~3# 扣索索力为 5 t，4#~6# 扣索索力为 10 t，锚索对应逐束同步缓慢松弛，各扣点分 4 级进行松扣。当两岸同编号的扣索左右幅扣索放松都达到第一级后，暂停不少于 20 min，并对拱肋拱顶、1/4 拱肋处线形、拱座位移、扣塔偏位情况进行观测，确定无异常情况变化时可进行第二级放松，如此循环直至扣索力松弛，扣索松弛后，需要保留 4 个临时竖向支座不拆除。

（4）采用缆索吊从两侧向跨中依次对称安装架设钢主梁及张拉吊杆，钢主梁安装完成后分级张拉桥梁最下层自身永久系杆 N3、N4。N3 分 8 级进行张拉，首次分别张拉预紧至 260 t 再张拉至 300 t，其后每次张拉力增量为 50 t，最后一次张拉力增量为 10 t，最终张拉至 570 t。N4 分 5 级张拉，首次张拉至 250 t，其后每次张拉力增量为 50 t，最终张拉至 450 t。N3 和 N4 张拉完成后拆除临时竖向支座和临时横向抗推支座。

（5）按照设计要求安装一期预制桥面板并浇筑一期桥面湿接缝，并调整主梁线形，从跨中向两侧依次固结所有钢主梁节段，按照张拉永久系杆 N3 的方法分级张拉桥梁中间层其余部分自身永久系杆 N5、N6、N7 至设计要求索力 560 t，并拆除拱肋扣锚索及抗风缆。

（6）安装二期预制桥面板，从跨中向两侧方向浇筑二期桥面板湿接缝，最后浇筑钢主梁与拱座横梁间现浇板，安装剩余永久系杆 N8、N9、N10，并分级张拉至设计索力 560 t，完成全桥体系转换。

5.6.3 系杆施工

1. 系杆施工总体方案

系杆根据施工分四个阶段进行安装：

（1）拱肋悬拼阶段：完成 N1、N2 系杆安装，并根据监控指令逐步分级张拉，拱肋合龙后张拉至设计索力（560 t），同时逐根松弛拱肋扣索。

（2）格构梁吊装阶段：格构梁吊装完成后安装 N3、N4 系杆并分级张拉至设计索力（560 t），拆除缆索系统。

（3）一期荷载施工阶段：一期桥面板铺设及湿接缝浇筑完成后安装 N5、N6、N7 系杆并分级张拉至设计索力（560 t）。

（4）二期荷载施工阶段：二期桥面板铺设及湿接缝浇筑完成后安装 N8、N9、N10

系杆，并分级张拉至设计索力（560 t）。

因 N1、N2 系杆安装时，拱肋未合龙，无法采用拱肋悬吊托架进行安装，故采用滑道系统进行安装，在 N9、N10 系杆管道各布设 10 束 15.2 钢绞线形成滑道索，滑道索间距 1.1 m。在两岸拱座横梁上各布设 2 台牵引卷扬机，穿绕牵引索，形成牵引系统。通过牵引系统拽拉 N1、N2 系杆从永胜岸过江至大理岸，拽拉过程中同步安装滑道车，系杆索头至大理岸后通过手拉葫芦及导轮组穿过 N1、N2 孔道进行安装。

系杆滑道系统立面、平面布置如图 5-80、图 5-81 所示。

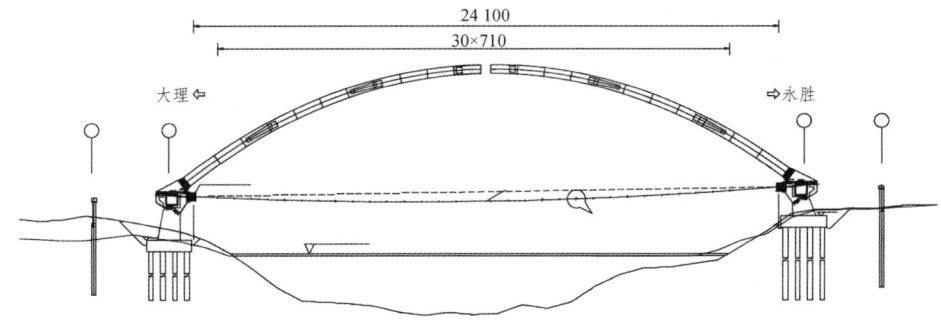

图 5-80 系杆滑道系统立面布置（单位：cm）

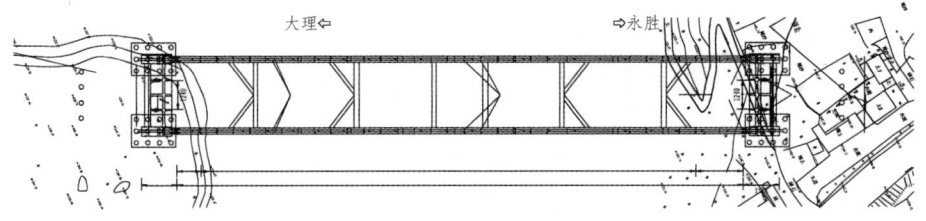

图 5-81 系杆滑道系统平面布置

N3～N10 系杆在格构梁箱室内托承于系杆支撑架上，系杆支撑架布置如图 5-82 所示。采用牵引系统拽拉系杆，牵引过程中系杆托于支撑架上，从永胜岸牵引至大理岸，穿过各系杆孔道进行安装。

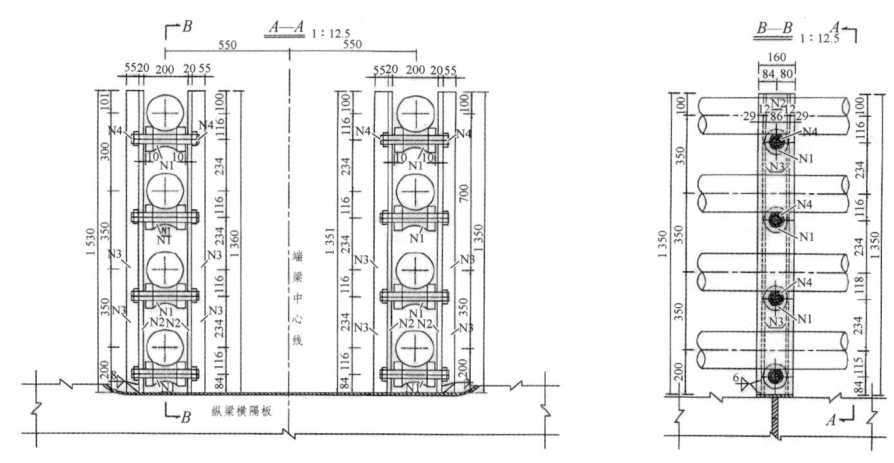

图 5-82 系杆支撑架布置（单位：cm）

2. 系杆施工工艺流程

系杆施工工艺流程如图 5-83 所示。

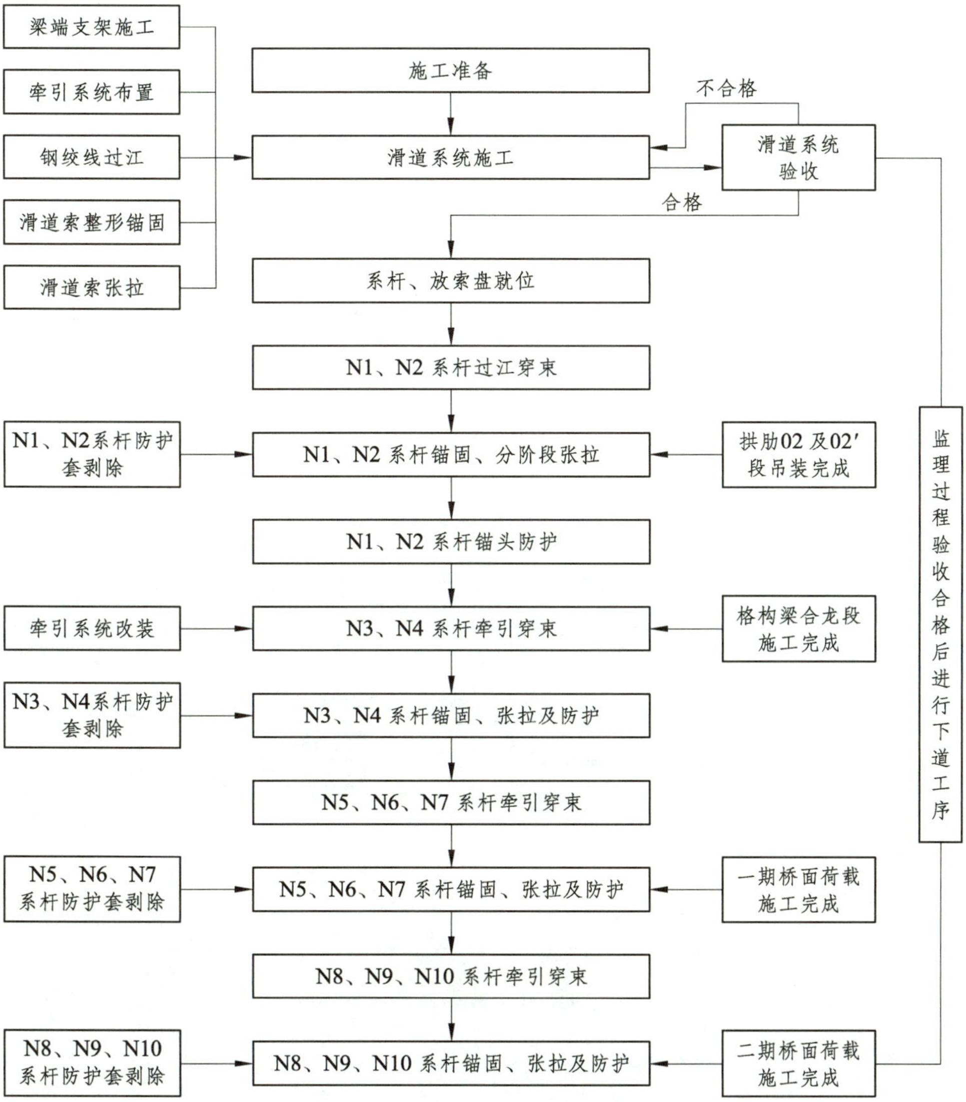

图 5-83 系杆施工工艺流程

3. 系杆滑道系统设计

单根系杆名义质量为 16.8 t，额定质量按 17 t 设计。滑道系统滑道索采用 10 束 A15.2 钢绞线，其抗拉屈服强度为 1 860 MPa，滑道索主跨 240 m，两端穿过 N9、N10 系杆孔道锚固于拱座端头，锚固端采用主桥 N9、N10 锚垫板及锚杯作为锚固装置。梁端支架采用 I36a 工字钢及 A219×6 mm 钢管组焊成桁架结构，支架设置于 A（C）段格构纵梁箱室内，距梁端约 1.2 m，高约 2 m，设两道托梁，形成圆弧过渡段，以避免滑道索直接折弯造成损伤或折断。系杆牵引系统卷扬机设置于拱座横梁顶面，两岸各布设两台 10 t 卷扬机，牵引绳采用 6×37-1A28 纤维芯钢丝绳，其公称抗拉强度为 1 960 MPa，拱座拱肋侧设置 10 t 导轮组，穿绕钢丝绳，形成牵引系统。

系统滑道平车采用槽钢及钢筋组合，滑轮组采用直径为 150 mm 尼龙滑轮，每平车设置 4 个滑轮，平车平面尺寸为 1.4 m×1.2 m，高 0.4 m。单个滑道平车重 160 kg。沿顺桥方向每 7 m 设置一道平车（大理岸梁段 10 m 内不设置平车，永胜岸 20 m 内不设置平车）。滑道平车平面、截面如图 5-84、图 5-85 所示。

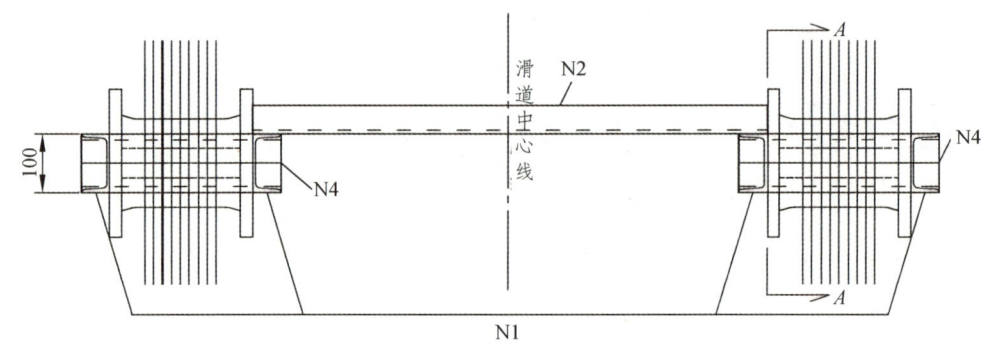

图 5-84 滑道平车平面（单位：cm）

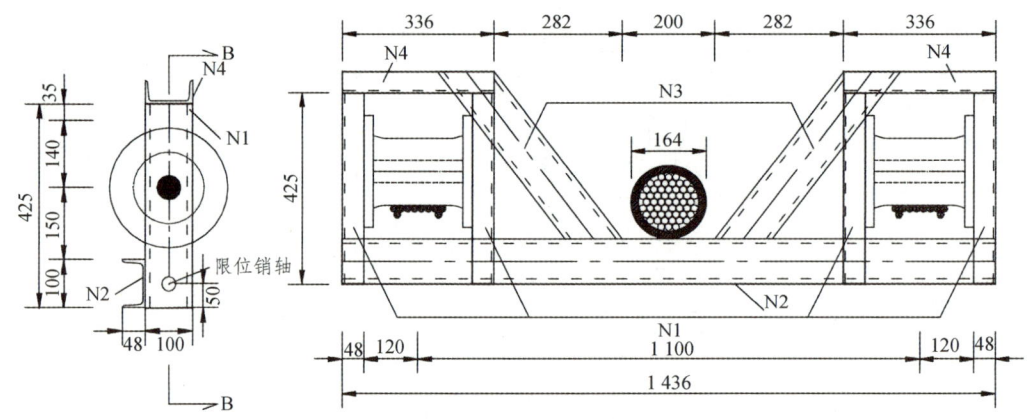

图 5-85 滑道平车截面（单位：mm）

4. 滑道系统总体安装方案

滑道系统总体安装内容有：滑道索、梁端支架、滑道平车等。其安装工艺流程为：梁端支架安装→安装牵引循环系统（牵引索、牵引卷扬机及转向滑轮）→滑道索牵引过江，调整滑道索垂度及初始张力→安装电气控制系统→安装一组滑道平车，并试运行（包括检查总系统和各子系统，主要检查滑道索的平顺过渡情况，发现问题并调整）→滑道系统验收。

梁端支架布置于格构梁纵梁 A（C）段箱室内，采用固定式连接，起到转向作用。由支架底部立杆、纵向连接杆、斜撑及钢管平联等构件组成，采用汽车吊将支架各构件分散吊至格构纵梁箱室内安装，梁端支架结构如图 5-86 所示。梁端支架安装工艺流程为：

梁端支架的下料→汽车吊吊装运输各构件→格构纵梁箱室内就位→焊接支架立杆与纵梁箱室连接处→焊接支架斜撑、平联→焊接支架转向钢管平联。滑道系统安装每天施工前进行风速测量，风速达到 6 级时严禁作业，过程中采用风速仪进行全程监控。

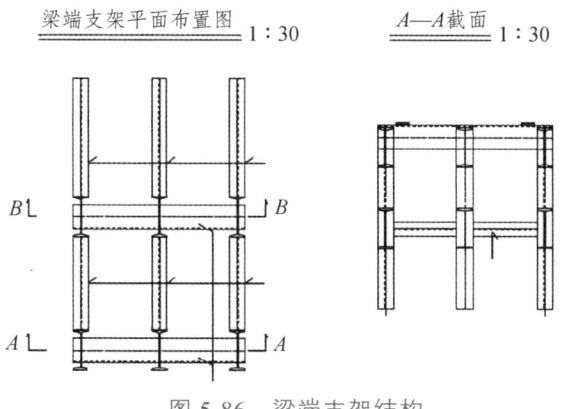

图 5-86 梁端支架结构

系杆牵引索采用 2 根 A28 钢丝绳，各一套单线往复式牵引系统（图 5-87），其结构主要包括：大理岸拱座锚固转向轮、永胜岸拱座锚固转向轮、永胜岸锚后 4 台卷扬机、4 根牵引索、1 个系杆牵引器等。

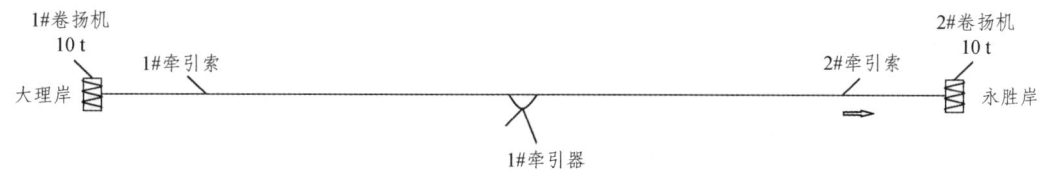

图 5-87 单线往复式牵引系统

单线牵引系统安装工艺流程为：布置两岸牵引卷扬机→将牵引索的一端头从永胜岸卷扬机拉出→穿过永胜岸拱座锚固转向轮→采用缆索系统工作牵引向前穿过大理岸拱座锚固转向轮→穿过大理岸牵引卷扬机→大理岸卷扬机收紧牵引绳形成循环式。

滑道系统滑道索采用 20 根（单股 10 根）A15.2 mm 钢绞线，单根长度 290 m 左右，滑道索横跨两岸梁段支架后，锚固于两侧拱座的 N9、N10 系杆位置，滑道索采用一端收紧，收紧装置放置永胜岸拱座位置处。张拉端调节装置尾端安装液压千斤顶，通过液压千斤顶调整安装时的索力。同时测量人员用全站仪进行垂度的观测，观测频率不小于 2 次/d。

滑道索安装施工工艺流程为：安装牵引索循环系统→将滑道索在大理岸全部放出→将滑道索的一个端头穿过大理岸 N9、N10 孔道放出→把放出的滑道索端头与牵引循环索用绳卡固定→起动卷扬机将滑道索往永胜岸牵引→牵引至永胜岸拱座处→将滑道索端头与牵引循环索的绳卡解开→将滑道索与 N9、N10 孔道伸出的钢绞线对接→安装滑道索调整千斤顶→启动千斤顶使滑道索的垂度接近安装垂度→将滑道索的一端用夹片固定在锚具上。重复以上滑道索安装步骤，完成所有滑道索的安装。

滑道索利用过江牵引索循环系统牵引过江，考虑到现场施工场地限制，所有滑道索均由大理岸往永胜岸牵引过江。滑道索过江施工工艺流程为：将单根滑道索在大理岸拱座后方全部展开→在两岸横梁上各安装两台 10 t 卷扬机→滑道索绳头与过江牵引索临时连接，绳头连接前端留有足够长度可跨越两岸梁端支架→通信工具采用对讲机指挥，启动两侧对应的过江牵引索循环系统 10 t 卷扬机，滑道索由大理岸拱座处牵引至永胜岸拱座（如有特需情况指挥人员用对讲机指挥停止作业）→人工辅助滑道索绳头与永胜岸绳头对接，同时在永胜岸拱座处安装液压千斤顶→启动千斤顶，收紧滑道索后解除牵引绳与滑道索绳头的连接→滑道索牵引过江过程中，需要控制过江牵引索卷扬机的运行速度，同时用千斤顶控制滑道索过江垂度。重复上述操作步骤，完成剩余滑道索过江。

滑道索调整采用单根分级收紧，其施工工艺流程为：将钢绞线在千斤顶装置端头工作锚处锚固→拉紧钢绞线→测量钢绞线实时垂度→使滑道索接近安装垂度→固定 N9、N10 端头锚固夹具、夹片→拆除千斤顶。

在大理岸和永胜岸，采用全站仪对滑道索垂度进行实时测量，通过理论计算，确定每根滑道索空载时跨中最大垂度位置处全站仪测出的数据推算水平角和竖直角。在基准滑道索上安装传感器，实时监测索力。基准滑道索上下游对称布置，分别布置 10 根于滑道索中间，上下游分别布置 2 根。

终调滑道索垂度分两次进行，第一次调整是使滑道索的安装垂度与设计垂度相吻合，第二次调整是使每根滑道索的安装垂度一致，相对误差控制在 1 cm 以内。将一组滑道平车牵引到滑道的跨中，按照初调的施工工艺与方法进行调整，使滑道索的垂度与设计的安装垂度相吻合，把所有滑道索调整完成后，使滑道平车全跨来回运行一个回合，然后将滑道平车牵引至永胜岸梁段进行第二次调整，按照初调的施工工艺与方法进行调整，在同一个横断面使一组滑道索基本在一个水平面。

滑道平车制作在工地进行，各杆件间连接采用焊接连接（平车滑轮及其销轴组除外）。全桥共设置 31 个滑道平车，预制成型的滑道平车存放于格构梁吊装平台及横梁下方，待滑道索、牵引系统及电气控制系统安装完成后，与系杆同步安装，每 7 m 设置一道，大理岸主跨端头 10 m 及永胜岸主跨端头 20 m 不设置滑道平车。滑道平车采用汽车吊进行安装，单个滑道平车单重 160 kg，选用 25 t 汽车吊进行吊装。

滑道系统安装完成后，进行牵引、承重、电气控制系统等调试及试运行。通过调试、试运行检查仪表、指示灯、控制按钮、各安全控制装置反应是否灵敏，是否正常工作，卷扬机安装方向是否准确、卷扬机制动系统是否有效工作，高速轮是否发热，变速箱声音是否正常，各转向轮是否正常工作，位置是否准确，各工作索相互是否摩擦或与他物是否摩擦等。只有以上检查内容都正常时方可进行验收启用，否则需对有问题的部位进行维修、调试、更换、处理等。

5. 系杆安装

系杆索厂家提供放索盘，放索盘布置于永胜岸横梁上，同时两岸横梁各设置2台10 t卷扬机。完成放索机具布置及牵引系统布置，在N1、N2系杆安装完成后，改装牵引系统穿过系杆孔道，通过系杆支撑架，形成牵引系统。对系杆孔道进行清理，采用钢钎及空压机对其进行清理，避免孔道狭窄，影响系杆索穿过。

使用汽车吊将成盘系杆索吊装至放索盘上。除去成盘系杆索外包裹的定型带，汽车吊将系杆索外圈端部展开5~6 m，系杆索出厂长度与设计一致。根据前期掌握锚垫板间实际的长度，对设计剥除HDPE护套长度进行修正，操作人员使用锯弓、刨刀和手锤进行剥除作业，剥除长度以修正后的长度再减少2 cm（考虑到HDPE护套具有热收缩的特性）。剥除时，先在HDPE护套切割处做好环形标记线，使用锯弓在标记线处将HDPE护套环向部分锯开，锯入HDPE护套深度应小于护套最小厚度2 mm，避免锯弓损伤钢绞线。使用刨刀和手锤从系杆索端部沿索体纵向将HDPE护套分开，直至环缝处，将特制钢钎插入纵向缝与环缝的结合部。此时，环缝内部分剩余未断开护套料与钢绞线脱离，用锯弓将脱离部分锯开。随着钢钎的逐渐深入，HDPE护套完全断开，将断开护套取出后，清除钢绞线束外缠绕的高强聚酯带，清除钢绞线表面油脂，将钢绞线切成台阶状（便于后期安装锚具）。剥除作业时，安排有经验的操作人员进行剥除作业，严禁损伤钢绞线。

N1、N2系杆采用滑道系统进行安装，放索盘布置于永胜岸横梁处，将索头从索盘处放出，通过永胜岸梁端转向墩至跨中位置。索头处安装自制握索器并拧紧，将牵引绳与握索器耳板连接固定，启动牵引卷扬机拽拉系杆索过江，同步安装滑道平车，索头到达大理侧梁端时将手拉葫芦与握索器连接，解除牵引卷扬机连接，人工配合将系杆穿过孔道，安装支撑筒及锚杯固定。同步在永胜岸侧采用人工及手拉葫芦将系杆穿过孔道，安装张拉端支撑筒及锚杯，解除两岸握索器及手拉葫芦连接。

N3~N10系杆索的安装需借助支撑架及牵引系统完成。对两岸的卷扬机进行改装，使两侧卷扬机的钢丝绳从索道管内穿过并对接。其中，永胜岸的卷扬机用于牵引对岸的钢丝绳，而大理岸的卷扬机则作为主牵引设备。具体操作步骤如下：先将大理岸卷扬机的钢丝绳拉至永胜岸，从索道管内穿过并拉至系杆放索处。在牵引前，保留系杆钢绞线中间的9根，并将周围的其他钢绞线切断15 cm。随后，安装9孔锚具并扣好夹片，再安装限位板，并在锚具上焊接一个拉环。将卷扬机与拉环连接后开始牵引。当系杆拉出索道管后，将永胜岸卷扬机的钢丝绳从另一个索道管内穿过，并与大理岸的钢丝绳连接，继续牵引。待索头抵达大理岸孔道管口时，先安装好永胜岸系杆锚具的夹片，并在锚具外留出60 cm的长度作为张拉长度。随后，大理岸开始牵引，直至系杆拉出并带上锚具，钢绞线外露60 cm以便进行张拉。至此，系杆索的牵引完成。按照此方法，继续牵引下一个系杆索。

系杆外索牵引完成后，将螺母安装至支撑筒并旋至设计位置。利用手拉葫芦及吊装绳将支撑筒吊起，施工人员辅助系杆索钢绞线进入支撑筒，拉动倒链使支撑筒进入预埋管（操作中严禁支撑筒螺纹刮伤）。支撑筒安装至设计位置后，按制作工艺将钢绞线分排，每排用扎丝分开。分丝完成后，分层安装工作锚板：先将锚板提升至与钢绞线同一轴线位置，再按前期分层穿丝。穿丝完成后，由现场技术员检查并签字确认，随后打上工作夹片。按照安装工作锚板的方法，将工作夹片限位板安装到位，并将其螺丝松开至合适位置，安装工具锚板（若钢绞线不易对位，可用黑色 PE 管作中间衔接，确保钢绞线正确穿入锚板）。安装工具锚限位板后，用倒链安装千斤顶，并将其调整至与支撑筒同一轴线位置，最后安装工具锚板。

系杆索采用 4 台 560 t 千斤顶进行两端同步对称张拉，张拉过程中以张拉力及伸长量双控的方式进行控制。每次张拉后，均需对桥梁各结构进行应力、应变检测。在两侧拱脚锚垫板处安装系杆索锚具，确保锚具与锚垫板同心，确认系杆索轴向位置无误后，在两端锚具处安装张拉设备。根据监控指令，进行分级对称张拉至设计吨位。系杆张拉采取分级张拉方式，首次分别张拉预紧至 250 t，其后每次张拉力增量为 50 t，最后一次张拉力增量为 10 t，直至最终张拉至设计要求吨位。系杆预应力以张拉力和伸长量双控，并以张拉力控制为主。预应力钢绞线、锚具、夹具应符合相关规范及设计要求，进场后需按规定进行检查验收，合格后方可投入使用。张拉设备购置时，应选用配套产品，使用前按规定进行标定或校正，确保误差不超过允许范围。

系杆预应力束的张拉顺序按照设计规定的顺序进行张拉。其张拉程序如下：初张拉〔张拉力 P_0 为（0.1~0.15）P（设计张拉力）〕→持荷 5 min→量测引伸量 δ_0→张拉至设计吨位 30%P→持荷 5 min→量测引伸量 δ_1→张拉至设计吨位 P→持荷 5 min→量测引伸量 δ_2→回油→量测引伸量 δ_3。

在初张拉过程中，应在钢绞线上划线作为测量伸长量的参考点，并检查是否存在滑丝现象。同一张拉截面的断丝率不得超过 1%。当引伸量低于设计值 5% 以上时，可在管道内灌入中性肥皂水或超张拉 3%，这两种方法可同时使用。系杆张拉加载应缓慢均匀进行，每个操作点须有技术人员指导、记录和把关。为确保安全，应在拱座支座、钢箱拱拱肋跨中、钢主梁跨中等关键部位设置观测点，同时监测交界墩的墩顶位移及桥梁体受力情况，并做好记录。张拉时，油泵加油应均匀，避免突然加载或卸载。千斤顶后方禁止站人，以防发生意外。若锚头处出现滑丝、断线或锚具损坏，应立即停止操作进行检查，并详细记录。当滑丝、断丝数量超出容许值时，应抽换钢束并重新张拉。张拉前，所有钢绞线尾端应切割成平面，或采用与钢绞线颜色反差较大的颜料标注出平面。在任何步骤下测量引伸量时，均应测量该平面与锚垫板之间的距离，不得以油缸伸长值作为引伸量。

螺母、支撑筒丝扣、后盖板上都要涂抹防腐油脂；每个锚具上安装一个锚头保护罩，锚头保护罩与锚垫板采用螺栓连接。锚头防护罩（图 5-88）采用防腐油脂，防腐油脂其滴点不小于 260 ℃。系杆安装完毕后，套筒内锚具应满注环氧砂浆，环氧∶胶凝剂∶砂=4∶1∶8。根据设计意图，本桥全桥系杆为可换可调系杆，除锚具灌注环氧砂浆外，其余锚头其余位置均采用防腐油脂灌注填充。系杆锚头油脂灌注（图 5-89）分两次进行，第一次为直埋管道油脂灌注，第二次为保护罩内油脂灌注。油脂灌注过程中注意设置排气孔及注油孔，分别上下布置，采用油泵注浆机进行，注油压力控制在 35 MPa 左右，直至排气孔内溢出油脂，要求油脂灌注密实。

图 5-88　锚头保护罩安装

图 5-89　油脂灌注及封堵

5.7　施工阶段关键构件受力实测与分析

结合有限元分析，施工过程中选取应力最不利的位置布置应力、温度传感器，本工程拱肋应力监测点布置在靠近拱肋底部、1/2 拱段位置、拱顶段，钢箱系杆拱桥拱肋理论与实测数据对比见表 5-40。表中实测应力为拱肋节段监测数据中最大应力数据。

表 5-40　钢箱系杆拱桥拱肋理论与实测数据对比

施工阶段	理论计算拱肋最大应力/MPa	实测拱肋应力最大值/MPa			
		大理岸左幅	大理岸右幅	永胜岸左幅	永胜岸右幅
拱座及横梁施工	—	—	—	—	—
拱肋节段 01 和节段 02 吊装	6.8	10.76	9.6	23.48	27.25
拱肋节段 03 和节段 04 吊装	32.5	25.21	23.56	21.68	29.21
拱肋节段 05 和节段 06 吊装	49.6	10.92	23.56	22.62	40.52
拱肋节段 07 和节段 08 吊装	62.4	12.72	16.81	31.34	42.49
拱肋节段 09 和节段 10 吊装	65	−25.05	23.32	33.93	49.24
拱肋节段 11 吊装	113.8	—	—	37.15	54.82
合龙段吊装	79.8	28.35	28.90	41.78	57.09
张拉 N1、N2 系杆	86.4	26.90	28.98	49.63	79.30
扣索松弛	81.2	45.31	51.83	45.86	74.69
格构梁吊装	115.8	65.40	68.09	83.48	85.21
张拉 N3、N4 系杆	104.5				
一期荷载	135				
张拉 N5、N6、N7 系杆	130.5				
二期荷载	134.0	77.6	73.82	78.61	72.64
张拉 N8、N9、N10 系杆	133	85.2	90.63	106.49	101.86
成桥阶段（桥面附属荷载）拆除临时支座	150				

注："—"表示未监测或者监测应力片损坏。

由表 5-40 可知，理论计算与实际受力部分的整体变化趋势基本一致。由于实际监测过程中测点位置与理论计算的最不利位置不完全相同，且实际工况与理论计算工况存在差异，钢箱系杆拱桥各构件在实际施工中的受力会受到多种因素的影响，部分受力情况与理论计算存在差异。然而，通过监控分析发现，钢箱系杆拱桥各构件的受力均在总体控制范围内。因此，理论模型在总体上计算正确，可为今后类似工程的施工提供参考。

5.8 小　结

金鸡达旦河大桥是国内同类型桥梁中跨径最大的桥梁，其施工技术难度大、安全风险高。该课题研究技术的成功应用，不仅体现了技术水平的先进性，还成功解决了施工中的各类技术难题。随着桥梁建设的不断发展，拱桥的应用日益广泛，尤其在山区强风地区，拱桥的跨径不断增大，采用缆索吊装斜拉扣挂法进行拱桥施工的情况会越来越多。该方法在桥址位于峡谷、水深流急的河段或需满足船只通行的通航河段的钢拱桥施工中，具有广阔的应用前景。随着我国钢-混组合桥梁建设的推进，桥梁构筑物逐渐复杂化，不可避免地出现钢筋、预埋件、预应力管道布置密集，混凝土强度高、结构物体型大且形状特殊等问题。本章的粗骨料大粒径自密实大体积混凝土，可应用于作业空间狭小、难以振捣且外观要求高的混凝土构筑物，也适用于拱座、锚锭、承台基础等大体积混凝土及结构造型独特的异形混凝土构件。

在研究过程中，取得了一些技术成果，但以下问题仍需进一步提升与改进：

（1）自密实大体积混凝土中水泥含量相对较高，下一步需进一步降低水泥用量。

（2）缆索吊装先拱后梁施工法，虽在理论上验证了少扣索的可行性，但为确保施工安全，实际操作中并未完全按照少扣索理论工况进行，部分环节仍保留了扣索。下一步需进一步结合理论与实践，充分利用结构自身刚度，切实实现少扣索斜拉扣挂施工。

第 6 章　与减隔震体系匹配的横向大位移伸缩装置服役性能研究

基于多向变位梳齿板桥梁伸缩装置的性能，研究其横向位移特性，并确定实现横向位移的结构原理；针对满足横向位移要求的多向变位伸缩装置进行有限元分析，遵循几何、本构、应力状态和动态过程仿真的建模原则，验证伸缩装置结构的合理性与安全性；结合有限元分析和试验结果，提出伸缩装置的服役性能指标。

6.1　伸缩装置位移参数研究

6.1.1　桥梁伸缩装置变位要求

金鸡达旦河大桥的设计基本风速为 32.8 m/s，地震动峰值加速度为 $0.35g$，抗震设防基本烈度为Ⅷ度。桥址区属侵蚀剥蚀堆积地貌，地基不均匀，且距离程海—宾川断裂带活动性发震断裂之 F2 支断层较近（约 700 m），近场区地震活动相对强烈；同时，该区域处于库水位升降迅速，变化剧烈的直接临水区。因此，桥址区被划分为建筑抗震不利地段。鉴于大桥的特殊地理位置，主引桥交界处采用了 MS800 型模块化多向变位梳齿板伸缩装置，可满足顺桥向 0~800 mm、横桥向 ±300 mm 的伸缩量需求。

6.1.2　伸缩装置横向大位移参数研究

根据相关研究资料，我国将不同烈度地震划分为Ⅰ~Ⅻ级。不同烈度等级地震对应桥梁构筑物反应强度不同，不同烈度地震下桥梁工程构筑物反应见表 6-1。依据表 6-1 可推断出当烈度等级大于 5 级时，桥梁建筑会产生明显的震感反应，桥梁梁体及基础部分发生位移，随着地震强度等级的提高，此位移幅度增大。

表 6-1 不同烈度地震桥梁工程构筑物反应

地震烈度	桥梁工程构筑物反应
Ⅴ（5）	桥梁出现轻微震动
Ⅵ（6）	个别梁桥挡块破坏，个别拱桥主拱圈出现裂缝及桥台开裂
Ⅶ（7）	少数梁桥挡块破坏，个别拱桥主拱圈出现明显裂缝和变形以及少数桥台开裂
Ⅷ（8）	少数梁桥梁体移位、开裂及多数挡块破坏，少数拱桥主拱圈开裂严重
Ⅸ（9）	个别梁桥桥墩局部压溃或落梁，个别拱桥垮塌或濒于垮塌
Ⅹ（10）	个别梁桥桥墩压溃或折断，少数落梁，少数拱桥垮塌或濒于垮塌

注：量词范围界定："个别"为 10% 以下；"少数"为 10%~45%。

根据地质条件及基本情况需要，建筑物抗震设防标准应高于本地区要求。桥梁工程构筑物地震动记录数值所用监测方法为正交三分向，即转换坐标为东西、南北和垂直分向（非绝对坐标分向）。对于研究对象在任意烈度下的单向位移依据三分相合成速度计算：

$$V(t) = \sqrt{V_{E-W}^2(t) + V_{N-S}^2(t) + V_{U-D}^2(t)} \tag{6-1}$$

式中：$V(t)$——t 时刻点合成速度记录，m/s；

$V_{E-W}(t)$——t 时刻点东西分向速度值，m/s；

$V_{N-S}(t)$——t 时刻点北南分向速度值，m/s；

$V_{U-D}(t)$——t 时刻点垂直分向速度值，m/s。

由式（6-1），对于任意位置 t 时刻相对坐标分向中单向分速度均为

$$V_{E-W}^2(t) = V_{N-S}^2(t) = V_{U-D}^2(t) = \sqrt{\frac{V^2(t)}{3}} \tag{6-2}$$

对于桥梁建筑物设计特征周期 T_g 下水平单向设计位移需满足

$$X_{E-W} = \int_0^{T_g} V_{E-W}(t) dt \tag{6-3}$$

$$X_{N-S} = \int_0^{T_g} V_{N-S}(t) dt \tag{6-4}$$

式中：T_g——建筑设计特征周期值，s；

t——持续时间，s；

X_{E-W}——设计特征周期 T_g 下水平东西向设计位移值，m；

X_{N-S}——设计特征周期 T_g 下水平南北向设计位移值，m。

结合式（6-2）得

$$X_{E-W} = \int_0^{T_g} V_{E-W}(t) dt = \int_0^{T_g} \sqrt{\frac{V^2(t)}{3}} dt \tag{6-5}$$

$$X_{\text{N-S}} = \int_0^{T_g} V_{\text{N-S}}(t) \mathrm{d}t = \int_0^{T_g} \sqrt{\frac{V^2(t)}{3}} \mathrm{d}t \qquad (6\text{-}6)$$

桥梁伸缩装置设计横向位移值为

$$X = \pm \int_0^{T_g} \sqrt{\frac{V^2(t)}{3}} \mathrm{d}t \qquad (6\text{-}7)$$

6.2 结构设计及模型建立

6.2.1 结构设计

1. 横向变位体系设计

在大位移桥梁伸缩装置中，常见的顺桥向变位功能指的是其在正常工作条件下的主要位移能力，而横向变位功能则基本不具备。当桥梁处于需要满足横向变位的特殊工况时，伸缩装置无法实现横向变位的弊端便会显现，轻则导致伸缩装置结构提前损坏，重则可能因伸缩装置的结构破坏进而引发桥梁梁体的结构损坏，威胁整体安全。目前，行业内能够满足横向变位功能的伸缩装置，通常是在现有结构基础上增加横向变位组件，以实现伸缩装置与梁体之间的横向相对位移。这些横向变位结构体系主要包括滑杆体系、滑板体系和燕尾互嵌式结构体系等。

常见的伸缩装置横向变位体系如下：

（1）滑动杆体系横向变位结构（图6-1）。

滑动杆体系横向变位结构由与梁体固定为一体的固定板装置和与伸缩装置主体结构为一体的滑杆组成，滑杆在固定板装置的滑动结构内横向移动，使梁体与伸缩装置上部结构产生相对滑移，从而实现横向变位。滑动杆体系具备小位移量横向变位功能，其结构简单，制作与安装便捷。然而，该体系仅通过单根滑杆系统连接伸缩装置的上下结构，导致结构稳定性较差。尤其在复杂工况下出现不均匀变位时，滑杆体系极易发生扭曲变形，会过早形成应力集中破坏点，对伸缩装置的安全性、耐久性及基本使用功能产生不利影响。

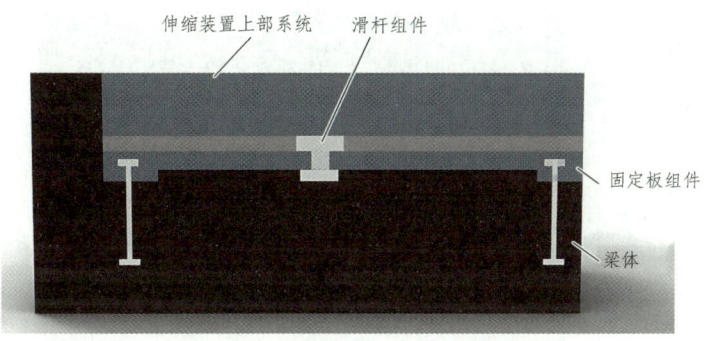

图 6-1 滑动杆体系横向变位结构

（2）滑板体系横向变位结构（图 6-2）。

滑板体系的横向变位结构特征在于与梁体固定为一体的固定板装置设有滑移槽，与伸缩装置主体结构为一体的上部滑板装置可在固定板对应的滑槽内滑动，从而实现横向变位功能。滑板体系是在滑杆基础上改进的一种结构，能够实现较大的横向变位，其滑板可在滑槽内横向滑动，结构稳定性相较于滑动杆体系更高。然而，对于一般的滑板体系横向变位伸缩装置，由于装置本身缺乏减隔震功能，当承受较强的外部震动时，体系上下部分组件会产生较大的竖向位移响应。若错位过大，伸缩装置的完整性将难以保持，结构可能遭到破坏，导致功能受损。

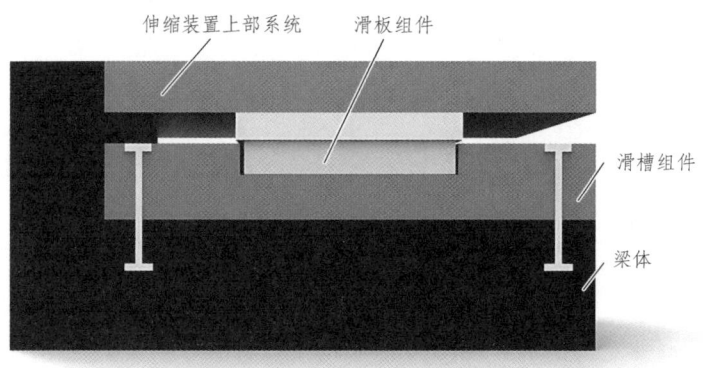

图 6-2　滑板体系横向变位结构

（3）燕尾互嵌式横向变位结构（图 6-3）。

燕尾互嵌式横向变位结构的特征在于其变位体系的下部结构燕尾槽固定于梁体，上部结构燕尾块则与伸缩装置主系统固定连接。该伸缩装置的整体性与安全性由互嵌式燕尾结构保障。借助上部燕尾块与下部燕尾槽的配合，燕尾互嵌式结构体系可实现较大横向位移。由于其结构稳定性优异，该体系被视作较为理想的横向变位方案。尽管燕尾结构稳定性较好，但其燕尾边缘及根部区域的材料强度较低。在遭遇较大震动或大幅度不均匀变位时，这些部位极易出现构件材料的屈服变形。长期作用下，其耐久性与稳定性将显著下降，严重时甚至可能导致功能性损伤。

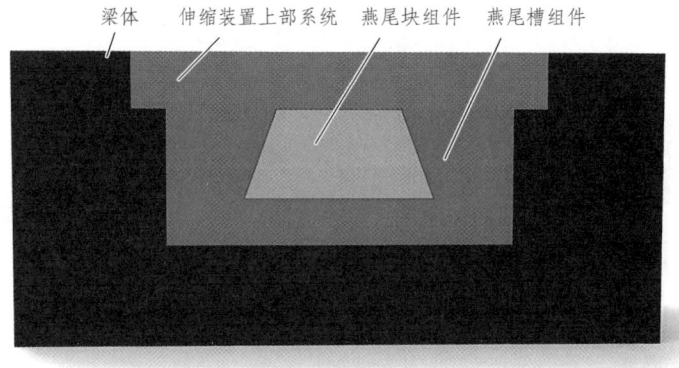

图 6-3　燕尾互嵌式横向变位结构

本节提出的伸缩装置横向大位移变位体系采用滑槽-滑块结构，与其他类型的横向变位体系产品设计不同，具有独特的变位机制。该体系在原有多向变位梳齿板桥梁伸缩装置的基础上增设了横向滑移系统，能够适应桥梁在各种荷载下的变位需求。伸缩装置的横向变位功能在工作时不受其他变位影响，其自由变位功能由滑槽-滑块体系实现，滑块在滑槽内自由滑动。整个横向变位滑动结构均设置于滑槽组件内，滑槽有效保护各变位结构组件。在安装使用过程中，变位结构与外部环境实现了完全隔离，确保伸缩装置的各方向变位与回位不受外界因素干扰，系统稳定性显著增强。

滑槽-滑块横向变位体系结构如图 6-4 所示。

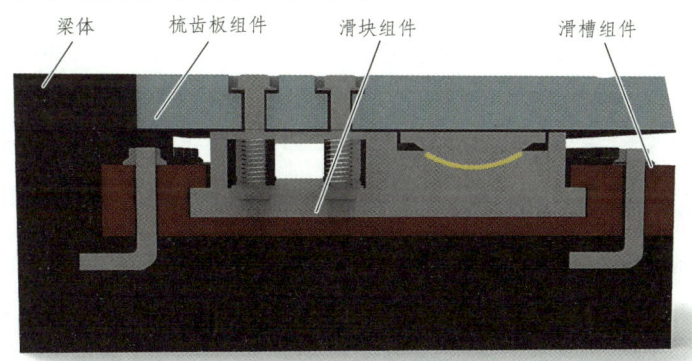

图 6-4　滑槽-滑块横向变位体系结构

滑槽-滑块横向变位结构系统主要由梳齿板、滑块和滑槽组件组成，其结构特征如下：

（1）梳齿板组件与滑块组件通过螺栓、焊接件等方式连接为一体。连接构件中设置有减震降噪和实现伸缩装置多向变位功能的特殊装置。

（2）滑槽组件通过锚固装置固定于梁体，锚固系统保证伸缩装置整体的安全性与稳定性。

（3）滑槽组件与梳齿板-滑块组件通过各自的特征互相嵌套安装，当桥梁发生横向变位时，滑块组件带动梳齿板组件在滑槽内横向滑移实现变位功能。

（4）滑槽组件与滑块组件之间设置有橡胶减隔震装置，减小了当伸缩装置受外界因素引起的振动作用，提高了伸缩装置变位体系耐久性和稳定性，能更好实现伸缩装置横向变位功能。

（5）在滑动层之间设置有超高分子量乙烯滑动材料，具有降低横向滑移过程中各组件间摩擦阻力的作用。

（6）在上下球座之间设置缓冲球面，避免了上下球座之间的直接接触，具有一定的承压能力和较好的摩擦性能。

2. 伸缩装置整体性能设计

本节所研究的伸缩装置为 MS 系列跨缝式桥梁阻尼减振多向变位梳齿板伸缩装置，其整体外形如图 6-5、图 6-6 所示。

图 6-5　跨缝式伸缩装置外形

图 6-6　骑缝式伸缩装置外形

在深入调研市场上常见的普通梳齿板伸缩装置和单元式多向变位梳齿板伸缩装置等产品的基础上，进行了大量改进与创新，最终研发出 MS 系列桥梁伸缩装置。该装置在桥梁梁体的两端分别设置活动端和固定端，并在活动端下方安装变位箱，将多向变位装置置于变位箱内。通过配置 U 形螺栓组、多向变位箱、保险螺栓、球型支座（承）以及高分子阻尼缓冲垫层等结构，形成了一套完整的创新型变位装置。活动端梳齿板借助多向变位装置实现桥梁的横向、竖向及扭转变位，同时通过梳齿板的相对位移完成纵向伸缩功能。这种伸缩装置具有以下几方面优势：

（1）通过创新性地将球面副转动结构引入桥梁伸缩装置，实现了多向变位性能，这一技术的突破在桥梁建设领域具有重大意义。MS 系列伸缩装置采用 U 形螺栓组、活动板与变位箱之间的球面副连接，确保了整体结构的稳定性，并展现出优异的多向变位性能。根据伸缩装置的整体性能试验结果及市场应用反馈，MS 系列伸缩装置凭借其独特的变位结构，其竖向及水平转角可达 ± 0.05 rad，这一转角值基本能够满足并适应我国各类桥梁的设计与应用需求。图 6-7 所示为伸缩装置多向变位结构。

（a）多向变位球体

（b）多向变位锚环

（c）多向变位体系

（d）多向变位体系

图 6-7　多向变位结构模型

(2）装置的阻尼减振结构不仅实现了桥梁伸缩装置长寿命、低噪声的技术要求，还推动了行业在该领域的创新发展。MS 系列伸缩装置在钢板与混凝土之间、钢板与钢板之间设置了高分子阻尼材料，有效减小了车辆等荷载的振动效应。同时，梳齿端面和根部槽口处采用圆弧过渡设计，显著降低了构造接触面间快速过渡时对桥梁和车辆的冲击振动，从而削弱了钢板与混凝土、钢板与钢板之间刚性碰撞产生的噪声，减少了对周围居民环境的影响。其人性化设计适用于各类桥梁的应用条件。在设计应用验证过程中，伸缩装置的等效阻尼比可达 15%，且减振结构在经历 2×10^6 次疲劳试验后仍保持完好，减振效果无明显下降，完全符合大多数桥梁伸缩装置的设计使用要求。图 6-8 所示为伸缩装置阻尼减振结构。

图 6-8　阻尼减振结构

（3）设计专用变位箱，采用变位结构与混凝土分离技术，实现变位结构在整个伸缩装置中的独立性，多向变位功能不受混凝土等因素制约。图 6-9 所示为伸缩装置变位箱结构。

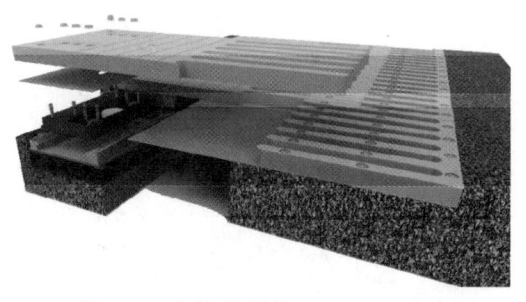

图 6-9　变位箱结构

（4）模块化设计，便于制造与安装。主材选用优质低合金高强度钢，具有出色的结构稳定性和环境适应性。MS 系列伸缩装置采用多个相同模块拼装成整体的设计方案，各模块功能独立完整，有利于设计、制造、安装和检测等环节的顺利进行。通过"化整为零"的结构形式，减少了伸缩装置在水平和扭转变位中的绝对值，从而实现更大的变位效果。主材采用的低合金高强度结构钢，显著提升了伸缩装置的整体抗压和抗剪能力。

装置中的高分子阻尼材料具备优异的弹性和机械强度，抗疲劳性能良好，有效缓解了外部荷载反复冲击对伸缩装置的影响。同时，多向变位球座内加入的高分子阻尼材料，显著提高了变位结构接触面的耐磨性能。此外，该装置的自由伸缩体系设计在路面表层，其自由伸缩功能不受附属结构限制，极大地延长了伸缩装置的使用寿命。止水带常设置于伸缩装置梳齿板下方，避免其直接暴露于大气中，进一步提升了伸缩装置的防排水性能和使用寿命。

（5）MS 系列伸缩装置具有施工便捷、工艺简单、难度低、维修成本少等优势。与模数式等其他类型的伸缩装置相比，MS 系列对预留槽口的深度要求显著降低。安装时，可先将锚固螺栓与预埋钢筋焊接定位，再进行梳齿板调平，有效避免了模数式伸缩装置定位与调平同时操作产生的相互干扰问题，从而大幅提升了施工效率与工程进度。在维修方面，仅需对损坏的模块进行拆装更换，且仅需横桥向一个车道宽度的作业面，即可在不影响正常交通的情况下完成局部更换，显著降低了运营成本，提升了经济和社会效益。

综上，MS 系列伸缩装置具有功能显著、性价比高、噪声低、环保耐久、抗振性能好、安装方便、后续维养费用低等优点。

6.2.2 伸缩装置模型建立

桥梁发生横向位移程度的影响取决于多种因素，当发生较大横向位移时，考虑到桥梁正常使用的下伸缩装置的性能，可采用等效弹性刚度模型模拟分析。图 6-10 所示为伸缩装置-梁体系统分析模型。

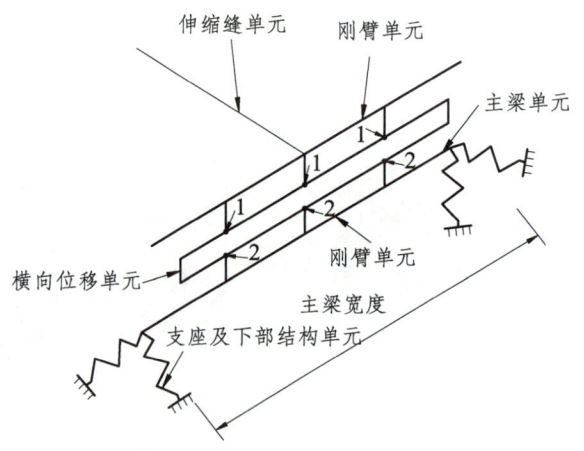

图 6-10 伸缩装置-梁体系统分析模型

以单模块梳齿板式伸缩装置为建模研究对象，该模型中的伸缩装置需具备实现横桥向位移值的变位结构，并在变位结构中增设阻尼减震装置。研究采用伸缩装置主单元（梳齿板系统）与滑移系统上部滑块一体化的设计，同时将梁体与滑移系统下部滑槽模拟为整体结构。当桥梁梁体及下部结构发生横向位移时，伸缩装置主单元与梁体单元之间将产生适应性相对位移。该装置主要承受的荷载包括正常使用过程中来自车辆及其他外部荷载，以及发生横向位移时内部结构所产生的应力作用。

模型主要组件单元包括如下部分：

（1）梳齿板系统：采用设置于梁体两端的活动板与梳齿板单模块系统，主材选用高强度合金钢，确保伸缩装置在承受上部车辆荷载时具备足够的水平及竖向抗弯性能。

（2）滑块系统：采用设置于梁体两端的活动板与梳齿板单模块系统，主材选用高强度合金钢，确保伸缩装置在承受上部车辆荷载时具备足够的水平及竖向抗弯性能。

（3）滑槽-梁体系统：滑槽系统是保证伸缩装置上下部系统及桥梁梁体的有效连接和适应横向位移的重要模块，应采用与滑块系统同强度等级或更高等级材料，每模块滑槽长度 L_m 应为

$$L_m \geqslant 2X + 1 = 2\int_0^{T_g} \sqrt{\frac{V^2(t)}{3}} dt + 1 \tag{6-8}$$

对于设计宽度为 B 时，如图 6-11 所示，滑槽长度 L_2 应为

$$L_2 \geqslant 2X + B = 2\int_0^{T_g} \sqrt{\frac{V^2(t)}{3}} dt + B \tag{6-9}$$

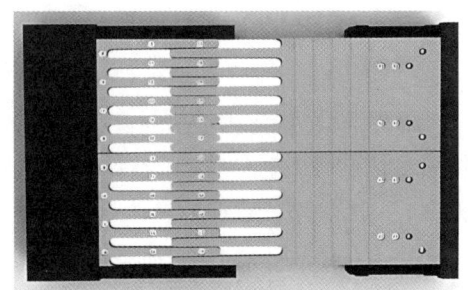

（a）伸缩装置模型（平面）

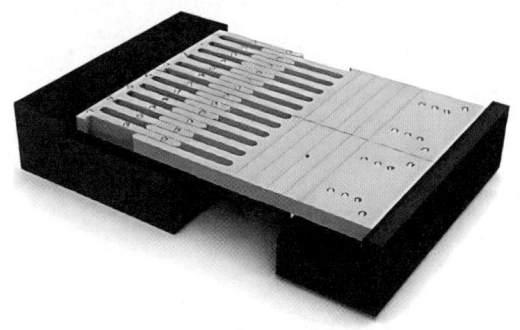

（b）伸缩装置模型（立面）

图 6-11 横向大位移伸缩装置模型

此长度为桥梁发生横向位移时设计滑槽长度最小值，应根据不同桥梁选址环境决定，设计加工时应保证滑槽长度及表面处理满足要求。

6.3 横向大位移伸缩装置耐久性设计研究

本节以 MS800 型横向大位移桥梁伸缩装置为研究对象。

6.3.1 伸缩装置材质

位于我国温热和寒冷地区的伸缩装置，其承重结构的钢材可采用 Q235B 或 Q355B；位于 −19 ~ −34 ℃ 严寒地区的伸缩装置，其承重结构的钢材可采用 Q235C 或 Q355C；位于低于 −35 ℃ 严寒地区的伸缩装置，其承重结构的钢材可采用 Q235D 或 Q355D。

根据现行《公路桥涵设计通用规范》（JTG D60）中位于温热和寒冷地区的伸缩装置，累年日最低气温平均值在 $T_s \geq -18\ ℃$ 时，承重结构的钢材和异型钢材应符合现行《碳素结构钢》（GB/T 700）和《低合金高强度结构钢》（GB/T 1591）中 Q235 B 和 Q355 B 级质量要求。位于严寒地区的伸缩装置，其承重结构的钢材和异型钢材按照所在地区累年日最低气温平均值为 $-19\ ℃ \leq T_s \leq -34\ ℃$ 或 $-35\ ℃ \leq T_s \leq -51\ ℃$ 时，选用现行《碳素结构钢》现行《碳素结构钢》中 Q235 和 Q355 的相应 C 或 D 质量等级钢材。

6.3.2 梳齿板系统设计计算

1. 荷载布置

荷载在横桥向和纵桥向均应布设在装置相对薄弱、易产生最大应力或挠度的位置；静力荷载应施加于伸缩装置伸缩量达到最大时的状态。在伸缩装置上，纵桥向荷载布置可采用车辆荷载的单后轴或双后轴形式。当伸缩装置伸缩量达到最大时，路面荷载（主要为汽车荷载，忽略钢板自重）作用于伸缩缝中心线处，此时钢板的受力变形最为显著。设计时以这一工况状态进行设计校核，材料选用 Q355B 级钢，其材料容许弯曲应力 $[\sigma_w] \leq 180\ \text{MPa}$，容许剪切应力 $[\tau] \leq 120\ \text{MPa}$，容许组合应力 $[\sigma_{zh}] = \sqrt{[\sigma_w]^2 + 3[\tau]^2} \leq 210\ \text{MPa}$。

梳齿板伸缩量最大状况如图 6-12 所示。

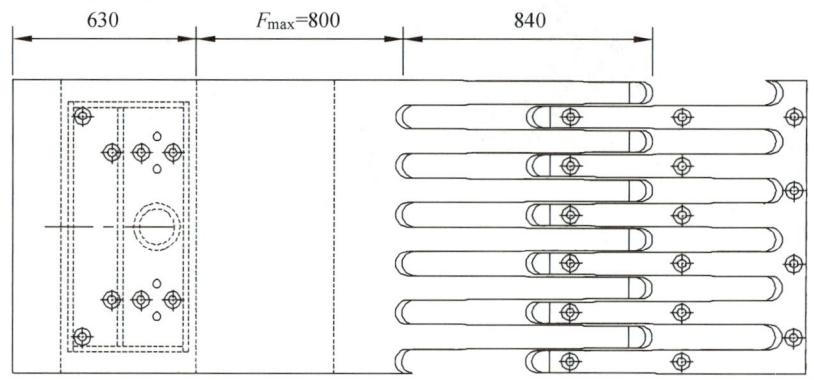

图 6-12 梳齿板伸缩量最大状况

2. 板厚计算

设计荷载 P（忽略钢板自重）为车辆荷载，按照《公路桥涵设计通用规范》，车辆荷载后轴重力标准值为 140 kN，并考虑汽车荷载的冲击作用，取为 1.45，这样作用在梳齿板的车轮荷载为 $P=140\times1.45=203$ kN。已知每节钢板宽 $B=996$ mm，跨径为伸缩装置最大伸缩量时梳齿前端与钢板固定端距离 $L=1\,640$ mm。结合实际受力状况和图 6-13 梳齿板受力图进行分析。

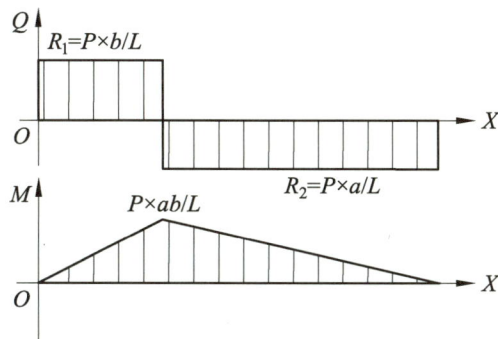

图 6-13　梳齿板受力

根据第四强度理论，有

$$\sigma = \sqrt{\sigma_{\max}^2 + 3\tau_{\max}^2} \leqslant \sqrt{[\sigma]^2 + 3[\tau]^2} \tag{6-10}$$

其中

$$\sigma_{\max} = \frac{M_{\max}}{W} = \frac{M_{\max}}{I_z / y_{\max}} = \frac{M_{\max} y_{\max}}{I_z} \tag{6-11}$$

$$\tau_{\max} = \frac{R_1}{A} \tag{6-12}$$

$$M_{\max} = R_1 \times a = P \times ab / L \tag{6-13}$$

$$y_{\max} = H/2 \tag{6-14}$$

$$I_z = \frac{BH^3}{12} \tag{6-15}$$

$$A = B \times H \tag{6-16}$$

式中：$\sigma_{\max}$——梳齿板最大弯曲应力，MPa；

$\tau_{\max}$——梳齿板最大剪切应力，MPa；

$M_{\max}$——梳齿板最大弯矩，N·mm；

W——抗弯截面模数，mm³；

H——梳齿板厚度，mm；

L——跨径，mm；

B——梳齿板宽度，mm。

代入相应数值得 $H \geqslant 48.9$ mm。

由汽车荷载（不计冲击力）所引起的竖向挠度不应超过跨径的 1/600，则有

$$|\omega|_{\max} = \left| -\frac{Pa(L^2-a^2)^{3/2}}{9\sqrt{3}EIL} \right| \leqslant [\omega] = \frac{1}{600}L \tag{6-17}$$

式中：E——材料弹性模量，钢材为 $E=2.1\times10^5$ MPa；

I——截面惯性矩，计算公式 $I=\dfrac{BH^3}{12}$。

综上可得：$H \geqslant 51.3$ mm，MS800 型横向大位移桥梁伸缩装置梳齿板设计板厚 H=70 mm>51.3 mm，满足强度要求。

3. 梳齿板挠度计算

梳齿板挠度的计算按照上述挠度的计算式为

$$|\omega|_{\max} = \left| -\frac{Pa(L^2-a^2)^{3/2}}{9\sqrt{3}EIL} \right| \tag{6-18}$$

取设计板厚 H=70 mm 时，挠度 ω=1.08 mm，其值远小于《公路桥涵钢结构及木结构设计规范》中规定的 $L/600$=2.73 mm。

在极限状态下，即板厚 H 为理论计算的结果时，挠度会适当增大（板越薄，挠度越大）。

本计算取 $[\sigma]$=180 MPa，$[\tau]$=120 MPa，E=210 GPa。严格上许用应力值 $[\sigma]$ 要根据钢材厚度进行选择，并取 5 的整倍数。而本计算中的许用应力 $[\sigma]$ 取为最小值，具有较高的安全度。

在工程实际中，作用于桥面的车辆荷载为均布荷载（这里还有一个基本假设是轮载下接触区域的压力是均匀的），按照《公路桥涵设计通用规范》车辆着地宽度及长度为 600×200 mm，此时，梳齿板的受力如图 6-14 所示。

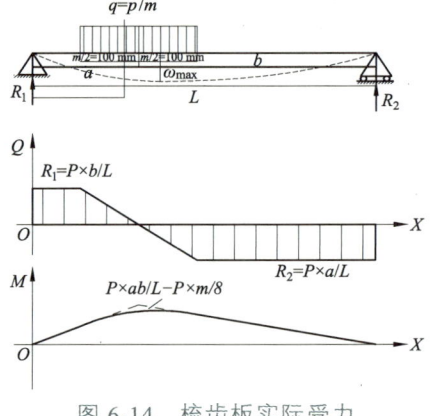

图 6-14 梳齿板实际受力

均布荷载作用下钢板的最大弯矩 M_{max} 和最大挠度 ω_{max} 比集中荷载作用时有所减小，则对应求得的 H 变小。由此可以得出，按照集中荷载计算时不仅可以简化分析和计算，还具有更高的安全度。

荷载 P 在横桥向及纵桥向均应布设在对所考虑的结构产生最大应力或挠度的位置上。本计算中将荷载设置在梳齿板总跨径的中心处位置，此条件为伸缩装置实际使用最危险工况，因此满足设计极限值。本计算未考虑钢板自重。

跨径 L 定为伸缩装置伸缩量最大时的跨径（此时伸缩装置产生的应力和挠度可以达到最大），两端支点取在合理位置处（左端支点取在梁端支撑处，右端取梳齿板前端）。另外，限于混凝土和泵送混凝土流动性较大，收缩使梳齿板底面与混凝土之间常出现裂隙，梳齿板下混凝土又不易振捣密实，故假设梳齿板底面混凝土的支撑力为零，黏结力为零。

6.3.3 横向变位结构设计计算

横向变位结构选用的材料与梳齿板主材一致，均选用 Q355 结构钢。Q355 是一种低合金高强度结构钢，通常以出现塑性变形、发生屈服现象为失效形式。在单向受力的情况下，出现断裂时的强度极限 σ_b 和塑性变形时的屈服极限 σ_s，可由试验测定。σ_b 和 σ_s 统称为失效应力，以安全因数除以失效应力，即可得到许用应力 $[\sigma]$，可以建立强度条件：

$$\sigma \leqslant [\sigma] \tag{6-19}$$

横向变位结构（滑块、滑槽）受力情况如图 6-15 所示。应力集中接触位置主要在滑槽、滑块嵌套连接的对接处，只需对接处最大切应力满足强度条件。

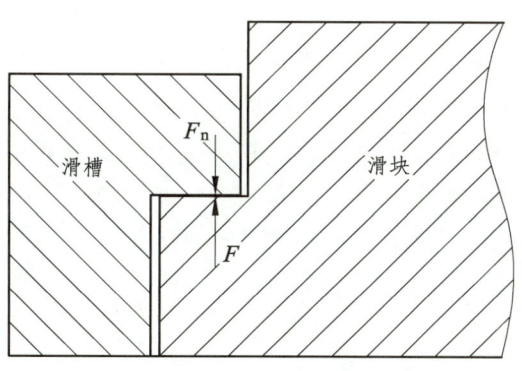

图 6-15 横向变位结构受力

无论什么状态下，只要最大切应力 τ_{max} 达到与材料性能有关的某一极限值，材料就会发生屈服及失效现象。对于单向拉伸，当与轴线成 45° 的斜截面上的 $\tau_{max} = \sigma_s/2$ 时（此时横截面上的正应力是 σ_s），就会出现屈服。因此 $\sigma_s/2$ 就是导致屈服的最大切应力的极限值。这个极限值与应力无关，在任意应力状态下，只要 τ_{max} 达到 $\sigma_s/2 \left|\dfrac{\sigma_1}{2}\right|$ 就引起材料的屈服。

最大切应力屈服准则可以用几何方式来表达，二向应力状态下，如以 σ_1 和 σ_2 表示两个主应力，且设 σ_1 和 σ_2 均可以表示最小或最大应力。当 σ_1 和 σ_2 正负号相同时，最大切应力应为或 $\left|\dfrac{\sigma_2}{2}\right|$，因此最大切应力屈服准则为

$$|\sigma_1|=\sigma_s \text{ 或 } |\sigma_2|=\sigma_s \tag{6-20}$$

如图 6-16 所示，在以 σ_1（切应力 1）和 σ_2（切应力 2）为坐标系中，σ_1 和 σ_2 的正负号是一致的应在第一和第三象限。当 σ_1 和 σ_2 正负号不一致时，最大切应力为 $|(\sigma_1-\sigma_2)|/2$。

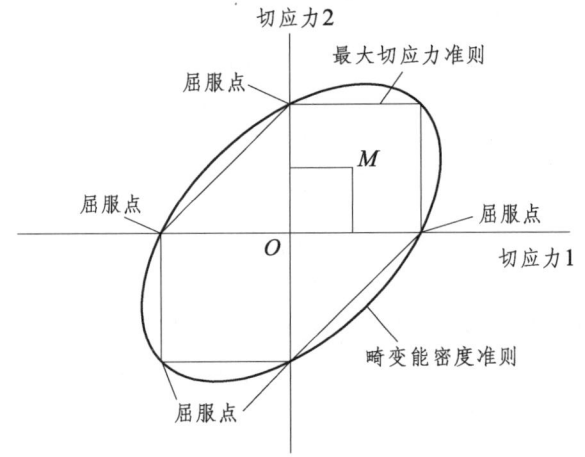

图 6-16　最大切应力屈服准则

屈服准则化为

$$|\sigma_1-\sigma_2|=\sigma_s \tag{6-21}$$

这表示第二象限和第四象限中的两条斜直线。所以在 σ_1-σ_2 平面中，最大切应力屈服准对应一个六边形。如果代表某一个二向应力状态的 M 点在六边形区域之内，则这个应力状态不会引起屈服，材料处于弹性状态。如果这个 M 点刚好在区域边界上，则它所代表的应力状态刚好足够使材料开始出现屈服现象。

横向变位结构按第三强度理论建立的强度条件为

$$\tau_{\max} \leqslant \dfrac{\sigma_s}{2} = \dfrac{[\sigma]}{2} \tag{6-22}$$

式中：$\tau_{\max}$——截面所受的最大切应力，MPa；

　　　σ_s——材料发生变形的屈服极限，MPa；

　　　$[\sigma]$——材料的许用应力，MPa。

$$\tau_{\max} = \dfrac{F_{N\max}}{A} \tag{6-23}$$

式中：τ_{max} ——截面所受的最大切应力，N/mm²；

　　　F_{Nmax} ——截面所受最大外部荷载（F_{Nmax}=203 000 N，F_{Nmax}最大荷载按《公路桥涵设计通用规范》中所规定的车辆荷载后轴重力标准值140 kN 和（1+μ）的乘积值，其中冲击系数μ=0.45，即F_{Nmax}=140×(1+0.45) = 203 kN），N；

　　　A ——截面横截面积，mm²。

滑槽、滑块嵌套对接处受力截面如图 6-17 所示：

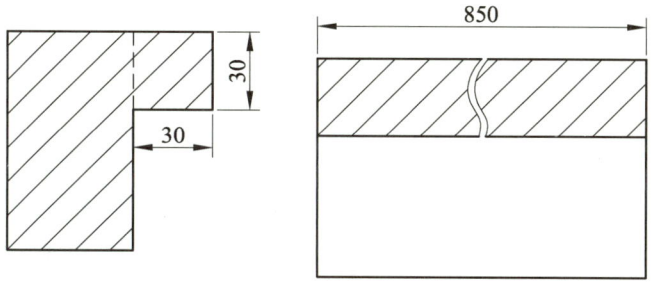

图 6-17　横向变位结构受力截面（单位：mm）

受力截面面积为

$$A = C \times H = 850 \text{ mm} \times 30 \text{ mm} = 25\ 500 \text{ mm}^2$$

由上式可得

$$\tau_{max} = \frac{F_{Nmax}}{A} \leqslant \frac{[\sigma]}{2} \tag{6-24}$$

$$2\tau_{max} = \frac{2F_{Nmax}}{A} \leqslant [\sigma] \tag{6-25}$$

代入数据，得

$$2\tau_{max} = \frac{2 \times 203\ 000}{25\ 500} \text{MPa} = 15.19 \text{ MPa} < 180 \text{ MPa}$$

由分析结果可知，横向变位结构满足强度条件，并且具有很高的安全性。

6.3.4　连接件（连接方式）安全性分析

1. 保险螺栓设计

在横向荷载的作用下，保险螺栓靠结合面之间的最大摩擦力来克服。横向荷载主要考虑汽车荷载刹车时产生的制动力影响，制动力根据桥梁规范的规定，一般按照不小于一辆重车的30%计算，其产生的最大水平力 $T=(140\times 0.3)/2=21$ kN。

则平衡条件为

$$fF_0 zi \geqslant K_S T \tag{6-26}$$

式中：F_0——各保险螺栓所需要的预紧力，kN；

T——汽车最大横向荷载，kN；

K_S——防滑系数，取 1.2；

i——结合面数，$i = 2$；

Z——螺栓作用个数，$z = 4$；

f——结合面的摩擦系数，取 0.15。

代入数值得 $F_0 \geqslant \dfrac{K_S T}{fzi} = 21 \text{ kN}$。

由 $\sigma = \dfrac{1.3 F_0}{\pi d_1^2 / 4} \leqslant [\sigma]$ 得到 $d_1 \geqslant \sqrt{\dfrac{4 \times 1.3 F_0}{\pi [\sigma]}} = 15.22 \text{ mm}$。其中，$[\sigma] = \sigma_s / s = 225/1.5 = 150 \text{ MPa}$。

螺栓材料为 40Cr，螺母材料为 C35，安全系数 S 应取 1.2 ~ 1.5，本设计螺栓直径为 M24，故符合要求。

2. 结构的焊接处理

设计中，滑块、滑槽、变位箱以及变位结构中限位块等组件均采用氩弧焊的方式进行焊接处理。焊接所用的氩气作为保护气体能防止焊接材料被氧化，氩弧焊的电弧燃烧稳定，弧柱温度高、热量集中、热影响区窄、焊接生产效率高，所焊的焊件变形、应力、裂纹倾向小，焊接件的位置不受限制，可进行全位置焊接。氩弧焊几乎可以对所有金属实现焊接。其焊缝形式比较多，主要有 V 形焊缝、U 形焊缝、角焊缝、I 形焊缝和卷边焊缝等。

焊缝的设计原则为如下：① 在满足焊接强度的情况下尽量减少焊缝数量；② 焊接坡口的选择尽量便于加工，比如 V 形焊缝；③ 破口过大会形成焊接缺陷，应该避免；④ 应该充分考虑焊接的操作空间，避免仰焊和立焊。

设计中变位结构涉及的焊接件主要采用 V 形焊缝和角焊缝。对于垂直接触的钢材间采用角焊缝，面接触的钢材需采用 V 形焊缝，其中需要根据母材的厚度选择角焊缝的最小焊脚尺寸（表 6-2）。

表 6-2 最小焊脚尺寸　　　　　　　　　　　　　　　　　　　　单位：mm

母材厚度	最小焊脚
≤6	3
6（不含）~ 12（含）	5
12（不含）~ 20（含）	6
20（不含）~ 38（含）	8
38（不含）~ 57（含）	10
57（不含）~ 152（含）	12
>152	16

下面对设计中各个焊接机构的焊接情况进行说明。如图 6-18 和图 6-19 所示，滑块组件与变位箱组件连接主要选择双面角焊缝；对于滑块与变位箱侧立板焊接形式，在垂直方向上选择尺寸为 5 mm 的角焊缝。变位箱内部组件间的连接采用角焊缝与 V 形焊缝的组合形式，选择最小焊脚尺寸 5 mm；其余构件根据实际情况选择焊接参数。

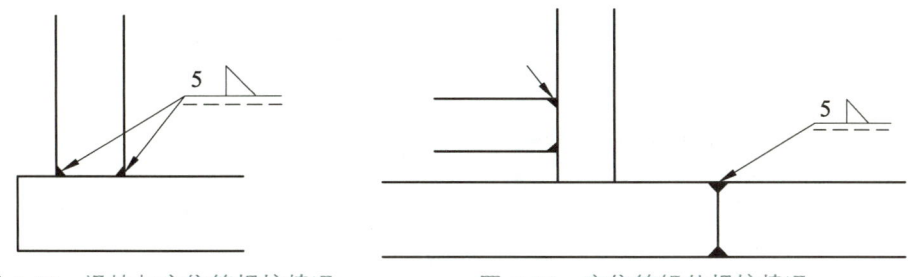

图 6-18　滑块与变位箱焊接情况　　　图 6-19　变位箱组件焊接情况

6.3.5　滑动材料及缓冲球面结构性能介绍

（1）采用超高分子乙烯滑板作为滑动材料，该材料具备优异的技术性能：高温下稳定，低温下抗裂，疲劳性能卓越，与钢材间的摩擦力小，且无需在表面设计储油槽。其具体性能如下：耐高温——使用工作温度达 250 ℃；耐低温——具有良好的机械韧性；即使温度下降到 −196 ℃，也可保持 5%的伸长率；耐腐蚀——对大多数化学药品和溶剂，表现出惰性、能耐强酸强碱、水和各种有机溶剂；耐气候——有塑料中最佳的老化寿命；高润滑——是固体材料中摩擦系数最低者；不黏附——是固体材料中最小的表面张力，不黏附任何物质。

（2）缓冲球面处于上下球座之间，与滑板采用同种材料，为超高分子乙烯滑板。

6.4　伸缩装置整体性能研究

6.4.1　极限工况下伸缩装置横向位移系统有限元分析

随着计算机技术与数值计算方法的不断发展与深度融合，有限元分析在解决工程技术领域中大型复杂结构问题方面的应用日益广泛。有限元法凭借其强大的计算能力，能够将求解模块进行精细化处理，并具备完善的处理系统，其精度与效率均表现优异，从而为工程应用分析提供了有力保障。

在横向变位体系中，滑块和滑槽组件作为主要受力机构，其受力情况是研究的重点。本研究采用 ANSYS 有限元分析软件，通过建立滑块和滑槽模块的三维实体模型，进行有限元分析并完成受力校核。为确保结构分析结果的可靠性，建模过程中对荷载变化形式和支撑边界样式进行了合理简化，简化需满足以下要求：① 简化模型的尺寸应具备足够的准确性；② 简化后的模型应具有较高的经济性。基于 ANSYS 有限元分析软件，建立了横向位移系统（滑槽和滑块模块）的模型，并重点分析了各模块构件在不同工况下的受力情况。伸缩装置所受荷载按照公路-Ⅰ级汽车后轴重力荷载标准值140 kN。

伸缩装置位移模块网格划分及荷载施加如图6-20所示。

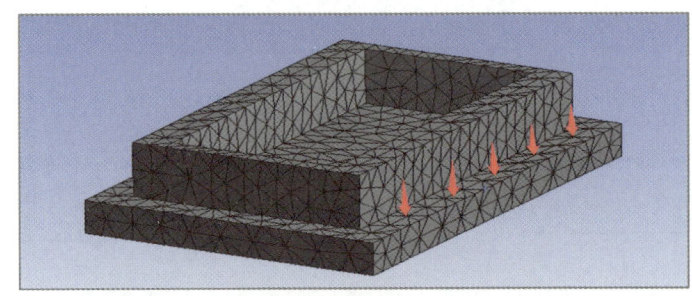

（a）滑块模块网格划分及荷载施加

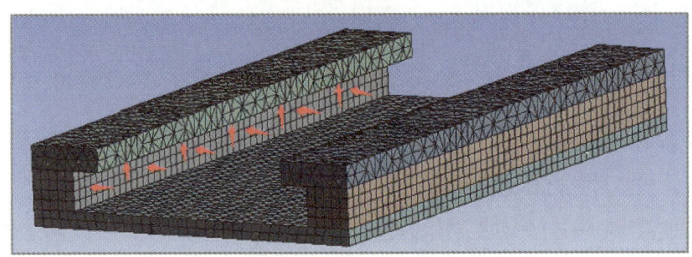

（b）滑槽模块网格划分及荷载施加

图6-20　伸缩装置位移模块网格划分及荷载施加

滑块模块各工况下受力云图如图6-21所示。

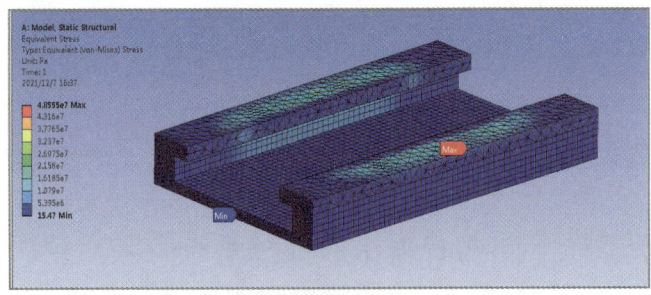

（a）滑槽模块无横向位移时受力

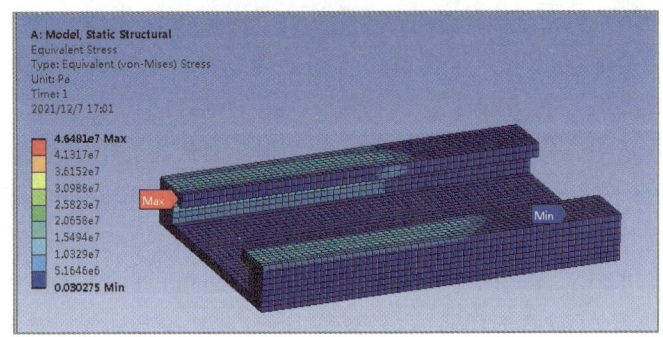

（b）滑槽模块最大横向位移时受力

第 6 章　与减隔震体系匹配的横向大位移伸缩装置服役性能研究

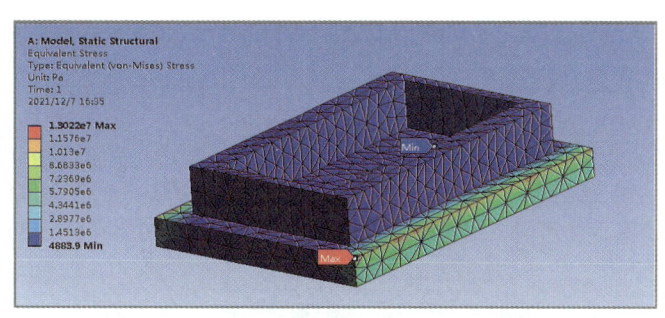

（c）滑槽模块实际工况下受力

图 6-21　滑块模块各工况下受力云图

根据伸缩装置位移系统的受力云图分析结果显示，当系统整体承受不同方向的荷载作用时，各模块受力分布较为均匀，且变形量较小。在不同工况下，该系统能够有效实现桥梁横向的大位移变位性能。

6.4.2　800 型横向大位移伸缩装置试制

金鸡达旦河大桥为单箱三室一孔简支钢箱梁桥，跨径 65 m，箱梁梁高 3 m。主桥伸缩装置采用 800 型单元式多向变位梳形板式伸缩缝（图 6-22、图 6-23），设计顺桥向伸缩量为 0～800 mm，横桥向位移量为 ±300 mm。根据上述参数，对其进行了设计和研制。800 型伸缩装置主要由三部分组成：梳齿板结构、变位箱结构和固定滑道结构。当发生横向位移时，活动梳齿板与变位箱作为统一结构在固定滑道内滑动；当发生横向和竖向转动时，变位箱与固定滑道结构保持不动，梳齿板通过球座实现转动。

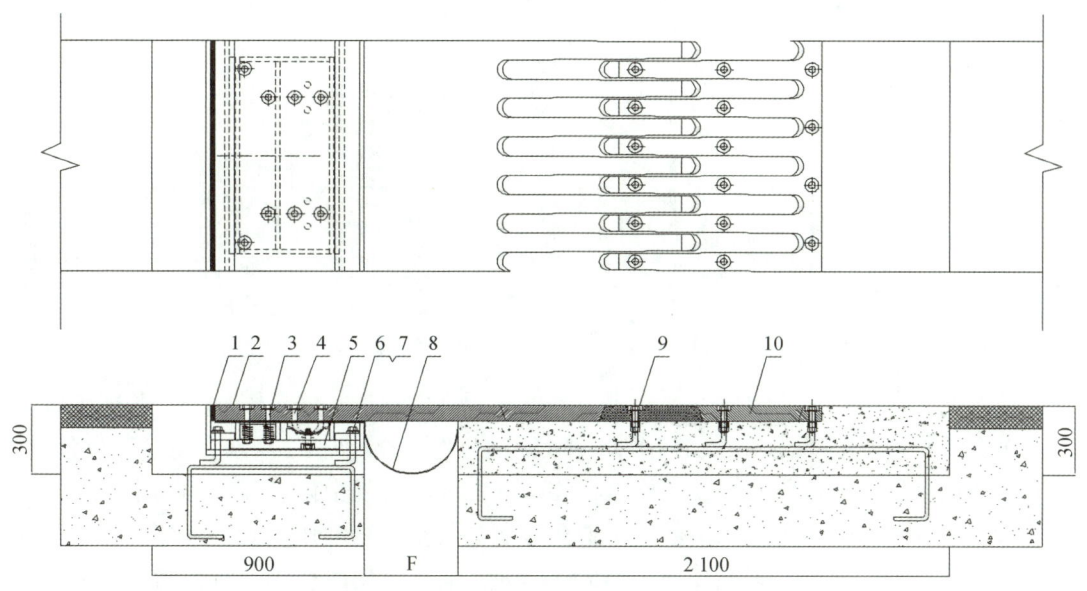

1—橡胶垫；2—活动梳齿板；3—锚固螺栓组；4—变位组件；5—滑动组件；6—施必牢螺母；
7—弹簧垫圈；8—止水带；9—L 型螺栓；10—固定梳齿板。

图 6-22　800 型伸缩装置结构设计

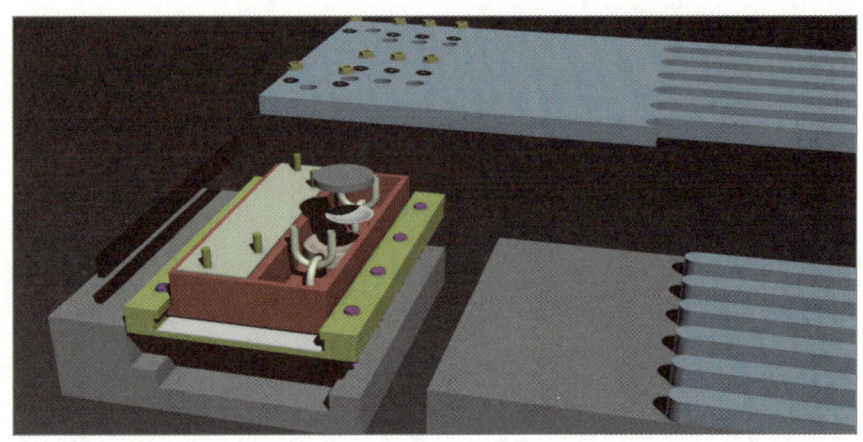

图 6-23　800 型伸缩装置

6.4.3　伸缩装置横向位移性能试验及数据分析

金鸡达旦河大桥项目的 MSKF800 型桥梁伸缩装置设计要求如下：横桥向位移量为 ± 300 mm，竖向转角为 ± 0.03 rad，横向转角为 ± 0.03 rad。为验证 MSKF800 型桥梁伸缩装置的横向位移、横向转角及竖向转角性能，本试验通过泵站和动作器等装置模拟外界荷载对伸缩装置的影响，并依据相关规范要求进行具体试验，以验证其横向位移和转角性能。试验组装如图 6-24 所示。

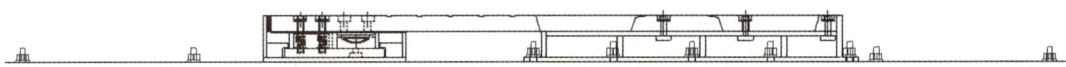

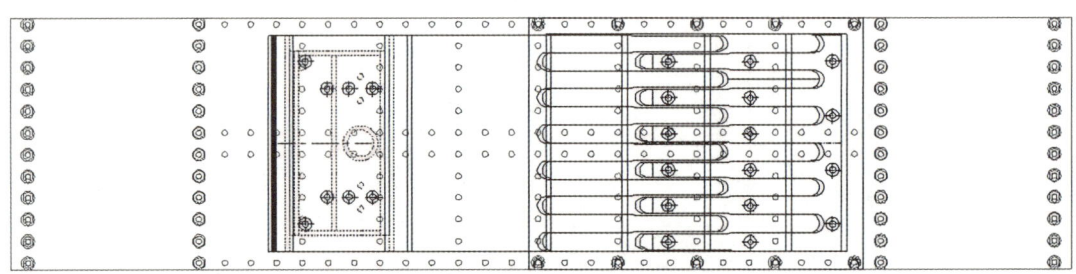

图 6-24　MSKF800 型伸缩装置试件组装

按照试验台螺栓孔的位置安装固定工装，随后将位移连接件（图 6-25）装配至试件上，并连接油泵与作动器。启动作动器，推动伸缩装置的滑动槽，观察并记录其位移量。同时，使用直板尺测量伸缩装置的横向位移，并在试验过程中记录荷载的大小。

采用液压泵站作为动力源，液压泵通过液压油驱动油缸动作，先使伸缩装置处于正常位置，油缸推动伸缩装置横桥向位移+300 mm；油缸再反向动作，将伸缩装置横桥向拉回零位，反向拉动伸缩装置横桥向位移 − 300 mm，以此重复试验 3 次，实现横桥向位移 ± 300 mm。

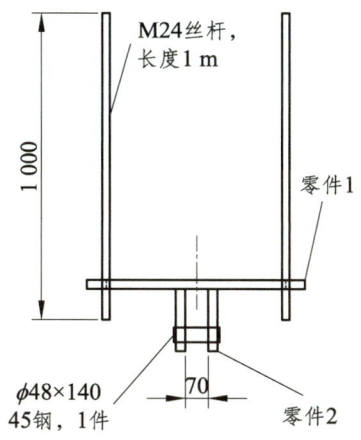

图 6-25 位移连接件（单位：mm）

6.4.4 试验结果记录

在试验过程中，详细记录试验步骤及结果，并着重记录异常情况。试验结束后，对伸缩装置进行拆卸，检测各构件的受损状况。试验数据见表 6-3。表中变形量为试验装置卸载后，结构整体的相对变形值，测量于行程结束时。

表 6-3 伸缩装置横向位移性能试验结果

实验环境/°C	一次行程结果/mm		二次行程结果/mm		三次行程结果/mm	
	行程值	变形量	行程值	变形量	行程值	变形量
−20	0	0	0	0	0	0
	+300	1.3	+300	1.5	+300	1.6
	−300	1.5	−300	1.5	−300	1.5
−10	0	0	0	0	0	0
	+300	1.1	+300	1.2	+300	1.4
	−300	1.3	−300	1.1	−300	1.5
0	0	0	0	0	0	0
	+300	1.4	+300	1.6	+300	1.4
	−300	1.4	−300	1.3	−300	1.5
10	0	0	0	0	0	0
	+300	1.6	+300	1.6	+300	1.7
	−300	1.8	−300	1.5	−300	1.6
20	0	0	0	0	0	0
	+300	1.8	+300	1.6	+300	2.0
	−300	1.7	−300	1.9	−300	1.8

根据伸缩装置横向位移性能的试验结果分析，试件在多次不同行程及不同温度环境

下，整体变形量较小且分布均匀，未出现较大破坏；装置在试验过程中振幅较小，表明其能够满足伸缩装置在不同环境条件下的横向位移需求。

6.5 小 结

通过数值分析和试验研究，可得出以下结论：

（1）桥梁伸缩装置在实际运营过程中，不仅要承受顺桥向的位移，还会因外部荷载作用产生横向位移。同时，由于挠度变形及桥梁伸缩装置自身的弹性变形，它还会发生竖向变形。因此，桥梁伸缩装置应具备多向变位功能。

（2）通过计算与有限元验证分析，在合理的结构设计条件下，横向大位移多向变位伸缩装置采用现有常规材料，不仅能满足设计及使用要求，还具备良好的经济性能。

（3）通过验证分析及实际工程应用表明，所提出的横向大位移多向变位梳齿板桥梁伸缩装置结构合理，性能优越，能够满足设计要求和桥梁运营需求。

（4）通过有限元分析软件模拟伸缩装置横向位移系统在不同工况下的实际受力情况，仿真结果与试验数据基本吻合。该装置在多次行程验证及不同工况下，位移系统受力均匀，结构整体变形较小，符合桥梁安全性和稳定性的设计要求，能够满足桥梁伸缩装置横向位移值的需求。

研究成果已依据工程要求成功投入实际应用，使用效果显著。若在桥梁伸缩装置中增设智能检测单元，实时监测装置在不同工况下的动态表现，及时掌握其真实位移情况，并通过数据分析实现理论与实践的有机结合，将有利于后续项目的研究与设计优化。

第 7 章 结论与展望

7.1 结 论

7.1.1 高烈度近场强震区大跨拱桥结构抗震性能及减隔震技术总结

（1）结构动力特性方面，支座固定方向采用固定处理时，前两阶均以主桥振动为主，第 1 阶振型为主桥纵向平动+竖向弯曲振动，周期为 2.938 s；第 2 阶振型为主桥横向弯曲振动，周期为 1.750 s。支座采用固定等效刚度模拟时，前两阶均以主桥振动为主，第 1 阶振型为全桥横向振动，周期为 3.949 s；第 2 阶振型为主桥纵向平动+竖向弯曲振动，周期为 3.456 s。

（2）根据反应谱分析，50 年超越概率 63%地震作用下，支座限位销的水平力设计为支座竖向承载力的 20%时，各支座固定方向的限位销不会发生破坏，约束方向仍为固定，经计算，主桥各构件关键截面受力均能满足要求，保持弹性。50 年超越概率 10%地震作用下，经试算，各支座固定方向的限位销发生破坏，支座采用等效刚度进行模拟，经计算，主桥各构件关键截面受力均能满足要求，保持弹性，但横梁端部截面为结构薄弱部位。

（3）线性分析工况中，桥梁采用约束形式与反应谱分析工况相同。根据计算结果，桥梁时程分析结果与反应谱相近。50 年超越概率 10%地震作用下，支座水平力会超过限位销水平力，限位销失去作用，各支座进入双向减隔震。在采用支座等效刚度进行模拟时，在该水平地震作用下，主桥格构梁横梁端部截面均为易损区域，且易损位置多位于格构梁中部和两端。

（4）非线性分析工况中，摩擦摆式减隔震支座采用双折线模型来模拟，其隔震耗能能力得到发挥，E1（50 年超越概率 10%）和 E2（50 年超越概率 2%）地震作用下，主桥各构件截面均满足要求。支座变形均小于支座隔震位移量，桥墩和桩基也无明显损伤。

（5）计算分析表明，格构梁中的横梁端部为结构薄弱部位。尽管在中震和大震作用下，支座剪力销已发生破坏，摩擦摆支座呈现出双向隔震特性，此时应采用双折线模型进行模拟，以确保非线性分析结果的准确性，但通过反应谱和线性时程分析结果仍可初步评估结构受力情况及构件设计的合理性。

7.1.2 大跨下承式钢箱系杆拱桥梁拱结合部力学性能总结

（1）模型试验结果与模型有限元及原型有限元计算结果均表明：拱脚各构件 Von-Mises 应力分层变化，过渡平稳，应力均满足规范要求，安全可靠。拱肋钢箱应力最大，大部分在 150 MPa 以下；主梁钢箱应力次之，大部分在 70 MPa 以下；混凝土拱座应力最小，基本在 5 MPa 以下。

（2）拱肋钢箱轴向应力分布规律：自加载端至混凝土端，拱肋钢箱的轴向压应力呈单调递减的规律。普通段根部压应力最大（前三工况约为 -100 MPa、超载工况约为 -150 MPa）；加强段锚固板侧压应力降低，这是两种效应叠加的结果（一是加劲肋数量增加使应力降低，二是钢拉杆锚固力使应力增加）；加强段承压板侧应力再次降低，这是采用梯形加劲肋所起的作用。

（3）主梁钢箱轴向应力分布规律：自锚固端至混凝土端，主梁轴向压应力先增后减。普通段应力最小；至加强段锚固板侧压应力增加，这是因为钢拉杆锚固产生的压应力大于因加劲肋数量增多而降低的应力；至加强段承压板侧应力有所减小，这是由加劲肋截面增加而导致的。在超载工况下，主梁钢箱普通段轴向应力出现约 25 MPa 的拉应力，说明此时支座外移，主梁钢箱受拉。

7.1.3 山区强风作用下大跨径钢箱系杆拱桥先拱后梁施工关键技术总结

金鸡达旦河大桥是国内同类型桥梁中跨径最大的一座，其施工技术难度大、安全风险高。本课题研究技术的成功应用，不仅体现了技术水平的先进性，还成功解决了施工中的各类技术难题。随着桥梁建设的发展，拱桥的应用日益广泛，尤其是在山区强风地区，拱桥跨径不断增大，缆索吊装斜拉扣挂法在拱桥施工中的应用将越来越普遍，其前景广阔，尤其适用于峡谷、水深流急的河段或需满足船只通航的钢拱桥施工。

随着我国钢-混组合桥梁建设的推进，桥梁构筑物逐渐复杂化，不可避免地出现钢筋、预埋件、预应力管道布置密集，混凝土强度高、结构物体型大、形状特殊等问题。本书研究的粗骨料大粒径自密实大体积混凝土适用于作业空间狭小、难以振捣且外观要求高的混凝土构筑物，也可用于拱座、锚锭、承台基础等大体积混凝土及结构造型独特的异形混凝土构件中。

7.1.4 与减隔震体系匹配的横向大位移伸缩装置服役性能研究总结

（1）桥梁伸缩装置在实际运营过程中不但要发生顺桥向位移，同时会因外部荷载作用而产生横向位移，也会受到挠度变形及桥梁伸缩装置自身弹性变形而发生竖向变形，因此桥梁伸缩装置的设计应具有多向变位功能。

（2）通过计算及有限元验证分析，在合理的结构设计条件下，横向大位移多向变位伸缩装置采用现有常规材料，既能满足设计及使用要求，又具有良好的经济性能。

（3）通过验证分析以及实际工程使用情况分析，所研究的横向大位移多向变位梳齿板桥梁伸缩装置结构合理，运营性能优越，满足设计及桥梁运营要求。

（4）有限元分析软件模拟伸缩装置横向位移系统在不同工况下实际受力情况，仿真结果与试验记录结果基本一致。伸缩装置在多次行程验证、不同工况下位移系统受力均匀，结构整体变形小，符合桥梁安全性、稳定性设计要求。根据横向位移系统仿真及试验结果，该结构体系可满足桥梁伸缩装置横向位移值的要求。

7.2 展 望

"高烈度地震近场区大跨桥梁建造及防灾减灾关键技术研究"项目为金鸡达旦河大桥建设提供了坚实的技术支撑。本书聚焦高烈度近场震区桥梁建设，对下承式钢箱系杆桥梁拱结合部的钢-混结构以及系杆拱桥先拱后梁施工工艺开展了系统性研究。通过文献检索、实地调研、计算机仿真模拟、理论分析和试验研究等多种方法，系统解决了金鸡达旦河大桥建设中的关键技术难题。该项目不仅保障了大桥的顺利建成，其采用的创新施工技术更具有重要的实践指导价值，为特殊结构桥梁的建造积累了宝贵经验。

项目的科研成果已积极应用于工程建设，并全面运用于大桥的各项建设中，部分成果已被国内多座同类桥梁借鉴。金鸡达旦河大桥作为全国首座最大跨径的下承式钢箱系杆拱桥，在技术创新方面取得了显著成果：成功研发了大粒径粗骨料大体积自密实 C50 混凝土，创新性地发明了缆索吊机少扣索悬臂安装拱肋的方法，并开发了三角架吊装吊耳空间转换吊具；同时，还研发并形成了预应力系杆先拱后梁法体系转换技术。

针对上述研究，仍有一些问题需进一步探讨，主要包括：在自密实大体积混凝土的研发中，水泥含量相对较高，下一步需在确保质量和工艺性能的前提下，继续研究如何进一步降低水泥用量。对于缆索吊装先拱后梁施工法，尽管理论已证实少扣索的可行性，但在实际施工中，出于安全和保险考虑，并未完全遵循少扣索理论工况，部分情况仍保留了扣索。下一步需将理论与实践进一步结合，充分利用结构自身的刚度，真正实现少扣索斜拉扣挂施工。

研究成果显著提升了我国大跨径下承系杆拱桥的设计与施工水平，并在设计、施工、架设与监控的计算方法及新材料应用方面取得了重大突破。随着我国交通建设的快速发展，在深切峡谷地区修建的特大型桥梁将日益增多，该研究成果具有重要的现实意义。

参考文献

[1] 陈宝春,陈康明,赵秋. 中国钢拱桥发展现状调查与分析[J]. 中外公路,2011,31(2):121-127.

[2] 陈康明,吴庆雄,陈宝春,等. 中日钢拱桥发展现状调查与对比分析[J]. 中外公路,2016(3):88-94.

[3] 彭河星. 大跨度斜拉拱桥抗震性能研究[D]. 长沙:湖南大学,2007.

[4] 张玉萍. 钢管混凝土拱桥的抗震性能分析[D]. 武汉:武汉理工大学,2005.

[5] 劳文全. 钢管混凝土拱桥动力特性分析[D]. 长沙:湖南大学,2006.

[6] 李鹏. 大跨度系杆拱桥动力特性和抗震性能研究[D]. 南京:东南大学,2005.

[7] 徐叶琴. 大跨度钢管混凝土拱桥横向稳定性和横向抗震性分析[D]. 杭州:浙江大学,2005.

[8] 丁文胜. 下承式刚架系杆拱桥的抗震设计方法及试验研究[D]. 南京:东南大学,2006.

[9] 刘声树,朱慈勉. 钢管混凝土拱桥动力性能及抗震性能研究[J]. 交通科技,2008(2):9-12.

[10] 罗飞. 大跨度钢拱桥静力非线性及地震响应研究[D]. 北京:北京工业大学,2004.

[11] 彭勇均. 上承式钢筋混凝土箱板拱桥地震反应分析[D]. 重庆:重庆交通大学,2009.

[12] 吴星. 大跨度钢管混凝土拱桥抗震性能分析[D]. 西安:西安建筑科技大学,2007.

[13] 赵雅丽. 大跨度钢管混凝土拱桥的地震响应分析[D]. 杭州:浙江大学,2005.

[14] 谢文. 大跨度钢管混凝土拱桥非线性地震响应分析[D]. 长沙:长沙理工大学,2005.

[15] 吴东. 多点激励下大跨度桥梁的地震反应分析[D]. 成都:西南交通大学,2006.

[16] 郑三念. 重庆菜园坝长江大桥地震行波效应分析[D]. 重庆:重庆大学,2007.

[17] 吴玉华. 大跨度钢管混凝土拱桥抗震性能及动力稳定研究[D]. 杭州:浙江大学,2009.

[18] 苗家武,胡世德,范立础. 大型桥梁多点激励效应的研究现状与发展[J]. 同济大学学报(自然科学版),1999,27(2):189-193.

[19] 赵灿晖,高艳梅. 大跨度拱桥地震反应分析研究现状及进展[J]. 重庆交通学院学报,2002,21(1):1-5.

[20] 李正英,李正良,熊辉,等. 大跨径拱桥被动减震控制的仿真分析[J]. 地震工程与

工程振动，2005，25（6）：172-177.

[21] 孙毅，李正良，陈朝晖. 上承式拱桥阻尼支撑加固抗震性能分析[J]. 重庆大学学报，2006，29（8）：21-24.

[22] 李正英，李正良，汪之松，等. 粘滞阻尼器拱桥结构减震控制研究[J]. 振动与冲击，2007，26（1）：56-60.

[23] 黄华. 大跨度钢拱桥的稳定与地震响应分析[D]. 武汉：华中科技大学，2009.

[24] 张杰. 湘潭市湘江四桥动力特性及抗震性能研究[D]. 长沙：中南大学，2008.

[25] 赵灿晖，周志祥. 大跨度钢管混凝土拱桥非线性地震响应分析[J]. 土木建筑与环境工程，2006，28（2）：47-51.

[26] 徐艳，胡世德. 钢管混凝土拱桥弹性动力稳定性能研究[J]. 地震工程与工程振动，2006，26（4）：162-167.

[27] 孙潮，陈宝春，张伟中，等. 钢管混凝土拱梁组合桥拱脚结点应力分析[J]. 福州大学学报（自然科学版），2004，32（2）：195-200.

[28] 顾安邦，孙国柱. 公路桥涵设计手册：拱桥（下册）[M]. 北京：人民交通出版社，1994.

[29] 杨剑，邹团结，汪金胜. 梁拱组合拱桥拱脚局部应力分析和试验研究[J]. 铁道科学与工程学报，2014，11（6）：25-29.

[30] 李金凯. 钢管混凝土梁拱组合桥拱脚局部应力分析[J]. 铁道勘察，2017，43（6）：107-109+114.

[31] 高田，周志祥，胡嘉鸿. 钢箱-混凝土组合拱桥拱脚区段受力性能试验研究[J]. 中外公路，2012，32（5）：101-106.

[32] 祁伟超. 钢箱系杆拱桥受力性能研究与稳定性分析[D]. 大连：大连理工大学，2012.

[33] 赵安华. 南广高速铁路大跨度钢箱拱桥拱脚局部应力分析和模型试验研究[D]. 长沙：中南大学，2010.

[34] 王月. 140 m下承式钢箱系杆拱桥关键部位局部受力分析[D]. 长沙：中南大学，2009.

[35] 周光全，王晋南，王绍晋，等. 永胜 6.0 级地震的地质构造背景及发震构造[J]. 地震研究，2002，25（4）：356-361.

[36] 陈德福，陈京，杨星. 滇西永胜定点形变监测到的多次重现的震兆异常[J]. 大地测量与地球动力学，2008，28（3）：21-27.

[37] 邓嘉美，陈佳，高琼，等. 云南宾川地区的地壳厚度和泊松比分布特征研究[J]. 地震，2016，36（3）：99-108.

[38] 黄小龙，吴中海，吴坤罡，等. 滇西北永胜地区主要活动断裂与活动构造体系[J]. 地质力学学报，2016，22（3）：531-547.

[39] 徐则民，刘文连，黄润秋. 金沙江寨子村巨型古滑坡的工程地质特征及其发生机制[J]. 岩石力学与工程学报，2011，30（2）：3539-3550.

[40] 李乾坤，徐则民，张家明. 永胜金沙江寨子村古滑坡和古堰塞湖的发现[J]. 山地学报，2011（6）：729-737.

[41] 俞维贤，张建国，周光全，等. 2001年永胜6级地震的地表破裂与程海断裂[J]. 地震研究，2005，28（2）：125-128.

[42] 郑颖人，叶海林，黄润秋，等. 边坡地震稳定性分析探讨[J]. 地震工程与工程振动，2010，30（2）：173-180.